MÉMOIRE HISTORIQUE
sur
L'AMBASSADE DE FRANCE
A CONSTANTINOPLE
PAR LE MARQUIS DE BONNAC

PUBLIÉ AVEC UN

PRÉCIS DE SES NÉGOCIATIONS
A LA PORTE OTTOMANE

PAR

M. Charles SCHEFER
Membre de l'Institut

PARIS
ERNEST LEROUX
Libraire de la Société d'histoire diplomatique
28, RUE BONAPARTE, 28
MDCCCXCIV

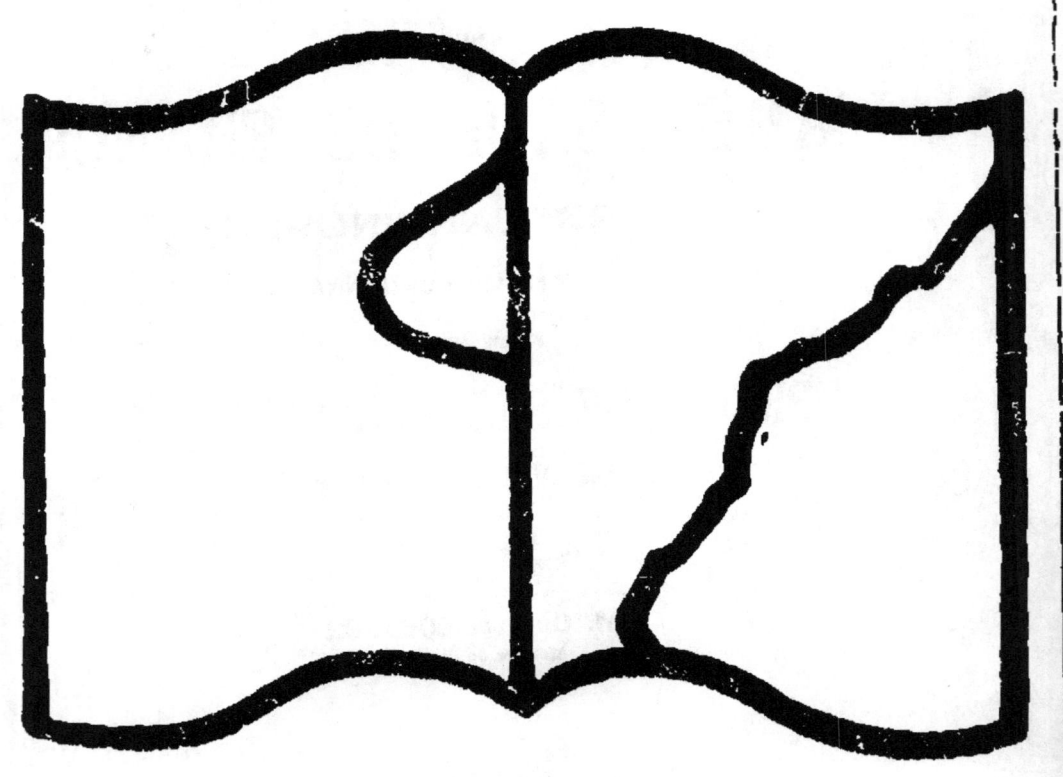

Couvertures supérieure et intérieure
détériorées

Couvertures supérieure et inférieure en couleur

MÉMOIRE HISTORIQUE

sur

L'AMBASSADE DE FRANCE A CONSTANTINOPLE

IMPRIMERIE E. JAMIN

A LAVAL

MÉMOIRE HISTORIQUE

SUR

L'AMBASSADE DE FRANCE

A CONSTANTINOPLE

Par le Marquis de BONNAC

PUBLIÉ AVEC UN

PRÉCIS DE SES NÉGOCIATIONS

A LA PORTE OTTOMANE

PAR

M. Charles SCHEFER
Membre de l'Institut

PARIS
ERNEST LEROUX
Libraire de la Société d'histoire diplomatique
28, RUE BONAPARTE, 28
MDCCCXCIV

Extrait du Règlement

Art. 4. — Le Conseil désigne les ouvrages à publier, et choisit les personnes les plus capables d'en préparer et d'en suivre la publication.

Il nomme, pour chaque ouvrage à publier, un Commissaire responsable, chargé d'en surveiller l'exécution.

Le nom de l'Auteur ou de l'Éditeur sera placé à la tête de chaque volume.

Aucun volume ne pourra paraître sous le nom de la Société sans l'autorisation du Conseil, et s'il n'est accompagné d'une déclaration du Commissaire responsable, portant que le travail lui a paru mériter d'être publié.

Le Commissaire responsable soussigné déclare que le MÉMOIRE HISTORIQUE SUR L'AMBASSADE DE FRANCE A CONSTANTINOPLE, par LE MARQUIS DE BONNAC, et PRÉCIS DE SES NÉGOCIATIONS A LA PORTE OTTOMANE, publié par M. CHARLES SCHEFER, lui a paru digne d'être publié par la SOCIÉTÉ D'HISTOIRE DIPLOMATIQUE.

Fait à Paris, le 15 Décembre 1893.

Signé : BARON D'AVRIL.

Certifié :

Le secrétaire général de la Société d'Histoire diplomatique,

R. DE MAULDE-LA-CLAVIÈRE.

LE MARQUIS DE BONNAC
Ambassadeur de France pres la Porte Ottomanne
d'apres une miniature appartenant
a Mr le Comte de Luppe

INTRODUCTION

La diplomatie française a, dans le cours des XVIIe et XVIIIe siècles, compté dans ses rangs d'illustres personnages dont le nom reste attaché au souvenir d'importantes négociations. Il est cependant peu d'agents qui aient eu une longue carrière aussi utilement remplie que M. le marquis de Bonnac, et qui aient laissé, dans nos archives, autant de mémoires et un nombre aussi considérable de lettres et de dépêches.

Jean-Louis Dusson, marquis de Bonnac, appartenait à une famille établie dans le pays du Nebouzan qui relevait autrefois de la Cerdagne au comté de Foix, et dont l'illustration remontait à la fin du XIIe siècle. Il était le second fils de Salomon de Bonnac qui, après avoir été le lieutenant des maréchaux de France dans le comté de Foix, avait obtenu, en 1683, l'érection en marquisat de la baronnie de Bonnac. Cinq ans plus tard, il était nommé capitaine garde des côtes maritimes du Languedoc ; il mourut en 1698.

Jean-Louis de Bonnac, admis dans la maison militaire du roi, obtint, en 1694, une compagnie de dragons, après avoir servi pendant quelque temps dans la deuxième compagnie des mousquetaires.

Il quitta l'armée pour entrer, comme on disait au XVIIe siècle, dans la carrière des négociations ; son oncle, François de Bonrepaus, avait servi avec distinction sur les vaisseaux du roi et avait rempli, de la façon la plus brillante, les fonctions d'intendant général de la marine et des armées navales. Il avait, en 1685, mené à bonne fin en Angleterre une importante mission.

Ce succès détermina le roi à l'envoyer de nouveau à Londres, pour y négocier un traité qui fut signé en 1687 et, l'année suivante, on lui confia le soin de conclure une nouvelle convention. M. de Bonrepaus fit, avec l'escadre de M. de Châteaurenaud, les campagnes de 1691 et de 1692.

Après son débarquement, Louis XIV l'accrédita auprès de la cour de Danemark, en qualité d'ambassadeur extraordinaire et il réussit à négocier deux traités, dont l'un concernait le duc de Wolfenbüttel, et l'autre l'affaire de Ratzbourg.

Il dut retourner à Copenhague en 1696 et, cette fois, il emmena avec lui pour prendre sa part aux travaux de sa mission, son neveu, le marquis de Bonnac, qui l'accompagna aussi en Hollande, lorsqu'il s'y rendit avec le titre d'ambassadeur extraordinaire pour y négocier les tarifs du commerce. Au moment de rentrer en France, M. de Bonrepaus confia l'expédition des affaires à son neveu et à M. de Campredon, qui fut aussi un agent diplomatique distingué.

La conduite de M. de Bonnac, son zèle pour le service et la recommandation de son oncle, qui avait acquis la charge de lecteur du roi et jouissait à la cour d'un crédit mérité, déterminèrent Louis XIV à lui accorder le titre d'envoyé et à l'accréditer auprès de l'électeur de Cologne, à la place de M. Phélipeaux, nommé ambassadeur à Turin, le 17 décembre 1699 ; mais avant son départ pour son poste, le roi jugea bon de l'envoyer à Wolfenbüttel pour y remplacer M. Melchior du Héron, qui reçut l'ordre de se rendre auprès du roi de Pologne.

Une ligue s'était formée en Allemagne contre l'empereur et le duc de Hanovre. Les ducs de Wolfenbüttel en étaient l'âme ; ils avaient conclu, le 30 août 1698, avec le cabinet de Versailles, un traité valable pendant trois ans, par lequel le roi de France s'engageait à faire maintenir les traités de Westphalie, de Nimègue et de Ryswick.

Ce traité devint une alliance formelle et les parties contractantes s'engagèrent à lever une armée de 24,000 et, au besoin, de 48,000 hommes (19 juillet 1700). Le 14 septembre, Louis XIV faisait faire à la diète de Ratisbonne la déclaration suivante : « Le roi a voulu marquer en toute
« occasion, et principalement dans la conjoncture pré-
« sente, son affection pour les princes de l'Empire, l'atten-
« tion qu'il donne à leurs intérêts et le désir qu'il a de
« faire exécuter ponctuellement les traités dont il est ga-
« rant. S. M., portée par ces considérations, a donc or-
« donné à son ministre près de la diète de l'Empire, de dé-
« clarer qu'après avoir reçu l'acte de réquisition de sa ga-
« rantie, signé au nom des plus considérables princes de
« l'Empire, elle se croit obligée, comme garant du traité de
« Westphalie, de protéger ces princes, suivant leur demande,
« dans les droits qui leur sont acquis par ce même traité
« et de soutenir les résolutions qu'ils ont prises et les liai-
« sons formées pour maintenir leurs prérogatives ; que son
« intention non seulement est d'interposer, pour cet effet,
« les offices les plus pressants, mais aussi d'employer, s'il
« est nécessaire, les autres remèdes convenables pour em-
« pêcher que les lois de l'Empire et les conditions des trai-
« tés ne soient violées par l'établissement de la nouvelle
« dignité électorale qu'on prétend ériger ».

M. de Bonnac était arrivé à Wolfenbüttel au mois de mars 1700. Il avait pour mission d'entretenir les bonnes dispositions des deux ducs, de les rassurer contre les entreprises que pourraient tenter, contre leurs possessions, des alliés de l'Empereur et de veiller à la levée et à l'instruction des troupes promises.

Les craintes manifestées par ces princes pour leur sécurité n'étaient pas sans fondement. Ils avaient espéré que les alliés du roi de France pourraient disposer d'une armée de quarante mille hommes, mais ce chiffre se trouva diminué de dix-huit mille, par suite de la défection du roi de Danemark et celle du Landgrave de Hesse.

Les ducs de Wolfenbüttel firent alors exposer à Louis XIV la faiblesse de leur situation. Ils sollicitèrent les subsides nécessaires pour faire une levée de quatre mille hommes et demandèrent, en outre, qu'un officier général fût envoyé de France, pour prendre le commandement de leurs troupes. Ils prétendaient qu'elles suffiraient non seulement à les défendre, mais encore qu'elles inspireraient une telle crainte aux États de la maison de Lunebourg, que les ducs de Zell et de Hanovre seraient obligés de conserver leurs troupes dans leurs pays et que, si l'électeur de Brandebourg faisait marcher les siennes, celles de Brunswick entreraient dans les marches de Brandebourg ou dans le duché de Magdebourg, de sorte que l'électeur serait obligé de rappeler ses forces pour assurer la défense de ses États.

La demande des ducs de Wolfenbüttel fut favorablement accueillie à Versailles, et Louis XIV désigna un oncle de M. de Bonnac, le marquis Dusson, lieutenant général de ses armées, pour prendre le commandement des forces des ducs et remplir auprès d'eux les fonctions d'envoyé extraordinaire. M. de Bonnac reçut, en même temps, l'ordre de se rendre auprès du roi de Suède et de passer par Gotha, pour voir les troupes que le duc de Saxe-Gotha avait levées aux termes de son traité, les joindre à celles de Wolfenbüttel et les faire agir en vue du bien général.

Le duc de Wolfenbüttel, Antoine Ulric, avait espéré attacher plus étroitement le marquis de Bonnac à sa cause. Il lui avait écrit, sous la date du 29 mars 1701, un billet conçu en ces termes : M. le duc de Wolfenbüttel offre avec empressement un régiment de cavalerie au marquis de Bonnac, dans les troupes que ce prince lève à présent pour le service du roy. Il y a plusieurs exemples d'ambassadeurs et d'envoyez de S. M. auprès de ses alliez, auxquels elle a permis de servir dans leurs troupes. Le marquis de Bonnac, qui a servi longtemps dans la seconde compagnie des mousquetaires du roy, ne pouvant continuer les services dans l'armée de S. M., à cause de l'emploi dont elle l'a honoré en Allemagne, la supplie très humblement de lui permettre d'y servir à la teste du régiment que M. le duc de Wolfenbüttel le presse d'accepter, il espère par là se mettre plus en état de pouvoir servir S. M. dans ses armées lorsqu'elle le retirera des pays étrangers.... Cette demande fut agréée par le roi. M. de Bonnac put obtenir plus tard, grâce à cette autorisation, un grade supérieur dans l'armée française.

L'instruction donnée, le 8 septembre 1701, à M. de Bonnac lui ordonnait de se présenter sans délai au roi Charles XII, qui se trouvait alors en Livonie ; on supposait ce prince capable de traverser les desseins des ennemis de la paix et de les contraindre à songer à leur sûreté.

Je ne crois pas nécessaire de m'étendre longuement sur le séjour de M. de Bonnac dans le Nord ; son instruction a été publiée, il y a quelques années, dans le Recueil paraissant sous les auspices de la commission des Archives diplomatiques au ministère des Affaires étrangères (1) et M. Legrelle a consacré quelques pages à sa mission, dans sa « Diplomatie française et la succession d'Espagne » (2) ; enfin le mémoire qu'il remit à la Dauphine, au mois de juillet 1711, et dans lequel il rend compte de ses observations sur les différents pays du Nord, pendant une période de près de dix années, a paru dans la *Revue d'his-*

(1) *Recueil des instructions données aux ambassadeurs et ministres de France depuis les traités de Westphalie jusqu'à la Révolution française. Suède*, par M. Geffroy. Paris, 1885, pages 206-215.

(2) Legrelle, *La diplomatie française et la succession d'Espagne*. Paris, Gand, 1892, tome IV, pages 236-239.

toire diplomatique (1). Nous y trouvons les appréciations les plus exactes et les renseignements les plus complets sur les évènements qui se sont déroulés dans le Nord de l'Europe, durant les dix premières années du XVIII° siècle. Il me suffira de dire que, se conformant aux ordres qu'il avait reçus, M. de Bonnac réussit à se rendre au camp de Libau, où Charles XII le reçut avec beaucoup de hauteur; le soir même du jour où il avait eu son audience du roi, le comte Piper, son ministre et son favori, lui signifia que ce prince, devant lever son camp, désirait n'être suivi par aucun ministre étranger; il l'invitait donc à se rendre tout de suite à Riga. Pendant toute la durée de la guerre de Charles XII en Pologne, M. de Bonnac résida soit à Riga, soit à Oliva, soit à Dantzick.

Au mois de novembre 1702, il se mit en route pour rejoindre le roi de Suède à Varsovie; en traversant la Samogitie, il fut attaqué, près du village de Rowno, par un parti de soldats qui avait reçu du starosta Oginski l'ordre de s'emparer de lui, et de l'amener à son camp.

A la nouvelle de cette violation du droit des gens, Louis XIV fit arrêter tous les Polonais résidant en France, pour servir de gage à la sûreté des envoyés français, MM. de Bonnac et du Héron. Les Polonais ne furent rendus à la liberté qu'après la délivrance de M. de Bonnac et la réception de la lettre du cardinal Radziejowski, qui désavouait l'attentat commis sur la personne des agents français, et priait le roi d'agréer les excuses de la République.

Louis XIV, après la signature du traité d'Altranstädt, reconnut Stanislas Leczinski comme roi de Pologne. Le marquis de Bonnac, qui résidait alors à Dantzick, fut chargé de porter à ce prince les félicitations du roi, et il fut accrédité auprès de la cour de Varsovie, en qualité d'envoyé extraor-

(1) *Revue d'histoire diplomatique*, 1889, pages 93 et suiv., 385 et suiv.

dinaire et ministre plénipotentiaire. Pendant tout le temps que dura sa mission auprès de Charles XII, M. de Bonnac ne put entamer aucune négociation. Son attention se porta sur les affaires d'Allemagne, de Danemark, de Pologne et de Hongrie, où il contribua puissamment à susciter et à soutenir la rébellion de Ragotski, et le roi jugea bon de reconnaître l'utilité de ses informations en lui accordant, au mois d'octobre 1705, la commission de mestre de camp reformé : son rang d'ancienneté comptait à partir du jour où il avait été nommé colonel dans les troupes des ducs de Wolfenbüttel.

Cette faveur ne fut pas la seule qui lui fut accordée ; il obtint la charge de lieutenant du roi dans le pays de Foix et, le 27 février 1710, il prêtait serment de fidélité entre les mains du roi.

Le séjour de M. de Bonnac en France ne fut pas de longue durée. M. de Blécourt, accablé d'infirmités, était chargé des affaires de France à la cour de Madrid, et son crédit y était nul. Il avait sollicité son rappel et le roi avait accueilli sa demande. M. de Torcy proposa au Conseil de lui donner pour successeur M. de Bonnac, auquel il promit l'ambassade de Constantinople à la fin de la mission en Espagne : il se portait son garant et affirmait qu'il était impossible de confier à des mains plus habiles le maniement des affaires délicates qui, intéressant à la fois la France et l'Espagne épuisées par une longue guerre, avaient pour objet le rétablissement de la paix générale en Europe. Dans l'instruction donnée à M. de Bonnac, au mois de mai 1711, il était dit que « S. M. avoit connu sa capacité dans la conduite des affaires qu'elle lui a commises en Allemagne et en Pologne; et comme elle a éprouvé sa prudence et ses talents, pendant qu'il a exercé les fonctions de son envoyé extraordinaire auprès des princes de la maison de

Brunswick, ensuite auprès des rois de Suède et de Pologne, elle est justement persuadée qu'elle ne sera pas moins satisfaite de la manière, dont il se comportera dans la nouvelle commission qu'elle veut bien lui confier auprès du roi son petit-fils. »

Le roi recommandait au marquis de Bonnac de représenter à Philippe V que, déterminé à soulager son peuple du poids d'une guerre longue et ruineuse, il était désormais décidé à ne consentir à aucun sacrifice pour procurer à l'Espagne quelques conditions plus ou moins avantageuses à la conclusion de la paix. Philippe V, roi d'Espagne et des Indes, avait la certitude de tenir toujours en Europe un rôle considérable, et après les vicissitudes qu'il avait éprouvées, il devait, pour jouir complètement de son pouvoir, faire les concessions qui lui seraient demandées, afin d'assurer à l'Europe le repos auquel elle aspirait. L'Angleterre, qui supportait malaisément les dépenses de la guerre et les pertes subies par son commerce, avait fait savoir indirectement à Louis XIV, quelques mois avant l'envoi de M. de Bonnac à Madrid, qu'elle ne serait point éloignée d'ouvrir de nouvelles négociations, si elle obtenait certains avantages pour son commerce en Espagne et dans les Indes, et si les Hollandais n'avaient plus rien à craindre pour leurs provinces des Pays-Bas. Les conditions, proposées par Louis XIV, furent acceptées par les ministres de la reine Anne; ils demandèrent seulement quelle sûreté leur serait donnée pour le commerce des sujets britanniques en Espagne et aux Indes. Le duc de Vendôme avait déjà fait savoir à Versailles que, si cela était nécessaire, Philippe V laisserait temporairement aux Anglais, quoiqu'avec la plus grande répugnance, Port Mahon et Gibraltar, mais qu'il ne consentirait jamais à céder, en Amérique, une place qui rendrait les Anglais maîtres absolus du commerce des Indes occidentales.

Le roi enjoignait de plus à M. de Bonnac de solliciter du roi d'Espagne l'expédition des lettres patentes, destinées à mettre l'électeur de Bavière en possession des Pays-Bas catholiques. En 1702, lorsqu'il fut question de faire agir dans l'Empire les troupes de ce prince, celui-ci ne voulut prendre aucune détermination avant d'avoir la certitude d'un dédommagement, en cas de perte de ses Etats. Il réclama les Pays-Bas catholiques, s'il venait à être dépouillé de la Bavière. Louis XIV, reconnaissant qu'il était du plus haut intérêt pour sa cause et pour celle de son petit-fils de provoquer une diversion dans l'Empire, les lui promit et Philippe V s'engagea, par une lettre de sa main adressée à l'électeur, à tenir toutes les promesses faites en son nom par le roi son grand-père. Privé de ses États, l'électeur de Bavière en réclama la réalisation. L'idée d'un démembrement de la monarchie excitait à un si haut degré les susceptibilités du patriotisme espagnol, que Philippe V se crut obligé de retarder l'exécution de ses engagements. Louis XIV chargea donc le marquis de Bonnac d'insister vivement auprès de son petit-fils, pour obtenir une prompte expédition des lettres patentes destinées à l'électeur de Bavière. Il jugeait, avec juste raison, que la possession des provinces catholiques des Pays-Bas par un prince de la maison de France, possession à laquelle les Hollandais ne souscriraient jamais, serait une obstacle très sérieux à la conclusion de la paix. Le roi recommandait de plus à M. de Bonnac de veiller à ce que le roi d'Espagne n'accordât ni titre de grandesse, ni distinction honorifique à aucun Français, sans qu'il ait été autorisé par lui à les accepter. M. de Bonnac devait aussi prier Philippe V de n'admettre à son service aucun sujet français, ayant été obligé de quitter le royaume pour cause de duel. Enfin, le nouvel envoyé devait s'attacher à la protection du commerce français, à lui conserver les avantages qu'il avait obtenus sous les règnes précédents, et que les circonstances désastreuses des dernières années avaient singulièrement amoindris.

L'instruction remise à M. de Bonnac lui donnait quelques détails sur le caractère du roi, sur celui de la reine et de Madame des Ursins, et je ne crois pouvoir mieux faire que de les reproduire ici. « Comme il seroit présentement difficile d'instruire le sieur de Bonnac des ressorts cachés qui donnent le mouvement à la Cour d'Espagne, c'est à lui à les demesler et à en rendre compte au roy lorsqu'il les aura pénétrés. Sa Majesté sçait seulement, en général, qu'ils font beaucoup de tort aux intérêts du roy son petit-fils ; qu'il est à craindre qu'on ne luy fasse prendre des partis capables d'altérer, dans la suite, l'étroite union qu'il est nécessaire d'entretenir entre les deux branches de la maison royale de France et que, dès à présent, ce prince éloigne de luy les cœurs de la nation Espagnole, qui lui a donné des preuves d'une fidélité constante et d'un attachement à toute épreuve; car elle est persuadée qu'en vain elle marque son zèle, que le roy son maître n'en est pas touché, qu'il ne prend aucune confiance en elle, qu'il le fait assez voir, en préférant sans cesse aux Espagnols les étrangers qu'il employe, les Wallons, les Napolitains même, regardés comme rebelles et qu'enfin, s'il se sert de quelques Espagnols, la politique seule a part à ce choix et non la confiance aux gens de la nation, qui se croient méprisés du roy leur maître. Ils distinguent, à la vérité, les sentimens de ce prince de ceux qui ont le plus de part à sa confiance. Ils jugent que le roy catholique connoit les bonnes qualitez de la nation, qu'il a même de l'inclination pour elle : que ceux dont il est entouré empeschent l'effet de ces bonnes dispositions, parce que leur autorité est plus absolue sur les étrangers qu'ils ont soin d'approcher, qu'elle ne le seroit peut-être sur les principaux de la nation Espagnole, s'ils étaient appelez à l'administration de ses affaires.

Le roy d'Espagne, d'un caractère vray et plein de droiture, ne déguiseroit peut-être pas (à S. M.) le véritable état de ses affaires, si ce prince les connoissoit à fond. Mais il est à craindre qu'il ne soit luy-mesme le premier trompé. Il a cru trop aisément que les évènements heureux de l'année dernière l'assuroient d'un entier changement de fortune, qu'il devoit à sa fermeté le retour de son bonheur; l'excès de confiance luy paroit une vertu et ces idées flatteuses sont d'autant plus difficiles à détruire dans son esprit, qu'il est opiniâtre en ses sentiments, de sorte que si malheureusement il prenoit de mauvais partis, il ne sera pas facile de luy faire connoître l'erreur, lorsqu'il aura commencé à s'y laisser entraîner. La reyne d'Espagne est également capable de le conduire dans une route conforme à ses intérêts et de l'en détourner. La voix publique est unanime en faveur de cette princesse, sujets étrangers, amis et ennemis célèbrent également son esprit et ses grâces et, lorsque ses talents seront bien employés, comme il paroit qu'elle en a l'intention, le roy d'Espagne sera heureux d'être conduit par elle, puisque, du caractère dont il est, il semble nécessaire que quelqu'un le gouverne. La princesse des Ursins paroît, jusqu'à présent, posséder entièrement la confiance et du roy et de la reyne d'Espagne. Comme il est impossible qu'une femme aussi distinguée n'excite pas un grand nombre de jaloux, elle a, depuis quelques années, affecté de s'éloigner des affaires. Mais cette retraite n'a pas diminué son crédit, ni ralenti l'empressement des Espagnols à s'adresser à elle pour obtenir des grâces du roy leur maître. Ils sçavent que ce prince délibère et décide de ses principales affaires entre la reyne et elle ; que ce conseil intérieur règle le sort de l'État, que les autres ne sont que pour la forme et qu'on ne doit regarder, comme ayant part au gouvernement, que ceux que la princesse des Ursins veut bien appeler à ses consultations. »

A son entrée en Espagne, M. de Bonnac se dirigea sur Corella où se trouvait alors Philippe V. Il eut tout d'abord une entrevue avec la princesse des Ursins, à laquelle il fit connaître le principal objet de sa mission, afin qu'elle pût préparer le roi catholique à accueillir favorablement les propositions qu'il était chargé de soumettre à son approbation. L'audience sollicitée fut immédiatement accordée par le roi. M. de Bonnac dévoila la nature des pourparlers qui avaient eu lieu entre les agents de Louis XIV et les ministres de la reine de la Grande Bretagne, et exposa les propositions qui devaient servir de base aux négociations qui allaient s'ouvrir.

L'envoyé du roi de France fit remarquer que l'on ne demandait au roi catholique que des places qu'il avait perdues et qu'il n'était point en état de reprendre; que la Catalogne lui serait probablement rendue, tandis que les alliés ne songeaient à restituer à la France rien de ce dont ils s'étaient rendus maîtres, qu'ils exigeaient la démolition de Dunkerque et que sous le nom indéfini de Barrière, ils dissimulaient des prétentions fort préjudiciables au royaume. Le commerce des nègres, qui avait été toujours indifférent aux Espagnols, et qui, jusqu'alors, avait été entre les mains des Français, était réclamé par les Anglais, désireux d'obtenir aussi la cession de l'île de Terre-Neuve et des détroits et baie de l'Acadie qui avaient, pour la marine française, une importance capitale. Louis XIV faisait prier son petit-fils de lui envoyer, sans tarder, les pleins pouvoirs nécessaires pour parler et s'engager en son nom et suivre et conclure les négociations.

Philippe V désigna, pour examiner les propositions dont M. de Bonnac était porteur, le comte de Bergheick. Les pleins pouvoirs demandés par Louis XIV furent immédiatement envoyés à Versailles. C'est dans le cours d'une des premières conversations que M. de Bonnac eut avec le comte de Bergheick à Corella, que ce ministre lui déclara que « pour faire la paix et en retirer l'avantage le plus essentiel aux deux cours, qui était de les réunir ensemble d'une manière indissoluble, il faudrait que la France rendît le Roussillon à l'Espagne. »

Louis XIV attachait la plus grande importance et considérait son honneur engagé à la réalisation des engagements qui avaient été pris à l'égard de l'Electeur de Bavière. M. de Bonnac avait ordre de presser l'expédition des lettres patentes qui devaient mettre ce prince en possession des Pays-Bas espagnols. Philippe V en fit rédiger le texte de façon à déclarer que la cession en était faite au roi son grand-père qui en aurait, s'il l'avait voulu, disposé en faveur de l'électeur. M. de Bonnac dut faire les démarches les plus énergiques pour obtenir la rédaction de nouvelles lettres patentes, mettant d'une manière directe l'électeur de Bavière en possession des provinces catholiques des Pays-Bas. Ce fut seulement au mois de mars 1712 qu'elles furent envoyées à Versailles.

Je me borne à citer des extraits de l'Instruction remise à M. de Bonnac et à faire connaître ses premières démarches. Je ne m'étendrai pas sur les péripéties de sa mission à la cour de Madrid. L'hostilité de la plupart des membres du Conseil, les irrésolutions, les atermoiements et les exigences de Philippe V, les instances et les menaces du roi son grand-père, pour lui faire accepter les combinaisons proposées et les concessions demandées par les alliés et qui devaient hâter la conclusion de la paix générale, ont fourni à deux membres éminents de la Société de l'histoire diplomatique, M. le marquis de Courcy et M. Baudrillart, le sujet d'excellentes études sur le rôle joué par M. de Bonnac auprès du roi d'Espagne. Je n'ai donc pas cru devoir reproduire ici le récit d'incidents mis en lumière, d'une manière remarquable, par des écrivains dont les ouvrages se trouvent entre toutes les mains des personnes qu'intéresse l'histoire de la diplomatie française (1).

Les préoccupations et les soucis dont il était assailli et les fatigues que lui occasionnaient des démarches incessantes, et l'influence du climat de l'Espagne avaient gravement altéré la santé de M. de Bonnac. Il en avait demandé, sans succès, le rétablissement aux remèdes et aux eaux de Sazedon. Il crut devoir solliciter son rappel et, bien que M. de Torcy eût à se plaindre gravement de M. de Bonrepaus, il voulut donner à son neveu une nouvelle marque de sa bienveillance. Il pria donc le roi de lui accorder l'autorisation de revenir en France et de lui confier l'ambassade de Constantinople.

Les plénipotentiaires de Louis XIV avaient, le 11 avril 1713, signé à Utrecht les traités de paix avec ceux de la reine de la Grande-Bretagne, du duc de Savoie, du roi de Portugal et des Etats généraux de Hollande. Il fallait presser le roi d'Espagne d'ordonner à ses ministres de hâter la conclusion des actes qui devaient rendre la tranquillité à l'Europe. Le roi pensa qu'un nouvel envoyé, dont la personne était agréable à son petit-fils, réussirait à obtenir de l'Espagne le dénouement de ces pénibles négociations. Il désigna, le 15 juin 1713, pour remplacer à Madrid M. de Bonnac, le marquis de Brancas qui, depuis 1702, avait fait toutes les campagnes d'Espagne et venait de recevoir de Philippe V le collier de la Toison d'or, pour l'intrépidité et la constance qu'il avait montrées, pendant les huit mois que dura le blocus de Girone (2).

(1) *Renonciation des Bourbons d'Espagne au trône de France*, par le marquis de Courcy, ancien diplomate. Paris, 1889.
Philippe V et la cour de France, par Alfred Baudrillart. Tome I, Philippe V et Louis XIV. Paris, 1890. Le récit de la mission de M. de Bonnac s'étend de la page 449 à la page 540.

(2) Les appointements de M. de Brancas furent fixés à 48000 livres et cou

M. de Bonnac présenta, à la fin du mois de septembre, ses lettres de recréance et revint en France. Il se trouvait à Paris à la mort de Louis XIV. Il se crut dégagé de la promesse qu'il avait faite à M. de Torcy de se rendre à Constantinople ; il sollicita avec ardeur son envoi en qualité d'ambassadeur extraordinaire auprès de la cour de Prusse, et demanda à y remplacer le marquis de Lassay qui souhaitait quitter Berlin. Au mois d'octobre 1715, le maréchal d'Huxelles proposait au conseil de régence d'inviter M. de Bonnac à renoncer à l'ambassade de Constantinople, et à consentir à être employé au service du roi dans les affaires d'Allemagne. M. de Bonnac mettait cependant quelques conditions à son acceptation. Il demandait au Régent, en échange des avantages que devait lui procurer l'ambassade près la Porte Ottomane, la conversion en pension de la gratification de 6,000 livres qu'il recevait chaque année, une place ou la promesse d'une place de conseiller d'épée dans le Conseil des Affaires étrangères, enfin le règlement des dépenses qu'il avait faites pour le service en Espagne et le remboursement des sommes qu'il avait dépensées pour sa future installation en Turquie. Pour attirer sur lui l'attention du Régent et celle du Conseil des Affaires étrangères, il rédigea, dans le courant des mois d'octobre et de novembre, un « *Mémoire dressé après la mort de Louis XIV sur les Affaires étrangères* », des « *Considérations sur les intérêts présents de la France par rapport aux puissances étrangères* » un « *Plan pour négocier avec les puissances étrangères* » et enfin *Un projet sur le fonds à établir pour l'entretien des ministres dans les pays étrangers* ».

rurent à partir du 15 juin, bien qu'il ne fût parti de Girone que dans le mois d'août. M. de Brancas ne reçut point d'instruction avant son départ. Il eut pour secrétaire un Sr Dachau que l'on avait tiré de l'Académie politique, et qui, ayant été chargé des affaires du roi, reçut en cette qualité 500 livres par mois. M. le marquis de Brancas, créé maréchal de France en 1741, mourut en 1750.

Au mois de novembre 1715, M. de Bonnac demanda et obtint la main d'une des filles de M. de Biron, premier gentilhomme de M. le duc d'Orléans et qui reçut plus tard le bâton de maréchal de France. M. de Bonrepaus, nous apprend Dangeau, assura sur son bien vingt mille livres de rentes à son neveu qui en possédait autant, et Mlle de Biron ne reçut que vingt mille écus de dot, parce que M. et Mme de Biron avaient beaucoup d'enfants et bien des filles à marier. « La noce, ajoute Dangeau, se fit le 22 décembre chez M. de Lauzun, grand oncle de la mariée; elle fut fort nombreuse et fort magnifique et les nouveaux mariés allèrent coucher chez M. de Bonrepaus où ils demeureront jusqu'à leur départ pour le Levant (1) ».

M. de Bonnac ne désespérait point d'obtenir l'ambassade de Berlin; il en paraissait tellement assuré qu'il avait remis au Conseil des Affaires étrangères un long mémoire devant servir de canevas à l'instruction qui lui serait donnée. Il traçait le plan du voyage qu'il devait entreprendre pour se rendre à Berlin. Traversant la Hollande, il y aurait eu une entrevue avec le Grand Pensionnaire; puis, il se serait rendu en Danemark et aurait ensuite visité les princes influents de l'Allemagne. Il proposait de s'arrêter quelque temps à Brunswick, pour avoir l'occasion de s'entendre avec les ministres des princes intéressés aux différends de la Suède avec ses ennemis, et hâter la conclusion d'une paix ardemment désirée. M. de Bonnac offrait au Conseil de prendre part aux négociations, poursuivies entre le roi de Prusse et le roi de Pologne, pour la cession de la ville d'Elbing, l'échange de l'évêché de Varsovie et la concession d'un chemin libre, faisant communiquer la Poméranie avec la Prusse. Les traités, conclus par

---

(1) *Journal du marquis de Dangeau*, publié par MM. Soulié et Dussieux, Paris, 1854-1860, tome XVI, page 268.

Louis XIV avec l'électeur Frédéric Guillaume, assuraient à celui-ci l'aide de la France pour obtenir la cession d'Elbing et les autres avantages qu'il réclamait de la Pologne. « Cet électeur, dit M. de Bonnac, qui était fort ambitieux, avoit conçu le dessein de se faire élire roi de Pologne et le feu roy lui avoit promis de le favoriser. On pourroit s'appliquer à découvrir si le roy de Prusse ne forme pas une pareille veüe ; on s'assureroit par là de ses sentiments au sujet de la religion, parce que la première loy des Polonois étant que le roy soit catholique romain, si le roy de Prusse songeoit à cette couronne, ce seroit une marque certaine qu'il pourroit renoncer à sa croyance pour cette couronne et que, si on luy en offroit une plus considérable, il l'embrasseroit encore avec plus d'empressement. *Cet autre objet seroit la couronne impériale, en cas de la mort imprévue de l'Empereur, ou le titre de roy des Romains pendant sa vie.* Il ne sera pas difficile de faire naître dans l'esprit des ministres du roi de Prusse des idées si conformes à leur ambition, ou de découvrir s'il ne les ont pas déjà formées ». Malgré toutes ses démarches soutenues par le crédit du marquis de Biron, son beau-père et de M. de Bonrepaus, son oncle, M. de Bonnac dut renoncer à l'espoir d'aller à Berlin et, au mois de mai 1716, il recevait l'ordre de faire ses préparatifs pour se rendre à Constantinople. M. des Alleurs, dégoûté du service et accablé d'infirmités, réclamait à grands cris l'arrivée de son successeur.

La situation générale de l'Empire Ottoman était alors fort troublée ; le Prince Eugène avait battu l'armée turque à Peterwardein (5 août 1716). Le grand vizir Aly Pacha, instigateur de la guerre, avait péri dans la mêlée et cette victoire avait fait tomber Temeswar, dernier boulevard de l'islamisme, entre les mains des Impériaux et déterminé la levée du siège de Corfou, attaquée par le Capitan Pacha.

Le Prince Eugène, poursuivant ses succès, pendant la première année de la mission de M. de Bonnac, remporta sous les murs de Belgrade un nouvel avantage sur l'armée turque, commandée par le grand vizir Khalil Pacha (16 août 1717) et le surlendemain cette place capitula. Ces désastres obligèrent la Porte à ouvrir des négociations pour la conclusion de la paix et, le 21 juillet 1718, la paix fut signée à Passarowitz entre la Turquie, l'Empire et la république de Venise. Les très graves embarras qui assaillaient alors l'Empire Ottoman ne permirent point à M. de Bonnac de s'occuper, avant la conclusion de la paix, des intérêts qui lui étaient confiés. Parti de Toulon au mois d'août 1716, il était arrivé à Constantinople à bord d'une frégate, escortée par un autre navire, que commandait M. de Tourouvre, capitaine de vaisseau. M. des Alleurs remit immédiatement le service entre les mains de son successeur et, en rendant compte de son arrivée au roi, il ne dissimula pas toutes les difficultés qui avaient entravé la marche des affaires pendant son ambassade (1).

L'instruction remise à M. de Bonnac ne différait pas de celles qui avaient été données à ses prédécesseurs. Elle lui prescrivait de faire tous ses efforts pour obtenir le maintien et la propagation de la religion catholique, la conservation et l'augmentation du commerce de la nation française dans le Levant. Il devait, en outre, s'attacher à ce que la puissance Ottomane inspirât toujours de la crainte à la maison d'Autriche. M. de Bonnac était également chargé de faire tous ses efforts pour obtenir de la Porte la reconstruction, par les religieux latins, de la coupole de l'église du Saint-Sépulcre à Jérusalem.

Dès son arrivée, il fit connaître à la cour l'état de cette question (2). L'autorisation de reconstruire la coupole avait

(1) Voir la lettre de M. des Alleurs au roi, Appendice, pièce I, page 163.
(2) Voir à l'Appendice, pièce II, page 167.

été, à plusieurs reprises, accordée par la Porte aux religieux de Terre Sainte, à la sollicitation des ambassadeurs de Louis XIV; mais les intrigues et l'argent de la communauté grecque, et l'influence qu'exercèrent sur les ministres de la Porte les drogmans Panayoti et Maurocordato avaient entravé l'exécution des firmans obtenus. L'opposition, rencontrée par les ministres du roi à Constantinople, ne provenait pas seulement des communautés dissidentes et des puissances rivales. Les religieux de Terre Sainte, Espagnols, Italiens, Français désiraient être affranchis de la protection du roi, bien qu'ils lui dussent leur liberté.

Les sommes considérables qu'ils recevaient d'Espagne et des autres pays de la chrétienté les portaient à manquer de reconnaissance. Les ambassadeurs de France avaient demandé, à plusieurs reprises, l'établissement à Jérusalem d'un consul, mais les moines espagnols s'étaient toujours opposés à l'installation d'un agent qu'ils considéraient comme un espion, chargé de surveiller leur conduite. Ils avaient fait chasser par les Turcs un sieur Brémond et, plus récemment, un sieur Blacas qui avait dû se réfugier à Sayda, où ses appointements étaient à la charge des négociants établis dans cette Échelle. La question de la réparation de la coupole du Saint-Sépulcre se présentait donc sous un aspect peu favorable, lorsque M. de Bonnac prit en main la direction des affaires de l'ambassade.

Les missions religieuses placées sous la protection du roi étaient nombreuses et souvent, par leur zèle trop ardent pour faire reconnaître aux Grecs et aux Arméniens schismatiques la suprématie de la cour de Rome, elles causaient de très graves embarras à l'ambassade de France. Lorsque M. de Bonnac arriva à Constantinople, M. Galluni, de l'ordre de St-Dominique et délégué apostolique, résidait dans cette ville. Ce prélat recevait deux cents écus de la congrégation *de Pro-*

paganda fide et le roi lui avait accordé une pension de mille livres, que le malheur des temps n'avait pas permis de lui payer exactement. Le roi pensionnait également le père David de Saint-Charmes, carme déchaussé, titulaire de l'archevêché de Smyrne. Sept maisons de différents ordres étaient placées, à Constantinople, sous la protection de l'ambassadeur. Les Capucins en possédaient deux, l'une d'elles attenait au palais de France; ses religieux en desservaient la chapelle et le custode était le Père Hyacinthe de Paris, missionnaire fort zélé, auquel un long séjour dans le Levant avait appris la mesure avec laquelle on doit se conduire en pays musulman. Il avait aussi sous sa dépendance la maison appartenant aux Capucins à Galata, ainsi que toutes celles qui se trouvaient dans l'Empire Ottoman. Les autres maisons étaient celles des Jésuites, des Dominicains qui étaient Italiens, des Cordeliers à la grande manche, Italiens, des Franciscains, Italiens. Les Pères de Terre Sainte n'avaient à proprement parler qu'un hospice. Il y avait aussi une communauté de Récollets italiens, connus dans le Levant sous le nom de Socolans · ils s'étaient placés sous la protection des États généraux de Hollande, mais ils avaient recours, dans leurs besoins, aux bons offices de l'ambassadeur de France.

Les Jésuites, établis à Constantinople depuis l'ambassade de M. de Germigny à la fin du XVIe siècle, avaient des établissements à Chio, à Naxos, à Paros, à Athènes, à Smyrne, à Alep et à Damas. Cette dernière mission était entretenue par les charités d'une dame de la cour. Un P. Tarillon, Jésuite, avait aussi établi une mission à Salonique, mais il était mal vu par les Arméniens qui le soupçonnaient d'avoir participé à l'enlèvement du Patriarche Avedik.

Outre leurs maisons de Constantinople, les Capucins en possédaient à Chio, à Andros, à Cosadacchi, à Smyrne, à Tripoli de Syrie, à Naxos, à Syra, à Damas, à Alep et à Bagdad.

Il y avait, en outre, des Observantins, des Augustins, des Théatins établis en Géorgie, des Carmes déchaussés à Alep et dans le mont Liban et une mission de Jésuites, appelée en Crimée par le sieur Ferrand, médecin du khan des Tartares, qui s'occupait des prisonniers chrétiens et à laquelle M. de Torcy et les ambassadeurs de France avaient toujours témoigné le plus vif et le plus constant intérêt (1).

Les missionnaires avaient eu beaucoup à souffrir sous le ministère d'Aly Pacha, et ils avaient eu tout à redouter du fanatisme et de la férocité de ce grand vizir, dont le but avait été d'arriver à l'expulsion totale des religieux étrangers, qu'on lui avait représentés comme reconnaissant l'autorité d'un souverain ennemi perpétuel de l'islamisme, et dont le zèle imprudent avait suscité les plaintes des patriarches grecs et arméniens. Les principaux officiers de la Porte, qui voyaient les missionnaires favoriser la fuite de leurs esclaves chrétiens, n'étaient pas moins animés contre eux.

Les religieux latins se faisaient généralement remarquer par la régularité de leur vie, mais ils avaient le tort de présenter à la congrégation de la Propagande, sous des couleurs trop brillantes, le résultat de leurs efforts. Ils n'auraient point osé tenter la conversion d'un musulman et, pour avoir poussé les choses à l'extrême, afin d'obtenir des Grecs et des Arméniens la reconnaissance de la suprématie de la cour de Rome, ils avaient rendu la réunion impossible et attiré sur les Arméniens les plus cruelles persécutions.

(1) On peut consulter au sujet des missions catholiques du Levant les *Mémoires et instructions chrétiennes sur le sujet des missions étrangères et particulièrement de celles qui se font en Turquie et autres pays du Levant*. Paris, 1642, pp. 442 et suivantes, et, pour la mission de Crimée les *Nouveaux mémoires des missions de la Compagnie de Jésus dans le Levant*, Paris, 1715. On doit aussi recourir, pour les missions des Jésuites en Syrie, à *La Syrie sainte où la mission de Jésus et des Pères de la Compagnie des Jésuites en Syrie*, par le R. P. Joseph Besson, Paris, 1660. Une nouvelle édition de cet ouvrage a été donnée par le P. Aug. Carayon en 1863.

« Les affaires de la religion, écrivait plus tard M. de Bonnac, donnent surtout à l'ambassadeur une occupation assez pénible. Le zèle des religieux et des missionnaires les porte à faire des projets et de nouveaux établissements. Ils croient que l'ambassadeur peut tout et que les capitulations, où il n'y a presque pas un mot à leur sujet, ne sont faites que pour eux. L'ambassadeur, de son côté, se porte volontiers à des choses extérieurement utiles, mais si l'on ne modère les missionnaires et que l'ambassadeur ne se méfie de son propre zèle et ne soit contenu par des ordres très circonspects, il est à craindre que les Turcs, qui commencent à être en garde contre l'établissement des missions, ne prennent quelque résolution violente dont il n'y aura plus moyen de les faire revenir, c'est à quoi il est nécessaire de faire beaucoup d'attention. »

Le commerce des sujets français dans le Levant devait être aussi l'objet de toute la sollicitude de l'ambassadeur. Les revers qui accablèrent la France, pendant les années qui suivirent l'acceptation du testament de Charles II par Louis XIV, en avaient arrêté l'essor. Le rétablissement de la paix lui avait rendu la vie et, malgré la concurrence des Anglais et celle des Hollandais, il tendait à reprendre la place qu'il avait autrefois occupée.

Les draps fabriqués dans le Languedoc et connus sous les noms de Londres larges, Londres Mahout, Londres premiers et Londres ordinaires, étaient toujours recherchés en Turquie. On en expédiait du Languedoc, tous les ans, plus de cinq mille balles à Constantinople et dans les Échelles du Levant; après les draps, l'indigo était l'article d'importation le plus important, puis venaient les soieries et les étoffes d'or de Lyon, les toiles peintes de Marseille, les médicaments et quelques autres objets de luxe. Ces importations pouvaient atteindre le chiffre de quinze millions de livres,

La France recevait de l'Empire Ottoman des céréales, du coton, des soies, du café et des matières premières nécessaires à son industrie. Elle tirait le blé de la Morée, de Salonique, de Volo ; le riz, les fèves, le café, le séné, le safranum et les cuirs lui étaient fournis par l'Egypte, les cotons et les laines par Smyrne, Salonique et Saint-Jean-d'Acre, les cotons filés par Sayda, les soies par Tripoli de Syrie, Chypre, Smyrne, la Morée et Alep d'où l'on expédiait aussi une grande quantité de noix de galle. Le chiffre des exportations présentait avec celui des importations une différence peu sensible.

Le nombre des établissements français dans chacune des Échelles du Levant était strictement déterminé. La nation (on appelait ainsi la communauté française placée sous l'autorité du consul) se réunissait pour nommer ses députés et pour veiller à la défense de ses intérêts, lorsque les autorités turques imposaient une avanie dont le consul ou l'ambassadeur n'avaient pu obtenir la suppression.

La chambre de commerce de Marseille, qui fournissait une partie du traitement de l'ambassadeur, prétendait aussi, dans certaines circonstances, lui imposer des démarches compromettantes.

Le commerce des Français dans le Levant était assujéti à des règles très sévères. C'est à Marseille que les marchandises destinées au Levant devaient être embarquées, sous la surveillance de la chambre de commerce, et c'était dans ce port que devaient être faits les retours. Les draps ne pouvaient être chargés que sur des navires français, et aucun négociant ne pouvait les adresser, soit directement, soit indirectement, à des étrangers établis dans des villes de Turquie. Enfin, le temps de la résidence des sujets français dans le Levant était fixé à dix ans. Les marchands étaient souvent disposés à faire appel au crédit de l'ambassadeur, pour favoriser certaines opérations peu régulières. M. de Bonnac pensait qu'il était indispensable de les contenir dans de justes bornes. « Il faut, dit-il, les protéger hautement dans les choses où ils ont la raison de leur côté; mais il faut bien se garder de le faire dans celles où ils peuvent avoir tort, pour ne pas risquer la réputation de bonne foi et de sincérité de l'ambassadeur, dans la vue de faire plaisir à un particulier. Il faut bien se garder de croire qu'une chose qui paraît juste à Paris ou à Marseille, le soit à Constantinople ». Tels étaient, lorsque M. de Bonnac prit en main la direction des affaires de l'ambassade, le nombre des établissements religieux placés sous sa protection, la situation des missionnaires catholiques, leurs rapports avec l'ambassadeur du roi et l'état du commerce français dans le Levant.

Je crois devoir tracer maintenant, en quelques lignes, et placer ici le portrait des principaux personnages avec lesquels M. de Bonnac s'est trouvé en rapport, pendant son ambassade; leurs noms reviennent sans cesse dans sa Relation, dans les dépêches et dans les rapports qu'il adressa à la cour; on trouvera le texte de la plupart de ces pièces dans l'Appendice.

Le souverain, auprès duquel le roi avait accrédité M. de Bonnac, était le Sultan Ahmed III, monté sur le trône à la suite de la révolution qui avait renversé son frère Moustafa II (17 août 1703). En 1717, Ahmed III était âgé d'environ cinquante ans : il avait cinq fils dont l'aîné venait d'accomplir sa septième année. La captivité qu'il avait subie avant son avènement, lui avait inspiré de la mélancolie et des sentiments de méfiance qui, pendant les premiers temps de son règne, rendirent la situation de ses ministres dangereuse et lui firent commettre des actes d'une cruauté révoltante; mais, depuis que les sceaux avaient été confiés au grand vizir Ibrahim Pacha, l'action du gouvernement était devenue plus modérée, bien que l'humeur triste du Grand Seigneur et ses inquiétudes rendissent la place de premier ministre très difficile et très dangereuse à occuper. Ahmed III n'aimait pas la guerre; il en redoutait les vicissitudes et en appréhendait les dépenses, car l'amour de l'argent était sa passion dominante. Il portait l'avarice à un degré dont on n'avait point vu d'exemple dans le rang qu'il occupait. Ses ministres, connaissant sa passion pour l'or, mettaient tous leurs soins à la satisfaire, en évitant toutes les dépenses superflues et en lui faisant voir qu'ils augmentaient ses revenus. Les fonctionnaires d'un ordre inférieur suivaient l'exemple qui leur venait de haut et devenaient tous les jours plus exigeants, surtout dans les affaires qui regardaient le commerce.

Le poste de grand vizir, difficile à occuper en tous temps, l'était devenu encore plus sous le règne de Sultan Ahmed. Ce prince voulait être instruit de tout ce qui se passait, par des *tezkerêhs* ou billets que le grand vizir lui adressait; au bas de ces billets, il écrivait ses ordres qui n'étaient pas toujours conformes aux propositions du premier ministre.

Ibrahim Pacha, qui remplit ces hautes fonctions pendant treize ans, surmonta toutes les difficultés de sa situation, acquit plus d'autorité que ses prédécesseurs et jouit, jusqu'à la catastrophe qui lui coûta la vie, de la faveur constante de son maître. Le Sultan lui en donna des marques éclatantes : il créa un des fils d'Ibrahim Pacha, âgé seulement de treize ans, pacha à trois queues et il lui accorda une de ses filles en mariage ; une autre sultane fut destinée au neveu du grand vizir et une troisième fut fiancée au fils du pacha de Sayda, l'ami intime d'Ibrahim Pacha.

Ibrahim Pacha, dont le grand-père, de nationalité arménienne, s'était converti, disait-on, à l'islamisme, était le fils d'un certain Aly Aga, voïvode d'Izdin, près de Césarée de Cappadoce. Entré au sérail, il s'était fait remarquer par son intelligence, avait conquis la confiance d'un des eunuques du palais et était devenu le secrétaire du sultan pendant sa captivité. Il avait été appelé à remplir des fonctions importantes à la Porte, et ce fut lui qui, après la perte de la bataille de Peterwardein, fut chargé d'apporter à Constantinople le rapport des généraux ottomans réunis à Belgrade. Le sultan fut plus charmé de revoir son favori qu'attristé de la défaite de son armée. Il lui donna en mariage sa fille Fatimah qui avait été fiancée à Aly Pacha, tué à Peterwardein, et lui confia les fonctions de caïmacam (1). Elevé, peu après, au premier poste de l'Empire, Ibrahim Pacha était doué de toutes les qualités pour le remplir dignement. Il avait une connaissance parfaite de toutes les intrigues qui se nouaient dans le sérail. D'une nature affable, d'un esprit vif et pénétrant, il était naturellement porté à la douceur et n'usait de rigueur qu'à la dernière extrémité. Il traitait bien les étrangers et voulait persuader qu'après avoir terminé la dernière guerre avec l'empereur, son dessein était de confirmer la paix avec toutes les puissances limitrophes de la Turquie, afin de pouvoir mettre à exécution des projets qui auraient rendu à l'Empire Ottoman son antique splendeur.

Les ministres turcs s'en remettaient ordinairement à leur kiahia, ou lieutenant, du soin d'expédier les affaires les moins importantes et ils lui abandonnaient les détails de l'administration. Ibrahim Pacha avait laissé à Osman Aga, son gendre et son kiahia, une grande autorité : celui-ci s'était emparé de son esprit et gouvernait l'Empire sous son nom. Il ne tenait sou-

---

1. Caïmacam. C'est une charge que le Grand Seigneur crée lorsque le grand vizir est obligé de sortir de Constantinople pour le service de son maître. Alors le Caïmacam commande et fait la fonction de premier vizir dont il prend la place, si le Grand Seigneur est obligé de sortir de Constantinople et d'éloigner le grand vizir d'auprès de lui pour aller commander ses armées, il reste un Caïmacam à Constantinople et Sa Hautesse en retient un auprès d'elle. *La Cour Othomane*, par le Sr de Saint-Maurice, Paris, 1673, page 58.

vent aucun compte des décisions prises par le grand vizir, qui ne faisait jamais d'opposition aux résolutions de son kiahia.

Mehemmed Efendy, reïs efendy ou secrétaire d'Etat (1), chargé des affaires étrangères, était fort appliqué au travail, mais il apportait dans l'expédition des affaires une extrême lenteur, qui était encore augmentée par l'obligation où il se trouvait de rendre compte au kiahia du grand vizir de toutes les affaires qui lui étaient confiées.

Le cheikh ul islam Yeny Chehry Abdoullah Efendy était un homme pacifique, d'une grande douceur de caractère et animé des sentiments d'une parfaite loyauté. Il est l'auteur d'un recueil de décisions juridiques estimé.

Hadji Moustafa Efendy, trésorier général, qui avait rempli autrefois les fonctions de reïs efendy, jouissait à la Porte d'une grande autorité. Le sultan, qui avait eu souvent l'occasion d'apprécier ses connaissances et sa capacité, exigeait qu'on lui communiquât toutes les affaires et qu'il assistât à tous les conseils où seraient discutés les intérêts de l'Etat.

Enfin, Gregorio Ghika avait succédé à Maurocardato en qualité de premier drogman de la Porte, et M. de Bonnac fut le premier ambassadeur de France qui n'eût point à se plaindre des mauvais procédés et de l'hostilité d'un haut fonctionnaire appartenant au rit grec.

M. de Bonnac partit de Constantinople, le 31 décembre 1716, pour Andrinople, où résidait le Sultan et il arriva dans cette ville le 12 janvier suivant. Il eut son audience du grand vizir le 21 (2) et fit visite, les jours suivants, au caïmacam de l'étrier (3) et au cheikh ul islam. Le matin du jour où il de-

(1) Reis el Kuttab. C'est un officier dont la charge est de garder les livres, les papiers et les archives de l'Empire. De plus, il lit tout haut au Divan les dépesches et les requestes et écrit les résolutions qui sont prises par le Grand Vizir. *La Cour Othomane*, page 152.

(2) Le grand vizir était alors Mehemmed Nichandjy Pacha qui fut remplacé peu après par Ibrahim Pacha.

(3) Le caïmacam de l'étrier était Aly Pacha, fils de Kara Moustafa Pacha, exécuté après la levée du siège de Vienne en 1684.

vait être reçu par le premier ministre, il lui fit présenter par le sieur Lenoir, drogman de France, le cadeau d'usage. Il consistait en une magnifique pendule, une montre sonnante à boîte d'or, des étoffes d'or et d'argent et des pièces de drap.

Dans ses premiers entretiens, l'ambassadeur engagea le grand vizir à conclure la paix avec les Vénitiens, afin de pouvoir disposer contre les Allemands de toutes les forces de l'Empire Ottoman ; il insista sur la réparation par les Latins de la coupole de l'église du Saint-Sépulcre et il réclama, pour le commerce de Marseille, l'autorisation d'exporter du café d'Egypte et de retirer les fonds qu'il avait envoyés à Alexandrie.

Il sollicita aussi son audience du Grand Seigneur et demanda que, selon la coutume, la paie des janissaires fût faite ce jour là. Ce désir ne fut point agréé, parce que l'armée devant se réunir à Sofia, la paie devait avoir lieu dans cette ville. On annonça, sur ces entrefaites, l'arrivée à Belgrade d'un ambassadeur anglais venu en toute hâte de Vienne (1) : on le supposait porteur de propositions de paix, et les Turcs, pressés de le recevoir, firent dire à M. de Bonnac que s'il n'élevait pas la même prétention que lui, ils seraient obligés de lui accorder son audience avant la sienne, ce qui serait préjudiciable à la préséance que la Porte accordait aux ministres de France sur ceux des autres puissances. M. de Bonnac jugea bon de se désister de sa prétention, et il renonça aussi à celle d'avoir son épée au côté lorsqu'il se présenterait devant le sultan, car il avait appris que l'ambassadeur du grand Mogol avait été obligé de se débarrasser de

(1) Cet ambassadeur était Lord Werthley Montague, dont la femme a écrit sur Constantinople et Andrinople des lettres qui ont été traduites en français sous le titre de : *Lettres de Milady Wortlay Montague écrites pendant ses voyages en diverses parties du monde, traduites de l'Anglais*, Londres et Paris, 1764, 2 vol. in-12.

Réception, par le sultan Ahmed III, de M. de Bonnac, ambassadeur de France (13 avril 1717).

son poignard à la porte de la salle du trône. Les lettres de créance de M. de Bonnac lui donnaient le titre d'ambassadeur extraordinaire. On voulait lui fournir ainsi le moyen de réclamer la pelisse fourrée de martre zibeline, accordée seulement aux envoyés de l'Empereur. Les notables de la nation, en qui il pouvait avoir confiance et qu'il fit consulter, lui donnèrent le conseil de n'en point parler. Ils alléguèrent pour prétexte que, cette pelisse valant deux mille écus, on supposerait que ce n'était pas par point d'honneur, mais par avidité que cette demande était faite et, qu'en tout cas, elle ne serait pas accordée. Tous ces pourparlers s'étaient prolongés jusqu'au mois d'avril.

Le treizième jour de ce mois, M. de Bonnac fit porter, à cinq heures du matin au sérail, le présent qu'il destinait au Sultan : c'était deux magnifiques pendules et plusieurs pièces de brocard, d'étoffes de soie, de velours et de drap. Quelques heures plus tard, M. de Bonnac, précédé par les tchaouchs, accompagné par leur chef, et suivi par les gens de sa maison et les marchands français, fut conduit au sérail et introduit dans une petite chambre où se tenait le Grand Seigneur. Le trône, qui s'étendait en long depuis la cheminée jusqu'à la fenêtre, en occupait près d'un quart. Il était long et avait à peu près la forme d'un lit à quatre colonnes, au ciel duquel pendaient plusieurs grosses boules d'or, couvertes de réseaux de fils d'or et d'argent qui, après les avoir enveloppés, tombaient en forme de franges. Ce trône était élevé de deux degrés. Le Grand Seigneur avait à ses côtés son écritoire et son sabre incrusté de pierreries. On voyait dans l'embrasure de la fenêtre un turban chargé de pierres précieuses magnifiques. Le fils du sultan, âgé de sept ans et doué d'une physionomie assez agréable, se tenait debout au coin du trône le plus près de la fenêtre. A son entrée dans la chambre, M. de Bonnac s'inclina et s'exprima en ces termes : « Sire, l'empereur mon maître, en m'envoyant près de Votre Hautesse, m'a expressément chargé de l'assurer que, ne faisant pas moins de cas que ses glorieux prédécesseurs, de l'amitié de Votre Hautesse, il n'oublierait rien pour que cette amitié, fondée sur les capitulations impériales et maintenue sans interruption pendant une si longue suite d'années, se fortifiât sous son règne et que le commerce, si utile aux deux nations, s'augmentât de plus en plus. L'empereur mon maître espère que je trouverai Votre Hautesse dans les mêmes sentiments et que, sachant qu'une des plus éminentes qualités de la dignité impériale est la fidélité dans l'exécution des traités et la protection de la religion et du commerce des étrangers qui négocient à leur faveur, ses sujets éprouveront dans l'Empire turc tout ce qu'ils peuvent attendre de la bienveillance réciproque, établie sur les capitulations et l'amitié. J'espère que ce que j'aurai à lui écrire pendant mon emploi confirmera de plus en plus l'empereur mon maître dans cette opinion, et contribuera à affermir et à augmenter l'amitié et la bonne correspondance des deux Empires. » Le premier drogman de la Porte, qui avait traduit ce discours en turc et le savait par cœur, le récita d'une voix claire et fort haute, bien que ce fût la première fois qu'il paraissait devant le Sultan. Puis, l'ambassadeur prit des mains de son secrétaire la lettre du roi et la remit au nichandjibachi (1) qui la donna au vizir qui était à côté de lui, et elle passa ainsi de vizir en vizir jusqu'au premier ministre qui la posa sur le trône du Sultan.

(1) Nichangi bassi. C'est comme parmy nous un secrétaire d'Etat qui signe du seing royal les commandemens et les depesches du Grand Seigneur et les scelle de son sceau : mais il n'a cette autorité qu'après en avoir receu l'ordre du grand vizir. Les vizirs, en de certaines affaires, peuvent faire le mesme ce qui diminue la charge du Nichangi bassi. Il a quatre mille escus d'appointement par an qui luy sont assignez sur un timar qui luy en vaut bien huit mille ; et outre les émolumens de la charge, il a encore deux vestes de taille d'or tous les ans. *La Cour Othomane*, pages 142-145.

Celui-ci se tourna alors vers l'ambassadeur et lui dit d'un air gracieux, en faisant une inclinaison de tête : Cela est fort bien.

L'ambassadeur se retira et regagna sa demeure, avec le même cérémonial que celui qui avait été observé le matin.

Le premier soin de M. de Bonnac, à son arrivée à Constantinople, avait été de se mettre au courant des démarches faites pour la reconstruction de la coupole du Saint-Sépulcre ; il rédigea sur cette question un mémoire qu'il fit parvenir à la cour. Les demandes faites à diverses reprises au nom de Lous XIV n'avaient point été couronnées de succès ; des firmans avaient été expédiés à Jérusalem sur les instances de MM. de Châteauneuf, de Ferriol et du comte des Alleurs, mais les intrigues des Grecs et les présents considérables qu'ils avaient faits aux principaux officiers de la Porte en avaient entravé l'exécution (1). Les religieux de Terre Sainte, auxquels la protection du roi avait été si précieuse, étaient loin de seconder les efforts de l'ambassadeur de France. Déjà, pendant les négociations de la paix de Carlowitz, ils avaient répandu un mémoire, adressé à l'Empereur, dans lequel ils demandaient que la protection de Lieux saints de la Palestine lui fût attribuée et formât une des clauses du traité. Ils insistaient surtout sur ce point qu'aucun consul européen ne pût être établi à Jérusalem, pour exercer un contrôle sur leurs établissements (2). Pendant les préliminaires

---

(1) Voir à l'Appendice, pièces II, III, IV et V, pages 167-174.

(2) Ce factum commence par ces mots : Augustissima Sacra Cæsarea Majestas, Clementissime Domine Domine... Ordinis Minorum seu Regularis observantiæ Seraphici P. N. Francisci Religiosi... ad clementissimos Vestræ Cæsareæ Majestatis pedes humiliter prostrati supplicant ut in tractatibus pacis in futurum cum Porta Ottomanica concludendæ, inter cætera ejusdem pacis capitula istud etiam Sacra Cæsarea Majestas vestra benigne dignetur inserere, scilicet : ut præfatis Religiosis in possessu et custodia Terræ Sacræ existentibus omnia loca quæ ab antiquo possederunt, possident, et custodiunt, tum in eadem Terra Sancta, tum in Dominio Ottomanico existen-

de la paix de Passarowitz, un père David de Milan fut envoyé à Vienne, pour soumettre à l'Empereur les demandes de la famille de Terre Sainte, et le père Maunier, procureur de Terre Sainte à Constantinople, fut véhémentement soupçonné d'avoir cherché à contrecarrer les démarches de l'ambassade. Les moines espagnols, qui avaient recueilli des sommes considérables pour la reconstruction de la coupole, insistaient vivement pour que cette réparation fût faite par eux, sous leur surveillance et sans l'intervention de l'ambassade de France. Les prétentions des Franciscains français étaient moins exclusives. Le sieur Bourget, docteur en Sorbonne et secrétaire général de tout l'ordre de St-François, et le père Boudet, également docteur en Sorbonne et commissaire de la Terre Sainte, rédigèrent, au mois de novembre 1717, un *Mémoire des Religieux de Terre Sainte contre les prétentions des Grecs qui veulent contribuer à la réparation du dôme du Très Saint Sépulcre de Notre-Seigneur.* Ils exposaient, dans ce document, que les religieux latins de la Palestine étaient l'objet de fréquentes avanies

tia, benigne iterum confirmentur : quæ vero sublata sunt, restituantur. Voici le passage relatif aux Consuls à établir à Jérusalem : Experientia comprobavit, quod Consules nationum Europæ latini, constituti Ierosolymis, quasi pro beneficio et protectione ac securitate Religiosorum Francorum, cedant potius in gravamen et periculum Fratrum inibi existentium, tum ob expensas, quas custodia Terræ Sanctæ occasione talis permanentiæ facere debet ex eleemosynis tanto labore, tantaque sollicitudine conquisitis. Tum quia, quum non sit, Ierosolymis commercium, ratione cujus mercatoribus necessaria sit assistentia Consulis et Fratrum protectionem ipsi Turcæ sibi vindicent, præsentia talium Consulum apta est potissimum ad aperiendas zelotypias et suspiciones intra Turcas aliunde ad id prociives, et proinde odium potius et periculum nata est causare, quam securitatem. Hinc rogat humiliter Custodia Terræ Sanctæ, ut inter moenia Ierosolymæ nullus Consul Europæus Latinus admittatur, sub protextu et titulo protegendi Religiosos inibi existentes, latinos si autem ut peregrini venerint, vel alio titulo quam consulatus et protectionis, solita, et, quæ par est, hospitalitate et omni possibili charitate excipiantur. Cette pièce a été insérée dans l'Appendice du tome XII de l'*Histoire de l'Empire Ottoman* de M. de Hammer, traduite par M. J.-J. Hellert. Paris, 1838, p. 542-550.

de la part des Turcs excités par les Grecs, et que ceux-ci leur disputaient la possession de la voûte du Saint-Sépulcre. Ils demandaient le renouvellement des capitulations en ce qui concerne les Lieux saints et un firman pour la réparation de la coupole. Ils réclamaient l'insertion distincte et spéciale, dans ces capitulations, de tous les articles de leur mémoire et ils prétendaient que les religieux latins fissent les frais et les dépenses des réparations, à l'exclusion des Grecs. Les Franciscains réclamaient, en outre, le droit de visiter les sanctuaires, tant au dedans qu'au dehors de Jérusalem, et particulièrement celui du mont des Oliviers, lieu de l'ascension de N.-S., le sépulcre de la Vierge, le Cénacle au mont de Sion, le tombeau de Lazare à Béthanie, le lieu où saint Jacques fut décapité, etc.

M. de Bonnac ne se dissimulait pas que l'opposition du patriarche et du clergé grecs serait un obstacle difficile à surmonter et qu'il fallait réussir à désarmer leur hostilité. Il fit faire au patriarche des propositions empreintes d'un grand esprit de conciliation, et il parvint à le déterminer à assister à une conférence, à laquelle prirent part le père Maunier, procureur, et le père Montuya, commissaire de Terre Sainte. L'ambassadeur s'attacha surtout à rassurer le patriarche. Il lui déclara que l'intention du roi était seulement d'empêcher la ruine totale de la coupole, dont la base et les murailles sur lesquelles elle portait seraient laissées en la possession des Grecs. Ces conditions ne furent point repoussées par le patriarche, mais M. de Bonnac craignait que les pères de Terre Sainte ne consentissent point à accepter ce qui avait été approuvé à Constantinople par leur commissaire et leur procureur.

Ils se flattaient toujours d'obtenir, par l'intervention de l'Empereur, le firman qui les autoriserait à reconstruire la coupole, et ils voulaient, en outre, arriver à obtenir la réparation des lieux qui leur appartenaient, sans la participation et sans la connaissance des autres communautés chrétiennes. Les Grecs avaient déclaré péremptoirement qu'ils entendaient conserver le Saint-Sépulcre pour la cérémorie du feu sacré qui, seule, attire tous les ans à Jérusalem les peuples de leur croyance, et qu'ils ne souffriraient pas qu'on transportât en Occident des pierres et des matériaux des Lieux saints, pour élever des sanctuaires qui détourneraient les pèlerins de la visite de la Palestine.

Dans les conférences de Passarowitz, les commissaires impériaux, à l'instigation des Pères de Terre Sainte, avaient demandé que, par une clause du traité à intervenir, la protection des Lieux saints fût attribuée à l'Empereur et que la réparation de la coupole de l'église du Saint-Sépulcre fût faite en son nom. Les agents de l'Empereur s'appuyaient, pour soutenir cette prétention, sur l'article X du traité de Carlowitz qui stipule, en termes généraux, qu'il sera permis aux chrétiens de réparer leurs églises. Les ministres de la Porte répondirent que tout ce qu'ils pouvaient faire était de confirmer cet article dans les mêmes termes, sans y comprendre cependant l'église de Jérusalem, parce que ce monument, étant commun à tous les chrétiens et placé sous la protection spéciale du roi de France, l'Empereur ne pouvait considérer la réparation de la coupole comme une affaire qui lui fût particulière.

Le gouvernement Ottoman était d'autant plus déterminé à repousser l'ingérence des puissances limitrophes dans les affaires religieuses qu'il craignait que, dans un avenir plus ou moins lointain, le Czar ne cherchât à s'immiscer dans celles des communautés grecque et arménienne.

Bien que les Grecs et des membres du corps des ulémas eussent insinué que les Latins, possédant quelques monuments en Terre Sainte, obtiendraient l'appui des princes chrétiens et causeraient de graves embarras à la Porte, et qu'il serait préférable de les chasser pour n'avoir affaire qu'aux sujets de Sa Hautesse, les ministres du Grand Seigneur se déterminèrent à accueillir la demande de la France, renouvelée par M. de Bonnac. Il apprit, dans les premiers jours de décembre 1718, que le Sultan Ahmed avait apostillé son mémoire remis à la Porte, et donné ordre de rédiger le firman relatif à la reconstruction de la coupole de l'église de Jérusalem. L'ambassadeur d'Angleterre ayant, de son côté, proposé d'attendre, pour accorder ce firman, l'arrivée de l'envoyé extraordinaire de l'Empereur, il lui fut répondu que le sultan ne voulait point accorder à un autre ce que le roi de France lui avait demandé.

Le firman, revêtu de l'apostille tracée par le sultan, fut remis à M. de Bonnac le 23 décembre 1718.

Le grand vizir, pour donner une preuve de sa bonne volonté, désigna aussitôt les inspecteurs qui devaient surveiller les travaux et il les plaça sous l'autorité d'un personnage considérable, nommé Moustafa Efendy, qui avait été trésorier général. Le gouverneur de Jérusalem, dont M. de Bonnac avait eu à se plaindre, fut destitué et remplacé par le pacha d'Azof qui lui inspirait toute confiance. En même temps que le khatti chérif était remis à l'ambassadeur, les Grecs en recevaient un autre qui les confirmait dans toutes leurs possessions. M. de Bonnac exigea que cette pièce lui fût communiquée et il demanda et obtint la suppression de tout ce qui aurait pu faire revivre les prétentions des Grecs sur le Saint-Sépulcre (1).

Les familiers qui entouraient le Sultan lui avaient fait entrevoir la possibilité de recevoir de M. de Bonnac de magnifiques cadeaux. Cet espoir ayant été déçu, le grand vizir demanda, comme satisfaction à donner au sentiment po-

(1) Voir à l'Appendice, pièce IV.

pulaire, le rachat de cinq cents esclaves turcs, retenus dans les bagnes de la chrétienté. Ce désir fut favorablement accueilli et, dans les derniers jours du mois de mars 1719, cent cinquante prisonniers musulmans furent remis entre les mains des autorités turques.

Les commissaires, chargés de la surveillance des travaux à Jérusalem, quittèrent Constantinople à la fin du mois d'avril. L'ambassadeur de France n'était point toutefois sans appréhension sur les incidents qui pourraient se produire. « Le plus pénible reste encore à faire, mandait-il à la cour; c'est de conduire les religieux latins. Leur imprudence et leur incapacité dans les affaires sont égales et me font tout appréhender. Ils sont, présentement, agités de deux passions violentes, la crainte des périls dont ils prétendent que leurs personnes sont environnées, quoiqu'ils aient deux pachas avec leurs troupes et quatre principaux officiers de la Porte qui veillent à leur sûreté. L'avarice, d'un autre côté, les dévore et après avoir amassé, pendant plus de trente ans, de grands trésors sous prétexte de cette réparation, ils regrettent toutes les dépenses qu'ils sont obligés de faire pour y parvenir, et donnent un juste sujet de soupçonner qu'ils vouloient toujours prêcher et quêter pour la réparation, sans la faire jamais et que la douleur d'être privé d'un prétexte si utile, jointe à la conservation de leurs personnes qu'ils croient en danger, l'emporte dans leur esprit sur la conservation du Saint-Sépulcre qui est commis à leur garde. Il n'est pas aisé de conduire des gens de différentes nations qui pensent de cette manière, mais j'espère que Dieu, favorisant ce saint ouvrage, bénira les soins que je me donne pour cela et que, avant que ce soit un an, il sera entièrement achevé sous les auspices de Votre Majesté. »

Les craintes, éprouvées par les religieux latins pour leur sécurité, n'étaient point aussi chimériques que M. de Bonnac se plaisait à le dire. Le 31 mai 1719, une violente émeute éclata à Jérusalem. Les mutins attaquèrent le couvent de Terre Sainte, dont ils ne purent forcer les portes et pillèrent la maison du drogman. Le pacha, averti de ce tumulte, fit avancer les troupes dont il pouvait disposer et se jeta, le sabre à la main, au milieu des séditieux. Il en blessa quelques-uns et s'empara des plus échauffés qu'il fit jeter en prison. Mais, craignant que l'émeute ne vînt à renaître, il envoya demander du secours au pacha de Damas. Celui-ci arriva au bout de deux jours et fit, à la tête de ses troupes, son entrée à Jérusalem. Il voulait tout d'abord faire étrangler le mufti (1) et le nakib ul echraf (2) que l'on supposait être les instigateurs de cette échauffourée, mais il céda aux prières et aux supplications des commissaires de la Porte qui intercédèrent pour eux, et se borna à faire trancher la tête à quelques-uns des révoltés que le gouverneur avait fait emprisonner. Il déclara qu'il exterminerait tous ceux qui auraient l'audace de s'opposer aux volontés du sultan, et qu'il reviendrait au premier bruit qu'il entendrait. Il laissa dans la ville, par mesure de précaution, trois cents hommes pour assurer la sécurité des religieux et l'exécution des travaux.

L'émeute ayant été réprimée, les commissaires du sultan firent assembler les gens de loi et les notables de la ville; on donna lecture, en leur présence, du khatti chérif et chacun fit le serment d'en observer les stipulations. On s'occupa ensuite, pendant plusieurs jours, de faire la visite de l'é-

(1) C'est le chef des gens de loy parmy les Turcs qu'ils tiennent pour l'interprète de l'Alcoran... Celuy qui est pourvu de cette dignité a une grande authorité parmy les Turcs. *La Cour Othomane*, page 133.

(2) Les Turcs appellent ainsi le chef de la race de Mahomet qui a ses officiers et des sergens sous luy, avec pouvoir de vie et de mort sur tous ceux qui lui sont soumis : mais il ne fait jamais l'affront à ceux de cette race d'en faire mourir aucun publiquement. *La Cour Othomane*, page 141.

glise du Saint-Sépulcre et on en dressa un *hudjet*, ou procès-verbal, qui fut signé par tous ceux qui assistèrent à cette constatation. Dans ce document, on a fait la distinction de tous les lieux qui appartenaient aux Latins, aux Grecs et aux Arméniens et on y a spécifié que le Saint-Sépulcre appartenait aux Latins, sans que les Grecs y fissent opposition.

Ce procès-verbal, envoyé à Constantinople par un courrier spécial, fut approuvé par la Porte et les travaux commencèrent immédiatement. Le grand clocher qui menaçait ruine fut démoli jusqu'à la moitié de sa hauteur, le Saint-Sépulcre couvert de madriers pour le préserver de tout accident et le 21 juin, la démolition de la coupole était commencée (1).

Le Grand Seigneur avait manifesté le désir d'envoyer un ambassadeur, chargé de notifier au roi la réparation de la grande coupole de l'église de Jérusalem. M. de Bonnac, instruit par le grand vizir de l'intention du sultan, demanda que le départ de cet envoyé fût retardé jusqu'à l'achèvement des travaux ; il déclara qu'après les marques éclatantes d'amitié données au roi par le sultan, il ne doutait pas que son ambassadeur ne fût reçu avec empressement, mais qu'il n'avait aucun ordre à ce sujet. Le lendemain de son entrevue avec le grand vizir, l'ambassadeur apprit avec surprise que l'on s'occupait à la Porte du choix de l'envoyé, qu'un certain capidjy bachy (2), nommé Kara Indju, homme

---

(1) Les travaux de l'église du Saint Sépulcre furent achevés au bout de onze mois. On trouve quelques renseignements sur ce sujet et sur l'émeute qui éclata à Jérusalem dans le « *Patrimonio seraphico di Tierra Santa* etc., *dedicado a la Cattolica Majestad de el Rey nuestro señor primero (que dios guarde) escrito por el R. P. Fr. Francisco Jesus Maria de San Juan del Puerto*. Madrid, 1724, pp. 685-687.

(2) Capigi-bassi. Ce sont les chefs des Capigis qui sont huit en nombre... C'est à eux qu'on donne le plus souvent la charge de conduire par dessous les bras ceux qui approchent du Grand Seigneur pour le saluer, comme il se pratique dans les audiences que Sa Hautesse donne aux ambassadeurs. *La Cour Othomane*, page 40.

sans conséquence, avait été désigné pour remplir cette mission ; que l'ambassadeur de l'Empereur et le baile de Venise avaient témoigné un vif mécontentement et une extrême jalousie de l'envoi d'un personnage considérable, et que les ministres turcs étaient en proie aux plus grandes incertitudes.

M. de Bonnac fit savoir alors à Ibrahim Pacha que, si la Porte faisait choix d'une personne de médiocre importance, pour se rendre à la cour, il ne se mêlerait pas de la faire passer en France, mais que si on envoyait un personnage de distinction, il mettrait tout en œuvre pour faciliter son voyage.

Le grand vizir jeta les yeux sur Méhémmed Sayd Efendy, surnommé Yrmy Sekiz, à cause de son affiliation au vingt huitième Orta ou régiment des janissaires, et qui avait pris part aux conférences de Passarowitz. Sa nomination fut rendue publique le 19 août 1719; M. de Bonnac fut aussitôt invité à fournir un navire à bord duquel l'ambassadeur pût prendre passage avec sa suite. M. de Bonnac avait prévu les embarras et les inconvénients que causerait cette mission turque. Il les signala au cardinal Dubois, mais la réponse aux lettres qu'il écrivit à ce sujet arriva après le départ de Méhémmed Sayd Efendy. Les incidents du voyage de l'envoyé ottoman et de son séjour en France sont trop connus pour être rappelés ici. Les gazettes en ont fourni les moindres détails ; lui-même a rédigé une relation qui obtint un certain succès à Constantinople, et qui fut traduite par M. de Fiennes, secrétaire interprète du roi pour les langues orientales (1).

(1) Lenoir, drogman de l'ambassade de France qui accompagna l'envoyé ottoman, a publié en 1721 une nouvelle description de Constantinople, à la suite de laquelle il a placé la relation du voyage de Méhémmed Efendy. Outre la traduction de M. de Fiennes (1724), nous en avons une seconde, faite par Julien Galland et publiée à Paris en 1757, sous le titre de : *Relation de Méhémed Efendy à la Cour de France en 1721, traduite du Turc*. Une se-

Méhémmed Sayd Efendy fut accueilli partout avec la plus grande cordialité et les égards les plus marqués; le roi lui fit remettre des présents magnifiques, mais il ne semble pas que les ouvertures qu'il fit au cabinet de Versailles aient été accueillies avec faveur (1). Il ne reste point

conde édition a vu le jour en 1758. Le texte turc a été édité par l'Ecole spéciale des langues orientales vivantes, en 1841, et par Souavy Efendy, à Constantinople en 1876. Enfin M. John Seeker a publié, à Montpellier, le *Voyage d'un ministre ottoman, annoté avec des documents inédits*. M. d'Aubigny a fait paraître dans la *Revue d'histoire diplomatique*, année 1889, un intéressant travail sur l'Ambassade de Méhémed Sayd Efendy. Il a pour titre : *Un ambassadeur turc à Paris sous la Régence*. On frappa une médaille représentant l'ambassadeur devant Louis XV et ayant pour légende « Splendor nominis Gallici et pour exergue: Orator Imperatoris Turcarum. MDCC. XXI. Joseph Parrocel reçut, en 1721, l'ordre du roi de peindre deux tableaux de vingt-deux pieds de long représentant, l'un, l'entrée de l'ambassadeur turc dans le jardin des Tuileries, l'autre, la sortie du même ambassadeur par le pont tournant, après son audience. Cochin a laissé inachevée une estampe dont le sujet est la réception de Méhémed Sayd Efendy. Le portrait de l'ambassadeur et celui de son fils ont été gravés, et on a fait paraître de nombreuses estampes relatives à l'entrée à Paris et au séjour en France de l'ambassadeur ottoman.

(1) Méhémmed Sayd Efendy avait reçu du roi de magnifiques cadeaux. J'en donne ici la liste et la valeur.

Présents du roi à l'ambassadeur :

Une agrafe de ceinture de diamants............	9770 liv.
Deux grands tapis de la Savonnerie............	12000
Deux petits tapis de la Savonnerie............	10000
Deux pièces de velours à fleurs d'or............	7000
Une pendule de Turet.......................	1500
Deux grands miroirs de Colet................	5600
Un nécessaire de Colet......................	3000
La commode et le bureau de Cresson.........	4000
Le fusil de Piraube et celui de Château.......	600
Les deux fournimonts.......................	600
Une paire de pistolets.......................	600

Pour le fils

Le fusil de Pernot...........................	200
Le fourniment..............................	100
Une tabatière de Legros.....................	1000
Une montre de Gaudran.....................	600
Deux diamants..............................	

Au kiaïa

Une pendule de Turet.......................	1500

trace des communications qu'il dut faire au nom du grand vizir : celui-ci proposait à la France et à l'Espagne une alliance offensive et défensive et la reprise des hostilités contre l'Empire. Le ministère français réclamait, de son côté, le renouvellement des capitulations et l'octroi de quelques nouveaux avantages commerciaux. Méhémmed Sayd Efendy conserva plutôt le souvenir du peu de succès des ouvertures qu'il avait été chargé de faire, que celui des bons procédés dont il avait été comblé. Il traita avec la plus grande froideur, pendant son voyage de retour, les chevaliers de Camilly et de Nangis qui commandaient les vaisseaux du roi mis à sa disposition. Il répandit partout le bruit que M. de Bonnac n'était point des amis du cardinal Dubois et il écrivit, à son arrivée à Constantinople, au Régent, au comte de Toulouse et au cardinal Dubois, pour annoncer son retour, des lettres d'un style fort sec et fort hautain.

Le grand vizir n'avait point renoncé à son dessein de rallumer la guerre avec l'Allemagne et, quelle que fût la répugnance de M. de Bonnac à se rendre à son désir, il obtint de lui que le drogman Lenoir irait à Paris, dans le courant de l'année 1722, pour renouveler la proposition faite par Méhémmed Sayd Efendy.

Pour dissimuler le but de ce voyage, on fit courir le bruit que Lenoir partait pour s'occuper des commissions à lui données par le premier ministre. Les cadeaux et les objets de luxe, rapportés de Paris, avaient excité l'envie des grands personnages de l'Empire et le grand vizir avait demandé que l'on achetât et qu'on lui envoyât des verres de lunettes, des longues vues, des microscopes, des miroirs

Au maître des cérémonies.	
Une montre d'or.........................	1100
Au médecin	
Une montre d'or.........................	1000

ardents, un nécessaire et des commodes plus belles que celles qu'avaient rapportées Méhémmed Sayd Efendy, des tapis des Gobelins sans figures, une tête d'anatomie en cire, des perroquets rouges, jaunes et blancs, des jacinthes doubles de Hollande, des draps, des taffetas et enfin, mille bouteilles de vin de Champagne et cinq cents bouteilles de vin de Bourgogne.

Lenoir devait aussi envoyer les plans et les estampes des jardins de France, et on vit bientôt s'élever, dans la vallée des Eaux douces d'Europe, des maisons de plaisance et des jardins dessinés selon les règles du goût français. Ces gracieuses constructions furent pillées et incendiées pendant la rébellion qui, en 1730, coûta le trône à Ahmed III et la vie à Ibrahim Pacha, avec lequel M. de Bonnac avait entretenu de si cordiales relations.

M. de Bonnac resta près de deux ans, après le retour de Méhémmed Sayd Efendy, sans recevoir aucune instruction de la cour. Lenoir, qui était quelquefois reçu par le cardinal Dubois, lui transmettait les impressions qu'il avait recueillies dans ses courtes conversations avec ce ministre, et M. de Bonrepaus lui faisait connaître les démarches qu'il faisait auprès du duc d'Orléans, pour raffermir sa situation et obtenir le paiement des sommes qui lui étaient dues.

M. de Bonnac consacra les deux années qui suivirent le retour de Méhémmed Sayd Efendy à essayer d'atténuer la persécution dont les catholiques étaient victimes, et à obtenir quelques satisfactions pour leurs intérêts. Des plaintes avaient été adressées au roi et à la cour de Rome, au sujet des outrages subis par des évêques et des missionnaires (1).

Le zèle trop ardent des Jésuites à Alep et à Damas, la rivalité de ceux-ci avec les Dominicains et les Capucins à

(1) Voir Appendice, pièces VII et VIII pages 170-180.

Chio avaient suscité une sorte de persécution, dont les auteurs étaient les Grecs et les Arméniens qui avaient accès et crédit auprès des principaux fonctionnaires de la Porte. Le capitan pacha, gendre du grand vizir et deux capitaines de galères, dont l'un était un Marseillais renégat, avaient des intérêts considérables à Chio; un mouvement assez violent contre les chrétiens y prit naissance, et M. de Bonnac craignant que, si les religieux écrivaient en chrétienté, les Capucins ne rejettassent la faute de cette fermentation sur les Jésuites et les Jésuites sur les Capucins, fit tous ses efforts pour apaiser cette affaire. Mais le grand vizir, ayant appris que onze Capucins se trouvaient dans la maison consulaire, exigea leur renvoi, et n'autorisa que la présence de deux d'entre eux pour le service de la chapelle.

Le firman, rédigé à la sollicitation de M. de Bonnac, ne fit pas mention de cette tolérance, mais il y fut stipulé que les catholiques de Chio, sujets du Grand Seigneur, ne seraient point admis dans la chapelle du consul, et cette condition était d'autant plus acceptable que les Chiotes du rite latin avaient une église publique. Cette injonction n'en parut pas moins pénible aux Capucins, mais M. de Bonnac leur fit observer qu'il ne serait point impossible, avec le temps, de remettre les choses sur le même pied qu'autrefois.

Quant à la restitution des biens confisqués, vingt-cinq ans s'étaient écoulés depuis la confiscation; l'avis de M. de Bonnac était que les Latins devaient y renoncer absolument, à moins de voir la maison consulaire rasée et l'église catholique exposée à une nouvelle persécution. L'évêque et les notables arrêtés à Chio avaient été conduits au bagne de Constantinople; le reïs efendy avait promis qu'il accepterait la caution de M. de Bonnac pour l'évêque et les ecclésiastiques; mais le capitan pacha, s'étant emparé de l'affaire, les avait retenus au bagne et maltraités, pour obtenir d'eux une somme de quarante mille écus qu'il chargea un de ses officiers d'aller prélever (1).

Les extraits de la correspondance du consul d'Alep, que M. de Bonnac fit parvenir à la cour, nous font connaître les rivalités qui divisaient malheureusement les différents ordres religieux chargés des missions de Syrie (2).

Elles avaient profondément troublé les communautés maronites : mais M. de Cresenery, consul de France à 'Sayda, avait réussi à enrayer le mal en réconciliant Mgr Abdallah, évêque de Damas, avec Mgr Simon, évêque de Beyrout. Les Grecs, exploitant ces discordes, avaient obtenu et fait promulguer à Alep, à Damas et dans les autres villes, un firman conçu dans les termes les plus violents. « Il nous est revenu, y était-il dit, que quelques moines francs, pervers comme le démon, parcourent les provinces, animés des plus détestables intentions ; ils cherchent à faire adopter leurs vaines doctrines par les sujets Grecs et Arméniens ; ils les abusent par leur perfides prédications, aussi contagieuses que le mal franc, et les détournent de leurs anciennes croyances. » Il était donc fait défense aux sujets du Grand Seigneur d'embrasser la religion catholique et aux missionnaires, d'avoir aucune communication avec les Grecs, les Arméniens et les Syriens, sous prétexte de les instruire. Il était, en outre, enjoint aux sujets ottomans qui auraient quitté leur religion pour embrasser la foi catholique, de revenir à leurs anciennes croyances. Ces dispositions hostiles des schismatiques et l'ardeur, souvent sans mesure, des missionnaires causaient à M. de Bonnac les plus vives préoccupations. Il écrivait à la cour, où les ordres religieux avaient de puissants appuis : « L'ambassadeur ne doit pas suivre les mouvemens inconsidérés de ceux qui voudraient l'engager à

---

(1) Voir Appendice, pièce VI, pages 174-179.
(2) Voir Appendice, pièces VII-XI, pages 179-197.

soutenir des entreprises imprudentes ou à faire, mal à propos, des demandes plus capables souvent de produire de mauvais effets que de procurer les avantages solides qu'il doit toujours avoir en vue pour la religion. Il emploiera tous ses soins, et même son autorité, pour maintenir la paix et le bon ordre entre les missionnaires qui sont de différents ordres et, par conséquent, soumis à différents supérieurs. La jalousie et une émulation souvent indiscrète pour établir chacun de leur part leur supériorité, les divisent et servent au moins à suspendre le fruit de leurs travaux. Comme ces différents ordres étrangers reçoivent leur mission du Pape, et qu'ils en rendent compte aux congrégations dont ils reçoivent les décisions, il est nécessaire que l'ambassadeur du Roi à Constantinople entretienne avec celui qui est chargé des affaires de S. M. à Rome, une correspondance suivie, afin qu'étant instruit par une voie sûre de ce qui a rapport à la religion et aux missions du Levant, il puisse empêcher que, sur de faux exposés, il ne se prenne, dans les congrégations, des résolutions capables d'exciter de nouveaux troubles dans ces églises ».

Par ses sages exhortations et par les instructions qu'il avait données à ses agents en Syrie, M. de Bonnac avait réussi à rappeler les missionnaires au calme et il avait obtenu du patriarche de Jérusalem, qui se trouvait alors à Constantinople, l'assurance que les clauses du firman, concernant le retour des catholiques, nouvellement convertis, à leur ancienne religion, ne seraient point exécutées avec la dernière rigueur. Enfin, pour exercer sur les ecclésiastiques et sur les missionnaires latins une autorité plus directe, il avait songé, à la mort de Mgr Gallani, délégué apostolique à Constantinople, à faire confier ces fonctions à un sujet du roi et il avait désigné, pour les remplir, son frère Claude Dusson, qui, après avoir commandé une compagnie de dragons et servi avec distinction en Piémont et en Italie, était entré dans l'ordre de Saint-Dominique. M. de Bonnac demanda avec instance, à Rome, la nomination de son frère, mais la congrégation de la Propagation de la foi s'était hâtée de confier, à un prélat de nationalité italienne, la délégation apostolique du Levant.

Depuis l'année 1708, la Perse était profondément troublée par la révolte des Afghans qui, sous la conduite de leur chef Mir Veïs, s'étaient emparés de la province de Qandahar, après en avoir massacré le gouverneur, le Géorgien Châhnouvaz, et battu les généraux envoyés pour les réduire par Châh Husseïn. Mir Veïs mourut en 1715, deux ans après avoir assuré l'indépendance du royaume de Qandahar. Il laissa deux fils dont l'aîné, Mir Mahmoud, fut appelé à lui succéder sous la tutelle de son oncle Mir Abdoullah. Après avoir exercé le pouvoir pendant deux ans, Mir Abdoullah fut assassiné par son neveu. Le désordre et l'anarchie, auxquels la Perse était livrée sous le règne du dernier prince de la dynastie des Séfèvis, déterminèrent Mir Mahmoud à envahir le Kerman, et, marchant de succès en succès, il s'empara d'Ispahan et fit prisonnier Châh Husseïn, qui fut mis à mort après avoir subi une captivité de sept ans (1).

(1) Nous possédons des récits fort exacts et fort détaillés sur l'invasion et les conquêtes des Afghans. Le Père Judas Thadée Kruzinski, procureur général des missions de Perse, qui fut le secrétaire et l'interprète du P. Barnabé de Milan, évêque d'Ispahan, a décrit les évènements dont il a été le témoin. A son passage à Constantinople, il rédigea, pour le grand vizir Ibrahim Pacha, une relation en langue turque qu'il intitula *Tarikhi Seyyah* (la chronique du voyageur) et qui fut imprimée en 1729, et rééditée dans ces dernières années. Cette version turque fut traduite par J. Christian Clodius, professeur à Leipzig et éditée dans cette ville, en 1731, sous le titre de : *Chronicon peregrinantis seu historia ultimi belli Persarum cum Aghwanis gesti a tempore primæ earum irruptionis usque ad Eschrefum Aghwanum continuata.*

Le P. Kruzinski a publié à Lemberg, en 1734, l'histoire de l'intervention diplomatique de la Turquie dans les affaires de Perse. *Prodromus ad tragicum vertentis belli Persici historiam, seu legationis a Fulgida Porta ad Sophorum Regem Szah Sultan Hussein anno 1720 expeditæ autentica relatio.*

Avant la prise d'Ispahan, il avait envoyé son fils Tahmasp à Qazbin, pour y lever quelques troupes et appeler à son secours les tribus kurdes du Nord de la Perse. Mir Mahmoud fit marcher contre lui un de ses généraux, appelé Amanoullah khan, qui reçut la soumission de Qoum, de Kachan et de toutes les villes qui se trouvèrent sur sa route, dispersa les quelques troupes qu'il rencontra et s'empara de Qazbin. La joie que ces succès causèrent à Mir Mahmoud fut troublée par l'arrivée d'une ambassade envoyée par Pierre le Grand. Ce prince s'adressait à Mir Mahmoud, comme chef effectif du gouvernement persan, et lui demandait la réparation des pertes subies par une caravane russe venant de Chine, qui avait été pillée par les Khiviens, et pour les outrages infligés à quelques-uns de ses sujets, lors du sac de Chemakhy par les Lezguis.

Les tribus des Lezguis, qui occupaient les parties abruptes du Daghestan, supportaient impatiemment l'autorité des Persans. Attachés, comme les Ottomans, au rite sunnite, ils avaient à maintes reprises invoqué la protection de la Porte. Les Persans souillaient leurs mosquées, brûlaient leurs livres religieux, torturaient leurs prêtres et épuisaient sur eux tous les genres de persécution. L'exécution de Feth Aly-khan, un de leurs chefs, qui prétendait descendre de leurs anciens princes, fut pour eux le signal de la révolte. Guidés par deux de leurs chefs, Sultan Ibrahim et Daoud bey, ils se répandirent dans le plat pays, mirent les villages

Durri Effendi Turcarum Imperatori Achmet III in scripto consignavit. Ex Turcico additis scholiis, latine facta opera P. Krusinski S. J. Leopoli, 1734, in-4.

Le P. Ducerceau a fait paraître à La Haye, en 1728, une *Histoire de la dernière révolution de Perse*, composée sur des mémoires manuscrits.

Enfin Hanway a donné, à la suite de son *Historical account of the British trade over the Caspian sea, The revolutions of Persia containing the reign of Shah Sultan Hussein, the invasion of the Afghans and the reign of the Sultan Mir Mughmoud and his successor Sultan Ashreff*, Londres, 1754.

à feu et à sang et massacrèrent tous les gens qu'ils rencontrèrent. Chemakhy, la capitale du Chirvan, était une ville extrêmement florissante. Les richesses qu'elle renfermait excitaient la convoitise et l'avidité des Lezguis et, bien qu'ils ne fussent que quinze mille combattants, ils n'hésitèrent point à se présenter devant cette ville, le 15 août 1721.

Ils espéraient que les habitants, professant en grand nombre le rite sunnite, leur faciliteraient la prise de la ville. Le gouverneur Hussein khan, connaissant les dispositions hostiles de la plus grande partie de la population, ne crut pas devoir faire de sorties et se borna à défendre les murailles. Il succomba après une résistance qui se prolongea pendant vingt-cinq jours. On lui fit subir, ainsi qu'à son fils, les plus cruels tourments pour leur arracher l'aveu de l'endroit où ils avaient, croyait-on, enfoui leurs trésors ; leurs corps furent jetés en pâture aux chiens, et quatre mille habitants chiites furent passés au fil de l'épée ; les autres purent se soustraire à la mort, en s'enfuyant pendant la nuit. Les femmes et les enfants, tombés au pouvoir des vainqueurs, furent vendus comme esclaves. Un certain nombre d'Arméniens, de Juifs et d'Indiens étaient établis à Chemakhy, où s'était fixée aussi une petite colonie de marchands russes. Tous ces étrangers se virent dépouillés de leur avoir et un négociant russe, nommé Yevreinof, subit en particulier des pertes s'élevant à plus de douze cent mille livres. Maîtres de Chemakhy, les Lezguis se répandirent dans le Chirvan, franchirent le Kour sous les ordres de Daoud bey, battirent le khan d'Erivan, pillèrent son camp et l'assiégèrent dans la ville de Guendjéh, où ils l'avaient forcé à chercher un refuge. La terreur qu'ils inspiraient était telle que les habitants des provinces limitrophes de la mer Caspienne invoquèrent la protection du Czar.

Mir Mahmoud ayant répondu à l'envoyé de ce prince que

les Khiviens et les Lezguis échappaient à son autorité, Pierre se détermina à tirer lui-même vengeance des outrages subis par ses sujets : au mois de mai 1722, il réunit à Moscou un corps d'armée qui descendit le Volga et arriva à Astracan le 4 juillet. Un mois après, le Czar envahissait le Daghestan, battait les bandes qui voulurent s'opposer à sa marche et le 30 août, il fit son entrée à Derbend dont les clefs lui furent présentées par le gouverneur. Il y laissa une garnison de deux mille hommes sous les ordres du colonel Yonger, puis il fit occuper Bakou et envoya quelques détachements dans le Chirvan et le Guilan. La difficulté de se procurer des vivres, l'insalubrité du climat, l'hostilité des montagnards qui harcelaient les troupes russes, enfin la perte de nombreux navires jetés à la côte, obligèrent le Czar à regagner ses états et, le 5 octobre 1724, il s'embarqua sur sa galère pour retourner à Astracan.

L'émotion causée par l'invasion du Daghestan avait été très profonde à Constantinople ; une vive polémique, dirigée contre l'hérésie des Persans par les ulémas, contraignit le grand vizir à donner quelque satisfaction à l'opinion publique. Un officier, nommé Dervich Méhémmed aga, fut chargé d'aller porter à Daoud bey le diplôme de gouverneur du Chirvan et de lui remettre les insignes de sa nouvelle dignité. Le gouverneur de Qars eut ordre d'entrer dans le Chirvan et d'en prendre possession, celui de Trébizonde fut chargé de reconquérir Bakou et le pacha d'Erzroum reçut la mission de marcher sur Tiflis.

Les relations se tendaient entre la Russie et la Porte et il y avait lieu d'appréhender une rupture.

Le grand vizir était loin de la désirer et, après les pertes subies par son armée dans le Daghestan, Pierre le Grand souhaitait la continuation de la paix. Pour apaiser l'irritation des esprits, le grand vizir fit partir pour Moscou un chambellan du Sultan, Nichly Méhémmed aga, chargé de plaider la cause des Lezguis et de demander des explications sur la prise de Derbend et de Bakou et sur les projets ultérieurs du Czar, qui avait promis aux Géorgiens et aux Arméniens de revenir châtier leurs ennemis. D'un autre côté, le chancelier Golofkine donnait à M. de Campredon l'assurance des sentiments pacifiques du Czar et lui déclarait que ce prince éprouverait une extrême satisfaction, si l'ambassadeur du roi à Constantinople faisait accepter ses bons offices, pour aplanir les difficultés qui s'étaient élevées entre son gouvernement et la Porte Ottomane. C'était l'époque où le prince Kourakine, ambassadeur auprès des Etats généraux de Hollande, était venu à Paris pour proposer l'union de la France avec la Russie, et le mariage d'une des filles du Czar avec un prince français qui serait élu roi de Pologne. Le cardinal Dubois répondit en ces termes, le 15 janvier 1723, aux ouvertures que lui transmettait M. de Campredon : « Les circonstances contenues dans vos deux lettres, par rapport aux avis que les ministres du Czar ont reçus de Constantinople, semblent ne laisser aucun doute que ce prince ne désire éviter sincèrement une rupture avec les Turcs et confirment, en même temps, l'assurance que ces mêmes ministres nous ont donnée, que leur maître vouloit désormais s'occuper à perfectionner ses établissements sur la mer Baltique et à se mettre en état de soutenir sa considération en Europe. Si cette disposition se confirme, on peut la regarder comme la connoissance que le Czar aura eue de ce qui s'est passé à Constantinople et en Pologne contre ses intérêts, de la part de la cour de Vienne, et je dois vous marquer, à cette occasion, que le jeune prince Kourakine m'a dit en dernier lieu qu'il avoit des ordres de sa cour, c'est-à-dire, apparemment des ministres avec qui il a des relations, et particulièrement du chancelier Golofkine, de prier S. A. R. de continuer à employer ses offices à

Constantinople, pour empêcher une rupture entre le Czar et la Porte et même de proposer la médiation du roi, si, malgré ces offices; les dispositions paroissent conduire à la guerre. S. A. R. n'a pas attendu ces instances pour renouveler les ordres qu'elle a donnés à M. de Bonnac, de ne rien oublier pour contribuer au maintien de la bonne intelligence entre la Porte et le Czar et d'empêcher, autant qu'il lui sera possible, l'effet des moyens que d'autres puissances pourroient employer pour engager une guerre entre ces deux cours. C'est tout ce que S. A. R. a pu faire jusqu'à présent, dans la vue qu'elle a toujours eue de prévenir et de procurer tout ce qui pourroit convenir au Czar de ce côté là. » Quelques jours après, le cardinal écrivait encore à M. de Campredon : « Il me semble, en effet, que si l'on veut détourner les Turcs de faire la guerre au Czar, il ne faudroit pas qu'il envoyât une nouvelle armée sur la mer Caspienne, puisque ce sont ses progrès de ce côté là qui ont alarmé la Porte. Ce prince sait d'abord par son expérience combien ses troupes ont souffert, et ce qu'elles ont perdu dans l'expédition qu'il vient de faire ».

M. de Bonnac était également persuadé qu'il était de l'intérêt de la France, que la guerre n'éclatât pas entre la Turquie et la Russie. Il crut donc devoir expliquer, en termes généraux, au premier drogman de la Porte, Gregorio Ghika, le contenu de la lettre par laquelle M. de Campredon lui faisait connaître les sentiments du Czar et ceux de ses ministres ; le grand vizir fit répondre à l'ambassadeur que le sultan avait reçu très favorablement l'ouverture qui lui avait été faite de la part du Czar, et qu'il avait reconnu par cette demande les véritables sentiments d'amitié du roi pour la Porte, et que le Czar ne pouvait prendre une meilleure voie pour dissiper de justes soupçons et prévenir la jalousie que de nouvelles entreprises pourraient exciter. Le grand vizir priait en conséquence l'ambassadeur de France d'assurer le roi, que le Grand Seigneur le verrait avec beaucoup de plaisir s'entremettre dans cette affaire.

La France n'avait qu'un intérêt bien indirect dans les révolutions qui bouleversaient la Perse. Elle désirait que, si Mir Mahmoud parvenait à assurer sa domination, les Turcs traitassent avec lui et évitassent de prendre, de ce côté là, des engagements capables d'occuper leurs forces et de leur occasionner des dépenses considérables.

Le cardinal Dubois écrivait donc à M. Campredon, à la date du 5 mars 1723 : « Comme vous êtes instruit, par M. de Bonnac, des dispositions de la Porte et de ce qu'il croit nécessaire de la part du Czar pour calmer les inquiétudes des Turcs, c'est désormais à ce prince à mettre M. de Bonnac en état d'employer les offices du roi, s'il le juge à propos. Mais quelque parti que le Czar prenne, vous devez avoir une attention particulière à ne pas exposer l'ambassadeur du roi à la Porte au reproche d'avoir voulu abuser les Turcs, par l'assurance des dispositions des Russes à la paix, pendant qu'en effet ils n'auroient eu l'intention que de gagner le temps nécessaire, pour faire de nouveaux préparatifs de guerre, et c'est à vous, qui êtes sur les lieux, à ne rien laisser ignorer à M. de Bonnac de ce qui peut servir à régler ses démarches en cette occasion. »

Le grand vizir et le Czar firent témoigner à M. de Bonnac le désir qu'ils avaient de le voir intervenir, à l'effet de concilier les deux parties et d'éloigner tout danger de rupture. Deux conférences eurent lieu, bien que M. de Bonnac n'eût reçu aucun ordre et que le roi se fût borné à lui mander « qu'il consentoit à ce que les deux parties intéressées connussent et fussent persuadées que son ambassadeur à la Porte a un ordre formel de contribuer à leur conciliation et à leur satisfaction réciproque, mais que S. M. souhaite en même temps que les ministres des puissances de l'Europe qui se trouvent à Constantinople pussent croire que l'intervention de son ambassadeur, en ce dont il s'agit, est l'effet de la recherche et de la sollicitation des Turcs et des Moscovites, et non pas d'aucun ordre formel que le roi lui ait donné. Ce qui ne peut être sujet à aucun changement, ce sont les intérêts et les intentions du roi dans la dite négociation. Ces intérêts sont que les forces de l'Empire Ottoman et celle du Czar ne se commettent pas les unes contre les autres, au point que ces deux puissances cessent d'inspirer de l'attention et de la considération à celle de qui il y a le plus à craindre que le repos de l'Europe ne soit troublé. Il faut empêcher que le Grand Seigneur ne fasse de son agrandissement du côté de la Perse un objet si capital que cela ne l'engage à y porter toutes ses forces, parce que, si les Turcs se livroient entièrement à l'attrait de quelques conquêtes en Asie, dont la conservation seroit très incertaine, l'Empereur cesseroit, dès lors, de les regarder comme capables de lui causer la moindre inquiétude, et de le troubler dans ses desseins et dans les entreprises qu'il pourroit former au préjudice de la paix en Europe ; s'il n'en venoit pas jusque là, il se rendroit, au moins, plus difficile sur ce qui reste à faire pour consolider cette même tranquillité, en un mot, il est constant que la puissance de l'Empire Ottoman ne peut jamais nuire à la France et si, au contraire, il est certain qu'elle est à redouter pour l'empereur, il s'ensuit que le principal soin de l'ambassadeur du roi à la Porte doit être de faire en sorte que le Grand Seigneur ne prenne pas des partis qui délivrent la maison d'Autriche de l'appréhension d'être attaquée par les Turcs, ou qui la portent à faire peu de cas d'eux. Il faut éviter ou éluder les propositions trop pressantes que les ministres de la Porte pourroient faire, tendant à engager le roi à renouveler la guerre. Un projet de cette nature a été le sujet du voyage que le sieur Lenoir a fait de Constantinople en France, au milieu de l'année 1722, voyage auquel M. de Bonnac fut obligé de consentir, pour ne pas mécontenter absolument le vizir, et ç'a été pour se dispenser de donner une réponse à de pareilles propositions, quelque mesurée qu'elle eût été dans son refus, que l'on n'a pas songé à renvoyer cet interprète. »

Assuré des dispositions pacifiques du Czar et du Sultan, M. de Bonnac n'hésita pas à prendre part, sur leur invitation, aux conférences qui se tinrent entre les commissaires turcs et le résident de la Russie, en faisant observer toutefois que son intervention et ses démarches étaient plutôt la suite de la recherche que les deux parties intéressées en avaient faite, que l'effet d'un ordre formel donné par son gouvernement. M. de Bonnac a écrit, dans tous ses détails, la relation de ces pénibles négociations, plusieurs fois entravées par les hésitations de M. Nepluyef et les exigences des commissaires turcs. Son récit ne saurait être lu avec trop d'attention, car il fait ressortir les procédés multiples de la diplomatie orientale et les efforts heureux que fit l'ambassadeur de France, pour écarter toutes les difficultés qui pouvaient compromettre le succès des pourparlers (1). Rien n'est plus instructif et ne donne une idée plus nette et plus exacte de la manière dont les fonctionnaires ottomans traitaient, et traitent encore aujourd'hui, les affaires diplomatiques.

Le traité de délimitation des possessions turques, et russes en Asie fut signé le 8 juillet 1724 (2) et, dans la joie que

(1) Voir à l'Appendice les procès verbaux et les lettres de M. de Bonnac, pièces XII à XXX, pages 197-267.

(2) Le texte turc a été inséré dans l'histoire officielle de Tcheleby Zadéh. Hanway a résumé la teneur des articles dont il se compose dans ses *Revolutions of Persia*, Londres, 1754, tome II, pages 215-218.

Schœll en a donné une traduction peu exacte dans son *Histoire abrégée des traités de paix*, tome XIV, pages 302-211.

La relation des conférences et le texte du traité furent envoyés à Vienne lui causait cette heureuse conclusion, le grand vizir déclara à M. de Bonnac que, si la France et la Russie voulaient faire avec l'Empire Ottoman une ligue pour être amis des amis communs et ennemis des ennemis communs, la Porte était prête à en jeter les bases et qu'il était assuré que, si cette ligue avait lieu, il n'y avait pas de prince au monde, qui ne tremblât devant les confédérés.

Le jour de l'échange du traité fut fixé au 16 juillet; il se fit avec un certain apparat. Trente-cinq chevaux richement harnachés furent mis à la disposition de l'ambassadeur, pour le transporter avec sa suite au palais du grand vizir : quinze autres furent envoyés au résident de Russie. Quand M. de Bonnac mit pied à terre, il fut revêtu d'une pelisse de martre zibeline, faveur réservée jusque-là aux ambassadeurs extraordinaires de l'empereur et que les ministres du roi avaient, à différentes reprises, vainement sollicitée. M. Nepluyef présenta, de la part du Czar pour être offerte au Sultan, une fourrure de renard noir et, après s'être félicité de l'heureuse conclusion du traité, M. de Bonnac remit au grand vizir, en présence de Hadji Moustapha et du reïs efendy, Méhémmed Efendy, l'instrument préparé par le résident de Russie et à celui-ci l'instrument préparé par les Turcs (1). Ce jour même, M. Nepluyef se présenta chez l'ambassadeur pour le remercier de ses bons offices et pour lui faire, de la part du Czar, une visite qui lui fut rendue, le surlendemain, en cérémonie. Pierre le Grand avait, dans le cours des négociations, témoigné la satisfaction qu'il éprouvait des efforts faits par M. de Bonnac pour éviter une rupture (2); il lui en donna une marque publique, quelque

par le résident de l'empereur, Dirling; ils sont conservés dans les Archives de la Cour.

(1) Le discours, prononcé à cette occasion par M. de Bonnac, se trouve à l'Appendice, pièce XXXI, pages 273-274.

(2) Voir Appendice, pièce XXIV, page 249.

temps après, en lui conférant le cordon de son ordre de St-André. M. de Morville lui transmit, de son côté, les félicitations du duc de Bourbon et du conseil du roi et, après son retour en France, il recevait la lettre suivante par laquelle le roi lui promettait le cordon bleu.

« Mons. le marquis de Bonnac, Je vous fais cette lettre pour vous dire qu'estant très satisfait des services que vous m'avez rendus en différentes négociations avec les principales puissances de l'Europe et, en dernier lieu, en qualité de mon ambassadeur à la Porte ottomane ou, entre autres importantes affaires que vous avez traitées par mes ordres, vous avez procuré la réparation du Saint-Sépulcre de Jérusalem et, par votre médiation, la conclusion d'un traité entre le Grand Seigneur et le Czar, j'ai résolu de vous associer à mon ordre et milice du Saint-Esprit dans la première nomination que j'en feray, et vous pouvez garder cette lettre comme un témoignage assuré de ma volonté. Sur ce, je prie Dieu qu'il vous ait, Mons. de Bonnac, en sa sainte garde. »

Écrit à Fontainebleau, le 2 novembre 1726.

Louis.

Une rupture avec la Russie aurait causé le plus grave préjudice à l'Empire Ottoman et lui aurait fait courir de sérieux dangers. La joie de voir ce péril conjuré fut très vivement ressentie par le Sultan et par son grand vizir. L'ambassadeur de France en profita pour obtenir que le firman, qui avait été rendu contre le consul et les Capucins de Chio, fût rayé des registres du tribunal de cette ville; que la chapelle consulaire pût être, comme par le passé, desservie par les religieux de cet ordre. Il se fit aussi accorder, par la Porte, l'autorisation d'établir des consuls dans les îles de Sifanos, Naxos, Milo, Santorin et Miconi, pour défendre les intérêts des habitants catholiques de ces îles (1).

(1) Voir Appendice, pièces XXXIV et XXXV.

La satisfaction, accordée par le Sultan à M. de Bonnac, au sujet de la maison qu'il occupait pendant l'été, dans l'île des Princes, a trop peu d'importance pour être mentionnée ici avec quelques détails.

La proposition d'une trêve de vingt ans et du rachat des esclaves turcs et chrétiens, faite par le grand maître de Malte, fut la dernière affaire dont M. de Bonnac eut à s'occuper à Constantinople. Les exigences de l'ordre, le peu de chaleur que montra le cabinet de Versailles pour la soutenir et le retrait d'un projet élaboré par la Porte, firent échouer les pourparlers.

M. de Bonnac avait, en 1721, sollicité la place de conseiller d'État d'épée, vacante par la mort de M. de Canillac, et, en 1722, il avait demandé la permission de revenir en France. Elle lui fut accordée deux ans plus tard et le roi désigna, pour le remplacer, le comte d'Andrezel, qui arriva à Constantinople le 12 septembre 1724.

M. de Bonnac, après lui avoir remis le service, le présenta au grand vizir le 18 octobre, et quatorze jours après, il eut son audience de congé du Grand Seigneur. Ce prince lui témoigna la plus grande bienveillance, lui exprima ses remerciements pour les services rendus et ses regrets de le voir s'éloigner; il le fit revêtir d'un caftan en drap d'or et d'argent, doublé de martre zibeline, et demanda qu'on lui amenât les enfants de l'ambassadeur, auxquels il fit l'accueil le plus gracieux. Le premier drogman de la Porte, Gregorio Ghika, assistait à cette audience. M. de Bonnac n'avait eu qu'à se louer de ses bons services. Le cabinet de Versailles jugea utile de les reconnaître et il lui fut accordé une gratification annuelle de trois mille livres. Quelque temps après, Gregorio Ghika

(1) Le roi fit frapper, à l'occasion de l'heureuse médiation de M. de Bonnac, une médaille, et une autre pour la délimitation des frontières entre la Turquie, la Russie et la Perse.

fut nommé hospodar de Valachie et l'ambassade de France ne fut point étrangère à son élévation.

Pendant son séjour à Constantinople, M. de Bonnac fit tous ses efforts pour amener une étroite union entre la France et la Russie ; la divergence des vues, la rivalité des intérêts religieux rendaient bien difficile la durée d'une entente sérieuse. La France considérait comme un intérêt de premier ordre pour elle l'intégrité et la consolidation de l'Empire Ottoman, tandis que la Russie ne négligeait aucune occasion de l'ébranler et de l'affaiblir. L'accord avec la Russie ne put donc jamais avoir en Orient qu'une durée très éphémère.

La mort de Pierre le Grand vint entraver l'exécution du traité pour la conclusion duquel M. de Bonnac avait prodigué ses bons offices. L'impératrice Catherine, occupée des affaires du Schleswig, fit évacuer, par ses troupes décimées par un climat meurtrier, les provinces persanes limitrophes de la mer Caspienne. La Turquie conserva d'abord toutes ses conquêtes ; mais, ayant déclaré la guerre à la Perse six ans plus tard (24 août 1730), elle perdit successivement Hamadan, Kermanchâh et Tauriz. Ces revers provoquèrent la révolution qui coûta le trône à Sultan Ahmed et la vie au grand vizir Ibrahim Pacha, avec lequel M. de Bonnac avait eu de si excellents rapports.

Les années que M. de Bonnac passa à Constantinople forment la période la plus brillante de sa carrière. L'inscription suivante, placée dans la maison de ville de Toulon, après son passage dans cette ville, résume les succès qu'il obtint dans les questions religieuses, diplomatiques et commerciales :

JOANNI LUDOVICO DUSSON
MARCHIONI DE BONNAC
AGMINIS DUCTORI

LUDOVICI XV BIZANTII LEGATO
RELIGIONE ET COMMERCIO PROTECTIS
INSTAURATÆ SANCTI SEPULCRI FORNICIS
PER ORATOREM MEHEMET EFFENDI
REGE CERTIORE FACTO
NOVIS HONORIBUS A TURCARUM
ET RUSSIÆ IMPERATORIBUS ORNATO
LEGATIONE NOVEM ANNORUM
FELICITER PERACTA
CONSULES ET CIVITAS TOLONENSIS
PONI C. C.
ANNO M. DCC. XXV.

M. de Bonnac, comme tous ses prédécesseurs qui ont géré les affaires de France en Turquie pendant les XVIe et XVIIe siècles, n'avait point négligé les intérêts de la Bibliothèque du roi, et il avait accordé un concours empressé aux voyageurs français qui entreprenaient le voyage alors périlleux du Levant.

Nous en trouvons la preuve dans les deux lettres qu'il écrivit à ce sujet à M. l'abbé Bignon, garde de la Bibliothèque royale.

Constantinople, le 30 septembre 1720.

J'ay reçu, Monsieur, la lettre que vous m'avés fait l'honneur de m'écrire le 10 may. Je seray, s'il vous plaît, votre sous bibliothéquaire à Constantinople et, si je puis remplir ce titre à votre satisfaction, j'en tireray plus de vanité que de celuy de l'ambassade.

Pour commencer, comme nous avons un patriarche arménien en cette ville, je luy ay demandé la liturgie de leur église et je vous envoye deux livres légalisez par luy, avec la vérification de son seing faite par le chancelier de l'ambassade.... Je ne me contenteray pas des livres que je vous envoye d'ici. J'en fairai venir aussy d'Esmiazin et de Jérusalem, où ils ont un missel particulier qu'ils appellent le missel de S. Basile.

Je ne sçay, monsieur, si je pourray vous servir aussy exactement pour les manuscrits. L'honneur que vous avez fait au prince de Valaquie (1) m'en a attiré un que je vous envoye ; c'est une traduction grecque de Boèce faite par Planude (2). Ce manuscrit vous sera présenté par le sieur Lenoir, drogman que j'envoye en France à la suite de l'ambassadeur du Grand Seigneur. Cet ambassadeur, qui ne vous donnera pas une mauvaise idée de l'esprit et de la politesse des Turcs, est un homme qui se pique de lecture et de science.... Il porte avec luy grand nombre de livres et je l'ay averty qu'il courait risque de ne les pas remporter, et j'ay pris la liberté de vous citer, Monsieur, comme le premier de ceux qui les lui enlèveraient....

Dusson de Bonnac.

Le marquis de Bonnac à l'abbé Bignon.

Constantinople, le 22 février 1723.

J'ay veu, Monsieur, par la commission que vous avez donnée au sieur Paul Lucas, que vous aviez déjà mis le Roy dans le goust des recherches de tout ce qui peut contribuer à l'augmentation des sciences dont nos roys ont toujours été les protecteurs. C'est un dessein si louable, que j'espère que vous ne désapprouverez point l'ambition que j'ay d'y contribuer, en vous proposant un sujet plus capable que le

---

(1) M. l'abbé Bignon avait envoyé au prince Nicolas Alexandre Maurocordato, hospodar de Valachie, un exemplaire de la Byzantine du Louvre, relié aux armes du roi.

(2) Ce manuscrit grec de 31 feuillets, copié au XIV° siècle, est coté à la Bibliothèque nationale sous le n° 1992. Il contient la traduction grecque, par Planude, de la Consolation de la philosophie de Boèce, et des Distiques moraux de Caton.

sieur Paul Lucas, et au moins plus jeune et plus actif. C'est un sieur Mariane qui est depuis dix ans dans le Levant et qui me sert de secrétaire. Il s'est appliqué à la recherche des antiquitez; il y a fait quelques progrès et il a la plus belle occasion du monde de les augmenter, car le roy, ayant bien voulu choisir M. Dusson d'Alion, mon parent, pour faire la fonction de médiateur entre les Moscovites et les Turcs, pour le partage de la province de Chirvan, j'ay mis à sa suite le sieur Mariane.... Je luy ai donné un ordre par écrit de recueillir tout ce qu'il pourra trouver digne de la bibliothèque du roy, ou de ses cabinets de médailles, de pierres gravées et d'antiquités.

Dusson de Bonnac.

M. de Bonnac ne goûta point un long repos après son retour de Constantinople. Il fut appelé, au commencement de l'année 1727, à remplacer M. le marquis d'Avaray auprès du Corps helvétique. M. d'Avaray avait quitté son poste et en avait confié la gérance à M. de la Martinière, qui avait rempli, sous MM. de Puysieux et du Luc, les fonctions de premier secrétaire (1). Depuis le commencement du XVIe siècle, la France avait considéré comme un intérêt de premier ordre de cultiver l'alliance avec les Suisses et l'Empire Ottoman. « J'ouys dire une fois à M. le connétable, nous apprend Brantôme, que les roys de France avaient deux alliances et affinitéz desquelles ne s'en devoient jamais distraire et departir pour chose du monde; l'une celle des Suysses, l'autre celle du Grand Seigneur ». Les ambassades de France auprès des cantons Suisses et de la Porte Ottomane étaient

(1) Laurent Corentin de la Martinière remplit, à plusieurs reprises, les fonctions de chargé d'affaires en Suisse. Il fut, au milieu du mois de novembre 1731, frappé d'un coup d'apoplexie, sous les yeux de M. de Bonnac que cette mort impressionna vivement. Il écrivait, sous la date du 26 novembre. « Feu mon oncle (M. de Bonrepaus) est mort d'apoplexie; peut-être l'accident de M. de la Martinière est-il un avertissement pour moi. »

donc considérées, depuis le XVI⁰ siècle, comme les postes les plus importants et les mieux rétribués. Elles avaient été l'une et l'autre accordées à M. de Bonnac, en récompense de ses services et en considération de la médiocrité de sa fortune, qu'il avait fait connaître au roi en sollicitant ses bienfaits.

Depuis le règne de François I⁰ʳ, la monarchie française avait entretenu avec les cantons suisses les relations les plus amicales. Ils couvraient une partie de nos frontières de l'Est et nous fournissaient des soldats d'un courage et d'une fidélité à toute épreuve.

Après la bataille de Marignan, François I⁰ʳ avait, en 1516, conclu avec les Suisses un traité de paix perpétuelle et il s'était engagé à leur payer sept cent mille écus pour les frais des guerres précédentes, et à servir à chacun des treize cantons une pension de deux mille livres, destinées à être distribuées à leurs alliés. Le trésor français devait donc faire remettre, tous les ans, aux confédérés les sommes promises, et cela tant qu'ils observeraient le traité de 1516 et qu'ils se tiendraient en paix avec le roi. Cette clause fut insérée dans le traité d'alliance perpétuelle signé en 1521. Seulement, il fut alors stipulé que chacun des cantons recevrait une augmentation de mille livres, de sorte qu'ils reçurent, chaque année, la somme de trois mille livres pour la pension d'alliance et la même somme à distribuer à tous leurs alliés. Cet engagement pris par le roi fut renouvelé dans tous les traités suivants, et notamment dans ceux de 1602 et de 1663. Le maréchal de Biron, qui se rendit en Suisse en 1602, dut remettre aux Suisses, au nom de Henri IV, la somme d'un million d'écus pour acquitter ce qui n'avait pu leur être payé à cause des guerres civiles.

Outre ces secours pécuniaires, les Suisses jouissaient en France d'avantages commerciaux considérables. François Ier, en leur confirmant les privilèges qui leur avaient été accordés par les rois ses prédécesseurs, stipula, dans l'article neuvième de l'acte de 1516, « que, tant dans son royaume que dans le Milanais, les marchands suisses auront droit d'aller et de venir, de trafiquer franchement et quiétement avec leurs corps, biens et toutes sortes de marchandises fabriquées en France et en Suisse, trafiquant et négociant sans aucune molestation ». Ces avantages furent confirmés par les rois successeurs de François Ier. Le traité de 1602 invite, dans les termes les plus exprès, les marchands suisses à venir demeurer en France et, vingt ans plus tard, Louis XIII les autorisa à s'établir à Lyon et dans d'autres villes du royaume. Toutes ces conventions furent confirmées par Louis XIV.

Au XVIIIe siècle, les ambassadeurs de France devaient s'attacher à continuer ces traditions d'amitié, s'efforcer de perpétuer l'ancienne union et la bonne correspondance entre la couronne de France et la Confédération helvétique, protéger les cantons catholiques, assurer les clauses du traité de 1713, travailler à la réunion du Corps helvétique et arriver au renouvellement de l'alliance générale avec tous les cantons.

A son entrée en Suisse, M. de Bonnac fut reçu par les magistrats de Bâle avec des honneurs inusités. Il arriva à Soleure, le 4 novembre 1727 et reçut le service des mains de M. de la Martinière. Il fit son entrée publique dans cette ville, le 15 mai 1728, et offrit un repas magnifique aux magistrats des cantons, avec lesquels il avait été en rapport dès son arrivée.

La mission de M. de Bonnac en Suisse n'eut ni l'éclat ni les heureux résultats de celles qu'il avait remplies à Madrid et à Constantinople. Il dut se consacrer à l'expédition d'affaires d'une fort médiocre importance et il ne sut point se concilier les sympathies du Corps helvétique. Son parent, M. d'Alion, dont les procédés pendant son séjour à Constantinople avaient si justement blessé M. d'Andrezel, était venu le rejoindre et avait, par ses hauteurs, aliéné bien des esprits.

Des souffrances aiguës, des espérances déçues avaient aigri le caractère de M. de Bonnac ; ne pouvant rétablir en Suisse sa santé ébranlée, il sollicita et obtint la permission de rentrer en France. Il partit de Soleure, le 3 octobre 1736, et confia l'expédition des affaires à son secrétaire Mariane (1). Ne pouvant supporter la fatigue de la voiture, il dut voyager en litière et à petites journées. L'air natal et les soins qui lui furent prodigués n'ayant apporté aucune amélioration à son état, il se détermina à donner sa démission. Sa vie ne se prolongea pas longtemps après sa retraite ; il mourut à Paris, le 1ᵉʳ septembre 1738, d'une attaque d'apoplexie. Il était âgé de soixante-six ans. Au moment de son décès, il était seigneur du pays souverain de Donezan, conseiller d'Etat d'épée, chevalier d'honneur au parlement de Toulouse, lieutenant de roi, commandant pour S. M. dans la province de Foix, gouverneur des châteaux d'Usson et de Queregut, maréchal des camps et armées du roi, chevalier de l'ordre militaire de St-Louis et de celui de St-André de Russie (2).

(1) Antoine Mariane avait rempli à Constantinople, auprès de M. de Bonnac, les fonctions de secrétaire : il eut le titre de secrétaire d'ambassade, à la mort de M. de la Martinière et remplit, pendant dix-huit mois, les fonctions de chargé d'affaires, depuis le départ de M. de Bonnac jusqu'à l'arrivée de M. de Courtille. Il donna sa démission en 1749, après l'arrivée de M. Paulmy : il fit valoir le mauvais état de sa santé. Il comptait vingt-cinq ans de services. Nommé, en 1751, l'un des trois trésoriers généraux des Ligues suisses et grisonnes, il exerça cette charge jusqu'à sa suppression en 1779. Antoine Mariane mourut en 1782.

(2) On trouve dans le Mercure de l'année 1738, pages 2083 et suivantes, une notice biographique assez étendue sur M. de Bonnac. Elle a été reproduite intégralement dans le tome II, 2ᵉ partie, pages 53-54 de l'édition de 1759 du dictionnaire de Moreri. On peut aussi consulter : Pinard, *Chronologie historique militaire*, etc., Paris, 1760-1778, tome VII, pages 112-113.

M. le duc de Luynes mentionne en ces termes, dans son Journal, la mort du marquis de Bonnac :

Mardi, 2 septembre 1738. « J'ai appris aujourd'hui la mort de M. de Bonnac, gendre de M. le maréchal de Biron. Il laisse onze enfants, dont l'aîné a vingt-sept ou vingt-huit ans. On dit qu'il a peu de bien ; cependant, M. de Bonnac a été, pendant plusieurs années, dans deux ambassades qui, ordinairement, ne dérangent pas les affaires, celle de Constantinople et celle de Suisse. Dans la première, il y a un grand commerce à faire. Il est vrai que l'ambassadeur de France ne doit pas être intéressé dans le commerce, mais cela ne s'exécute pas régulièrement. Il y a, outre cela, des présents considérables qu'il est d'usage que l'ambassadeur reçoive des commerçants, lorsque sa femme accouche à Constantinople de son premier garçon, et Mme de Bonnac y est accouchée. A l'ambassade de Suisse, l'ambassadeur est toujours chargé de sommes très considérables que le roi fait distribuer, et desquelles ceux qui les reçoivent ne donnent point de quittance ; mais cette sorte de profit ne seroit pas dans la règle. Ce qu'il y a à ces deux ambassades, c'est que la dépense n'en est pas considérable (1). »

Mme de Bonnac ne survécut pas longtemps à son mari : elle mourut quelques mois après lui, le 17 mars 1739.

François-Armand, fils aîné de M. Bonnac, né à Constantinople le 7 décembre 1716, était, au moment de la mort de son père, capitaine dans le régiment de Touraine-infanterie.

L'impératrice de Russie lui conféra, en 1739, le cordon de St-André en mémoire des services rendus par son père. Il obtint ensuite une compagnie dans le régiment du Roi-infanterie et s'éleva jusqu'au grade de maréchal de camp (1749). Il eut une jambe emportée à la bataille de Lawfeld

---

(1) *Mémoires du duc de Luynes*, publiés par MM. L. Dussieux et Eud. Soulié. Paris, 1860, t. II, pp. 238-239.

et fut nommé, en 1751, ambassadeur auprès des Etats généraux de Hollande. Il avait épousé, en 1740, Marie-Louise Bidé de la Granville.

M. de Bonnac avait formé, en 1718, le projet d'écrire un mémoire consacré à l'histoire des négociations de ses prédécesseurs à la Porte Ottomane. Il ne trouva, dans les archives de l'ambassade de France à Constantinople, aucun document antérieur à la mission de M. de la Haye Vantelay le fils ; il écrivit alors la lettre suivante à M. Pecquet, premier commis des affaires étrangères, pour réclamer de lui l'envoi de renseignements qui lui permissent de donner suite à son dessein :

Constantinople, le 8 février 1718.

« Les ambassadeurs qui m'ont précédé dans cette cour ont été si sûrs, Monsieur, de leur fait, pour les affaires et le cérémonial qui en fait une partie considérable dans ce pays cy, que je n'ay pas trouvé un seul papier dans la chancellerie, qui pût m'en instruire et m'en donner la moindre connoissance. Vous savez que, de mon côté, je n'en ay pas beaucoup porté de France, à cause de l'incertitude où j'ay été pendant longtemps si je ferois ce voyage et, parce que, quand je m'y suis déterminé, une partie de vos papiers étoit encore à Versailles. Je me suis tiré d'affaire du mieux que j'ay pu, mais j'ay senti si vivement le manque de connoissances où je me suis trouvé et l'inconvénient qu'il y a à être absolument abandonné aux drogmans, que j'ai cru devoir travailler à empêcher que ceux qui me succéderont dans cet emploi, ne se trouvent dans la même peine que moi, et j'ay fait le dessein de faire une espèce d'histoire de cette ambassade qui, étant différente de toutes les autres, demande un traité à part pour la bien connoître. J'ai lu pour cela, avec bien de l'attention, tous les auteurs qui en ont écrit et je les ai trouvés pleins de contradictions, de faussetés et presque toujours de malice contre notre nation. Cela m'a fait voir que je ne pouvois pas venir à bout de l'ouvrage que je m'étois proposé, sans secours. Je vous le demande donc, mais ce n'est qu'à condition que vous approuviez mon dessein et que vous le jugiez de quelqu'utilité au bien du service, qui est mon unique but. Si vous aviez opinion, Monsieur, que l'exécution de ce projet puisse être de quelqu'utilité, je vous prie de charger M. de Saint Priest d'employer quelqu'un de ses élèves de parcourir les registres des lettres des ambassadeurs du roi à Constantinople, et à faire un extrait des principaux incidents qui sont arrivés pendant leurs ambassades. J'en ai trouvé beaucoup dans l'histoire de l'Empire Ottoman par le chevalier Ricaut, mais on y reconnoît une main peu amie de la France (1). J'en ai trouvé aussi plusieurs dans l'histoire de Venise du chevalier J. B. Nani (2). Mais quoique sa République eût, comme vous le savez, de grandes obligations à M. de la Haye, il parle dans des termes très impropres et absolument faux de l'aventure qui lui arriva et celuy qui a fait la table de son livre, renchérissant sur luy, a mis : « Le grand vizir fait donner des coups de bâton et emprisonner l'ambassadeur de France ». Le chevalier Chardin, dans le commencement de ses Voyages, raconte beaucoup mieux cette affaire et fait une narration assez vraisemblable de l'ambassade de M. de La Haye le fils, et du commencement de celle de M. de Nointel ; mais il laisse sa narration au milieu de la négociation des capitulations et, quoique tout ce qu'il dit soit assez bien écrit et plausible, je ne crois pas qu'il faut s'y fier entièrement. Un nommé Lacroix, qui étoit secrétaire de cet ambassadeur, parle, du reste, de son ambassade, mais c'est le

(1) *Histoire des trois derniers empereurs des Turcs, depuis 1623 jusqu'en 1677, traduite de l'anglais du sieur Ricaut.* Paris, 1683.
(2) J. B. Nani, *Istoria della Reppublica Veneta.* Venise, 1679.

plus mauvais auteur qu'il y ait jamais eu, et je suis surpris qu'on ait permis en France l'impression d'un aussi misérable livre (1). Il parle aussi de la querelle du sofa, qui commença du temps de M. de Nointel et ne fut terminée qu'à la fin de l'ambassade de M. de Guilleragues, sur laquelle je n'ay que deux pièces, l'une une lettre que le P. Besnier, Jésuite, écrivit cinq mois après la mort de cet ambassadeur, sous le nom de Fontaine, premier drogman, à M. de Seignelay pour luy rendre compte de ce qui s'étoit passé dans son voyage d'Andrinople. J'ay reconnu par moi-même qu'elle étoit pleine de fautes grossières et j'ay vu, dans l'instruction qui fut donnée par le roi à M. de Girardin, qu'on avoit regardé, en France, cette lettre comme une pièce peu exacte et qu'on avoit soupçonné la fausseté des suppositions dont elle étoit pleine. L'autre pièce que j'ay vue sur l'ambassade de M. de Guilleragues est encore moins authentique. Il s'étoit brouillé avec M. Colier, pour lors résident des Etats généraux, par le mépris qu'il avoit fait de luy en diverses occasions. Cet homme, qui avoit beaucoup d'esprit, se servit du prétexte de cette brouille pour se faire donner le caractère d'ambassadeur par ses maîtres et, conservant son chagrin contre M. de Guilleragues, il fit imprimer en Hollande un petit livre contre luy, qui est une invective très forte de tout ce qu'il avoit fait pendant son ambassade, et surtout de la conduite qu'il avoit tenue, lorsque M. Duquesne canonna les vaisseaux barbaresques, sous le château de Chio (2).

(1) *Mémoires du sieur de la Croix, secrétaire d'ambassade à Constantinople, contenant diverses relations très curieuses de l'Empire Ottoman*. Paris, 1684. Le Journal d'Antoine Galland pendant son séjour à Constantinople en 1672 et 1673, a été publié, en 1881, par l'éditeur de ce volume.

(2) *Relation véritable de ce qui s'est passé à Constantinople avec M. de Guilleragues, ambassadeur de France, où on montre clairement les bévues de la Gazette de Paris*. A Chio, chez Pierre de Touche, à l'enseigne de M. du Quêne, 1682. Il existe sur cette affaire de Chio un autre pamphlet intitulé : *Substance d'une lettre ecrite par un Officier du Grand Visir à un Pacha*

Cette affaire coûta cent mille écus à la nation, et franchement, elle ne fut pas trop bien conduite; si elle pouvoit l'être autrement, je ne sais et pourrois l'apprendre par l'extrait des lettres que M. de Guilleragues écrivit pour lors. Je ne sais absolument rien sur l'ambassade de M. de Girardin, qui succéda à M. de Guilleragues, que l'instruction qui luy fut donnée à son départ. Je suis mieux instruit des ambassades de M. de Châteauneuf et de M. de Ferriol, ayant là-dessus des copies de la relation qu'ils en ont faite au roi, au retour de leurs ambassades, dont la première me paroit une pièce achevée, écrite avec noblesse et pleine de modestie et de vérité. Je ne sais que par ouï dire les circonstances de l'ambassade de M. des Alleurs qui ne m'a laissé aucuns papiers. Il s'est cependant passé des choses considérables pendant son temps, tant par rapport au roi de Suède que par rapport au ministère de ce furieux Aly Pacha qu'il a soutenu tout entier.

Vous voyez, Monsieur, combien de choses il me manque pour remplir mon projet. Je suis sûr que vous voudrez bien me donner les secours nécessaires pour le remplir, si vous l'approuvez et que vous jugiez qu'il puisse être de quelqu'utilité pour le bien du service. Ce travail, qui sera assez pénible, me deviendra agréable si je puis le rendre de votre goût. Je suis, etc. »

M. Pecquet répondit en ces termes à M. de Bonnac, le 8 septembre 1718.

« Je voudrois bien, Monsieur, qu'il fût possible de fournir de bons mémoires pour exécuter le dessein que vous avez formé d'écrire l'histoire des négociations de la France à la Porte; mais, toute réflexion faite, nous ne vous donnerions que des pièces qu'il faudroit unir à ce qui est dans le Dépôt

---

touchant l'expédition de M. du Quesne à Chio et la négociation de M. de Guilleragues avec la Porte. A la Ville Franche, chez Pierre de Marteau, 1683.

de la Marine, pour en faire quelque chose qui pût servir comme d'introduction à votre négociation, et vous savez si c'est le goût du siècle et si l'on trouve beaucoup de disposition au concours dans ces sortes de desseins, dans un temps où chacun est occupé d'autres soins. Je crois donc, Monsieur, que votre négociation doit faire le plus beau morceau de l'ouvrage que vous vous êtes proposé. Vous pouvez, en la réduisant à la forme d'histoire, vous préparer d'achever votre dessein, lorsque vous goûterez ici le repos et que vous y cueillerez le fruit de vos travaux. »

La réponse de M. Pecquet était, sous les formes de la plus exquise politesse, une invitation pleine de finesse engageant M. de Bonnac à s'occuper exclusivement des affaires de son ambassade, et à ne s'en laisser distraire par aucune autre occupation. M. de Bonnac ne renonça cependant point à son projet. Il aurait pu, pour rédiger son travail, avoir recours aux ouvrages de Thou et de d'Aubigné, généralement bien informés de tout ce qui s'est passé dans le Levant pendant le XVI° siècle (1), et aux histoires de Baudier et de Mézeray (2) qui, en leur qualité d'historiographes de France, ont eu entre les mains les Mémoires et les dépêches, envoyés par les agents français résidant dans le Levant. Dans le courant du XVII° siècle, Jean Camusat et Nicolas Camuzat (3), Ri-

---

(1) *J. A. Thuani historiarum libri CXXXVIII.* Genève, 1620, 5 vol. D'Aubigné, *Histoire universelle depuis l'an 1550 jusqu'à l'an 1601.* Maillé, 1616-1620, 3 vol. in-f°.

(2) *Inventaire de l'histoire générale des Turcs où sont les descriptions des guerres des Turcs, leurs conquêtes, séditions et choses remarquables depuis l'an mille trois cent jusqu'en l'année 1640, par M. Michel Baudier, du Languedoc, gentilhomme de la maison du roy, conseiller historiographe de Sa Majesté.* Rouen, 1641, in 4°.

Histoire générale des Turcs contenant l'histoire de Chalcondyle traduite par Blaise de Vigenaire et continuée jusqu'en M.D.C. XII par Thomas Artus, et en cette nouvelle édition par le sieur de Mezeray jusqu'en l'année 1661. Paris, 1662, 2 vol.

(3) Jean Camusat, *Traicté de paix fait à Chasteau-Cambresis l'an MDLIX*

bier (1), P. Cusset (2) et l'auteur des mémoires de Nevers (3), ont publié des fragments de la correspondance de quelques ambassadeurs et certains documents diplomatiques. Enfin Wiquefort lui aurait fourni quelques renseignements sur des agents français accrédités près la Porte Ottomane (4). M. de Bonnac n'a point eu ces ouvrages entre les mains ; aussi passe-t-il sous silence ses prédécesseurs du XVI° siècle et ne fournit-il quelques détails sur l'ambassade de France près la Porte Ottomane, qu'à partir de l'époque de MM. de la Haye Vantelay, père et fils (5). Il a eu seulement sous les yeux les rapports remis au roi, à leur retour en France, par M. de la Haye fils, par MM. Castagnères de Châteauneuf et de Ferriol, et il a recueilli, de la bouche des drogmans et des notables de la na-

le III d'avril et ce qui se passa en sa negociation pour ladite paix... à quoy a esté adjousté l'instruction et ambassade du S. de Lancosme en Turquie pour Henry III roy de France et de Pologne en l'année M.D.LXXXV. Paris, Jean Camusat, 1637.

Nicolas Camuzat, *Extrait du registre des lettres écrites par M. de Petremol, ambassadeur à la Porte de 1561 à 1566*, dans les *Mélanges historiques* publiés à Troyes en 1619.

(1) *Lettres et mémoires d'Estat des roys, princes, ambassadeurs et autres ministres sous les règnes de François Ier, Henri II et François II, contenant les intelligences de ces roys avec les princes de l'Europe contre les menées de Charles V, principalement à Constantinople auprès du Grand Seigneur*, par Messire Guillaume Ribier, conseiller d'Etat. Paris, 1660, 2 vol. in-f°.

(2) *Recueil des pièces choisies extraites sur les originaux de la negotiation de M. de Germigny de Châlon-sur-Saône, baron de Germoles, conseiller du roy et son ambassadeur à la Porte du Grand Seigneur*, dans le tome Ier, pages 1-132, de l'*Illustre Orbandale ou l'histoire ancienne et moderne de la ville et cité de Châlon-sur-Saône*, par P. Cusset. Châlon, 1652, 2 vol in-4°.

(3) *Les mémoires de M. le duc de Nevers, prince de Mantoue, pair de France, enrichis de plusieurs pièces du temps*. Paris, 1665, 2 vol. in-f°.

(4) *Mémoire touchant les ambassadeurs et les ministres publiés par M. Wiquefort*. La Haye, 1677.

(5) Il a été publié à Paris, en 1687, un volume ayant pour titre: *Ambassades de M. le comte de Guilleragues et de M. de Girardin auprès du Grand Seigneur avec plusieurs pièces curieuses, tirées des mémoires de tous les ambassadeurs à la Porte qui font connaître les advantages que la religion et tous les princes de l'Europe ont tirés des alliances faites par les François avec Sa Hautesse.*

tion, les détails qu'il donne sur MM. de Nointel, de Guilleragues et de Girardin. M. de Nointel, disgracié et dépouillé, pendant son voyage de retour, de tout caractère diplomatique, ne fut point reçu par le roi, MM. de Guilleragues et de Girardin moururent pendant le cours de leur mission et le comte des Alleurs, le prédécesseur de M. de Bonnac, revint en France dans un état de santé tel que tout travail lui fut interdit.

J'ai fait suivre le Mémoire historique de M. de Bonnac sur l'ambassade de France à Constantinople, des rapports de MM. de la Haye Vantelay fils, de Châteauneuf et de Ferriol, afin que le lecteur puisse avoir sous les yeux un tableau à peu près complet des affaires traitées à la Porte Ottomane par les ambassadeurs de Louis XIV.

Je n'ai pas cru non plus pouvoir me dispenser de placer, à la suite de ces documents, le rapport que M. de Bonnac présenta au roi, au retour de sa mission auprès de la Porte Ottomane.

Le mémoire historique de M. de Bonnac n'est pas le seul travail dû à son infatigable activité. Outre le *Mémoire sur les affaires du Nord*, qu'il remit à la Dauphine en 1711 et qui a été publié par la *Revue d'histoire diplomatique*, il a rédigé, pendant son séjour en Espagne, un mémoire sur les colonies espagnoles. Après la mort de Louis XIV, il remit au Régent et au maréchal d'Huxelles les mémoires dont il a été fait mention à propos de son séjour à Paris en 1715. Il envoya de Constantinople, sous la date du 1ᵉʳ août 1722, un nouveau *Mémoire sur les affaires de l'Allemagne et du Nord*, des *Remarques sur le gouvernement et le caractère de la nation polonaise*; un *Mémoire sur les fonctions des sénateurs, ministres et officiers de la Pologne* et des *Réponses à des questions sur la Moldavie et la Valachie*; un *Mémoire concernant les drogmans et enfants de langues*; un *Mémoire concernant le commerce des Français à Constantinople*; un *Mémoire contenant les princi-*

pales choses qui se sont passées par rapport à l'église du Saint-Sépulcre de Jérusalem et autres établissements des Latins dans la Terre Sainte, depuis la première autorisation qui en a été accordée à l'ordre de St-François, jusques à la réparation de la grande voûte du Saint-Sépulcre ; et enfin, un *Mémoire de ce qui s'est passé par rapport au cérémonial depuis le 13 septembre (1726), jour de l'arrivée de M. d'Andrezel, tant entre luy et le marquis de Bonnac qu'avec les ministres étrangers, jusqu'au départ de celuy-cy.*

Le nombre et la variété de ces mémoires témoignent de l'activité de M. de Bonnac et du soin avec lequel il recueillait tous les renseignements qu'il jugeait utiles au service de l'Etat. Outre les documents cités plus haut, et qui sont conservés aux archives du Ministère des Affaires étrangères et aux Archives nationales, celles-ci possèdent, sous la cote KK. 1404, l'*Ambassade de M. de Bonnac en Pologne, 1703-1704* (1) et un *Mémoire sur l'Etat actuel de la religion dans le Levant*, et on voit figurer, dans le *Catalogue des manuscrits de la Bibliothèque de Rouen*, un *Registre des dépêches du Roy à M. le marquis de Bonnac, envoyé extraordinaire de France auprès du Roy de Suède et des réponses qu'il y a faites en 1704*, et les *Dépêches échangées entre le Roy et M. de Bonnac touchant les affaires de Pologne* (2). Enfin, un volume, renfermant la correspondance du marquis de Bonnac avec le maréchal de Noailles (1734-1735), se trouvait dans la Bibliothèque du Louvre. Il a été détruit dans l'incendie qui, au mois de mai 1871, a anéanti tant d'ouvrages précieux (3).

Enfin, dans un mémoire consacré à la Bibliothèque du

---

(1) *Catalogue des manuscrits conservés aux Archives nationales*, Paris, 1892, p. 177-178.

(2) *Catalogue général des manuscrits des Bibliothèques publiques de France. Départements*, t. I, *Rouen*, par M. Omont. Paris, 1886, pages 591-596.

(3) *Cabinet historique*, 1872, page 193.

Roi au commencement du règne de Louis XV et que vient de faire paraître M. Omont (1), ce savant nous apprend que le 20 mai 1735 « le marquis de Bonnac a remis à la bibliothèque du roy le recueil des lettres originales turques qui luy ont été écrites pendant son ambassade à Constantinople . »

Deux planches ont été ajoutées à ce volume ; l'une est la reproduction d'une gravure faite d'après une toile peinte par Martin le Jeune, peintre ordinaire du roi ; elle représente la réception du marquis de Bonnac par le sultan Ahmed III, dans le palais d'Andrinople, le 13 avril 1717. Ce tableau, ainsi que celui qui a pour sujet une audience du Grand Vizir à laquelle assiste l'ambassadeur, et qui a été également gravé, se trouve en la possession de M. le marquis du Luppé, arrière-petit-fils de M. de Bonnac.

Cet ambassadeur avait aussi fait exécuter un dessin au crayon de sa réception par le sultan et il l'avait annexé à la relation envoyée à la Cour.

La seconde planche reproduit les médailles frappées, par ordre du Roi, pour perpétuer le souvenir de l'ambassade en France de Seyd Méhemmed Efendy, de la médiation officieuse de M. de Bonnac entre la Porte Ottomane et la Moscovie et de la formation de la commission, chargée de délimiter les frontières turco-russes, dans le Chirvan et l'Arménie, commission que les évènements qui survinrent ne permirent pas de réunir.

(1 *Mémoires de la Société de Paris et de l'Ile de France*, Paris, 1893, tome XX, page 270.

(2) Martin le Jeune avait été chargé par le Prince Eugène de peindre quatre tableaux, représentant des épisodes de sa campagne contre les Turcs en Hongrie.

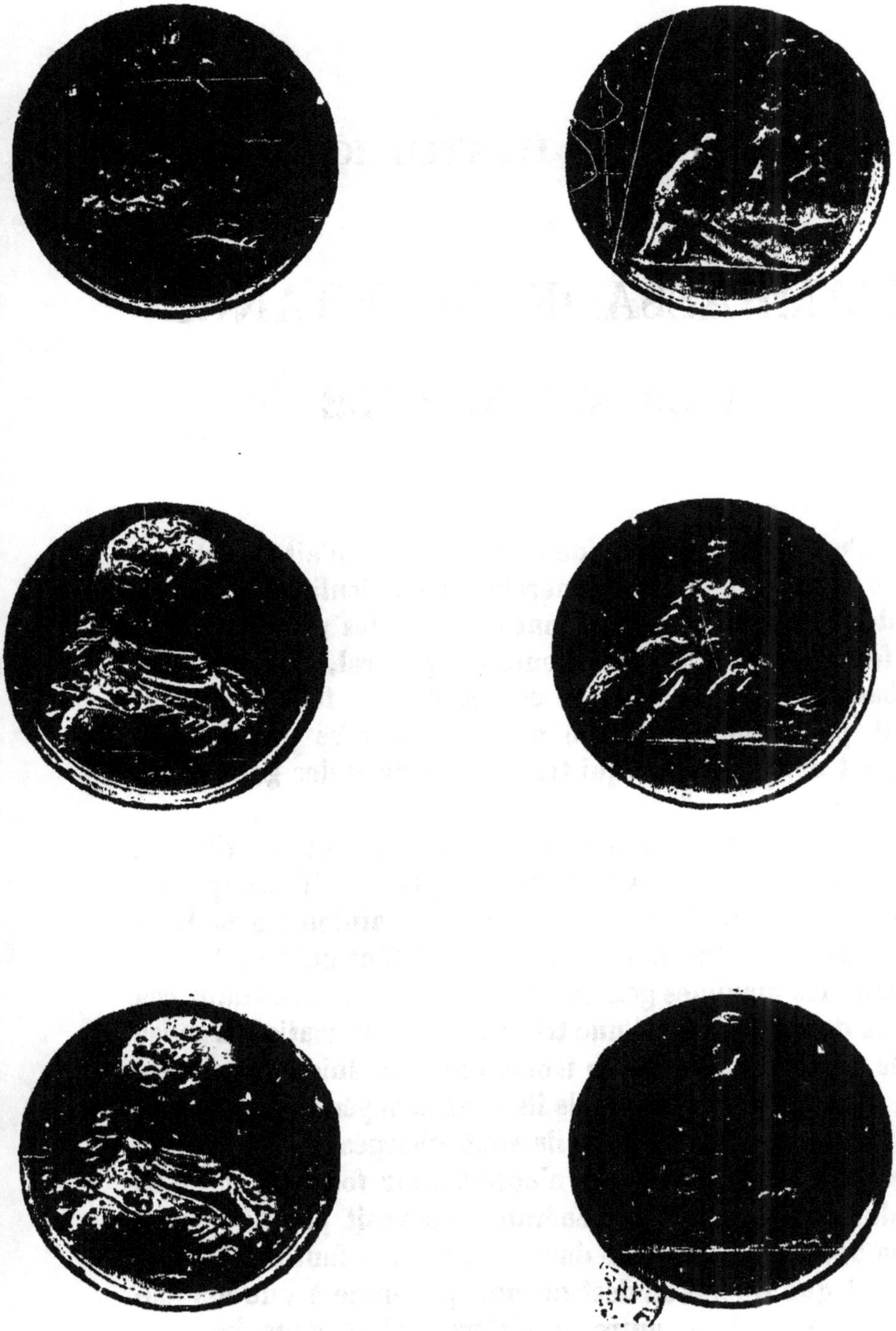

MÉDAILLES COMMÉMORATIVES

Phototypie Berthaud, Paris

MÉMOIRE HISTORIQUE

SUR

L'AMBASSADE DE FRANCE

A CONSTANTINOPLE

Il n'y a point d'état ou de profession qui n'ait ou qui ne doive avoir des règles générales et particulières pour sa conduite ; quelques auteurs ont écrit sur les prérogatives et les fonctions des ambassadeurs en général, et comme les ambassades font une partie essentielle de tout gouvernement politique, on trouve plusieurs choses qui les regardent dans les livres qui traitent du droit des gens et du droit public.

Un ambassadeur peut voir dans ces sortes d'écrits les prérogatives qui sont attachées à la place qu'il occupe, et, en général, ce qu'il doit faire pour s'y maintenir avec honneur et avec utilité pour le Prince ou l'État qu'il sert.

Mais, les maximes générales qui sont répandues dans ces sortes de livres étant d'une très difficile application, à cause de la variété infinie qui se trouve entre le génie et les mœurs des peuples auprès desquels ils sont envoyés et de la diversité des commissions dont ils sont chargés, il est certain qu'un ministre public qui n'auroit pour fondement de sa conduite que ces règles générales, pourroit par une mauvaise application tomber dans de grandes fautes. C'est ce qui fait que quand on destine une personne à une ambassade ou à quelque autre ministère public dans les pays étrangers, on lui donne, non seulement une instruction pour l'informer des choses dont on le charge et pour lui donner une connaissance du pays où il va, mais on lui communique aussi les lettres de ses prédécesseurs, et les relations qu'ils sont chargés de faire à leur retour de ce qui s'est passé de plus considérable dans le cours de leur emploi. Il arrive cependant, surtout en France, que les ambassadeurs négligent de faire de semblables relations, que les ministres n'ont pas le temps de leur donner des instructions assez amples et qu'eux-mêmes, embarrassés du soin de leur départ, ne peuvent point lire les papiers qu'on leur communique, ni en faire des extraits.

C'est ainsi qu'ayant été envoyé auprès du roi de Suède après M. le comte de Guiscard, comme j'étois en Allemagne lorsque je reçus cet ordre, que M. de Guiscard étoit à Stokholm et le roi de Suède auprès duquel je devois me rendre en Livonie, j'arrivai auprès de ce prince sans avoir d'autre connoissance de sa cour que celle que je pus prendre d'un secrétaire qu'on avoit laissé à Riga pour m'attendre.

Pareillement, lorsque je fus choisi à mon retour de Suède et de Pologne pour aller en Espagne, on me donna si peu de temps pour me mettre en chemin, qu'à peine eus-je celui de lire mes instructions, encore étoient-elles fort succinctes par rapport à la connoissance actuelle de cette cour, le ministre m'avouant qu'il y avoit eu tant de variété, qu'il connoissoit aussi peu l'état de la cour d'Espagne que celui de la cour du Mogol.

Ayant été nommé ensuite pour aller à Constantinople, j'eus beaucoup plus de temps qu'il ne m'en falloit pour m'instruire, puisqu'il se passa deux ans et demi entre ma nomination et mon départ; mais la mort du feu roi qui arriva dans cet intervalle, les changements dont elle fut suivie et la variation qu'il y eut sur ma destination m'empêchèrent de m'appliquer comme j'aurois pu le faire à prendre toutes les connoissances que je devois sur cet emploi, auquel je n'ai été absolument déterminé que deux mois avant mon départ de Paris.

Je m'étois flatté que je trouverois abondamment dans la

chancellerie de Constantinople, de quoi suppléer à ces contretems, mais je fus fort trompé dans cette attente; partie des papiers de la chancellerie ayant été brûlés pendant l'absence du S' Roboly et le reste étant dans un désordre extraordinaire par la faute de mes prédécesseurs, qui s'étoient contentés de laisser ceux qui regardoient les particuliers, sans en laisser presque aucun de ceux qui concernoient leurs négociations, pas mêmes les copies des commandemens qu'ils avoient obtenus de la Porte pour le commerce.

Je sentis vivement l'inconvénient de l'ignorance dans laquelle je me trouvois et de me voir réduit pour ma conduite aux règles générales qui, comme je l'ai dit devant, sont d'une difficile application en tout pays, mais particulièrement dans celui dont les mœurs et les coutumes sont si différentes des nôtres.

Cela me fit penser qu'il falloit que pour mon instruction particulière et pour celle de mes successeurs, ou du moins pour leur satisfaction, je recueilliese, tant dans les écrits publics que dans quelques mémoires particuliers, tout ce qui regardoit cette ambassade et que je dressasse sur cela un mémoire historique de ce qui s'étoit passé entre les rois de France et les grands Seigneurs, depuis que François premier trouva qu'il étoit de l'intérêt de la France d'établir une bonne correspondance avec eux, de sorte que ramassant dans ce mémoire les divers accidents que le caprice des grands vizirs ou la conduite des ambassadeurs a fait naître dans cette ambassade pendant le cours de deux cents ans, je pusse trouver dans ces exemples de quoi me conduire dans les cas auxquels je pourrois être exposé. Ce n'est pas que je ne sache qu'étant arrivé, dans une si longue suite d'années, beaucoup de changements dans la fortune de nos affaires de même que dans celles des Turcs et qu'y ayant une grande différence du génie d'un vizir à un autre, les exemples du passé peuvent difficilement s'appliquer avec une entière justesse au présent; mais il est sûr que, quand on a l'esprit rempli des exemples de cette nature et qu'il se présente des événemens qui n'y ont pas un parfait rapport, cette connoissance ne laisse pas d'être d'une grande ressource pour imaginer de nouveaux expédiens.

De quelque manière que ce soit, si ce mémoire n'est pas utile à mes successeurs qui me surpasseront, sans doute, en connoissances et en habileté, j'espère en tirer moi-même un grand avantage.

La première partie de ce mémoire contiendra une relation historique de tout ce qui s'est passé entre la France et les Turcs, depuis le commencement du règne de François premier. Je tâcherai de n'y rien omettre surtout de ce qui a été personnel aux ambassadeurs.

Je ferai pour la seconde un recueil à part, qui servira comme de preuve à cet ouvrage, de toutes les relations, mémoires et instructions que j'ai pu trouver, et je mettrai à la marge de ces mémoires des remarques dans les endroits qui me paraîtront en avoir besoin.

La troisième sera composée d'un recueil des lettres que j'ai eu occasion d'écrire au grand vizir et aux autres ministres, des mémoires que je leur ai présentés sur les principales affaires, des réponses qu'ils m'ont faites ou des lettres qu'ils m'ont écrites eux-mêmes, enfin des commandemens que j'ai obtenus.

PREMIÈRE PARTIE.

Les François n'avoient guères porté la guerre que dans les États qui leur étoient les plus voisins et n'avoient eu qu'un médiocre commerce avec les empereurs Grecs qui gouvernoient l'Orient, lorsque le zèle des chrétiens pour la Terre Sainte, qui avoit été envahie par les princes mahométans, étant reveillé par les prédications de Pierre l'hermite, ils commencèrent, en 1080, à prendre parti dans les entreprises qu'on fit sous le nom de croisade pour la délivrance de la Terre Sainte. Nos rois n'eurent pas même beaucoup de part personnellement aux premières tentatives des chrétiens ; ils permirent seulement à leurs sujets d'y prendre la croix et virent avec plaisir que les princes qui leur appartenoient de plus près et leurs feudataires fissent la même chose. Ces premières entreprises ayant réussi, et Godefroy de Bouillon ayant été élu roi de Jérusalem après la conquête de cette place, les rois qui lui succédèrent se trouvèrent engagés dans de dangereuses guerres avec les princes voisins. On renouvela les croisades en 1144, pour les secourir et Louis VII qui régnoit pour lors en France composa une grande armée de ses propres sujets, passa en Palestine, et y porta la terreur du nom françois, mais avec un succès peu proportionné à ses forces.

Quelque temps après, Beaudouin comte de Flandre et de la maison de France, venant par terre au secours de la Terre Sainte avec une armée considérable et étant arrêté aux environs de Constantinople par les artifices des empereurs Grecs, prit le parti d'attaquer cette ville et s'en étant rendu le maître, il fonda, en 1204, un empire qui ne dura que quarante ans.

Pendant que les affaires des François s'établissoient à Constantinople, celle des Croisés alloient fort mal en Palestine, ce qui excita Saint Louis à en prendre la défense en 1248.

Mais après des commencements qui faisoient tout espérer de la valeur et de la piété de ce grand prince, la perte d'une bataille, suivie de sa prison, fit échouer tous ses desseins et son entreprise n'eut d'autre effet que d'y porter la réputation de la valeur et de la puissance des François plus haut qu'elle l'avoit encore été.

Jusque là, il n'étoit presque pas question des Turcs ; ces peuples, qui tirent leur origine des pays qui sont entre la mer Noire et la mer Caspienne, étoient d'abord à peine connus chez leur plus proches voisins ; mais, faisant des courses de tous côtés et profitant de la foiblesse des Grecs et des divisions de la maison Impériale, ils servoient tantôt les uns tantôt les autres, et commençoient à s'introduire et à s'étendre dans un pays dont ils devoient être enfin les maîtres. Ils s'établirent d'abord à Nicée, à Iconium et à Brousse en Natolie et, passant en Europe par le détroit de Gallipoly, se rendirent les maîtres de la ville d'Andrinople où ils transférèrent le siège de leur empire. Ils commencèrent pour lors à étendre leur domination sur les petits princes voisins et, ayant subjugué ceux de Bulgarie et de Servie, de ce côté du Danube, ils étendirent leur domination sur la Moldavie et sur la Valaquie. Leurs forces s'augmentant à proportion de leurs conquêtes, Mahomet IIme s'empara de Constantinople et détruisit entièrement l'empire des Grecs qu'il chassa successivement, par la force des armes et par ses artifices, de Trébisonde et de la Morée qu'il leur avait laissée.

Les empereurs Grecs firent inutilement, pendant tout ce temps là, des sollicitations auprès des princes chrétiens de l'Europe pour obtenir du secours : il n'y eut que les rois de Hongrie qui, pour leur propre intérêt, firent la guerre aux Turcs ; la France leur envoya quelques secours qui n'empêchèrent point que les Hongrois ne fussent battus et que les Turcs n'accrussent leur domination de ce côté là.

Les choses étoient dans cet état, lorsque le royaume de

Hongrie étant vacant par la mort du roi Louis qui fut tué à la bataille de Mohacz, l'empereur Charles-Quint qui avoit uni en sa personne l'Empire et le royaume d'Espagne songea encore à augmenter la puissance de sa maison en faisant élire roi de Hongrie, Ferdinand son frère, qui étoit déjà élu roi des Romains. Une si grande puissance, unie dans la même maison, auroit suffi pour chasser entièrement les Turcs de l'Europe si elle y avoit été uniquement employée; mais Charles-Quint tournant toutes ses vues du côté de la France, se contenta d'envoyer de foibles secours à Ferdinand son frère, de sorte que les Turcs eurent facilité de s'étendre en Hongrie avec une partie de leur force, pendant que, faisant agir l'autre en Asie, ils se rendirent successivement maîtres, sous divers de leurs empereurs, de la Syrie, de la Palestine et de l'Egypte et devinrent par cet accroissement de puissance des voisins nécessaires à la France, par rapport au commerce que la Provence fait dans les côtes de la mer Méditerranée, et par rapport à la juste crainte que François premier avoit conçue de l'augmentation de grandeur de la maison d'Autriche, de sorte que cette maison ne pouvant pas être contenue dans de justes bornes par les seules forces de la France, François premier envoya le Sr de la Forest à Constantinople auprès de Soliman qui régnoit pour lors[1].

C'est le premier fondement de l'amitié constante qui a été depuis ce tems là entre la France et les empereurs Turcs; le Sr de la Forest fit un traité, sous le nom de capitulation, par lequel le commerce des États du grand Seigneur fut permis aux François exclusivement à toutes les autres nations, qui ne pouvoient venir négocier dans le Levant que sous le pavillon de France, ni y demeurer que sous la protection de ses ministres.

Comme les religieux Latins avaient conservé plusieurs établissements dans l'empire Ottoman et surtout à Jérusalem

---

[1] Jean de la Forest, chevalier de St-Jean de Jérusalem, reçut ses instructions le 11 février 1534. Il mourut à Constantinople en 1537.

et en Palestine, il fut stipulé qu'ils seroient aussi conservés et les rois de France devinrent par ces capitulations également les protecteurs de la religion et du commerce dans les États du grand Seigneur, qui envoya ses galères au secours de François premier; mais soit qu'elles vinssent dans un temps où elles ne lui étoient pas nécessaires, ou qu'il se fit scrupule de s'en servir, il n'en fit aucun usage, et les rois ses successeurs, à son exemple, n'ont demandé aucun secours aux empereurs Ottomans, et bien loin de leur en donner eux-mêmes, ils ont secouru la République de Venise dans la guerre de Candie, et l'Empereur, lorsque étant trop pressé par les forces des Turcs, il a eu recours à celle de nos rois.

On a cru devoir expliquer ceci par avance, pour faire voir combien sont frivoles les reproches qu'on a faits aux François sur leur alliance avec les Turcs, car sans compter que leur exemple a été suivi par l'Angleterre et la Hollande, il est constant que la bonne intelligence de la France avec l'empire Ottoman est plutôt avantageuse que nuisible aux intérêts de la chrétienté, outre que cette alliance n'a pour but aucun secours mutuel, ainsi qu'on l'a pu voir pendant le cours de deux cents ans. Elle est non seulement nécessaire pour le maintien d'un commerce utile, mais aussi pour la conservation des établissements de la religion et surtout pour ceux de la Terre-Sainte, qui seroient absolument détruits sans la protection particulière que les rois de France leur ont constamment donnée, ce qui étant suffisamment prouvé par les effets mêmes dont la réédification de la grande voûte du Saint-Sépulcre qui m'a été accordée, n'est pas un des moindres. Il ne s'agit pour l'exécution de mon dessein que de rapporter ce qui s'est passé de plus considérable sous les ambassadeurs ou autres ministres qui ont été employés jusqu'à présent en Turquie par nos rois.

M. de la Forest est, comme je l'ai marqué ci-dessus, le premier qui a eu ce caractère; sa commission consistoit en deux choses: la première, d'ouvrir dans le Levant le commerce qui avoit été presque entièrement interrompu par la ruine entière des Grecs, et la seconde d'obtenir des secours de la Porte contre l'empereur Charles-Quint. Le sieur de la Forest exécuta heureusement l'un et l'autre, il est vrai seulement que n'ayant ordre de demander que des secours d'argent, Soliman n'en voulut point donner et préféra, comme je l'ai dit ci-dessus, d'envoyer une armée navale.

Pour ce qui est du commerce, il fit des capitulations dont je n'ai trouvé aucune copie, mais je suppose qu'elles n'étoient pas pas différentes de celles de 1604, auxquelles elles ont servi de fondement.

Il est nécessaire de remarquer au sujet de ces premières capitulations, que le commerce du Levant étoit autrefois uniquement entre les mains des Républiques de Venise, de Gênes et de Florence, et que les François, de même que tous les autres États de l'Europe, achetoient des sujets de ces Républiques toutes les marchandises qu'ils ont tirées depuis directement du Levant. Mais le commerce des Florentins étant considérablement diminué par la perte de leurs libertés, Venise et Gênes profitèrent de cette diminution avec d'autant plus de facilité que la première possédoit l'île de Chypre, celle de Chio et plusieurs autres dans l'Archipel; que celle de Gênes étoit maîtresse quasi de toute la Crimée et étoit comme souveraine de Galata à la vue des empereurs Grecs. Ceux-ci furent compris dans leur ruine et, étant regardés comme ennemis par les Turcs, il ne leur fut plus permis de négocier dans leurs États : il en fut de même à l'égard des Vénitiens que les Turcs attaquèrent aussitôt après qu'ils eurent subjugué les Grecs.

Les François, qui s'étoient fort peu appliqués jusques alors à la navigation, n'étoient pas par eux-mêmes en état de faire le commerce que toutes ces Républiques faisoient. Il fallut y suppléer par un expédient qui convint également aux François et aux Turcs; ce fut celui de convenir qu'il n'y auroit que les François qui pussent trafiquer en Levant; que seul leur pavillon y seroit admis, mais que les ennemis mêmes des Turcs pourroient y trafiquer en sûreté sous ce pavillon. On concilia de cette manière le besoin que les Turcs avoient de se défaire de leurs marchandises et l'impossibilité où les François se trouvoient pour lors de les enlever avec leurs propres vaisseaux.

C'est le véritable motif, à ce qu'il me paroit, de cette première convention ; elle a été enfreinte depuis par rapport aux Vénitiens, et consécutivement par rapport aux Anglois et aux Hollandois, même aux Génois, et enfin l'Empereur, ayant acquis des États sur la Méditerranée, et voulant établir le commerce dans cette partie de ses pays héréditaires qui s'étendent jusques dans le golfe Adriatique, a fait un traité de commerce avec les Turcs en conformité de celui de la France.

Cette première convention des François a été diversement interprétée, selon les divers temps, par nos négocians et même par les ministres.

Nos négocians, ayant trouvé d'abord quelque avantage à prêter leurs noms aux Vénitiens et aux Génois, n'eurent pas plutôt commencé à faire le commerce pour leur propre compte qu'ils trouvèrent mauvais que des étrangers fussent associés aux mêmes avantages.

Mais quand les Vénitiens eurent fait un traité particulier de commerce, ils sentirent bien cette différence et ils se plaignirent de l'infidélité et du manquement de parole des Turcs ; ce fut encore pis quand ils accordèrent aux Hollandois et aux Génois les mêmes privilèges. Les ambassadeurs se récrièrent inutilement là-dessus ; les ministres de la Porte prétendirent que la liberté accordée aux François n'étoit point exclusive et cet avantage nous est devenu enfin commun avec toutes les nations ; mais, quoi qu'on en ait senti la perte, l'intérêt particulier s'élève quelquefois contre le peu qui nous reste d'un établissement qui, dans l'état où il est réduit, est encore avantageux à notre navigation. C'est par cette raison et par celle de la concurrence des Anglois et des Hollandois, que nous devons le conserver avec beaucoup de soin.

Nous savons si peu de chose sur les ambassadeurs qui ont suivi M. de la Forest jusques en 1614, que je me contenterai de mettre ici leurs noms jusques à ce que je puisse remplir ce vide par les connoissances que je prendrai dans la bibliothèque ou dans le cabinet du roi ; j'ai fait extraire seulement ce que j'ai trouvé sur l'ambassade de M. de Brèves, dans un livre intitulé : *Voyage de M. de Brèves* qui paroit avoir été écrit par un de ses secrétaires. Je n'ai rien trouvé sur le baron de Salignac qui lui succéda et qui mourut à Constantinople après quatre ans d'ambassade. Il portoit les armes de Biron comme on le peut voir sur son tombeau qui est dans l'église des Jésuites, et s'appeloit Gontaut de Biron de Salignac.

La place fut remplie par Achille de Harlay Sancy, baron de la Mole, qui obtint en 1604 d'Ahmet premier la confirmation des précédentes capitulations. Il fut rappelé en 1618, après une ambassade tranquille et conforme à la situation actuelle des affaires du royaume et ayant pris, à son retour, le parti de l'Église, il fut fait, dans la suite, évêque de Saint-Malo.

Philippe de Harlay, comte de Césy, son cousin, lui succéda et occupa l'ambassade jusques en 1631.

Celui-ci, par goût ou par politique, crut devoir soutenir son ambassade avec plus d'éclat que n'avoient fait ses prédécesseurs, et s'il ne fit rien de considérable pour les affaires, ce n'est pas qu'il ne mit tout en usage pour y parvenir ; s'étant persuadé qu'il pourroit gouverner l'empire ottoman par le moyen des femmes du sérail, il s'attacha à former des liaisons avec elles. Comme il ne pouvoit entretenir ce commerce, dangereux plutôt qu'utile, que par des présens continuels et proportionnés à l'avidité et à la magnificence de ces femmes, il contracta de grandes dettes qui,

---

[1] François de Gontaut Biron, baron de Salignac, succéda, en 1607, à Savari de Brèves. Il mourut à Constantinople le 12 octobre 1610.

[2] Achille de Harlay Sancy, accrédité près de la Porte en 1611, revint en France en 1620. Il embrassa l'état ecclésiastique et mourut évêque de Saint-Malo.

s'accumulant par les gros intérêts qu'il payoit, l'accablèrent à la fin.

Il paroit encore qu'il essuya un autre accident qui contribua à augmenter ses dettes et lui servit de prétexte pour les faire payer par le roi. Il se chargea, en son propre nom, de la douane d'Alep, et s'en rendit fermier envers le grand Seigneur. Cette douane fut mal administrée ou ne produisit pas un revenu égal à la somme qu'il s'étoit engagé à payer au trésor, et il fallut emprunter pour y subvenir. Enfin M. de Césy se trouva chargé de deux cent quarante mille piastres de dettes qui furent considérablement augmentées par les intérêts. Les négocians s'en plaignirent et firent rappeler M. de Césy; mais les Turcs ne l'ayant pas voulu laisser partir qu'il n'eût payé ses dettes, on fut obligé d'envoyer un commissaire sur les lieux pour les liquider et ensuite, prendre des expédiens pour le payement. Les frais de voyage de ce commissaire coûtèrent soixante mille livres; il régla les intérêts à cinquante-deux mille piastres, de sorte qu'il fallut faire un fonds pour payer environ trois cent trente mille piastres, ce qui fut fait au moyen d'une imposition qu'on mit sur tout le commerce du Levant pendant quatorze ans. Il se passa près de sept ans avant que tout cela ne fut exécuté.

Cependant, M. le comte de Marcheville étant arrivé à Constantinople pour relever M. le comte de Césy, eut une ambassade fort désagréable et pleine d'incidens fâcheux; car soit que les Turcs, accoutumés à la libéralité et aux manières de M. de Césy, ne pussent pas goûter un ministre qui étoit venu avec d'autres principes, soit que M. de Césy, comme on l'en soupçonna en France, entretint des intrigues avec les Turcs pour le faire renvoyer, ils refusèrent en 1634, de le reconnoître pour l'ambassadeur et l'obligèrent à s'en retourner. Le hasard eut aussi quelque part à cette conduite

---

[1] Henry de Gournay, comte de Marcheville, arriva à Constantinople au mois d'octobre 1631; le 2 mai 1634, il fut embarqué, sur l'ordre du sultan, sur un bâtiment français et renvoyé en France.

des Turcs. M. de Marcheville venant à Constantinople avec un vaisseau de guerre, fut rencontré par les galères du grand Seigneur commandées par le Capitan pacha ; les Turcs n'eurent pas plutôt aperçu le vaisseau françois qu'ils envoyèrent à bord une chaloupe, pour lui faire baisser pavillon et demander un présent qu'ils prétendoient être dû au Capitan pacha. Les officiers des vaisseaux et des galères du grand Seigneur exigeoient, dans ce tems-là, de chaque bâtiment françois qu'ils rencontroient à la mer, deux à trois cents piastres avec de grandes rigueurs. Cela continua jusqu'au renouvellement des capitulations que M. de Nointel obtint en 1673, par lesquelles ces sortes de vexations furent défendues. Les plaintes que les capitaines faisoient sur cela à leur arrivée à Constantinople en font foi. M. de Marcheville refusa l'un et l'autre et se contenta de saluer l'amiral de cinq coups de canon. Le Capitan pacha irrité du refus des honneurs qu'il vouloit exiger, envoya dire à M. de Marcheville de venir à bord de sa galère et, ne se désistant point de sa prétention, quelques remontrances que l'ambassadeur lui pût faire, l'ambassadeur y condescendit à la fin, résolu d'en tirer raison à son retour à Constantinople. La Porte témoigna qu'elle désapprouvoit la conduite du Capitan pacha ; mais les instances que fit l'ambassadeur contre lui n'eurent d'autre effet que d'achever d'irriter un homme puissant et orgueilleux, qui ne fut pas longtems à trouver le moyen de se venger et de donner de nouveaux sujets de plaintes à l'ambassadeur. Il fit semblant de se réconcilier avec lui et, lui ayant envoyé demander l'interprète dont il s'étoit servi pour lui rendre de mauvais offices à la Porte, il le fit pendre sur-le-champ et ordonna qu'il demeurât au gibet avec son bonnet de velours rouge, qui étoit, pour lors, la marque à laquelle on distinguoit les interprètes. M. de Marcheville se plaignit inutilement de cette violence, les Turcs se contentant de lui répondre que l'interprète étant sujet du grand Seigneur, il étoit le maître de le punir sans aucun égard pour ceux qu'il lui permettoit de servir.

Le chevalier Ricaut, que j'ai suivi en ceci, marque que cela arriva en 1634 et, sous l'année 1632, il marque une autre affaire qui coûta la vie encore à un des drogmans de l'ambassadeur ; sans examiner si, d'un fait, cet historien en a fait deux, je le suivrai dans la relation qu'il en donne, n'ayant pas d'autres mémoires.

Le chevalier Ricaut rapporte donc qu'en 1632, un esclave qui appartenoit à un turc s'étant refugié sur un vaisseau françois prêt à mettre à la voile, on en fit la recherche et on le trouva sur ce vaisseau. Les ministres, déjà aigris contre un ambassadeur qui ne leur étoit pas agréable, s'emportèrent beaucoup à cette occasion et firent emprisonner son fils, qui s'étoit déjà embarqué sur le même vaisseau pour passer en France. Ils prétendoient aussi confisquer le vaisseau avec son chargement, mais le chevalier Vich, ambassadeur d'Angleterre, et Pietro Foscarini, bayle de Venise, s'étant joints au comte de Marcheville dans les démarches qu'il fit pour terminer cette affaire, et l'ayant même accompagné dans les visites qu'il rendit à cette occasion aux ministres de la Porte, le fils du comte de Marcheville fut mis en liberté et le vaisseau eut la permission de partir avec son chargement ; mais cette affaire se termina par la mort honteuse d'un Arménien appelé Baltazar, qui avait servi de drogman. Le grand Seigneur le fit empaler et voulut, à ce que dit Ricaut, le voir lui-même au supplice. Quoique cet historien mette une différence entre le tems et la mort de ces deux drogmans, comme il dit qu'ils furent exécutés l'un et l'autre par les artifices du Capitan pacha, ennemi déclaré et irréconciliable de M. de Marcheville, il peut se faire qu'il se soit trompé et que cet ambassadeur n'ait eu le déplaisir de perdre qu'un de ses drogmans.

Quoiqu'il en soit, il y a lieu de croire que les princes chrétiens prirent, dès lors, la résolution de se servir le moins qu'on pourroit de sujets du grand Seigneur pour cet emploi difficile, et ils commencèrent à songer à faire élever des jeunes enfants, chacun de leur nation, dans la connoissance des langues orientales pour servir de drogmans ; mais ce projet, quelque utile qu'il soit, n'a été exécuté qu'en partie pour la plupart des princes qui ont des ministres publics à la Porte. La France même ne mit cet établissement en règle qu'en 1689 ; et quelque attention qu'elle y ait donnée, elle n'a pu parvenir encore à ne se servir que de drogmans françois, outre les Juifs et les Grecs dont on se sert encore dans les petites Échelles, par l'impossibilité d'y entretenir un drogman de la Nation. Il s'en est conservé deux dans les grandes, savoir Ibrahim Dama, Maronite, à Seyde, et Torbey, aussi Maronite, à Tripoli de Syrie. La famille des Fornetti s'est pareillement conservée à Constantinople, quoiqu'une longue habitude dans le service de France ne leur ait rien fait perdre de la terreur que leur impriment les exemples que je viens de rapporter et la qualité de sujets du grand Seigneur. Mais, à la réserve de cette famille qu'on ne sauroit exclure après de si longs services et dont, par cette raison, les enfans sont admis dans le collège des Jeunes de langues, établi chez les capucins de Péra, les ambassadeurs ne sauroient rien faire de plus avantageux pour la nation que de supprimer insensiblement tous les autres.

Pour revenir à M. de Marcheville, la haine entre lui et le Capitan pacha qui étoit fort autorisé, allant toujours en augmentant, ce ministre se fit donner par le grand Seigneur en 1634, le pouvoir de le congédier. Il le fit appeler chez lui et lui ayant notifié la volonté du grand Seigneur, il ne lui donna le tems que de faire embarquer son équipage, après quoi il le força à monter lui-même sur un vaisseau françois qui étoit alors dans le port et obligea le capitaine à mettre à la voile, avec tant d'ardeur pour l'éloignement de l'ambassadeur que, le vent n'étant pas favorable, on fit remorquer le vaisseau sur lequel il étoit par deux galères du grand Seigneur.

Cette espèce de violence, dont on n'avoit pas vu encore d'exemple chez les Turcs, n'est cependant pas hors d'usage parmi les princes chrétiens. Il est arrivé plus d'une fois que des ministres publics n'ont point été admis par les princes auxquels ils étoient envoyés et que d'autres, sans en excepter les nonces du pape, ont été renvoyés hors des États où ils résidoient, quelquefois après avoir averti leurs princes de les rappeler, mais souvent aussi sans observer aucun ménagement.

C'est ainsi que se termina l'ambassade de M. de Marcheville qui fut inutile pour les affaires et désagréable pour lui, exemple qui doit retenir ceux qui lui succéderont et leur apprendre que, dans les affaires qui leur peuvent survenir, il ne faut donner rien à son humeur, mais tâcher, au contraire, de réparer par la patience, l'adresse et la modération, les contretems auxquels cette ambassade est quelquefois sujette.

Il est vrai que M. de Ferriol s'est maintenu pendant onze ans, au milieu d'une agitation perpétuelle à laquelle son humeur avoit beaucoup de part, mais on ne rencontre pas toujours des tems aussi favorables que ceux qu'il a trouvés, et si les incidens presque perpétuels de son ambassade n'ont eu aucune suite fâcheuse et personnelle pour lui, on ne doit pas l'attribuer à la manière dont il les a traités, toujours hautaine et violente, mais à la situation des affaires de la France et des Turcs et encore plus à la modération des grands vizirs qui ont gouverné l'empire Ottoman pendant son ministère.

M. le comte de Marcheville ayant été congédié par les Turcs en la manière que je l'ai rapportée ci-dessus, les ministres de la Porte pressèrent M. de Césy, que ses dettes retenoient encore à Constantinople, de reprendre la qualité et les fonctions d'ambassadeur; mais celui-ci, sachant bien qu'il ne pouvoit pas prendre cette qualité sans de nouvelles lettres de créance, se contenta de se charger du soin des affaires et de les expédier, marquant dans ses titres que c'étoit en l'absence d'un ambassadeur.

Il se maintint de cette manière jusque en l'année 1649

que les mauvais offices se renouvelant contre lui, on prit la résolution de payer ses dettes en la manière que j'ai marquée ci-dessus. Tout cela ne se passa pas sans soupçonner que M. de Césy ne s'étoit fait arrêter à Constantinople, par les sujets du grand Seigneur, que pour avoir un prétexte de prolonger son séjour dans un pays où il s'étoit trop accoutumé. Il est sûr qu'on en eut cette idée en France et qu'on l'accusa d'avoir eu part au renvoi de M. le comte de Marcheville. Cependant, par des raisons que j'ignore, on lui laissa le soin des affaires à Constantinople jusques à ce qu'on prit, en 1647, la résolution de le faire revenir et d'envoyer un ambassadeur à sa place. On choisit pour cela M. de la Haye Vantelay, et comme on craignoit que M. de Césy ne se servît encore de quelque prétexte pour prolonger son séjour, on ordonna au nouvel ambassadeur de le faire embarquer aussitôt après son arrivée.

Celui-ci, pour exécuter ses ordres à coup sûr, ne voulut point se débarquer le jour de son arrivée dans le port; mais ayant, sous quelque prétexte plausible, différé à le faire jusques au lendemain, il se rendit au Palais dans le tems que M. de Césy étoit encore au lit. Il lui signifia les ordres de la Cour, lui dit qu'en conséquence, il falloit s'embarquer sur le champ et le consigna au commandant des vaisseaux qui avoit ordre de le ramener en France, où il revint après vingt-deux ans de séjour en Turquie. S'il y trouva quelque agrément de la part des Turcs par ses libéralités, il eut le déplaisir, chose beaucoup plus sensible, de n'être pas approuvé par son maître, tant à cause de ses profusions que par l'opinion qu'on conçut qu'il vouloit se maintenir en Turquie contre la volonté et les intentions du roi. Il eut des affaires difficiles à soutenir par rapport au commerce, qu'il surmonta à force d'argent; entre autres, la suppression d'un droit de deux et demi pour cent sur les soies d'Alep; ce ne fut aussi qu'avec une grande dépense qu'il apaisa l'avanie qu'une barque de Frontignan, qui saccagea le port d'Alexandrette, suscita à la même Échelle d'Alep.

J'ai recherché avec beaucoup de soin le premier établissement du palais du roi et les différentes augmentations qui y ont été faites sous les premiers ambassadeurs, mais je n'ai pu rien trouver. Il paroit seulement qu'ils ont toujours logé dans le même endroit qu'on appeloit anciennement les vignes de Péra, et que M. de Marcheville s'attacha à en agrandir l'enceinte, puisqu'on voit, par la lettre que le grand Seigneur écrivit au roi en le renvoyant, qu'on se sert des plaintes que quelques particuliers du voisinage firent là-dessus comme d'un motif qui donna occasion à cet accident.

Ambassade de M. de la Haye Vantelay.

M. de la Haye Vantelay, qui succéda, en la manière que j'ai rapportée ci-dessus, à M. de Césy, fut le premier ambassadeur qui parut à Constantinople sous le règne de Louis XIV. Les commencements de son ambassade, qui dura vingt-cinq ans, furent beaux et tranquilles; mais la fin en fut fort malheureuse et c'est le seul des ambassadeurs de France qu'on peut dire qui ait reçu de mauvais traitemens à la Porte; mais, sans excuser la férocité du grand vizir Méhémet Cuprugli, il faut avouer qu'il se les attira en quelque manière. Le chevalier Chardin, qui parle, dans ses Voyages, de la triste aventure de cet ambassadeur, marque pour première raison des mauvais traitemens que le grand vizir lui fit, le chagrin que conçut pour lui ce premier ministre de ce qu'il avoit évité de lui rendre visite et de lui faire les présens ordinaires, lorsqu'il fut élevé à la première place.

C'est un usage établi, qu'après l'installation des grands vizirs, les ambassadeurs rendent visite et leur font des présens dont la qualité et la quantité sont réglées. Les fréquens changemens de grands vizirs pendant la minorité de Mahomet IV avoient rebuté M. de la Haye de faire le présent d'usage, qui l'engageoit dans une dépense qui étoit presque toujours perdue par le peu de tems que les vizirs se maintenoient dans leur poste. Il crut que Méhémet Cuprugli, âgé de quatre-vingts ans, ne se maintiendroit pas longtems dans ce poste. Dans cette pensée, il ne le visita point et ne lui envoya point les présens ordinaires; mais il se trompa dans cette idée, le grand vizir se maintint dans sa charge jusques à sa mort qui arriva en 1662, et quoique M. de la Haye, dans la suite, le voyant affermi, lui allât rendre visite et lui fît des présens, comme ce ne fut que longtems après son élévation, ce qui auroit été une chose agréable, si elle avoit été faite dans son temps, fut regardée comme une offense par un homme dur et hautain, qui vit bien que l'ambassadeur rendoit moins à sa personne qu'à sa fortune un devoir qu'il avoit négligé, tandis qu'il l'avoit crue incertaine.

Mais, comme Méhémet Cuprugli joignoit à sa fierté beaucoup de prudence, il attendit pour faire éclater son ressentiment contre M. de la Haye qu'il en eût une occasion naturelle. Celle que la trahison d'un François, qui se faisoit appeler Vertamon, lui procura ne l'étoit que trop. M. de la Haye avoit un commerce secret avec le capitaine général des Vénitiens, chose dangereuse en tout pays en temps de guerre, et qui, de sa nature, n'est pas permise; car si un ambassadeur doit rendre compte à son maître de tout ce qui se passe dans le pays où il est, il est constant qu'il ne sauroit faire la même chose avec ses ennemis sans manquer au droit des gens. Il est sûr cependant que M. de la Haye informoit la République de Venise de tout ce qui se passoit en Turquie, et que Vertamon ayant dit au capitaine général des Vénitiens qu'il vouloit faire un voyage à Constantinople, celui-ci le chargea d'un paquet pour l'ambassadeur. Mais, ce malheureux, au lieu de le rendre comme il l'avoit promis, se fit turc et remit le paquet au caimacam de Constantinople. Il fut aussitôt envoyé à Andrinople, où la Cour faisoit pour lors sa résidence, et confirmant là sa perfidie par une nouvelle méchanceté, il dit au grand vizir que les lettres qu'il lui remettoit étoient une suite du commerce criminel et contraire aux intérêts de l'empire Ottoman, que l'ambassadeur de France entretenoit avec les Vénitiens. L'ambassadeur n'en fut pas plutôt averti, qu'ayant communiqué ce qui se passoit à ses secrétaires, celui qui étoit chargé de cette correspondance demanda qu'on le fît cacher ou évader, ne se sentant point capable de soutenir les tourmens que les Turcs lui feroient souffrir pour découvrir la vérité, s'il tomboit entre leurs mains. On prit le parti de le faire cacher dans un lieu fort secret, et à peine cette précaution étoit-elle prise, que le caimacam de Constantinople reçut ordre du grand vizir d'avertir M. de la Haye que l'intention du grand Seigneur étoit qu'il se rendît à Andrinople. M. de la Haye étoit au lit, malade de la pierre, lorsqu'on l'informa des intentions du grand vizir. Il fit dire au caimacam qu'il n'étoit pas en état de se conformer aux volontés de ce ministre, mais qu'il envoyeroit son fils à sa place.

M. de la Haye le fils, étant arrivé à Andrinople, trouva le vizir dans un emportement effroyable; il vouloit absolument qu'il lui donnât connoissance du contenu de ces lettres qui étoient en chiffres et qu'il avoit tenté inutilement de faire déchiffrer; il fit intimider aussi le chancelier et les autres domestiques que M. de la Haye le fils avoit amenés, mais inutilement et sans leur faire aucun mal, et il y a beaucoup d'apparence que M. de la Haye le fils en auroit été aussi quitte pour la peur, si, donnant trop à la vivacité de son esprit, et trop peu à la circonstance difficile où il se trouvoit, il n'eût achevé d'irriter par des réponses trop fières un ministre déjà aigri. Cela lui attira sur le champ quelques outrages et le fit conduire en prison, le vizir disant qu'on ne devoit pas endurer dans le député d'un ambassadeur, quoique son fils, ce qu'on supporteroit peut-être dans l'ambassadeur même. Le chevalier Chardin marque que Fornetti le père, qui servoit de drogman en cette occasion, fut saisi d'une si grande frayeur au spectacle de cette scène, qu'il en contracta une maladie dont il n'étoit pas encore guéri en l'année 1672. Quoique M. de La Haye ne pût voir sans douleur que cet orage fût tombé sur son fils, il étoit sans doute bien aise de l'avoir évité, puisqu'il avoit mis par là en quelque manière l'honneur de son caractère à couvert; mais Madame de la Haye, sa belle-fille, qui étoit restée auprès de lui, voyant avec chagrin que son mari étoit dans une prison dure et ignominieuse, excita M. de la Haye à entreprendre le voyage d'Andrinople pour mettre son fils en liberté. M. de la Haye, étant arrivé à Andrinople, eut audience du grand vizir; il essuya avec modération ses reproches; il excusa l'impossibilité où il étoit de déchiffrer les lettres sur l'éloignement de son secrétaire qui s'étoit retiré et s'il ne satisfit point le grand vizir par ses réponses, retenu par sa propre prudence et par l'exemple de son fils, il évita du moins de l'irriter; mais la plaie étant trop récente, il ne put pas l'adoucir entièrement, et le grand vizir partit pour l'armée sans élargir M. de La Haye le fils. M. de la Haye s'arrêta à Andrinople avec quelque espérance d'obtenir du grand Seigneur, qui n'étoit point allé en campagne, la liberté de son fils, mais il éprouva que, dans ce pays-ci, on ne finit aucune affaire quand le vizir est éloigné; il ne trouva même personne qui voulût parler de la sienne. Cependant, la campagne ayant fini de bonne heure, lorsqu'on parla au grand vizir de l'ambassadeur de France et de son fils, ce ministre faisant semblant d'ignorer ce qui s'étoit passé, répondit froidement : Eh quoi! ces Messieurs sont encore ici! Ces paroles furent suivies de l'élargissement de M. de la Haye le fils et de la permission, à l'un et à l'autre, de retourner à Constantinople.

J'ai cru devoir m'étendre sur le détail de cette affaire qui a été mal représentée par presque tous les auteurs qui en ont écrit et même avec une ingratitude blâmable par les Vénitiens, qui étoient eux-mêmes la cause du malheur de M. de la Haye; car si le cavalier Nani s'est contenté de marquer dans son histoire que l'ambassadeur de France avoit été maltraité en cette occasion, ce qu'il ne devoit pas cependant faire d'une manière qui confondit l'ambassadeur avec son fils, cet historien a souffert que celui qui a fait la table de son livre ait mis l'*Ambassadeur de France reçoit des coups de bâton*, chose punissable et dont on a eu tort de ne pas se plaindre en France, surtout après avoir eu la complaisance de faire mettre à la Bastille le sieur Amelot de la Houssaye pour son histoire du gouvernement de Venise. Wicquefort qui, en écrivant ses mémoires sur les ambassadeurs, n'a travaillé, comme il le marque lui-même, que de mémoire et, en beaucoup d'endroits que d'imagination, a encore renchéri sur le cavalier Nani; c'est ce qui m'a obligé de m'attacher à ce qu'en dit le chevalier Chardin, au commencement de ses Voyages, parce que ce voyageur, ayant passé à Constantinople dix ou douze ans après cet incident et ayant parlé à Fornetti et aux autres tant François qu'étrangers qui en avoient été témoins, a, sans doute, plus approché de la vérité que tous les autres qui en ont écrit.

Cela m'oblige à rapporter encore sur la foi du même auteur une chose qui se passa pour lors, et dont il reste encore quelque idée parmi les François établis à Constantinople. Cette ville est l'abord ordinaire d'une infinité de vagabonds; il y en passa un dans le tems que M. de la Haye étoit dans le plus fort de ses inquiétudes touchant ses lettres interceptées, qui vint demander du secours à l'ordinaire à l'ambassadeur; celui-ci l'ayant reçu peu favorablement, il se vanta qu'il trouveroit bien le moyen de s'en venger. Il dit qu'il avoit un secret particulier pour déchiffrer les lettres sans clef; qu'il iroit trouver le grand vizir et qu'il déchiffreroit à coup sûr les lettres que Vertamon lui avoit mises entre les mains. L'ambassadeur, informé de ces discours, crut qu'il falloit le prévenir et sacrifier à la sûreté de sa personne et à l'honneur de son caractère un homme qui menaçoit l'un et l'autre du dernier malheur; car il se pouvoit faire que n'étant pas capable de déchiffrer les lettres comme il s'en vantoit, il auroit pu y suppléer d'imagination et les rendre encore plus criminelles. M. de la Haye attira donc cet homme dans le Palais en lui faisant espérer de le secourir, mais l'ayant fait conduire sur la galerie, il l'en fit précipiter par ses domestiques, pendant que ceux qui l'attendoient dans le jardin l'achevèrent et l'y enterrèrent.

Je n'oserois assurer la chose, quoique le chevalier Chardin l'écrive à peu près dans les mêmes termes, et j'ignore si elle est véritable. La mémoire s'en conserve encore à Péra, mais il me paroit que, quand elle le seroit, les circonstances où se trouvoit M. de la Haye excusent cette violence.

Dès qu'on fut informé en France de l'aventure de M. de la Haye le fils et du risque que couroit l'ambassadeur, on dépêcha un gentilhomme à Constantinople avec des lettres du cardinal Mazarin pour le grand vizir.

M. de la Haye s'en retourna en France avec son fils vers la fin de l'année 1660; il laissa à sa place un marchand françois, nommé le sieur Roboly, qui fit les affaires sous le titre d'agent jusques en 1665. Cette même année, M. de la Haye le fils arriva à Constantinople, avec le caractère d'ambassadeur, y demeura jusques en 1670.

M. de la Haye le fils qui, malgré ce qui lui étoit arrivé de désagréable en Turquie, avoit envie d'y revenir, mit en usage les raisons mêmes qui devoient l'exclure pour toujours de cette ambassade, c'est-à-dire les mauvais traitemens qu'il y avoit reçus. Il assura qu'il en tireroit raison et que rien ne seroit plus glorieux pour le roi que de faire recevoir honorablement par les Turcs la même personne qu'ils avoient maltraitée. Mais il se trompa dans son projet, il n'obtint aucun des honneurs qu'il avoit espérés, et il fut rappelé après une ambassade infructueuse, où il ne se passa rien de considérable que l'envoi d'un aga en France, appelé Soliman. M. de la Haye voulut le faire passer pour une espèce d'ambassadeur, mais M. de Lionne, qui étoit pour lors ministre des Affaires étrangères, ne s'y trompa pas.

La qualité du sujet qu'on envoya pour lors et la connoissance que j'avois de la manière dont il fut reçu, m'ont engagé à prendre quelque précaution, lorsqu'il a été question d'envoyer Méhémet Effendy en France. Je n'ai rien négligé de ce qui me regardoit ici et j'ai donné les avis que j'ai crus nécessaires à nos ministres qui n'ont pas jugé à propos de s'y conformer et qui, ayant poussé les choses trop loin dans la conduite qu'ils ont tenue avec Méhémet Effendy, ont établi une espèce de règle qui deviendra embarrassante, si jamais les grands Seigneurs songent à envoyer quelque autre ambassade à nos rois.

Ambassade de M. de Nointel.

L'ambassade de M. de la Haye le fils n'ayant produit aucun des bons effets qu'on avoit eus en vue en le choisissant, on lui donna pour successeur M. de Nointel. Celui-ci, quoique élevé dans la robe, avoit naturellement toutes les qualités nécessaires pour soutenir une ambassade avec éclat. On étoit extrêmement irrité en France du retardement que les Turcs avoient apporté au renouvellement des capitulations. Le commerce s'en plaignoit et véritablement, il étoit fort fâcheux pour nos négocians que, pendant que les nations qui avoient été admises longtemps après nous au commerce du Levant ne payoient que trois pour cent de douane, les François fussent obligés de payer dix pour cent en Egypte, et cinq pour cent dans les autres Échelles. M. de Nointel fut donc principalement chargé de travailler au renouvellement des capitulations et de demander que la douane fût réduite à trois pour cent dans tous les États du grand Seigneur, et, pour donner plus de poids à sa négociation en faisant voir aux Turcs un échantillon des forces navales de la France, on fit transporter à Constantinople le nouvel ambassadeur par quatre vaisseaux de guerre. Les ministres ne manquèrent pas, selon l'usage de ce tems-là, et pour faire leur cour au roi, de charger l'ambassadeur de donner une grande idée aux Turcs de sa puissance et de ses forces, ordre convenable et utile quand il est exécuté avec modération et délicatesse, mais pernicieux, comme l'expérience ne l'a que trop fait voir, lorsqu'il est confié à des gens qui cherchent plus à plaire à leur maitre qu'à le servir, et qui manient ces relations magnifiques de sa puissance d'une manière odieuse au Prince avec lequel ils ont à traiter. On n'ignore pas combien de maux ces exagérations nous ont faits en Allemagne, dans le Nord et en Italie ; cet inconvénient n'a pas été si sensible en Turquie, mais il y a retardé considérablement nos affaires.

M. de Nointel, plein de ces idées, arriva à Constantinople dans le mois de mai de l'année 1671. La Cour étoit pour lors à Andrinople ; il crut que son éloignement de la capitale et le nombre de vaisseaux qu'il avoit étoient des circonstances favorables pour obtenir le salut du Sérail, qui avoit été refusé à M. de la Haye ; il mouilla comme lui au Sept-Tours pour négocier cette affaire, mais n'y ayant pas pu réussir, il prit le parti, en entrant dans le port, de ne pas faire saluer le Sérail, selon la coutume. Les Turcs en furent offensés, mais M. de Nointel, persistant à demeurer dans son bord jusqu'à ce qu'on fût convenu des cérémonies extraordinaires qu'il demandoit pour son entrée, et ayant fait faire une espèce d'excuse au caimacam de ce qu'il n'avoit pas fait saluer le Sérail, les Turcs lui accordèrent tout ce qu'il demanda par rapport à son entrée qui fut magnifique ; cependant je n'en mettrai point ici le détail, parce que ces sortes d'entrées n'avoient pas été usitées avant M. de Nointel et qu'aucun de ses successeurs n'a demandé à en faire une pareille.

Aussitôt que M. de Nointel eut pris possession du Palais, il ne songea qu'à expédier les vaisseaux. Ce ne fut pourtant qu'après que les matelots qui les montoient eurent eu, en descendant à Péra et à Galata, diverses affaires avec les Levantis qui tournèrent cependant à l'avantage de la Nation. Ils en eurent encore une plus remarquable à leur départ; plusieurs esclaves s'étoient réfugiés sur les vaisseaux du roi, sans que les Turcs auxquels ils appartenoient eussent fait autre chose que de murmurer de l'asile qu'on leur donnoit; mais un chevalier de Malte, appelé de Beaujeu, qui étoit esclave dans les Sept Tours depuis plus de vingt ans, ayant trouvé moyen de s'évader et de se réfugier sur les vaisseaux du roi, le caimacam le fit redemander et, sur le refus qu'on en fit, il envoya l'ordre aux Disdars ou gouverneurs des châteaux des Dardanelles, de ne pas laisser passer les vaisseaux du roi sans les visiter, d'enlever tous les esclaves fugitifs qu'ils y trouveroient et surtout le chevalier de Beaujeu. Cela n'empêcha pas le commandant des vaisseaux de mettre à la voile, résolu de forcer le passage si on le lui disputoit et de périr plutôt que de souffrir que les Turcs visitassent ses vaisseaux. M. de Nointel dépêcha à Andrinople pour informer le grand vizir de cette affaire; mais le vizir, plus traitable que le camaicam, donna ordre au gouverneur des Dardanelles de laisser passer librement les vaisseaux. Ainsi cette affaire, qui étoit très difficile, fut heureusement terminée par l'habileté de M. de Nointel et par la modération du grand vizir.

Cet exemple ne doit pas empêcher les ambassadeurs qui viendront à Constantinople avec des vaisseaux du roi d'être fort circonspects sur l'article des esclaves, et de retenir autant qu'il leur sera possible les officiers et les équipages des vaisseaux, n'étant pas sûr de trouver toujours les ministres de la Porte dans les mêmes dispositions où ils se trouvèrent pour lors.

Les vaisseaux du roi étant partis, M. de Nointel se rendit à Andrinople et y eut ses audiences publiques du grand vizir et du grand Seigneur avec les cérémonies ordinaires; mais quand il vint au principal sujet de sa négociation, c'est-à-dire au renouvellement des capitulations, il ne trouva plus la même facilité dans le premier ministre, qui parut même plus d'une fois offensé de l'ostentation avec laquelle l'ambassadeur lui parloit de la grandeur et de la puissance du roi, et il est fort vraisemblable que le grand vizir, pour ne pas faire croire que son maître accordoit ce qu'on lui demandoit par l'impression que faisoit dans son esprit la puissance de la France, remit la conclusion de ce traité à un autre temps ; et véritablement la conjoncture n'étoit guère propre pour demander au grand Seigneur des choses favorables aux François, le grand vizir ne pouvant pas oublier les secours qu'ils avoient donnés, en 1664, aux Allemands, ni ceux d'hommes et d'argent qu'ils avoient fournis presque continuellement aux Vénitiens, pendant le cours de la guerre de Candie.

Ces circonstances réduisoient presque à rien les motifs les plus essentiels sur lesquels l'ambassadeur pouvoit appuyer ses instances ; car si, d'un côté, l'exagération de la puissance du roi offensoit la vanité des Turcs, de l'autre il ne pouvoit leur parler qu'avec beaucoup de ménagement de la constante amitié de la France pour cet empire. Aussi M. de Nointel ayant trop insisté là dessus dans une conversation avec le grand vizir, ce ministre lui répondit sèchement : vous me parlez toujours de l'amitié de la France, cependant j'ai trouvé les troupes de votre roi partout où j'ai fait la guerre.

Cette première tentative de M. de Nointel pour le renouvellement des capitulations n'ayant pas réussi, il fut obligé de s'en retourner à Constantinople et de se réduire à augmenter et à embellir le Palais, qu'il avoit trouvé en très mauvais état. Le voyage qu'il fit, l'année suivante, à Andrinople, n'eut pas un succès plus heureux et il y a apparence que si, désabusé des moyens dont il s'étoit servi jusques là pour terminer cette négociation, il n'eût pas eu recours à se rendre les ministres de la Porte favorables par des présens, il n'auroit pas eu la satisfaction de la conclure, comme il fit en 1673.

Mais en étant heureusement venu à bout en cette année, il profita de cette occasion pour exécuter le dessein qu'il avoit de voir les antiquités du Levant ; il écrivit donc en France qu'il étoit nécessaire que, pour éviter les difficultés qu'on trouveroit dans les Échelles de la part des pachas et des douaniers à l'exécution des capitulations, il s'y portât lui-même accompagné d'un officier du grand Seigneur pour les faire recevoir.

Ce prétexte, qui étoit fort plausible, fut agréé et procura à M. de Nointel les moyens de satisfaire, aux dépens de la Nation, sa curiosité ; l'utilité de son voyage fut d'ailleurs médiocre, la plus grande difficulté étoit de faire recevoir les capitulations en Egypte ; mais dans le tems que M. de Nointel se préparoit à y passer de Jérusalem où il se trouvoit pour lors, il reçut un courrier de la Porte qui l'obligea à renoncer au voyage. Ce contretemps fut cause que les capitulations ne purent avoir lieu en Egypte que longtemps après, et que les François continuèrent à y payer la douane sur l'ancien pied jusques à ce que M. de Girardin, et ensuite M. de Châteauneuf, obtinrent des Katchérifs du grand Seigneur qui obligèrent les douaniers d'Egypte à se contenter comme les autres du trois pour cent.

Les circonstances du voyage de M. Nointel sont très curieuses ; mais comme elles ne peuvent être que d'une médiocre instruction pour les ambassadeurs qui, vraisemblablement, n'en entreprendront point de semblable, on n'en parlera pas ici.

Cependant, pour ma propre satisfaction et pour éviter à ceux qui sont curieux de ce détail de le chercher dans les livres qui en ont parlé, je joindrai ici une relation de voyage, sur ce que j'en ai trouvé dans différens auteurs et surtout dans les lettres d'un Italien, appelé Carlo Magni qui, s'étant attaché à M. de Nointel, le suivit dans ce voyage.

Si M. de Nointel rencontra dans le commencement de son ambassade quelques difficultés, il en fut dédommagé par la satisfaction qu'il eut de conclure les capitulations et d'en établir l'exécution dans une partie des Échelles, mais des commencements si agréables eurent une suite et une fin bien différentes.

Son voyage avoit causé une grande dépense à la Nation, et il s'étoit épuisé lui-même par le goût naturel qu'il avoit pour la magnificence et pour les spectacles ; il avoit fait construire dans le Palais une salle pour la comédie, et ne se contentant point des simples ornemens d'une représentation domestique, il fit faire à grands frais des habits de théâtre et des machines ; cependant, comme il étoit d'une famille opulente, il auroit sans doute trouvé les moyens de se maintenir sans un contretemps qui lui arriva. M. de Pomponne, ami et même parent de M. de Nointel, étoit pour lors ministre des Affaires étrangères ; M. Colbert avoit, en même temps, le département des finances et de la marine. M. de Nointel se trouva, par ces deux raisons, dans une espèce de dépendance de ce ministre qui demandoit de grands ménagemens, mais préférant son inclination pour de M. Pomponne à son intérêt et même, si on peut le dire, à la bienséance, il fit une chose qui lui attira l'inimitié de M. Colbert.

Le consul du roi à Chipre ayant trouvé une pierre gravée d'une grande beauté, en avoit envoyé l'empreinte à M. Colbert qui la trouva si belle qu'il lui ordonna de lui envoyer la pierre même pour la mettre dans le cabinet du roi, ou peut-être dans le sien. Sur ces entrefaites, M. de Nointel, qui eut connoissance de cette pierre, força le consul à la lui remettre, malgré sa résistance, et l'envoya à M. de Pomponne. M. Colbert, piqué avec raison d'une préférence qui, quoique dans une chose médiocre, étoit injurieuse pour lui, se vengea de M. de Nointel en ne lui faisant pas payer ses appointemens. Celui-ci supporta d'abord ce retardement avec peine, mais pressé ensuite par ses créanciers, il prit la résolution de lever, sur les vaisseaux qui venoient à Constantinople et à Smirne, les sommes qui lui étoient dues par le roi, en fournissant des lettres de change sur le trésor royal aux intéressés de ces vaisseaux pour leur remboursement. L'Échelle de Smirne ayant résisté à la première ordonnance que M. de Nointel avoit rendue là-dessus, il demanda un chaoux à la Porte, le fit accompagner par son secrétaire, les envoya en poste l'un et l'autre à Smirne et contraignit par ce moyen cette Échelle à lui fournir la somme qu'il demandoit ; non content de cela, il l'obligea de payer en pure perte les frais de voyage du chaoux et du secrétaire, qui montoient à plus de dix mille écus.

Cette démarche, quoique fondée sur la nécessité, mais conduite peut-être avec un peu trop de violence, fit un mauvais effet dans l'esprit des ministres du roi contre M. de Nointel. Les négociants de Marseille, toujours disposés à contrarier les ambassadeurs, oublièrent les avantages qu'il avoit procurés à leur commerce par la diminution de la douane, et s'abandonnant à l'ingratitude qui leur est naturelle, représentèrent M. de Nointel comme un dissipateur qui, ayant ruiné le commerce par des dépenses frivoles, achevoit de l'accabler par ses extorsions. Cependant comme M. de Nointel avoit fait des choses utiles, qu'il avoit soutenu cette ambassade avec un éclat qui étoit du goût du roi et qu'il ne manquoit point d'amis, il y a apparence qu'il auroit terminé honorablement son emploi, sans un accident qui lui arriva et qui, intéressant l'honneur de son caractère et blessant par conséquent la délicatesse du roi, détruisit absolument dans l'esprit de Sa Majesté la satisfaction qu'elle avoit témoignée jusques alors de ses services, et changea en indignation la bonté avec laquelle elle avoit jusques alors excusé les fautes qu'on avoit imputées à son ambassadeur.

Ahmet Cuprugli, homme fier et hautain et qui joignoit à la réputation de son père celle qu'il s'étoit acquise par la conquête de Candie, étoit grand vizir dans les premières années de l'ambassade de M. de Nointel. Il ne lui fit aucune difficulté sur le cérémonial et il n'y avoit pas apparence que le caimacam de Constantinople, qui lui étoit inférieur en tout, eût dessein, à la vue d'un ministre si autorisé, de tenter une innovation et véritablement M. de Nointel traita longtemps avec lui sans qu'il en fût question. Il étoit dans une si grande confiance là-dessus que le caimacam, qui étoit Cara Moustapha, depuis grand vizir, lui ayant fait dire un jour qu'il le prioit d'agréer qu'il le reçût au bas du sopha, parce qu'ayant la goutte, il lui étoit pénible d'aller jusques au coin, M. de Nointel, sûr de son cérémonial avec le grand vizir, ne crut point que la complaisance que lui demandoit le caimacan pût tirer à conséquence. Il l'eut en la manière qu'il le lui avoit fait proposer. Cependant Cara Moustapha ayant succédé, quelque tems après, à Ahmet Cuprugli, lorsque M. de Nointel vint pour lui rendre la première visite, il trouva le tabouret sur lequel il devoit s'asseoir au bas du sopha ; il ordonna à ses gens de le mettre à la place ordinaire, mais les domestiques du grand vizir s'y étant opposés, M. de Nointel sortit sans vouloir parler au grand vizir et persista, pendant quelque temps, dans le dessein de n'aller à son audience qu'avec les cérémonies accoutumées ; mais le grand vizir, mettant à profit la complaisance que M. de Nointel avoit eue pour lui lorsqu'il étoit caimacam, ne voulut rien rabattre de sa prétention, disant qu'il étoit extraordinaire que l'ambassadeur voulût exiger d'un grand vizir des honneurs qu'il n'avoit pas reçus d'un caimacam. M. de Nointel tenoit bon de son côté, et il y a apparence qu'il auroit enfin surmonté cette difficulté, ou du moins donné cours aux affaires comme M. de Guilleragues fit ensuite, sans voir le grand vizir, si donnant trop aux conseils foibles de ceux qui l'approchoient, il ne s'étoit imaginé que la chose ne feroit point du bruit dans l'Europe ; mais il se trompoit en cela, car les ministres qui résident à Constantinople de la part des autres puissances chrétiennes, pouvant s'excuser sur l'exemple de l'ambassadeur de France qui est reconnu pour le premier de tous, celui-ci n'avoit aucune excuse pour leur en donner un qu'ils ne devoient pas suivre. M. de Nointel, ébranlé comme je l'ai dit par les mauvais conseils de ceux qui l'approchoient, se détermina à subir le nouveau cérémonial du grand vizir, pour éviter une avanie qu'on vouloit faire à son secrétaire. Les Turcs l'accusoient d'avoir lavé des chiens dans l'eau du bassin de Belgrade, où les eaux qui sont portées à Constantinople par les aqueducs se réunissent et ensuite se séparent. Ces eaux servant aux purifications des Turcs, ils les croyoient souillées et profanées par l'action indiscrète du secrétaire ; ainsi, l'affaire regardant la religion, ou pour mieux dire la superstition des Turcs, étoit très difficile. On permettoit cependant qu'elle seroit apaisée si l'ambassadeur se conformoit au nouveau cérémonial. Les marchands, dont plusieurs affaires demeuroient indécises à cause de cette difficulté, joignirent leurs instances aux persuasions des domestiques de M. de Nointel qui, pressé ainsi de tous côtés, se laissa aller et par une foiblesse qui ternit la réputation qu'il s'étoit acquise pendant son ambassade, alla à l'audience du grand vizir et se soumit à son nouveau cérémonial. Les autres ministres qui avoient fait la même difficulté tandis que M. de Nointel avoit tenu bon, se rendirent à son exemple, et en ayant informé leurs maîtres qui en furent fort offensés, M. de Nointel, qui n'avoit peut-être pas rendu compte au roi de cette affaire ou qui en avoit pallié l'importance, se trouva chargé de sa propre faute et de celle des autres. Toutes les plaintes qu'on avoit faites contre lui se renouvelèrent à cette occasion. Le roi le rappela, avec ordre aux officiers des vaisseaux qui devoient le ramener en France de ne pas le traiter comme ambassadeur ; on étoit même persuadé à son départ qu'il seroit mis à la Bastille, mais, par les offices de ses amis, cette peine fut changée en un exil où il eut le tems de regretter les dépenses frivoles qu'il avoit faites pendant son séjour dans le Levant.

C'est ainsi que finit l'ambassade de M. de Nointel, remarquable d'ailleurs par la conclusion des capitulations, et par son voyage en Terre sainte qu'il rendit utile à la religion, par rapport aux disputes qu'il y avoit pour lors entre les catholiques et les protestants, sur la perpétuité de la foi au sujet de la transsubstantiation. Car s'étant trouvé à Jérusalem dans le tems que les Grecs y tenoient un concile national, il fit insérer la créance sur ces articles dans les actes de ce concile et les envoya en France où, ayant été mis dans la bibliothèque du roi, ils furent d'un grand secours à M. Arnauld dans les controverses qu'il soutint contre le ministre Claude.

Je dirai par occasion que ces mêmes actes du concile de Jérusalem, ayant été volés dans la bibliothèque du roi par un apostat appellé Aymond, ont donné lieu à l'abbé Renaudot de reprendre cette controverse et de la traiter de manière qu'il ne reste plus aux protestans aucuns moyens de soutenir une aussi mauvaise cause, ni la raison, ni l'éloquence ne pouvant aller contre un fait d'une notoriété aussi publique que celui de la croyance de l'Église grecque sur la transsubstantiation.

Mais si M. de Nointel eut l'honneur de servir la religion en cela, il fut exposé en même tems au déplaisir d'être lui-même témoin, pendant son séjour à Jérusalem, du commencement des usurpations que les Grecs firent sur les Latins, des sanctuaires que ceux-ci possédoient en Terre Sainte, affaire qui donna beaucoup de peine dans la suite à M. de Guilleragues et à M. de Girardin et dont le rétablissement fut réservé à M. de Châteauneuf, comme on le verra en son lieu.

AMBASSADE DE M. DE GUILLERAGUES.

Ce ne fut ni l'inclination, ni l'idée qu'on avoit de l'habileté de M. de Guilleragues dans les affaires, qui le conduirent à l'ambassade de Constantinople. Il étoit de Bordeaux, d'une famille du Parlement et avoit lui-même une charge honorable dans la Cour des aides; mais la vivacité de son esprit le dégoûta bientôt de la société de Bordeaux, quoiqu'une des plus belles et des plus grandes villes de nos provinces. Il vint à Paris où, enchanté par les agréments qu'il trouvoit dans cette grande ville, et charmant lui-même tous ceux qu'il connoissoit par sa conversation et par la facilité de ses mœurs, il joignit à la réputation de bel esprit qu'il avoit déjà celle de l'homme le plus agréable du royaume. Sa réputation passa de la ville à la Cour. M. le prince de Conti voulut l'attacher à son service et lui donna la qualité de son secrétaire des commandements. Mais M. de Guilleragues, dont le caractère étoit de ne s'attacher à rien, continua à se lier à ses amis, comme s'il n'avoit pas eu de maître. Le roi, ayant entendu parler de lui, voulut le connoître ; il le goûta beaucoup, et lui proposa même le dessein d'une comédie qui auroit été plutôt une affaire d'État qu'un divertissement. Ce fut une occasion à M. de Guilleragues d'amuser quelque temps le roi ; mais comme ce prince avoit une grande suite d'esprit et que M. de Guilleragues n'en avoit aucune, cet amusement ne fut bientôt plus de saison ; il fit voir au roi quelques morceaux de cette comédie, et différa si longtemps l'exécution du projet en entier, que ce retardement, laissant le temps de la réflexion au roi, il se dégoûta d'un projet qui pouvoit avoir de fâcheuses conséquences et où la passion avait trop de part, de sorte que l'accès que M. de Guilleragues eut auprès du roi n'eut aucune suite, et le fit regarder par Sa Majesté simplement comme un homme agréable, qualité qui ne menoit pas loin avec ce prince.

Cependant, M. de Guilleragues prolongeant son séjour à Paris et à Versailles, parlant toujours de retourner à Bordeaux et n'y retournant point, ayant la qualité de secrétaire de M. le prince Conti et n'en faisant point les fonctions, avoit réduit ses affaires dans un si mauvais état que ses amis imaginèrent, pour lui donner moyen de les rétablir, de lui procurer l'ambassade de Constantinople. La direction de cette ambassade, qui a presque toujours été disputée entre le ministre des Affaires étrangères et celui de la Marine, étoit pour lors à la disposition de M. de Seignelay qui avoit le département de la Marine. M. de Guilleragues étoit dans une société intime avec lui et avec M. de Bonrepaus ; ils songèrent tous deux à la lui faire donner lorsque le roi prit la résolution de rappeler M. de Nointel, et l'idée qu'on avoit pour lors de cette ambassade étant qu'on y pouvoit subsister des émoluments qu'elle procuroit, indépendamment des appointements de la Cour, les amis de M. de Guilleragues le firent convenir de réserver ses appointements pour le payement de ses créanciers et pour le rétablissement de ses affaires, pendant qu'il subsisteroit à Constantinople sur la pension du commerce et sur les émolumens de l'ambassade. Quoique cette particularité soit peu importante, comme je le sais d'original, j'ai cru ne devoir pas l'omettre pour faire voir combien les choses sont changées à cet égard; car si en 1682, M. de Guilleragues a pu se maintenir à Constantinople sans le secours de ses appointemens, il faut qu'il y ait eu pour lors des ressources dans l'ambassade qui sont entièrement taries, puisque le casuel dont les ambassadeurs jouissent actuellement est réduit à rien en temps de paix, et ne va pas à trois ou quatre mille écus en temps de guerre.

De quelque manière que ce soit, M. de Guilleragues ayant été nommé à l'ambassade de Constantinople et n'ayant songé à cet emploi que dans le dessein de raccommoder ses affaires, crut qu'il falloit mener avec lui sa femme et sa fille qu'il n'avoit pas trouvé le temps d'aller voir à Bordeaux, pendant quatorze ou quinze ans qu'il avoit passés à Paris. Il s'embarqua avec elles sur les vaisseaux qui étoient destinés à son transport. M. d'O, qui étoit un des officiers de l'armement, devint, dans le trajet, amoureux de sa fille, ce qui produisit dans la suite un mariage qui a fait faire une fortune considérable à M. d'O, car Mme d'O, sa femme, ayant trouvé moyen de s'insinuer dans les bonnes grâces de Mme de Maintenon et ensuite dans celles de Mme la Dauphine, procura des avantages à son mari auxquels il n'auroit pas dû naturellement prétendre.

La principale affaire de M. Guilleragues étoit de rétablir le cérémonial du sopha, que M. de Nointel avoit laissé perdre. La chose étoit difficile, tant par rapport à la foiblesse des autres ambassadeurs qui s'y étoient soumis, que parce que Cara Moustapha, grand vizir, qui avoit commencé cette nouveauté, étoit encore en place, et que sa faveur et son arrogance avoient augmenté par le succès de ses entreprises contre les ennemis de l'empire Ottoman. Il arriva, outre cela, que pendant que M. de Guilleragues sollicitoit le rétablissement du cérémonial, il eut à soutenir une affaire très fâcheuse et qui rompit toutes les mesures qu'il pouvoit avoir prises. Ce fut à l'occasion de la poursuite que M. Duquesne fit de quelques corsaires Tripolins qui se refugièrent à Chio ; il les y investit, demanda au gouverneur qu'ils lui fussent remis et, sur le refus qu'il en fit, il tira sur eux et endommagea le château, la ville et quelques mosquées.

Comme les François n'ont point eu d'affaire dans le Levant qui ait fait plus de bruit que celle-ci, et que j'ai trouvé deux mémoires, faits dans le temps même, par quelque drogman qui avoit été témoin des circonstances qu'ils contiennent, j'ai cru les devoir insérer en entier ; le second de ces mémoires ne marque pas la fin de cette affaire qui fut que M. de Guilleragues fit un présent au grand Seigneur et que, ne pouvant jamais contenter l'avidité et la vanité de son ministre, ce présent fut plusieurs fois répété jusques à ce qu'on l'eût fait monter à près de quatre-vingt mille écus. C'est ainsi que se termina cette grande affaire. On l'approuva en France, comme un effet de la nécessité où M. de Guilleragues s'étoit trouvé et parce que le roi, occupé d'autres desseins et par ménagement pour le commerce de ses sujets, préféra la conservation de la bonne intelligence avec les Turcs au ressentiment de sa gloire offensée et aux moyens qu'il avoit pour lors d'en tirer raison, car M. Duquesne offrit plusieurs fois de venir bombarder le grand Seigneur jusques dans son Sérail et ne demandoit pour cela que dix vaisseaux de guerre.

Mais si cette affaire fut assoupie par les raisons que j'ai dites ci-dessus, et la conduite de M. de Guilleragues approuvée en France, il n'en fut pas de même dans les pays étrangers. Quelques-uns la regardèrent comme une mortification qui flattoit leur jalousie pour la gloire du roi, et tous auroient voulu qu'elle eût donné lieu à une guerre dont l'Empereur auroit profité, et qui n'auroit pas été moins utile aux Anglois et aux Hollandois qui auroient pu s'emparer de notre commerce. Ceux-ci s'en dédommagèrent par un petit libelle qu'ils firent imprimer contre M. de Guilleragues.

Le sieur Colyer étoit pour lors résident de Hollande et sa vanité ne s'accommodant point de ce titre ou du traitement qu'il lui avoit attiré de M. de Guilleragues, il avoit une grande animosité contre cet ambassadeur. Il profita de l'affaire de Chio pour se venger de lui par un libelle qu'il fit imprimer à cette occasion. Le principal reproche qu'il lui fait est de ce qu'ayant été appelé à l'audience du grand vizir, il avoit pris le parti, après avoir refusé de s'asseoir au bas du sopha, de parler debout, prétendant qu'il pouvoit refuser de répondre au grand vizir jusques à ce qu'il fût à sa place naturelle, et que surtout il ne devoit point dans cet état lui présenter, comme il fit, la lettre du roi. Ce reproche, quoique dicté par la passion, n'est peut-être pas mal fondé, mais il faut donner aussi quelque chose à la situation où se trouvoit M. de Guilleragues, et pour ce qui est du présent qu'il fit à l'occasion de cette affaire, ceux qui auront quelque connaissance de ce pays-ci et qui feront attention à la disposition générale des affaires, à l'intérêt d'une nation nombreuse dont un ambassadeur est environné et au hasard qu'il court en engageant son maître à une guerre contraire à ses intérêts, trouveront que M. de Guilleragues, après avoir témoigné beaucoup de fermeté et tenu des discours très convenables, prit un parti qui, s'il n'étoit pas honorable, étoit au moins fort prudent, car pour peu que le roi eût eu envie de faire la guerre aux Turcs, il ne lui auroit pas été plus difficile d'avoir raison du présent qu'ils avoient exigé de son ambassadeur, que de l'asile qu'ils donnoient aux corsaires. Dans le fond, nous traitâmes les Turcs en cette occasion, comme on fait des enfans qu'on apaise par quelques confitures après les avoir battus, et véritablement, ou les Turcs ne devoient pas faire tant de bruit de cet accident, ou ils devoient s'en ressentir d'une autre manière qu'en exigeant des présens.

Cette affaire terminée, il restoit encore celle du sopha qui subsista jusques à ce que Cara Moustapha, grand vizir, ayant eu la tête tranchée après la levée du siège de Vienne, M. de Guilleragues, qui en avoit continué inutilement la négociation pendant son ministère, la reprit et la termina enfin en la manière qu'on le pourra voir par la copie de la lettre du sieur Fontaine que je joins ici, et qu'il ne faut pas lire sans faire attention aux remarques que j'y ai faites.

M. de Guilleragues ne jouit pas longtemps de la satisfaction d'avoir fini cette affaire; peu de temps après son retour d'Andrinople, il eut une attaque d'apoplexie, dont il mourut le huitième jour.

Il y a une chose à remarquer sur son ambassade et sur celle de M. de Ferriol; c'est que le premier a conduit les affaires sans avoir eu audience du grand vizir, et que le second a fait la même chose sans avoir été admis à celle du grand Seigneur, remarque qui peut servir aux ambassadeurs pour leur faire voir que, le cérémonial n'ayant pas une liaison essentielle et indispensable avec les affaires, ils ne doivent pas foiblir sur cet article, lorsqu'au commencement de leur ambassade ils ont à essuyer quelques difficultés qui y ont rapport.

Après la mort de M. de Guilleragues, Madame sa femme se chargea, sur les instances de la nation, du soin des affaires, et le sieur Noguès, qui avoit fait les fonctions de chancelier, ayant voulu s'y opposer, elle le fit mettre en prison et ensuite embarquer sur un vaisseau françois qui passoit en Egypte et de là en France, où la conduite du sieur Noguès fut blâmée et celle de madame de Guilleragues approuvée.

Le sieur Jean-Baptiste Fabre, marchand de Marseille, fut chargé, à peu près dans ce temps-là, par M. de Seignelay, de la réclamation d'un vaisseau françois que les Tripolins avoient pris dans les eaux du grand Seigneur. Avant la paix, il prit sous ce prétexte le titre d'agent de France, au grand déplaisir de Mme de Guilleragues, et le conserva même sous les ambassadeurs suivants avec peu de satisfaction pour eux, jusques à ce que M. de Châteauneuf, en établissant la députation dans l'Échelle de Constantinople, le priva des fonctions qu'il s'étoit attribuées. Ensuite, sous M. de Ferriol, il entreprit de passer en Perse et mourut en chemin, laissant les affaires dont il avoit été chargé entre les mains d'une malheureuse qui l'avoit suivi, ce qui obligea M. de Ferriol d'envoyer le sieur Michel, son secrétaire, pour faire cesser le scandale que ce spectacle donnoit et qui auroit été sans doute en augmentant, sans cette précaution.

AMBASSADE DE M. DE GIRARDIN.

M. de Girardin, qui fut nommé pour succéder à M. de Guilleragues, avoit occupé un des principaux postes de la magistrature à Paris, c'est-à-dire la charge de lieutenant civil du Châtelet. J'ignore s'il y avoit renoncé avant qu'il songeât à l'ambassade de Constantinople, mais, comme M. de Vauvré, son père, étoit pour lors intendant de Toulon, ils crurent l'un et l'autre qu'ils trouveroient de grands avantages dans cette ambassade, par la facilité qu'ils auroient de faire le commerce. Mais, quoique M. de Vauvré pût connoître l'humeur des Provençaux, il s'y trompa en cette occasion, et les tentatives qu'il fit du côté du commerce ne servirent qu'à attirer de fâcheuses discussions avec M. de Girardin de la part de la Chambre de Marseille. Il arriva à Constantinople au commencement de l'année 1686, conduit par deux vaisseaux du roi que M. Dumené et M. Bido commandoient. La Cour se trouvoit pour lors à Andrinople, et M. de Girardin, mal conseillé, crut qu'il devoit demander audience au caimacam. Pour moi, quoique j'ignorasse absolument ce qui s'étoit passé du temps de M. de Girardin, étant arrivé dans les mêmes circonstances, c'est-à-dire pendant que la Cour étoit à Andrinople, je tins une autre conduite. Je fis dire au caimacam que je ne le visiterois point, ne croyant pas avoir aucun commerce public avec les ministres de la Porte, que je n'eusse été admis en l'audience du grand vizir et du grand Seigneur, et véritablement je ne rendis visite au caimacam à Constantinople, qu'à mon retour d'Andrinople et ne demandai point le cafetan qu'un ambassadeur ne doit recevoir qu'à l'audience du premier ministre, encore est-ce un assujettissement peu honorable dont il seroit bon de se défaire s'il étoit possible.

Quoi qu'il en soit, M. de Girardin, ayant pensé différemment, demanda à voir le caimacam et prétendit de recevoir le cafetan, parce que ce ministre l'avoit donné, peu de mois auparavant, au sieur Favre et s'étoit levé dans le temps qu'il le prenoit. M. de Girardin prétendit la même chose et, y trouvant de la difficulté de la part du caimacam, il s'emporta très vivement contre le sieur Favre qui avoit donné lieu à cet incident, par les lettres qu'il avoit écrites en France et le chargea de s'accommoder, ce que le sieur Favre fit après deux ou trois jours de négociation et au moyen de quelque argent qu'il dépensa pour y réussir. M. de Girardin alla donc à l'audience du caimacam avec le même accompagnement qu'il auroit fait à celle du vizir, et il fut reçu en la manière et avec les honneurs dont on étoit convenu.

Il passa ensuite à Andrinople, où il ne trouva aucune difficulté sur le cérémonial, mais beaucoup de facilités pour les affaires ; il les dut en partie à son esprit et en partie aux circonstances où se trouvoient les Turcs. La levée du siège de Vienne avoit changé leurs espérances en la nécessité de se défendre et, par conséquent, de ménager tous leurs amis. M. de Girardin en profita avantageusement pour les affaires du commerce ; il établit, par les commandemens et par les catchérifs qu'il fit expédier, l'exécution des capitulations dans beaucoup d'endroits où on avoit encore de la peine à les recevoir et particulièrement en Égypte. Comme c'étoit un homme d'un esprit solide et élevé, capable d'imaginer et de soutenir de grandes choses, il auroit sans doute acquis beaucoup de réputation dans cette ambassade et procuré encore des avantages plus considérables aux sujets du Roi, si, au commencement de l'année 1689, il n'eût été emporté par une maladie de peu de jours. M. de Girardin, à l'exemple de M. de Guilleragues, avoit mené Madame sa femme avec lui ; elle a depuis épousé le marquis de Canillac. Comme j'étois dans le dessein d'y mener la mienne, je lui allai rendre visite et j'appris de cette dame qu'étant jeune, lorsqu'elle entreprit ce voyage, elle avoit pris avec elle une de ses amies à peu près de son âge et dont elle croyoit avoir éprouvé l'humeur ; mais, soit qu'on ne se connoisse pas parfaitement dans les commerces d'amitié qu'on forme dans le tumulte de la société civile, ou que l'éloignement et la solitude eussent changé absolument l'humeur de son amie, madame de Girardin dit qu'elles commencèrent à se dégoûter l'une de l'autre dans le trajet, que ce dégoût se changea en aversion aussitôt qu'elles furent seules à Péra, et que ce secours qu'elle s'étoit préparé contre la solitude lui devenant un nouveau sujet d'ennui, elle eut une jaunisse qui la pensa faire mourir et à laquelle elle ne trouva point d'autre remède que de renvoyer sa prétendue amie pour ne la jamais revoir. Madame de Canillac conseilla sur sa propre expérience à Madame de Bonac de ne point se charger de semblables compagnes de voyage ; son conseil fut suivi et on s'en est bien trouvé, ce que je marque pour ceux qui, destinés un jour à cette ambassade, pourroient avoir envie de mener leurs femmes.

Pour ce qui est de madame de Girardin, quand elle se fut défaite de sa jaunisse et de son amie, elle reprit sa santé et, pendant que M. de Girardin se divertissoit dans sa maison du canal à faire bonne chère, elle trouvoit à s'amuser dans la ville, tantôt en faisant elle-même des promenades un peu hasardées sur le canal, tantôt en allant voir des femmes turques, et jouissant des autres amusements que le pays pouvoit lui fournir ; elle tint, après la mort de M. de Girardin, une conduite différente de celle de madame de Guilleragues et, la nation l'ayant pressée de prendre, à son exemple, le soin des affaires, elle aima mieux les remettre à M. l'abbé Girardin, son beau-frère, qui en eut la direction jusques à l'arrivée de M. de Châteauneuf.

AMBASSADE DE M. DE CHATEAUNEUF

M. de Châteauneuf ayant dressé un mémoire pour rendre compte de son ambassade, j'aurai peu de chose à dire à son sujet, et véritablement il seroit difficile de rien ajouter à ce qu'il rapporte lui-même des affaires dont il étoit chargé, et encore plus, de renchérir sur la noblesse et sur la sincérité avec laquelle il s'explique. Il me paroît, au contraire, que son mémoire peut servir de modèle aux ambassadeurs pour le compte qu'ils doivent rendre au roi de leur ambassade.

Mais, pour suivre mon projet qui est de faire connoître les ambassadeurs qui ont servi le roi à Constantinople, je mettrai ici ce que je sais sur le sujet de M. de Châteauneuf, et je parlerai de quelques peines et de quelques embarras qu'il a eus dans son ambassade. Il me paroît que cette connoissance, qui peut être utile aux ambassadeurs, ne leur doit pas être indifférente.

M. de Châteauneuf, qui est né sujet du duc de Savoye, étant sorti des états de ce prince à l'occasion des guerres qu'il avoit avec la France, vint à Paris et y attira l'abbé de Châteauneuf, son frère. Celui-ci, joignant beaucoup de savoir à une grande vivacité d'esprit, se rendit considérable en France parmi les honnêtes gens, par les agrémens de la conversation, soutenus d'une philosophie qui, fondée sur les principes d'Épicure, savoit associer tous les plaisirs de la vie civile avec les sentimens de la vertu la plus solide. Les liaisons qu'il avoit formées avec M. de Torcy ne servirent pas peu à M. de Châteauneuf, son frère, pour obtenir l'ambassade de Constantinople ; elles lui furent ensuite fort utiles pour détruire les mauvais offices qu'on lui rendit, jusques à ce qu'il fut rappelé en la manière que je dirai en parlant de M. de Ferriol. Pour ce qui est de l'abbé de Châteauneuf, il fut envoyé en Pologne dans le tems des troubles que causa l'élection de M. le prince de Conti, mais ayant un esprit plus propre à la conversation qu'à des affaires aussi difficiles, son voyage en Pologne n'eut pas le succès qu'on s'en étoit promis, ce qui fit que, se dégoûtant lui-même des affaires étrangères, il s'en retira absolument et passa le reste de sa vie dans une agréable et savante oisiveté.

M. de Châteauneuf, qui avoit pris le parti de la robe et qui, dans les fonctions de conseiller au Parlement de Paris, avoit ajouté le goût des affaires à des qualités à peu près semblables à celles de son frère, obtint l'ambassade de Constantinople en 1689 et arriva dans cette ville, le 28 septembre, conduit par M. de la Roque Percin, commandant le vaisseau du roi.

Comme M. de Girardin, son prédécesseur, était mort, il n'eut à essuyer aucunes des cérémonies ordinaires qui se pratiquent entre les ambassadeurs : il en fut quitte pour les égards qu'il témoigna à madame de Girardin, sa veuve.

Les conjonctures étoient pour lors très favorables. La réputation de la gloire du roi étoit au plus haut point ; les Turcs, d'un autre côté, avoient beaucoup rabattu de leur orgueil ordinaire par le mauvais succès de leurs armes contre les Allemands ; la difficulté du sopha avoit été terminée par M. de Guilleragues et l'ancien cérémonial confirmé par M. de Girardin. Ainsi, M. de Châteauneuf prit possession de son emploi avec tous les agrémens qu'il pouvoit désirer. La liaison des intérêts de la France avec l'état où se trouvoient pour lors les affaires de l'Empire ottoman, une permission fort étendue de faire des présens aux ministres de la Porte, la liberté que donne le séjour d'Andrinople où M. de Châteauneuf résida pendant presque toute son ambassade, mais, plus que tout cela, l'esprit de M. de Châteauneuf et la délicatesse avec laquelle il traitoit les affaires, ont fait que son ambassade n'a été sujette à aucun inconvénient de la part des Turcs, et qu'elle s'est passée avec beaucoup plus d'agrément et de distinction qu'aucune des précédentes.

Je dois ajouter que la réputation de M. de Châteauneuf

subsiste encore dans l'esprit des Turcs; que tous ceux qui l'ont connu en parlent avec beaucoup d'estime et qu'ils l'appellent ordinairement *Mahout*, terme pris du commerce et qui veut dire quelque chose de très fin et de très délicat.

La plupart de ceux qui connoissent ce pays-ci sont persuadés qu'un ambassadeur ne doit avoir d'autre commerce avec les Turcs, que celui qui est absolument nécessaire à son emploi. M. de Césy et M. de Châteauneuf s'éloignèrent de cette maxime, mais avec un succès fort différent. M. de Césy se ruina absolument sans rien faire d'utile pour le roi, par son trop grand commerce avec les Turcs et par ses prétendues intrigues avec les femmes du sérail; M. de Châteauneuf se réduisit au commerce des hommes qu'il eut l'art d'accoutumer à sa société, et s'il chercha à en avoir quelqu'un avec les femmes, ce ne fut point par rapport aux affaires. Ainsi il trouva quelque utilité dans le commerce des hommes et de l'agrément dans celui des femmes, autant qu'on peut l'avoir dans ce pays-ci sans inconvénient. Le hasard se joignit à l'industrie pour faciliter à M. de Châteauneuf la vie qu'il vouloit mener à Andrinople. Sultan Moustapha régnoit pour lors; c'étoit un prince adonné à toutes sortes de plaisirs, mais surtout à la musique et à la chasse. Sa cour suivoit son exemple et, profitant de la liberté que donne le séjour d'Andrinople, chacun ne songeoit qu'à ses plaisirs. Cette disposition fit qu'on reçut fort agréablement un ambassadeur qui se présentoit de fort bonne grâce et avec beaucoup d'esprit, qui étoit magnifique dans son équipage et qui venoit de plus dans une conjoncture et avec des discours qui rendoient sa personne agréable; ses discours, qui étoient débités avec beaucoup d'esprit en public, étoient soutenus en particulier par les moyens les plus propres à gagner les hommes. M. de Châteauneuf, qui avoit eu soin de s'en faire munir avant son départ, les plaçoit bien et les distribuoit à propos. Il s'insinua, par ce moyen, dans l'amitié d'un eunuque blanc qui avoit une maison dans son voisinage et qui étoit une espèce de favori du grand

Seigneur; celui-ci lui fut peut-être d'un plus grand secours pour les plaisirs que pour les affaires, mais il tira de grands avantages de la familiarité qu'il s'acquit auprès de plusieurs ministres de la Porte, surtout de celle du Moufti. Elle étoit si grande que M. de Châteauneuf faisoit porter son dîné chez lui, et qu'ils mangeoient ensemble pour avoir le temps de s'entretenir plus à loisir. M. de Châteauneuf, profitant en habile homme de ses dispositions, emporta, dès la première année de son ambassade, la grande affaire des Saints-Lieux, cette affaire qui lui fit beaucoup d'honneur et qu'il mania avec un grand désintéressement, ainsi qu'il le marque dans sa relation, ne manqua pas de coûter des sommes considérables aux Pères de Terre-Sainte. Il ne fut pas si heureux dans celle de la réparation de la voûte du Saint-Sépulcre, qu'il commença à solliciter. Il obtint, à la vérité, quelques commandements, mais la dépense qu'il fit à cette occasion fut perdue par l'opposition et les artifices des Grecs. Au reste, il est constant qu'il y a eu peu d'ambassadeurs de France à Constantinople qui aient soutenu leur ambassade avec plus d'éclat et une considération publique plus marquée; mais la dépense que faisoit M. de Châteauneuf pour l'entretien d'un grand équipage de chevaux et de chiens, fit qu'étant venu pauvre à Constantinople, il n'y raccommoda pas ses affaires, quoiqu'il eût de grandes facilités pour le faire, qui ont manqué depuis à ses successeurs. Il disposoit du consulat de Salonique où on n'avoit pas encore formé une nation. Il tiroit trois mille écus par an du consulat de Durazzo, et un revenu considérable de celui des étrangers à Constantinople; il étoit, outre cela, le maître de tous les petits consulats de l'Archipel. De tous ces avantages dont M. de Châteauneuf jouissoit, il n'est presque resté à ces successeurs que le consulat des étrangers à Constantinople, qui peut valoir deux ou trois mille écus par an, lorsque les Vénitiens sont en guerre avec les Turcs, mais qui est réduit presque à rien en temps de paix.

Pendant que M. de Châteauneuf étoit au dehors dans une grande considération, il ne laissoit pas d'avoir ses peines particulières ; soit par goût ou par politique, il entretenoit la division dans son domestique par des jalousies perpétuelles. Il en conçut lui-même une contre le sieur Fonton, drogman, qui fut peut-être, à la fin, la cause de son rappel. Celui-ci, rebuté de la défiance de son maître, demanda à passer en France sous prétexte de maladie ; M. de Châteauneuf le lui ayant refusé, il s'adressa à la Cour et obtint le congé qu'il demandoit. Il eut le temps et l'occasion de se venger et il le fit en la manière que je le marque en parlant de M. de Ferriol.

Cependant, malgré la jalousie et la défiance de M. de Châteauneuf, il lui arriva un accident qui lui donna beaucoup de peine. Il avoit pour principal secrétaire un nommé Beauquesne, homme de lettres et de beaucoup d'esprit, mais qui, présumant trop de son mérite et étant capable des actions les plus noires, imagina un moyen de perdre son maître par la plus infâme trahison qui pût passer dans l'esprit d'un homme. Je dirai par parenthèse que M. des Alleurs ayant pris le même Beauquesne à son service, lorsqu'il alla à Berlin, éprouva qu'il ne faut jamais se confier à des gens notés ; il ne lui fut pas plus fidèle qu'à M. de Châteauneuf et il finit par se retirer chez les ennemis. Mais pour revenir à M. de Châteauneuf, je dirai que Beauquesne, ayant formé le dessein de le perdre, imagina ce moyen pour y parvenir en chiffrant les lettres qu'il écrivoit au roi et aux ministres ; il y mettoit entre les chiffres qui sont marqués pour annuler, des lignes entières qui contenoient ses réflexions sur ce que M. de Châteauneuf écrivoit. Les commis, comme le sieur Beauquesne l'avoit pensé, passoient là-dessus, croyant que ces chiffres ne signifioient rien et suivoient le fil de la lettre, de sorte que M. de Châteauneuf ne s'aperçut de cette friponnerie que, lorsque l'ayant congédié, celui-ci de retour en France dénigra sa conduite et, afin de faire voir qu'il parloit avec fondement et qu'il avoit pensé toujours de même, il demanda qu'on revît les lettres de M. de Châteauneuf et qu'on y déchiffrât ce qu'on avoit passé comme des lignes nulles. Quoique ceux qui eurent connoissance de cette méchanceté détestassent la trahison de Beauquesne, cependant, comme l'avis qu'il donnoit pouvoit intéresser le service du roi, M. de Croissy se crut obligé de faire faire cet examen avec attention et d'en envoyer ensuite un mémoire à M. de Châteauneuf afin qu'il pût se justifier. Cela ne lui fut pas difficile et l'accusateur, après les réponses de M. de Châteauneuf, pensa être puni. Ce mémoire étant tombé entre mes mains, j'en joins ici une copie qui peut servir aux ambassadeurs pour voir comment ils peuvent être attaqués et comment il faut se défendre.

La seule chose qui me reste à dire sur M. de Châteauneuf, par rapport à l'ambassade de Constantinople, est qu'en parlant à ses amis de la raison qui l'avoit obligé de s'habiller à la longue, il dit que c'étoit par complaisance pour un vizir avec lequel il vivoit familièrement, qu'il remarqua que, lui ayant fait demander audience pour une affaire pressée, ce ministre la différa contre sa coutume deux ou trois jours, et qu'en ayant demandé la raison, on lui répondit que c'étoit pour démeubler la chambre où il devoit le recevoir et qu'il étoit obligé de faire cette cérémonie toutes les fois qu'il venoit chez lui, parce qu'étant fort scrupuleux dans l'observance de sa loi, il ne croyoit pas pouvoir faire sa prière sur des tapis qui avoient été souillés par la graisse dont on se sert pour cirer nos souliers. M. de Châteauneuf dit qu'ayant compris par là que l'habit à la longue étoit plus propre à entretenir le commerce familier qu'il avoit avec les Turcs, il se résolut à le prendre; cette raison paroîtra n'être pas trop bien fondée à ceux qui seront sur les lieux et qui verront les choses par eux-mêmes; mais il est certain qu'elle n'étoit pas suffisante pour changer un usage établi et convenable. On en jugea de même en France, et cette innovation fut à la fin le seul prétexte du rappel d'un homme qui avoit servi fort utilement et avec beaucoup de distinction.

M. de Châteauneuf, qui revint dans une extrême pauvreté à Paris, y reprit à son retour les fonctions de conseiller au Parlement. Il fut envoyé ensuite en Espagne avec une commission particulière et peu importante, puisqu'il ne s'agissoit que d'une tracasserie de cour et que cette tracasserie ne regardoit qu'une femme de chambre, appelée Emilie, que la princesse des Ursins avoit laissée auprès de la reine d'Espagne, lorsqu'elle fut rappelée en France. J'ai su de la reine même que M. de Châteauneuf s'acquitta d'une manière fort peu satisfaisante pour elle de cette commission, ce qui fit que son emploi n'eut aucune suite.

Il fut envoyé quelque temps après en Portugal pour tâcher de maintenir le roi dans notre alliance, mais ayant trouvé les choses trop avancées, il eut le déplaisir de faire un voyage inutile et revint à ses premières fonctions du Parlement. Il en fut tiré une seconde fois pour l'ambassade de Hollande qu'il a soutenue dans des temps difficiles et dont il s'est retiré avec plus de réputation que de bien, chose ordinaire aux ambassadeurs.

Enfin, après avoir été fait conseiller d'État, il a été chargé de la commission de la chambre ardente de Bretagne et ensuite, quoiqu'étranger, élu prévôt des marchands de Paris et continué dans cet emploi qu'il exerce encore actuellement avec beaucoup de réputation.

AMBASSADE DE M. DE FERRIOL.

L'ambassade de M. de Ferriol étant remarquable par les différens incidens auxquels elle a été sujette, il m'a paru qu'il seroit agréable à ceux qui lui succéderoient un jour, de ramasser tout ce que j'ai appris de lui-même, ou des gens qui se trouvoient pour lors à Constantinople, sur ce sujet.

M. de Ferriol est du Dauphiné; quelque aventure amoureuse qu'il avoit avec une fille d'une maison considérable en France, l'ayant obligé de passer dans les pays étrangers il se retira en Pologne où il alla trouver le marquis de Béthune qui étoit et beau-frère du roi de Pologne et ambassadeur. M. de Ferriol étant resté quelque tems auprès de lui, eut une affaire fort violente avec M. Krazciniski, starosta de Varsovie et depuis palatin de Polocs, homme de la première considération en Pologne par sa naissance et par ses richesses, et de plus, gendre du grand général de Pologne, Diablonoski. M. de Ferriol étant grand joueur, le starosta perdit beaucoup d'argent avec lui et, le soupçonnant de n'avoir pas bien joué, il ne voulut pas le payer. Quelque temps après, étant dans les appartements du roi, il tira une montre d'or qu'il avoit pour la montrer ; M. de Ferriol qui étoit présent la lui arracha des mains, en lui disant que c'étoit pour l'argent qu'il lui devoit. L'endroit où cela se passa empêcha le starosta de se venger sur le champ, mais s'en étant plaint à M. de Béthune, il lui déclara qu'il feroit assommer M. de Ferriol. M. le comte de Béthune fit rendre la montre et craignant le ressentiment et l'impétuosité polonoise, il envoya M. de Ferriol en Hongrie pour servir dans les troupes du comte Tekely. M. de Ferriol, après y avoir servi quelque temps, comme il avoit des amis en France, il y passa et se procura une commission de la Cour pour agir auprès du comte Tekely, comme il fit pendant plusieurs années, étant, en quelque manière, subordonné à M. de Châteauneuf pour lors ambassadeur du roi à Constantinople. Il forma pendant ce temps-là le dessein d'obtenir cette ambassade et il y réussit par le moyen de M. Blondel avec lequel il avoit quelque alliance.

La difficulté étoit de faire rappeler M. de Châteauneuf qui, certainement, servoit avec beaucoup de distinction et d'une manière très agréable aux Turcs.

Appuyé de la faveur de M. Blondel et de Mme de Croissy qu'il mit dans ses intérêts, M. de Ferriol profita de la mésintelligence qu'il y avoit entre M. de Châteauneuf et le sieur Fonton, un de ses drogmans avec lequel il avoit fait une grande amitié, parce que le sieur Fonton suivoit ordinairement le grand vizir en campagne, et que M. de Ferriol étant auprès du comte Tekely, ils avoient de fréquentes occasions de communiquer ensemble. Cette correspondance donna de la jalousie à M. de Châteauneuf; il maltraita le sieur Fonton et l'obligea à se retirer en France. M. de Ferriol voulut en faire usage, mais ne sachant ni l'un ni l'autre par où attaquer un homme qui servoit avec autant de distinction que M. de Châteauneuf, ils lui firent un crime de l'inclination qu'il témoignoit pour les Turcs, et qui l'avoit porté à quitter l'habit françois et à s'habiller à la longue.

Le roi fut offensé que son ambassadeur eût quitté l'habit françois; il n'y avoit qu'à lui ordonner de le reprendre. Mais on avoit poussé les mauvais offices trop loin, et on avoit insinué au roi que l'inclination de M. de Châteauneuf pour les manières turques alloit jusques à leur religion. La piété du roi ne tint point contre cette noire calomnie, et il ne fut pas difficile à M. de Torcy de faire rappeler M. de Châteauneuf, et de faire nommer M. de Ferriol à sa place. Quoique l'abbé de Châteauneuf, homme de beaucoup d'esprit et de mérite, cultivât avec soin l'amitié de ce ministre, il ne put pas surmonter une brigue formée, qui étoit soutenue, d'un côté par l'autorité que Mme de Croissy avoit sur son fils et de l'autre, par la foiblesse que ce ministre avoit pour Mme de Ferriol, de sorte que M. de Châteauneuf fut rappellé et M. de Ferriol nommé à sa place.

On peut voir dans la relation de son voyage, faite par le sieur Blondel, son chancelier et secrétaire, de même que par le mémoire que lui-même fit à son retour, les principales choses qui se sont passées dans son ambassade, mais on a omis dans ces deux relations quelques circonstances que j'ai cru devoir rassembler ici.

Premièrement, pour commencer par la grande affaire de l'épée, il est certain, de l'aveu même de M. Blondel qui me l'a dit, que si M. de Ferriol se fût conduit avec plus de modération et se fût contenté de porter un couteau ou une épée de Cour, il n'y auroit trouvé aucune difficulté de la part des Turcs qui ne demandoient pour ainsi dire qu'à être trompés ; mais ayant voulu, contre l'avis de tout le monde, porter une épée de bretteur que le sieur Blondel garde encore par rareté, les Turcs ne voulurent point le souffrir et témoignèrent, en cette occasion, une modération dont on ne pouvoit pas croire qu'une nation aussi barbare fût capable. D'ailleurs, ce que M. de Ferriol en a écrit dans l'explication des figures turques qu'il a fait graver après son retour en France, étant assez vraisemblable, je l'ai fait transcrire afin qu'on trouvât tout cela ensemble dans ce recueil.

Cette première affaire ayant fait regarder M. de Ferriol par les ministres de la Porte comme un homme fort violent, toute son ambassade se ressentit de l'idée qu'ils avoient conçue de lui. La première marque qu'ils lui en donnèrent fut à l'occasion d'un caïk qu'il avoit fait construire avec un tendelet. Il y a, dans tous les pays, de certaines distinctions que les princes se réservent, et il est de la prudence des ambassadeurs de ne pas vouloir s'arroger les mêmes distinctions. En Espagne, par exemple, il n'y a que le roi qui aille en carosse à six mules dans la ville, et on ne permettroit pas cette distinction à un ambassadeur. A Constantinople, il n'y a que le grand Seigneur et le grand vizir qui puissent se promener sur le canal avec un caïk à tendelet. Le moufti ni les autres grands de la Porte n'ont pas ce privilège, ni même les femmes de la première considération, excepté celles du Sérail. M. de Ferriol, contre l'avis de tous ses amis et des autres ambassadeurs, voulut se l'attribuer. Cela ne lui réussit pas bien et dès la première sortie qu'il fit avec son caïk, le bostandgi bachi, qui l'avoit aperçu, fit donner cent coups de bâton aux caïkchis qui l'avoient conduit et fit dire à l'ambassadeur qu'il lui en arriveroit autant; il est vrai que M. de Ferriol s'étant plaint de cette violence, prétend que le bostandgi bachi fut déposé, mais la vérité est qu'il n'osa plus sortir avec son caïk et qu'il l'envoya à Smirne.

L'aigreur que ces différentes difficultés jetoient contre lui dans l'esprit des ministres faisoit qu'ils étoient disposés à le chagriner sur tout.

Il y avoit au bout de la terrasse du jardin du Palais un cabinet de treillage, sur le dôme duquel on avoit mis une fleur de lis de bois doré. Le grand Seigneur étant venu visiter son Sérail de Galata, on lui fit remarquer cette fleur de lis et on lui dit que c'étoit une croix. Il envoya aussitôt un de ses officiers à l'ambassadeur avec ordre de l'abattre; il se trouva, par bonheur, que cet officier étoit un homme sage et modéré; on lui fit voir que ce que le grand Seigneur avoit pris pour une croix, n'étoit qu'une fleur de lis. Cela apaisa le grand Seigneur, mais quelque tems après, on fit abattre ce cabinet qui étoit fort vieux, afin d'éviter un pareil inconvénient.

Je dirai par occasion qu'ayant fait faire une ouverture en forme de dôme pour éclairer la salle du milieu du palais qui étoit fort obscure, l'aga du Sérail, qui avoit sans doute connaissance de l'affaire de la fleur de lis, gagna le mimar bachi et le porta à vouloir user de violence pour empêcher la construction du petit dôme. Mais ayant été informé de cela à Andrinople où j'étois pour lors, et en ayant porté mes plaintes au grand vizir, j'obtins un commandement très sévère, et qu'on trouvera dans les registres, contre l'aga du Sérail et contre le mimar bachi qui laissèrent continuer l'ouvrage, bien fâchés d'avoir fait cette chicane.

Le grand Seigneur étant venu depuis dans son Sérail de Galata, l'aga m'en fit donner avis et me pria d'observer que mes gens, et surtout les femmes, ne fissent point de bruit dans le jardin qui est sous les yeux du kiosque de ce sérail où le grand Seigneur devoit dîner. J'observai cela très exactement et je mis même des janissaires en garde sur le boulaingrein, afin que personne n'y passât, mais nous vîmes la marche du grand Seigneur de la galerie et lui-même pendant qu'il étoit dans son kiosque, sans qu'on en fit aucune plainte.

M. de Ferriol eut encore une affaire plus violente que celle du kiosque. Elle arriva à l'occasion des réjouissances et des illuminations qu'il voulut faire dans son palais pour la naissance du duc de Bretagne. Il prit véritablement toutes les précautions qu'on pouvoit prendre là-dessus, ayant notifié la naissance de ce prince au grand vizir et ayant obtenu de lui la permission qu'il demandoit; mais un contretemps rompit toutes ses mesures. Le grand vizir qui lui avoit accordé ce commandement fut changé le même jour; il envoya chez son successeur pour lui en demander la confirmation ; celui-ci ayant différé jusques au soir sous divers prétextes, M. de Ferriol fit allumer son illumination. On ne l'aperçut pas plus tôt de Constantinople que le grand vizir se mit en fureur et que, sous prétexte qu'une pareille illumination étoit dans un pays sujet aux embrâsemens, et que l'usage n'étoit d'en faire que pour la naissance des princes ottomans, il envoya Maurocordato, premier drogman, à M. de Ferriol pour lui dire de l'éteindre. M. de Ferriol n'en voulut rien faire et prévoyant que le vizir pourroit user de violence, il fit armer tous ses domestiques et toute la Nation qui se trouvoit dans le palais, au nombre de près de deux cents personnes. Jusques là, les ambassadeurs étrangers qui étoient du repas furent assez tranquilles, mais le grand vizir ayant donné ordre au topgi bachi de venir avec un détachement pour éteindre l'illumination du palais, et celui-ci s'approchant de la porte qui va à Topana, les ambassadeurs prirent le parti de se retirer et il ne resta que la nation dont la bonne volonté étant augmentée par l'exemple de l'ambassadeur et peut être par le repas, étoit résolue à tout hasarder. Il se trouva heureusement que le topgi bachi étoit un homme fort prudent et ami de la Nation, on l'introduisit dans le palais avec peu de suite, il vit tout le monde prêt à se défendre. M. de Ferriol lui parla avec beaucoup de fermeté, lui fit voir l'état où étoit l'illumination qui alloit bientôt finir et l'engagea, avant de rien entreprendre, de faire savoir au grand vizir l'état où étoient les choses. Il prit ce parti et pendant ces allées et venues, une partie des lampions s'étant éteints d'eux-mêmes et les autres l'ayant été, ou par ordre, ou du consentement de l'ambassadeur, cette bizarre et dangereuse affaire fut apaisée.

M. de Ferriol n'a pas eu seulement pendant son ambassade des affaires avec les Turcs; il en a eu aussi avec les ambassadeurs des autres princes chrétiens, surtout avec le comte d'Otinguen, ambassadeur extraordinaire de l'empereur. Quelque difficulté sur le cérémonial les empêcha de se voir réciproquement; M. de Ferriol étoit fondé, puisqu'il prétendoit avec raison que le comte d'Otinguen lui rendît visite avant de voir l'ambassadeur d'Angleterre. Il s'en excusa sous prétexte que l'ambassadeur d'Angleterre l'avoit visité le premier. Les ambassadeurs ont depuis établi entre eux une forme de cérémonial qui préviendra vraisemblablement cette difficulté.

Mais pour revenir à M. de Ferriol, l'animosité se mêlant ordinairement dans ces sortes de différends, celle qui étoit entre lui et le comte d'Otinguen fut augmentée par l'occasion que je vais dire.

C'est un des inconvéniens de l'ambassade de Constantinople pour les François que la retraite qu'on est obligé de donner aux soldats qui, après avoir déserté des troupes de l'empereur ou des Vénitiens, viennent se réfugier dans les États du grand Seigneur; la plupart sont faits esclaves dans leur route et on a bien de la peine à les retirer; ceux qui viennent jusques à Constantinople sont distribués dans des auberges, où on les nourrit jusques à ce qu'il y ait des occasions de les faire passer en France, et ils y commettent ordinairement mille désordres.

Il se trouva, dans ce temps-là, deux déserteurs des troupes de l'empereur qui, par une effronterie punissable, s'avisèrent d'aller dans la maison du comte d'Otinguen pour y triompher pour ainsi dire de leur désertion. Quelques officiers allemands qui les reconnurent, conseillèrent au comte d'Otinguen de les faire arrêter pour les ramener en Allemagne et les y faire punir. Dès que M. de Ferriol en fut informé, il envoya chez le comte d'Otinguen pour les réclamer comme sujets du roi. Quoique l'entreprise de cet ambassadeur ne fût pas soutenable, cependant, échauffé par les jeunes gens de sa suite, il refusa de rendre les déserteurs. M. de Ferriol, voyant qu'il ne pouvoit pas avoir raison de cette violence par la douceur, eut recours à la force et, ayant mis des gens en embuscade à la porte du Palais, il fit enlever deux officiers allemands qui passoient dans la rue et les fit conduire dans le Palais. Comme il jugea bien que l'ambassadeur de l'empereur, qui avoit une suite nombreuse pourroit se porter à quelque violence pour les ravoir, il fit armer toute sa maison et appella la Nation qui vint aussi armée. On commença d'abord de part et d'autre à faire parler de cette affaire au grand vizir ; mais quoique le comte d'Otinguen eût violé évidemment l'asile que les deux déserteurs qu'il avoit arrêtés devoient trouver dans les états de son maître, il ne voulut point se mêler de cette affaire. On fut ainsi, pendant près de vingt-quatre heures, près de voir un combat entre les François et les Allemands ; mais l'ambassadeur d'Hollande s'étant porté pour médiateur de ce différend, il fut convenu que les ambassadeurs de part et d'autre, feroient conduire dans leur palais les gens qui avoient été arrêtés et que là, ils seroient échangés, ce qui fut exécuté et termina ce différend.

M. de Ferriol qui s'étoit servi du prétexte de l'attachement de M. de Châteauneuf aux coutumes des Turcs pour le faire rappeller, tomba lui-même dans cet inconvénient d'une manière beaucoup plus marquée que son prédécesseur ; car non seulement il portoit l'habit à la longue dans sa maison, mais même le turban, et alloit à la messe dans cet équipage. Les Religieux, après l'avoir souffert pendant quelque temps, lui en parlèrent ; il reçut leurs remontrances avec beaucoup d'aigreur, mais cependant il changea de conduite à cet égard.

Il paroissoit déjà pour lors, dans ses discours, quelque marque de la maladie dont il fut attaqué depuis, mais elle augmenta considérablement à l'occasion de la dernière audience qu'il eut du grand vizir, Chourlouky Alypacha, comme on le verra dans la suite. Avant d'en parler, il est nécessaire que je dise que Ibrahim Capitan pacha, étant extrêmement irrité contre lui par des raisons que j'ignore, il prit le parti d'envoyer en France du consentement, et peut être à l'instigation du grand vizir, un de ses officiers appelé Bahry Méhémed aga pour demander à M. de Pontchartrain le rappel de M. de Ferriol; mais cet ambassadeur étoit si puissamment appuyé à la Cour qu'on ne fit aucune attention aux représentantations de cet agent du Capitan pacha; je joins au recueil le passeport que cet amiral lui donna afin qu'on voye la violence avec laquelle il agissoit.

Une des choses les plus extraordinaires qui soient arrivées pendant l'ambassade de M. de Ferriol et qu'il ne faut pas omettre ici, est l'enlèvement d'Avedik, patriarche des Arméniens schismatiques.

Ce patriarche étoit l'ennemi mortel de notre religion et l'auteur de la cruelle persécution que les Arméniens catholiques avoient soufferte; ceux-ci, à force d'argent, trouvèrent moyen de le faire exiler. Cela fut fait par le conseil du père Braconier, jésuite, qui étoit à Constantinople et par l'entremise du père Favillon, aussi jésuite, qui étoit à Chio. Ils imaginèrent que pour se défaire entièrement de cet homme, il falloit gagner le chiaoux qui étoit chargé de le conduire en exil, faire trouver une barque françoise, à la hauteur de Chio, qui le conduiroit en France où il seroit mis dans une prison d'État d'où il ne pourroit jamais sortir. Cette entreprise, toute extraordinaire qu'elle paroisse, fut fort bien conduite par le Sr Bonnat, pour lors vice-consul à Chio. Avedik arriva en France : il fut conduit d'abord au Mont St-Michel et de là à la Bastille où il est mort.

Ces partisans n'entendant point parler de lui, attaquèrent le chiaoux qui l'avoit conduit et le grand vizir lui ayant fait donner la question, il avoua qu'Avedik avoit été embarqué à Chio dans une barque françoise. On envoya un capidji bachi à Chio pour interroger le consul, il se défendit bien, et quoiqu'on ait parlé de cette affaire à diverses reprises, elle n'a eu aucune suite et paroit absolument éteinte par la longueur du temps. Il n'est pas sûr que M. de Ferriol ait eu d'abord connaissance de ce projet qui est certainement l'ouvrage des Arméniens conduits par les jésuites; mais il est vrai que la chose ayant réussi, ils lui conseillèrent pour se mettre à couvert des suites de s'en faire honneur et qu'il le fit.

M. de Ferriol se défioit de presque de tous ses drogmans, chose assez ordinaire aux ambassadeurs, mais il avoit plus de confiance en le S⁏ Brüe; quand M. des Alleurs fut nommé pour aller auprès du prince Ragotzy, il le lui envoya à Bellegrade. Ce drogman, homme léger et de mauvaise foi, n'eut pas plus tôt vu M. des Alleurs qu'il lui inspira le dessein de songer à l'ambassade de Constantinople, et lui dit que M. de Ferriol étoit un homme d'un esprit violent, insupportable aux Turcs et désagréable à la nation. M. des Alleurs avoit, pour lors, pour confident un nommé Pélissier qui valoit encore moins que Brüe. Il lui parla de ce que lui avoit dit ce drogman, et quelque tems après, ayant été obligé de se défaire de Pélissier, celui-ci vint à Constantinople et dit à M. de Ferriol que M. des Alleurs songeoit à le supplanter, ce qui jeta une grande animosité entre eux.

Ce que j'ai dit de la manière de s'habiller de M. de Ferriol et des affaires qu'il avoit eues, fait voir que son esprit n'étoit pas dans une assiette entièrement tranquille; mais ses parens et ses amis en France, qui ne pouvoient pas manquer de s'en apercevoir, s'obstinant à le conserver dans un poste où ils trouvoient leur convenance, il y seroit encore sans un accident trop marqué qui lui arriva.

Comme le grand vizir ne pouvoit pas le souffrir, ceux qui l'approchoient lui rapportoient tous les jours quelque discours de M. de Ferriol; il pouvoit même s'apercevoir, par le style de quelques-uns de ses mémoires, que son esprit n'étoit pas dans une assiette tranquille. Pour s'en assurer, il chargea le Capitan pacha de lui donner audience et de lui rapporter les discours qu'il lui tiendroit ; mais Dominique Fornetti qui lui servoit d'interprète ne rapportant pas au Capitan pacha un mot de ce que disoit l'ambassadeur, mais lui tenant, au contraire, des discours du génie des Turcs, le Capitan pacha demeura persuadé que M. de Ferriol étoit dans une assiette fort tranquille et le dit de même au grand vizir ; mais ce ministre, qui étoit fin et rusé, voulant s'en assurer par lui-même, donna audience à M. de Ferriol et défendit à Fornetti, qui s'étoit préparé à jouer le même jeu qu'avec le Capitan pacha, de porter la parole, de sorte que les discours de M. de Ferriol étant rapportés trop fidèlement au grand vizir par l'interprète de la Porte, il lui dit des paroles assez dures et le confirma dans l'opinion que la tête avoit tourné à l'ambassadeur qui, de son côté, sortit comme un furieux de cette audience. Il voulut charger Fornetti d'appeler le grand vizir en duel et, trouvant de la résistance dans ses domestiques à plusieurs choses extravagantes qu'il leur commandoit, il voulut se porter plusieurs fois contre eux à des violences qui les obligèrent d'abord à lui cacher son épée qu'il demandoit toujours et ensuite, du consentement de M. de Gesson son parent, à faire une assemblée des médecins, des religieux et de la Nation et, sur leur avis unanime, à l'enfermer dans sa chambre et à l'attacher dans son lit. On députa au grand vizir pour l'en informer. Ce ministre tint les discours du monde les plus gracieux au député, et pour lui faire voir que s'il avoit été difficile sur quelques affaires, ce n'étoit personnellement que par rapport à l'ambassadeur, il fit expédier sur le champ toutes celles qui avoient été suspendues.

La Nation dépêcha en France le S' Brüe pour y porter la nouvelle de l'état où étoit l'ambassadeur et de la résolution que la Nation avoit été obligée de prendre. Cet interprète avant son départ, l'écrivit à M. des Alleurs qui étoit entièrement revenu pour lors de la fantaisie qu'il avoit eue pour l'ambassade de Constantinople ; mais comme les affaires d'Hongrie étoient sur leur fin. Madame des Alleurs, à qui le Sʳ Brüe s'adressa, pensa différemment de son mari sur l'ambassade de Constantinople, la sollicita, l'obtint pour lui et lui fit donner ordre de s'y rendre par terre. On ne lui envoya point les lettres de créance qu'on devoit remettre à Brüe, sous prétexte de les faire passer par mer, mais, en effet, comme on l'a vu dans la suite, pour voir si M. de Ferriol revenant de sa maladie, on ne pourroit pas le maintenir encore dans son ambassade.

Cependant M. de Ferriol, que nous avons laissé enfermé dans sa chambre et attaché dans son lit, revint insensiblement de l'accès violent qu'il avoit eu. Il demanda à voir l'ambassadeur d'Hollande ; on y consentit, et celui-ci l'ayant trouvé dans un état tranquille, fit une espèce d'accommodement avec tous ceux qui avoient contribué à sa détention, de sorte qu'il reprit le maniement des affaires. Comme il savoit qu'on avoit dépêché en France pour informer de l'état où il s'étoit trouvé, il voulut contraindre ceux qui avoient signé la lettre de se dédire ; quelques-uns le firent comme les jésuites, mais les capucins et quelques médecins ne l'ayant pas voulu, il les maltraita fort et ne les appeloit ordinairement que ses rebelles, ce qui les obligea d'écrire en France pour leur justification. Il est sûr que si M. de Ferriol n'avoit pas pris ce parti violent, qu'il eût avoué véritablement qu'il avoit été dans un état extraordinaire pendant quelque tems, et fait certifier unanimement qu'il en étoit revenu, il auroit été conservé dans son ambassade : mais ayant tenu une conduite qui obligea beaucoup de gens à écrire contre lui, et ne pouvant traiter cette matière dans ses lettres que d'un style fort extraordinaire qui se ressentoit de sa maladie, ses protecteurs en furent plus circonspects à le maintenir.

Cependant M. des Alleurs arriva à Constantinople. M. de Ferriol le logea dans cette partie du palais qu'on appelle le Château gaillard ; l'animosité qui étoit entre eux pendant leur éloignement augmenta à leur approche, mais comme

M. des Alleurs n'avoit point de lettre de créance, il fallut qu'il prit patience et qu'il laissât faire les fonctions de l'ambassade par M. de Ferriol. Madame des Alleurs sollicitoit vivement à Paris ces lettres, et les ayant enfin obtenues, elle ne perdit pas un moment à les faire passer; cette diligence réussit, car peu de jours après qu'on les lui eut remises, on les lui redemanda sous prétexte de les faire passer par une voie plus sûre, mais selon les apparences, pour maintenir M. de Ferriol dans son poste.

M. des Alleurs, ayant enfin reçu ses lettres de créance, prit possession du Palais et de l'ambassade, et se sépara de M. de Ferriol quand il partit, d'une manière conforme à l'aigreur avec laquelle ils avoient vécu ensemble.

Ambassade de M. des Alleurs.

M. des Alleurs succéda en la manière qu'on vient de le rapporter à M. de Ferriol. Il est originaire de Rouen en Normandie et d'une famille qui étoit entrée dans le parlement de Rouen avec des biens considérables. Il fut élevé page de feu Mlle de Montpensier et devint une espèce de favori; mais cette faveur naissante étant combattue par des engagemens plus forts et l'âge d'entrer dans le service étant venu, M. des Alleurs fut obligé de quitter la maison de la princesse et il entra dans le régiment des gardes, dans lequel il continua à s'avancer jusques à ce qu'ayant vendu sa compagnie et se trouvant maréchal de camp, il fut employé en 1698 dans les affaires étrangères.

Quoique M. des Alleurs fût entré de bonne heure dans le service, il cultiva avec soin les bonnes grâces de Mlle de Montpensier; son attachement à cette princesse ne lui fut pas inutile, puisqu'elle lui donna le gouvernement de Honfleur qu'il vendit ensuite, ce qui l'ayant mis en état d'acheter de bonne heure une compagnie, contribua beaucoup à son avancement.

Il commençoit à passer l'âge où les hommes se marient ordinairement, quand se trouvant en garnison à Strasbourg, il ne put pas résister aux charmes de Mlle de Lutzelbourg. C'étoit une fille d'une très ancienne maison d'Alsace, mais qui n'avoit aucun bien. Les agrémens de son esprit et de sa personne tinrent lieu de tout auprès d'un homme passionné, et l'évènement a fait voir que ce mariage, qui fut désapprouvé pour lors par les amis de M. des Alleurs, a contribué beaucoup à l'établissement de sa famille et de ses affaires. Cependant les commencemens de ce mariage ne furent pas heureux; M. des Alleurs, ayant vendu sa compagnie aux gardes, en remit l'argent à un de ses amis qui, l'ayant dissipé, se punit lui même de son infidélité en se tuant. On trouva quelque chose de ce fonds après sa mort, mais la guerre finie, ce qui restoit à M. des Alleurs étant fort peu de chose, il chercha dans les négociations étrangères une occupation et un entretien honorable pendant la paix. Il fut nommé envoyé extraordinaire à la cour de Berlin; il mena sa femme avec lui, qui ne contribua pas peu aux agrémens qu'il eut dans cet emploi; il y avoit peu de femmes qui eussent plus d'esprit que l'électrice de Brandebourg; elle avoit un grand goût pour la conversation et celui qu'elle avoit pour les fêtes et pour les divertissements étoit encore plus marqué. Mme des Alleurs, en qui se trouvoit les mêmes inclinations, gagna facilement les bonnes grâces de l'électrice, mais l'électeur de Brandebourg ayant pris le titre de roi et le roi refusant de le reconnoître, M. des Alleurs reçut ordre de se retirer. Il fut envoyé pour lors auprès de l'électeur de Cologne, jusques à ce que la guerre s'échauffant, il demanda de nouveau à être employé dans les troupes. Il y servoit en qualité de maréchal de camp, lorsque en 1703, le prince Ragotzi qui avoit déjà formé un grand parti en Hongrie, ayant demandé au roi un officier général pour former ses troupes, M. de Torcy proposa M. des Alleurs pour cet emploi. Il fut fait lieutenant général à cette occasion; étant débarqué à Durazzo et ayant traversé l'Albanie, il se rendit en Hongrie en 1704. Quoique le prince Ragotzi eût perdu une bataille auprès de Trinchin, son parti augmentoit tous les jours et ses affaires étoient dans un état très florissant ; M. des Alleurs n'auroit pas peu contribué à les maintenir et à les augmenter, si les Hongrois avoient pu se faire à sa manière de penser, ou que lui même eût pu avoir plus de complaisance pour cette nation et pour ses chefs ; mais la jalousie qui se mit presque d'abord entre eux ayant été suivie de beaucoup d'aigreur et de défiance, on ne profita point de quelques bons succès qu'on eut et on se laissa accabler par les mauvais, de sorte que le prince Ragotzi, après s'être vu maître de tout le royaume de Hongrie et de la principauté de Transilvanie, et avoir eu plus de cent mille hommes sur pied, fut chassé insensiblement de tous les endroits qu'il occupoit et réduit enfin à se réfugier en Pologne.

Cette grande affaire étoit sur ses fins en 1708, lorsque Mme des Alleurs qui étoit à Paris, ayant su qu'on étoit obligé de donner un successeur à M. de Ferriol, demanda et obtint cette place pour son mari.

Il étoit encore en Hongrie quand il reçut l'ordre de se rendre à Constantinople, et comme le roi de Suède s'étoit réfugié à Bender, après la bataille de Pultawa, M. des Alleurs prit son chemin par cette ville, pour voir un prince qui soutenoit son malheur avec une grandeur d'âme qui ne le rendoit guères moins respectable que ses victoires. M. des Alleurs n'ignoroit pas non plus que la France s'intéressant particulièrement à la fortune de ce prince et à sa situation présente, les offices qu'elle auroit à lui rendre à la Porte ottomane feroient une partie de son emploi ; il passa donc à Bender et les disgrâces ayant adouci l'humeur du roi de Suède, il charma M. des Alleurs par son affabilité et dédommagea, pour ainsi dire, en sa personne, par la confiance avec laquelle il lui parla, tous les ministres étrangers de l'éloignement qu'il avoit témoigné jusqu'alors pour eux. M. des Alleurs, aussi enchanté de ces manières du roi de Suède que touché de son état, fit sa principale affaire de rendre service à ce prince ; mais, tantôt la jalousie des ministres de la Porte, tantôt l'argent et les intrigues des Moscovites et des Polonois et toujours l'humeur hautaine et inflexible du roi de Suède s'opposant à ses bonnes intentions, il ne put lui procurer aucun secours effectif dans ses desseins, et n'eut même aucune part à la manière dont ce prince sortit des États du grand Seigneur.

Cependant l'empressement que M. des Alleurs témoigna pour ses intérêts servit de prétexte au désagrément qu'il eut d'être forcé à se retirer d'Andrinople. Il y étoit allé pour les affaires du roi de Suède, il ne put rien gagner sur l'esprit de ce prince, surtout par rapport à l'entrevue que le grand vizir et le khan des Tartares désiroient passionément d'avoir avec lui, de sorte que ce premier ministre, voyant que les offices de M. des Alleurs lui étoient inutiles, rejeta absolument toutes les autres propositions qu'il lui fit en faveur de ce prince et se montra si importuné de la vivacité des instances qu'il lui faisoit pour ses intérêts, qu'il l'obligea assez brusquement à partir d'Andrinople pour retourner à Constantinople. M. des Alleurs lui-même, rebuté de l'inflexibilité du roi de Suède, se dégoûta absolument de ses intérêts et résolut de ne plus se mêler de ses affaires.

Mais il lui fut impossible de retenir Brüe qui, jusques alors, avoit été son drogman de confiance ; il l'avoit non seulement chargé des démarches qu'il faisoit à la Porte en faveur des Suédois, mais il lui avoit permis d'agir directement pour eux. Il découvrit que ce drogman avoit abusé de sa confiance à ces deux égards ; il commença par lui ôter la chancellerie, mais quoiqu'il l'envoyât en campagne avec le grand vizir, sa mauvaise humeur contre lui s'augmentant et s'aigrissant tous les jours par ses infirmités, il n'étoit occupé que du désir de punir Brüe et ne parloit que de le faire pendre, quand ce drogman reçut d'un autre coté la peine de son imprudence, ayant été assassiné à l'armée par ordre du grand vizir auquel il étoit devenu suspect par l'empressement qu'il avoit à se mêler de choses qui n'étoient point de sa compétence.

M. des Alleurs n'étoit pas si occupé du soin des affaires du roi de Suède qu'il ne s'appliquât à celles du commerce et à celles de la religion ; mais les premières années de son ambassade s'étant passées dans un changement perpétuel de vizirs et Aly pacha, l'homme le plus cruel et le plus intraitable qu'il y ait eu depuis longtems dans cet empire, s'étant maintenu, pendant les dernières années, dans ce premier poste, il ne fut pas possible à M. des Alleurs de rien faire d'avantageux pour le commerce, et on doit compter pour beaucoup qu'il ait supporté sans inconvénient un ministère comme celui d'Aly Pacha.

M. des Alleurs avoit deux principaux objets pour la religion : le premier, la réunion des Arméniens schismatiques toujours tentée inutilement, le second, la réparation de la grande voûte de Jérusalem. Il crut plusieurs fois avoir réussi dans le premier, mais il se trouva toujours par l'évènement qu'il s'étoit trompé. Il en attribua la faute aux jésuites et l'éloignement naturel qu'il éprouvoit pour eux étant augmenté à cette occasion, il donna toute sa confiance au père Hyacinthe, custode des capucins. Celui-ci en profita pour supplanter les jésuites à Chio, où on fit bâtir une maison pour le consul dont ils prirent la moitié de la dépense ; ils eurent par ce moyen une chapelle, pendant que les jésuites avoient le titre de chapelain. Cela a fait naître une discussion très vive entre ces deux ordres et le bâtiment de cette chapelle a coûté six mille écus à la Nation.

Pour ce qui est de la réparation de la grande voûte du Saint Sépulcre, M. des Alleurs jugea avec raison qu'on n'y réussiroit jamais, si on ne trouvoit moyen de se réunir avec les Grecs. Il travailla avec beaucoup de zèle à cette réunion, mais, traversé par le caprice du discrétoire de Jérusalem, il eut le déplaisir de voir ses bonnes intentions inutiles.

Quoique M. des Alleurs eût desiré autrefois l'ambassade de Constantinople, il étoit absolument revenu de cette envie quand il reçut l'ordre de se rendre auprès du grand Seigneur. Venant dans ces dispositions, la difficulté qu'il trouva dans les affaires acheva de le dégoûter de cet emploi et à peine fut-il arrivé à Constantinople, qu'il songea à solliciter son rappel sous prétexte qu'il avoit la pierre. Cette maladie qui n'étoit pas effective se changea bientôt dans une langueur et dans des inquiétudes qui le mirent presque entièrement hors d'état d'agir. On en fut informé en France et on me nomma pour lui succéder à la fin de l'année 1713 ; mais divers contretemps dont les principaux furent l'épuisement des finances et ensuite la mort du roi retardèrent mon départ jusques au mois de juin 1716, et mon arrivée à Constantinople jusques au 4 octobre de la même année. M. des Alleurs, accablé par l'âge et les infirmités, regarda d'abord comme une délivrance mon arrivée, mais quelques égards que j'eusse pour lui, il ne me fut pas difficile de remarquer que la nature humaine ne perdant jamais rien de ses droits ; l'habitude que M. des Alleurs s'étoit faite de commander, souffrit de voir un homme qui venoit remplir sa place et il quitta avec quelque regret un pays dont il avoit incessamment demandé de sortir depuis qu'il y étoit arrivé. Il demeura dans le Palais jusques au jour de son départ, contre l'usage ordinaire, et comme sa santé ne lui avoit pas permis de venir recevoir à la marine le nouvel ambassadeur, il ne voulut pas non plus qu'il l'y accompagnât et pour éviter ce cérémonial, il sortit du Palais par un escalier dérobé et mit à la voile après avoir couché un jour dans le vaisseau à la rade.

Le désir de la patrie ayant chassé de son cœur toutes les autres idées, il soutint courageusement une navigation d'hiver fort pénible, et recouvra la santé à Paris autant qu'un homme de son âge peut le faire.

Mémoire présenté au Roi par M. de La Haye Vantelay au retour de son ambassade près la Porte Ottomane.

Sire,

Dans les cinq années que j'ai demeuré à Constantinople en qualité d'ambassadeur de Votre Majesté, je n'ai eu pour objet que sa gloire, et de procurer l'avantage du commerce de ses sujets, et bien que les temps aient été contraires et peu favorables, à cause de la guerre de Candie et des secours que Votre Majesté a continuellement donnés aux ennemis du grand Seigneur, je n'ai pas laissé néanmoins de me servir de leurs conjonctures pour représenter aux ministres de la Porte la grandeur de Votre Majesté, la puissance de ses armes, et la considération qu'ils devoient avoir pour entretenir son amitié et une bonne correspondance entre les deux empires. Mais Votre Majesté m'ayant ordonné de lui rendre compte de ce qui s'est passé pendant le cours de mon ambassade, Elle me permettra de reprendre les choses d'un peu plus loin pour mieux marquer l'état des affaires des François avec les Turcs, lors de mon envoi.

En 1640, sultan Hibraim, venu à l'empire à l'âge de vingt-sept ans, étoit un prince foible d'esprit et de nul génie. C'est ce qui l'avoit garanti de la mort que deux de ses frères souffrirent de sultan Murat, son prédécesseur, qui pourtant, sur la fin de sa vie, avoit commandé de le faire mourir; mais ayant été préservé comme l'unique rejeton de la famille des Ottomans et le seul héritier de l'empire, il y fut élevé, à quelques jours de là, après une longue prison durant les règnes d'Osman et de Murat, ses frères. La loi obligeant les Turcs sans distinction de faire, une fois en leur vie, le voyage de la Mecque et de Médine, et la raison d'État ne le permettant pas aux sultans et à leurs principaux ministres, ils y suppléent en y envoyant tous les ans des présens considérables. En 1644, sultan Hibraim ayant fait partir de Constantinople pour le Caire plusieurs voiles entre lesquelles étoit un gros galion, appelé Sultane, qui portoit ses présens et quelques eunuques et femmes vieilles de son Sérail, allant en ce pèlerinage, il arriva que ce galion fut pris sur les mers de Rhodes par les galères de Malte, qui après le combat, furent se radouber dans un des ports de l'île de Candie, d'où faisant après route pour Malte, le galion brisé et percé de coups de canon n'ayant pu être bien réparé, coula à fond. L'avis de cette perte irrita fort le sultan et le mit en si grande furie qu'il ne parloit pas moins que d'exterminer tous les catholiques de Constantinople, sans excepter les ambassadeurs et les représentants des princes chrétiens, à cause, disoit-il, que les galères de Malte sont armées de chevaliers et de soldats de toutes les nations de la Chrétienté.

Le premier qui recourut aux ministres de la Porte pour détourner l'orage de dessus sa tête et de sa nation fut le seigneur Sorenzo, ambassadeur de Venise, qui crut se bien défendre en représentant qu'il n'y avoit aucun sujet de sa République, chevalier de Malte; ceux d'Angleterre et de Hollande dirent la même chose, de sorte que tout sembloit retomber sur feu mon père, lors ambassadeur de Votre Majesté, et sans doute il auroit été dans la dernière peine, sans la faveur de Cuprugli Ahmet, grand vizir, homme de mérite, et de la meilleure naissance d'entre les Turcs, pour être le septième vizir de sa race, qui prit sa défense et celle de tous les chrétiens, faisant en secret tourner le ressentiment du grand Seigneur à la conquête de Candie pour se venger des Vénitiens qui, par leur dernier traité avec la Porte, étoient obligés de tenir la mer nette de corsaires; de sorte que pour leur donner le change, il fit publier la guerre contre Malte, ordonnant à la milice d'être prête et en état pour le commencement d'avril 1645. L'ambassadeur de Venise n'épargna rien pour pénétrer si cette publication étoit sincère, et ne cachoit point le dessein d'une entreprise contre la République; mais n'en ayant rien découvert, pour s'être trop fié au vizir et à ses officiers, il méprisa les avis que lui donna feu mon père que, très assurément, on en vouloit à Candie. Ainsi l'armée turque étant partie sur la fin d'avril du port de Constantinople, au nombre de quatre-vingts galères et autant de vaisseaux, alla faire descente sur les côtes de Candie, où elle prit la Canée en dix jours, sous le commandement d'Isouf, Capitan pacha que sultan Hibraim fit étrangler peu de jour après son retour à Constantinople, en vue de profiter de grands trésors qu'il ne trouva pas, et de pouvoir faire conquérir par un autre le reste de l'île, où il renvoya d'autres armées sous différens généraux avec les succès connus de tout le monde.

Sultan Hibraim s'étoit abandonné à toute sorte d'excès et rendu odieux à tous ses sujets, tant par sa cruauté que par les extorsions qu'il faisoit sur eux, pour avoir de quoi fournir aux excessives dépenses de ses plaisirs, prenant sans distinction le bien des mosquées et des particuliers qu'il faisoit souvent mourir, tellement que ne prenant aucun soin de l'État, et négligeant de payer la milice, elle le déposa au mois d'août 1648, et le fit étrangler douze jours après qu'elle eut élevé sur le trône son fils aîné Méhémet, âgé d'environ sept ans.

Sous le règne de ce jeune grand Seigneur, la guerre de Candie s'est continuée jusqu'à sa fin avec divers évènements, et divers généraux, entr'autres Deli Ussin pacha, estimé le plus vaillant capitaine de l'Empire, qui fut étranglé en 1659, par la jalousie de Cupruli Méhémet Pacha, grand vizir et père de celui d'aujourd'hui.

J'ai eu l'honneur de mander à Votre Majesté, par mes mémoires de Constantinople, comment ce vizir qui s'étoit rendu maître de l'esprit du sultan, lui avoit intimé que pour être absolu dans l'Empire, et empêcher à l'avenir le soulèvement de la milice, il falloit non seulement que Sa Hautesse s'éloignât de Constantinople, mais encore qu'elle chassât et se défît de tous ceux qui avoient osé déposer et faire mourir son père. Ce ministre qui avoit vu le changement et la fin funeste de plusieurs vizirs, songeoit, en donnant ce conseil, à sa propre conservation et à perdre tous ceux qui pouvoient espérer sa place. Aussi pour l'exécuter sûrement, et avoir occasion de tenir le grand Seigneur hors de Constantinople, où la milice est maîtresse, il médita plusieurs guerres, et celle de Candie lui paraissant trop difficile à terminer, il se contenta de l'entretenir, et d'en faire une autre en Transilvanie où il alla, laissant le sultan à Andrinople; puis ayant mis fin à cette guerre par la mort du prince Ragotski et la prise de Varadin aux dépens de la vie des anciens capitaines et des vieilles bandes de janissaires, il en revint victorieux trouver son maître avec le dessein de recommencer une autre guerre contre l'empereur qui avoit assisté Ragotski. Mais, surpris par la mort en 1662, il en laissa le soin à son fils Achmet Pacha qu'il eut le crédit d'établir et de faire recevoir grand vizir en sa place, bien qu'il n'eut pas trente ans, faveur si extraordinaire, qu'il ne s'étoit point encore vu de fils succéder à son père, dans le suprême ministère, ni personne y parvenir avant l'âge de quarante ans.

Ce jeune grand vizir moins cruel et moins sanguinaire que son père, mais suivant ses maximes dans le gouvernement de l'empire, s'est rendu si agréable et si nécessaire au sultan qu'il dispose de toutes choses. Son entrée fut heureuse par la guerre qu'il fit à l'empereur ayant pris Neuhauzel en 1663, fait lever le siège de Canèse et emporté le fort de Serin au commencement de 1664. Mais, voulant continuer ses progrès, il fut arrêté par les troupes de Votre Majesté, lesquelles, comme on sait, lui taillèrent en pièces onze à douze mille Turcs qui avoient passé le Raab près de Saint-Godard.

Le vizir, ayant vu lui-même de l'autre côté de la rivière la perte de ses gens, étoit au désespoir, et ne songeoit qu'à regagner Bude en diligence, quand sa bonne fortune lui en fit trouver le chemin sûr par un traité aussi avantageux que si les Impériaux eussent perdu la bataille, en voyant triompher les François que Votre Majesté avoit envoyés à leurs secours. Cette rencontre des François à Saint-Godard et leur descente en Barbarie où ils prirent Gigeri la même année, n'étoient pas des sujets propres à se faire aimer des Turcs ; aussi, lorsque l'année suivante, 1665, j'arrivai à Constantinople, je ne m'étonnai pas de les trouver aigris, ni de ce qu'ils y étoient encore excités par le comte de Leslie, ambassadeur extraordinaire de l'empereur et par le comte de Winchelsey, ambassadeur d'Angleterre, qui, s'étant joints en faveur du traité que les Génois venoient de faire à la Porte pour s'établir et venir sous leur bannière, travailloient à leurs propres affaires en traversant ma réception. Car Votre Majesté qui sait parfaitement la politique et les intérêts de tous les Princes de la terre, voit bien qu'à l'égard de ceux qui auroient des représentans à Constantinople mon envoi ne pouvoit être agréable, tant par la jalousie qu'ils avoient de la grandeur de Votre Majesté que parce que, s'étant prévalus de beaucoup de choses à la Porte dans l'intervalle qu'il n'y eût point d'ambassadeur de France, ils craignoient de voir diminuer leur crédit ; ce n'est pas qu'à l'extérieur, ils n'aient fait paroître assez de joie de mon arrivée, mais dans les rencontres, ils n'ont jamais manqué de me rendre de mauvais offices. Les Vénitiens que l'on tient être également habiles et industrieux à engager leurs alliés et à se dégager d'eux dans l'occasion, au lieu de seconder les généreuses résolutions de Votre Majesté, sembloient dans la fin n'avoir cherché que les moyens de la brouiller avec le grand Seigneur. Mais pour venir au détail de ces choses, je dois commencer par l'audience que j'eus du grand vizir après mon arrivée à Constantinople. Le premier ministre ayant usé à mon égard d'une manière plus fière et moins civile qu'envers le comte de Leslie et ne s'étant ni levé, ni avancé, je ne laissai pas de m'approcher, et de lui faire mon compliment. Il y répondit et ajouta des plaintes contre les secours donnés par Votre Majesté aux ennemis du grand Seigneur. Je répartis que je venois

de sa part pour assoupir tous sujets de plaintes réciproques
et renouveller l'alliance des deux empires ; m'en ayant témoigné des souhaits, je ne fis nulle autre avance et pris le cahvé,
le sorbet et le parfum qu'il me fit présenter, en ripostant de
civilité,et nous nous séparâmes de la sorte l'un de l'autre,
résolu que j'étois que les choses se passeroient une autre
fois plus honnêtement à mon égard. Ainsi,je lui fis dire par
son kiaia, son confident, et par le resquitab ou grand chancelier de l'Empire que s'il ne me recevoit debout et sans
user de reproches, je lui remettrois les capitulations et me
retirerois en France, sur le même vaisseau qui m'avoit apporté. Ces deux ministres me firent des excuses et me donnèrent parole que le grand vizir me traiteroit mieux en une
seconde audience. La lui ayant fait demander, je l'allai
trouver à son sérail. Le resquitab me vint recevoir, et
m'ayant conduit dans une antichambre, il m'y entretint jusques à ce que, peu de temps après, il me fit entrer où étoit
le vizir ; l'ayant trouvé encore assis comme la première fois,
et ne s'étant ni levé ni avancé, je m'assis avec dédain sur un
tabouret préparé pour moi, sans le saluer, et je commençai
par lui dire d'une voix forte, que l'empereur de France
m'ayant envoyé pour confirmer l'amitié entre les deux Empires, je n'avois pas voulu compter pour une audience celle
d'auparavant, parce que je n'y avois pas reçu les honneurs dûs
à l'ambassadeur du plus puissant et du plus grand monarques de la chrétienté. Le vizir ayant demandé au drogman
ce que je disois et quel sujet j'avois de ne pas compter pour
audience la première, je répondis : parceque je n'y avois
pas été traité comme il convenoit à la grandeur de la majesté impériale de mon maître, et pour cela, je venois lui
rendre les capitulations et déclarer que je m'en retournois
en France. Le vizir s'étant échappé à dire quelques paroles
peu honnêtes,je pris aussitôt les capitulations des mains de
mon premier drogman et les jetai aux pieds du vizir, et
en même temps, je m'en allai sans le saluer, ni lui rien dire ;
mais étant dans l'antichambre, et voulant passer outre, je
fus retenu et arrêté.

Cependant le vizir tint un conseil où il appela le grand mufti, Vani Effendi, précepteur du grand Seigneur et Mustafa Capitan pacha ; ils délibérèrent sur ce qu'il y avoit à faire à mon égard. Ayant été résolu qu'il en falloit informer le grand Seigneur, lors à la chasse à vingt lieues de Constantinople, on me retint dans un des appartements du vizir jusqu'à ce que sa réponse fut revenue. Le Capitan Pacha qui depuis a été caimacan, c'est-à-dire gouverneur de la ville, me fit dire qu'il me raccommoderoit, si je voulois, avec le premier ministre, ayant assuré M. Palluau qui lui porta la parole de ma part que le comte de Leslie ne s'étoit pas rendu si difficile, ayant baisé la veste du vizir à sa première audience, et si je voulois faire la même chose, il me recevroit de même. Je lui fis répondre que je ne me régloit sur les exemples de personne, quand ils étoient préjudiciables à la grandeur de mon maître ; il répartit et demanda ce que j'y pouvois trouver à redire, vu que le maître du comte de Leslie étoit l'empereur des sept rois, ce qui témoigne que l'empereur qui est fait et créé par les sept Electeurs se qualifie auprès des Turcs, empereur des sept rois.

Enfin, après la réponse du sultan venue, et après plusieurs ouvertures d'accommodement, il fut convenu que les deux audiences que j'avois eues seroient nulles et comptées pour rien, et que le vizir me les donneroit en venant me joindre dans le lieu de l'audience ; que je pouvois retourner, quand je voudrois, au palais de Votre Majesté à Péra, et je fus prié de ne lui rien mander de tout ceci qui avoit été résolu le troisième jour de ma détention. Je voulus attendre au lendemain pour m'en aller, afin d'avertir mes amis et la Nation et que mon retour se fît avec plus de dignité.

Je ne fus pas plus tôt arrivé au palais de France que l'ambassadeur d'Angleterre qui, en son âme, auroit souhaité que j'eusse échoué tout à fait et repris le chemin de Marseille, m'envoya faire compliment et dire que n'ayant pas été mieux reçu que moi à sa première audience, il prétendoit profiter à l'avenir de ma résolution et de ma fermeté, se réjouissant qu'elles m'eussent si bien succédé. Le jour pris avec le grand vizir pour la première et nouvelle audience, j'y allai le 7 janvier, accompagné de cent personnes à cheval. Le grand Seigneur voulut me voir passer du haut d'une muraille de son sérail; le grand vizir qui étoit avec lui le quitta pour se rendre dans le sien, où étant dans le lieu d'audience, il me vint joindre d'un air riant, me tendant la main et me saluant. Je répondis à ces civilités, en le complimentant, comme si je ne l'eusse point encore vu; l'audience se passa fort agréablement, m'ayant fait à moi et à la noblesse qui m'accompagnoit beaucoup d'honnêtetés. Nous fûmes régalés outre le cahvé, le sorbet et les parfums, de vingt-quatre vestes que je fis distribuer entre les plus considérables de ma suite. Le 7 février 1666, je fus à l'audience du grand Seigneur, où les choses se passèrent avec toute la pompe possible, ayant obtenu qu'il entreroit huit gentilshommes françois avec moi pour saluer le grand Seigneur et dîner avec les vizirs; les autres ambassadeurs n'y ont jamais pu faire entrer que quatre ou cinq personnes.

Quelque temps après, étant demeuré malade, je ne pus dire adieu au grand vizir, lorsqu'au mois de mars, il partit pour Andrinople, où ayant laissé le grand Seigneur il passa en Candie, et ma peine fut que m'étant ensuite rendu à Andrinople pour le renouvellement des capitulations et l'établissement du commerce des Indes par la mer Rouge, après plusieurs conférences avec le caimacan, et les difficultés qu'il m'objecta sur quelques articles de ces deux points, il me revit au retour du vizir, de sorte que je fus obligé de revenir à Constantinople sans avoir rien conclu. Je reçus même presque en même temps les ordres de Votre Majesté pour m'opposer à l'établissement des Génois à la Porte, et aussitôt j'envoyai demander permission au caimacan d'y retourner, car aucun ambassadeur ne peut, sans congé, aller en Cour, et m'ayant fait savoir qu'il ne pouvoit me l'accorder sans auparavant en donner avis au grand vizir, je chargeai M. de Palluau de lettres et d'instructions amples sur ce sujet pour en conférer avec les ministres. Le caimacam m'écrivit que l'empereur de France n'étoit pas en droit d'empêcher que le grand vizir reçût à merci ses ennemis, quand ils venoient lui demander pardon, et qu'il devoit suffire à Votre Majesté qu'elle fût reconnue à la Porte pour empereur, et le premier des Princes de la Chrétienté. Je répondis que de ces titres Votre Majesté n'étoit redevable qu'à Dieu et à ses armes victorieuses. Ces termes, pour être ceux que le sultan affecte, ne plurent pas à la Porte, et on me fit dire que jamais aucun ambassadeur chrétien ne les avoit employés. Je donnai à entendre qu'ils n'étoient pas nouveaux, et que depuis 1250 ans qu'est fondé l'empire des François, leurs empereurs au nombre de soixante-quatre, avoient jusques à présent regné par la grâce de Dieu et par la puissance de leurs armes.

Or, n'ayant pu empêcher que le prétendu ambassadeur ne fût reçu et n'établît un résident à Constantinople, je cherchai les moyens de traverser et de ruiner son commerce, et l'occasion s'étant présentée d'un vaisseau de Ligourne, l'unique venu de mon temps à Constantinople sous la bannière de Gênes, je commençai par réclamer les mariniers françois qui se trouvèrent au nombre de douze sur ce vaisseau, et ayant su que dans le cours et les rencontres du voyage, le capitaine avoit changé de bannière, je crus que c'étoit un bon expédient pour le faire passer pour corsaire, et lui faire de la peine s'il étoit mal avec moi. Ainsi, je lui fis demander les François qu'il avoit à son bord, ayant ordre de Votre Majesté de les retirer de dessus toutes les voiles étrangères, faisant avertir en même temps, ces douze François de me venir trouver, autrement que j'agirois contre eux comme contre des rebelles. Le capitaine du vaisseau, et le résident de Gênes, pensant éluder l'effet de ma demande, recoururent au caimacam qui m'envoya dire de quel droit je prétendois retirer les mariniers de dessus les vaisseaux qui étoient dans les ports du grand Seigneur, sans lui en demander la permission. Je fis réponse que je ne demandois que les François à la Porte, et que j'étois en droit de les réclamer sans qu'il fût nécessaire de l'importuner et de recourir à son autorité pour les avoir ; de quoi l'ayant fait se contenter, j'eus les douze François qui faisoient la meilleure partie de l'équipage du vaisseau.

Or, quelque temps après, il arriva qu'on vint à saisir et confisquer le vaisseau génois et tout ce qui en dépendoit, au nom du grand Seigneur, et que le capitaine et tous les gens de l'équipage furent mis en prison, accusés d'être corsaires. Je ne pus, en entendant l'accusation, m'empêcher de représenter et d'envoyer au caimacan les douze François que j'avois retirés, mais, peu après, j'obtins leur liberté à la Porte ; pour les sauver, je me vis obligé de parler aussi en faveur du capitaine, de l'équipage et du vaisseau, dont j'eus la délivrance, et mainlevée que le résident de Gênes n'avoit jamais pu obtenir. Je ne dis point l'éclat que fit cette action qui donna sujet de croire aux nations étrangères que j'avois fait cette pièce aux Génois en haine de ce qu'ayant quitté la bannière de France, ils avoient entrepris de venir à Constantinople sous celle de leur république. Leur résident me fit de grands remercîmens de cet office à quoi je répondis qu'il prit garde à ne se commettre une autre fois avec un ambassadeur de Votre Majesté qui pourroit bien n'en pas toujours user avec tant de modération.

Un jour, M. le comte de Winchelsey ambassadeur d'Angleterre et moi nous étant rencontrés fortuitement dans une même rue, allant tous deux à pied, il se trouva que dans l'ordre que nous marchions, lui venant d'une rue à ma droite, et moi d'une autre à sa gauche, il avoit le dessus sur moi ; mais, comme d'abord nous nous dîmes où nous allions, je passai de sa gauche à sa droite, à la vue de tout le monde, et nous continuâmes ainsi notre chemin jusques à la Marine, causant ensemble et nous faisant de mutuelles civilités en nous séparant l'un de l'autre.

M. le vicaire patriarchal de Constantinople, évêque de

Calamine *in partibus*, envoyé de Rome, ayant prétendu réformer quelques cérémonies et me priver des honneurs qui, de tout temps, ont été rendus, dans les églises de Péra et de Galata, aux ambassadeurs de France, je l'ai obligé de me les continuer, ou à ne pas officier publiquement jusques à ce que les ordres m'en vinssent de la part de Votre Majesté, afin de m'en désister et de déférer à certain bref de la sacrée Congrégation dont il a prétendu se prévaloir; mais jusques là j'ai considéré ces prétentions comme inutiles.

Tous les amis de la Chrétienté ayant appris avec la voix publique, les conquêtes de Votre Majesté en Flandres, durant la campagne de 1667, j'en fis faire trois jours consécutifs des réjouissances publiques, et de la manière que la chose fut exécutée, elle ne surprit pas moins tout le monde par son éclat que par sa nouveauté, car je tins table ouverte pour tous les Francs. Sous ce nom sont compris les François, les Anglois, les Italiens, les Allemans, et les Hollandois que j'avois invités ainsi que les Grecs, et je fis tirer en un jour deux mille coups de canon, au milieu du port de Constantinople, ce qu'aucun ambassadeur avant moi n'avoit encore entrepris; et ce qui est à observer, c'est que ce fut en un temps où l'armée du grand Seigneur, le grand vizir en tête, n'avoit rien avancé en Candie.

Je ne dois pas omettre que les Anglois et les Hollandois, jaloux des prospérités de la France, n'ayant pu empêcher auprès des ministres que la réjouissance m'en fût si publiquement permise, tachèrent après d'avoir une pareille permission pour se réjouir pour la paix faite entre eux à Bréda; mais comme ils ne purent jamais l'obtenir, non pas même de tirer des boëttes, les Hollandois s'en prirent à moi, se fondant sur ce que leur secrétaire faisant la charge de résident, manquant de respect pour Votre Majesté et m'ayant parlé impertinemment, je lui relevai la moustache, et le fis sortir de ma présence. Un ambassadeur de Perse étant venu à Constantinople pour des affaires du roi son maître, je pris occasion de lui envoyer faire compliment et offre de service en l'assurant de l'estime qu'avoit l'empereur de France pour le roi de Perse, et que je souhaitois que nous pussions nous voir, et nous entretenir. Cet ambassadeur ayant reçu et répondu très agréablement à ma civilité, je l'allai voir incognito, et il vint après me voir en cérémonie, et l'ayant retenu à dîner, je le traitai le plus splendidement qu'il me fut possible et le régalai, après le repas, de présen considérables, ne doutant point qu'il n'en fit rapport au sultan son maître. L'ambassadeur d'Angleterre ayant voulu faire la même chose à mon exemple et donner à dîner à cet ambassadeur, il s'en défendit et ils ne se virent l'un l'autre qu'incognito.

Un nouveau résident de Hollande étant arrivé à Constantinople et prétendant de moi la visite, je l'ai laissé en sa vaine prétention, et j'ai méprisé les offres qu'il m'a fait faire de me venir visiter le premier à condition que j'irois le voir ensuite, de sorte que l'ayant laissé là plus d'un an, il a été obligé de venir me visiter trois fois de suite en cérémonie et par audience, avant que je l'aie visité une, sans lui demander audience.

Sur la fin de l'année 1668, ayant reçu les ordres de Votre Majesté touchant mon rappel, et le renouvellement des capitulations si j'en étois recherché, je donnai aussitôt avis du premier point au caimacan de Constantinople afin d'obtenir du grand Seigneur, lors à Larissa en Thessalie, la permission de m'en retourner en France sur les vaisseaux de Votre Majesté que j'attendois et, lui ayant parlé en public avec des termes convenables sur ce sujet, il me demanda s'il venoit un autre ambassadeur en ma place; lui ayant dit que non, et que votre Majesté me commandoit de laisser un de mes secrétaires ou un marchand françois pour résident, comme étoient ceux de Hollande et de Gênes, il me pressa de lui déclarer les motifs de mon rappel, ce qui se fit en une audience secrète, où n'étant resté que trois personnes avec moi, je dis qu'entre autres raisons qui avoient mû l'empereur de France mon maître, à me rappeler, c'est qu'il lui paroissoit qu'on ne consideroit pas assez à la Porte la dignité de son ambassadeur;

que depuis huit ans, on n'avoit point eu d'égard à mes plaintes, ni à mes prières, que j'avois toujours été remis pour le renouvellement des capitulations, au grand désavantage des marchands françois qui payoient cinq pour cent de douane, au lieu que les Anglois et les Hollandois ne payoient que trois pour cent; que les Génois jouissoient du même bénéfice et avoient été reçus à venir sous leur bannière, contre toutes les instances que j'avois pu faire; qu'on avoit négligé de me faire justice de Baba Assan qui avoit commis plusieurs pirateries à l'endroit de nos vaisseaux marchands, et fait mourir deux capitaines françois; que depuis mon arrivée, on m'avoit forcé de payer pour soixante-trois mille écus d'avanies; que toutes ces choses et autres étant de ma connoissance, il étoit inutile, à présent, de les particulariser, ne s'agissant désormais que de mon retour en France et de le prier, comme je le faisois, d'obtenir mon congé de la Porte et le passeport des vaisseaux qui devoient me reporter en France.

Le caimacan paroissant s'intéresser dans la justice de nos griefs, me promit d'en donner avis au caimacan du grand Seigneur, auquel il me pria d'écrire ces mêmes choses que je lui avois dites, et qu'il feroit accompagner d'un exprès de sa part le drogman que j'envoirois à la Porte, d'où il me fut mandé au commencement de l'année 1669, par le caimacam du grand Seigneur qu'il avoit envoyé ma lettre au grand vizir; qu'aussitôt qu'il en auroit réponse, il me le feroit savoir. Or, l'ayant reçu vers le 20° de février avec un ordre de la part du grand Seigneur de l'aller trouver à Larissa, j'en communiquai avec M. d'Alméras arrivé dès le commencement de janvier à Constantinople avec quatre vaisseaux de Votre Majesté. Mais ce commandant n'approuvant pas que je le laissasse à Constantinople, me déclara qu'au moment que je partirois pour Larissa, il partiroit pour France. Il m'avoit tenu ce langage déjà deux fois, l'une à son arrivée; manquant de biscuit, il me fit dire que si dans huit jours je ne lui en faisois donner mille quintaux, il seroit obligé de s'en aller, mais l'ayant contenté sur ce point, en lui faisant avoir cette quantité de biscuit, et tous les autres vivres nécessaires, il ne laissa pas, peu de temps après, de recommencer la même chose. Sur les discours de quelques François étourdis, et de rénégats que j'appris qui fréquentoient sur son bord, et qui lui firent croire qu'on en vouloit à ses vaisseaux, qu'on avait disposé des canons à la pointe du Sérail et préparé des bâtimens turcs pour le venir attaquer, qu'ainsi voyant qu'il n'y avoit aucune sûreté à laisser davantage les vaisseaux de Votre Majesté au lieu où ils étoient à la vue de Constantinople, et au dedans des bouches des Dardanelles, il étoit résolu de les en retirer, me priant de le faire agréer au caimacan, et qu'en cas de refus, il sauroit bien prendre son parti.

J'eus peine à détromper M. d'Alméras de ces visions et de lui faire connoître que bien loin qu'il eût à craindre du côté des Turcs, c'étoient les Turcs qui avoient peur de lui, et qu'il ne fût venu pour mettre le feu à Constantinople, et venger nos avanies et réparer le tort qu'ils avoient faits à la mer à nos vaisseaux marchands ; qu'il devoit entretenir ses craintes par les apparences d'une généreuse résolution, et je lui représentai, cette troisième fois, qu'il devoit moins songer à s'en aller qu'auparavant, il falloit qu'il attendît mon retour, puisqu'il n'ignoroit point que je devois repasser en France sur ses vaisseaux ; qu'attribuant à leur venue ma recherche et mon rappel à la Porte, je jugeois que les choses tourneroient à la gloire de Votre Majesté, si les vaisseaux demeuroient toujours en vue de Constantinople, et s'ils s'en éloignoient, que mon voyage et tout ce que je pourrois négocier seroit inutile. M. d'Alméras ne se laissant persuader par aucune de mes raisons, et persistant toujours dans le dessein de s'en aller, je m'avisai de lui demander un écrit où seroient consignées ses raisons, lui en offrant un où seroit déclaré que je croyois nécessaire et très important au service de Sa Majesté, au bien du commerce et au salut de tous ses sujets qui sont dans les États du grand Seigneur, que ces quatre vaisseaux demeurassent à la vue de Constantinople jusques à mon arrivée à Larissa, et que je susse ce qu'on désiroit de moi à la

Porte, offrant d'y mener M. de Beaujeu, major de l'escadre pour lui en apporter des nouvelles au plus tôt. Là dessus, M. d'Alméras, voyant que j'avois fait venir, papier, plume et encre pour écrire, consentit d'attendre encore quarante jours après lesquels, si M. le major n'étoit revenu, il s'en iroit, et feroit voile pour France.

Or, m'étant mis en chemin pour Larissa, j'y arrivai au commencement d'avril après vingt-cinq jours de marche. J'y fus reçu aussi bien que jamais ait été reçu ambassadeur, le caimacan du grand Seigneur m'ayant envoyé un cheval de main et vingt à trente officiers et des chevaux à deux lieues au devant de moi, qui me firent escorte et descendre en une maison assez propre, près de l'église métropolitaine, qu'il m'avoit fait préparer. D'autres vinrent après me faire d'autres civilités de sa part et me régaler de plusieurs sorte de rafraîchissemens.

Je m'expliquai ensuite, en deux audiences, sur les griefs dont j'ai parlé ci-devant avec ce ministre qui me proposa le renouvellement des capitulations dont on fit un projet, et me déclara que le grand Seigneur ne désiroit pas que je m'en retournasse, et qu'il feroit agréer ma demeure par un ambassadeur que Sa Hautesse envoyeroit à Votre Majesté. Je crus après ces avances ne devoir pas me prêter à faire force sur mon retour, ni être approuvé par Votre Majesté de prendre la fuite contre la volonté du grand Seigneur, me persuadant que l'envoi de sa part d'un ambassadeur en France ne pouvoit être que glorieux à Votre Majesté et faire un éclat d'autant plus grand dans le monde que pareille chose n'étoit point encore arrivée.

Comme le caimacan m'avoit dit qu'il falloit qu'il envoyât en Candie donner avis au grand vizir d'un ambassadeur du grand Seigneur à Votre Majesté pour savoir celui dont on feroit le choix, lequel iroit après à Constantinople s'embarquer sur les vaisseaux de France, je proposai qu'il valoit autant qu'ils vinssent prendre cet ambassadeur à Vole et qu'ils feroient volontiers ce détour, en attendant la réponse du grand vizir. Le caimacan l'ayant agréé, me fit expédier un passeport ample et très authentique pour les vaisseaux, afin qu'ils fussent bien reçus et traités par tous les lieux de leur passage, et que les commandants y eussent le pouvoir de prendre tous les vivres et rafraîchissement dont ils avoient besoin, et je fis donner des chevaux de poste à M. le major qui se rendit auprès de M. d'Almeras à Constantinople avec ces nouvelles, avant la fin des quarante jours.

Les choses étant en cet état, j'essayai de pénétrer si les Turcs espéroient se rendre bientôt maîtres de la capitale de Candie; m'en étant entretenu avec le caimacan, il me répondit qu'ils s'en tenoient assurés et avoient renvoyé un ambassadeur de Venise qui étoit venu leur offrir Grabousi, Spinalonga, Suda, l'île de Tine, Clissa et d'autres postes en terre ferme, avec la moitié des frais de la guerre et cinquante mille écus de tribut, pour retenir cette capitale au nom de l'empire; mais s'agissant de l'honneur et de la réputation du grand Seigneur, il ne vouloit autre chose que ce morceau de roche qu'il attaquoit depuis vingt-cinq ans. Je lui répartis que le grand Seigneur, sans intéresser son honneur, pouvoit avoir d'autres égards pour ses amis tels que l'empereur de France s'il vouloit nous faire céder ce morceau de roche, outre la reconnoissance que le grand Seigneur et tout l'empire en auroient éternellement à Votre Majesté, c'est qu'une pareille grâce ne s'oublieroit jamais de la mémoire des Musulmans. Ces paroles, énoncées avec ardeur, me firent connoître que les Turcs n'espéroient pas sitôt encore réduire Candie, et si la guerre eût duré encore quelque temps, que Votre Majesté en auroit été l'arbitre.

Cependant M. d'Alméras, étant parti le 27 avril de Constantinople, se rendit le 2 mai à Vole, d'où il m'écrivit par M. le major qui me vint joindre à Larissa le 3, et me dit de sa part qu'encore qu'il fût en un beau port, néanmoins, il étoit si enterré qu'il appréhendoit de n'en pas sortir quand il voudroit, et que manquant de vin et de bois, il ne pouvoit rester que jusques au 15, ou tout au plus au 20 de mai. Je parus surpris sur le manque de provisions, vu le passeport du grand Seigneur qui lui donnoit pouvoir d'en faire partout, et M. le major ayant ajouté que M. d'Alméras n'avoit point songé à faire des vivres, mais seulement à sortir de Constantinople et des Dardanelles, craignant qu'il ne vînt un contre-ordre, je fus plus surpris encore parce que M. d'Alméras m'avoit toujours dit qu'il se mettoit peu en peine des Dardanelles, en cas que l'on voulût le retenir contre son gré, et voilà qu'étant libre par un passeport du grand Seigneur, il craint d'y être retenu par un contre-ordre.

Je dois représenter à Votre Majesté que le résident de l'empereur étoit alors à Larissa, que les Anglois, les Hollandois, les Génois et les Vénitiens, y avoient des drogmans et de leurs émissaires, que tous restoient joints ensemble pour traverser ma négociation et l'envoi de l'ambassadeur du grand Seigneur à Votre Majesté. J'en avois entretenu le caïmacan et lui avois dit que plusieurs étrangers francs, qui étoient à la Porte, ne cherchoient qu'à mettre de la division entre les deux empereurs nos maîtres; il me répondit qu'il le savoit, et ne doutoit point que tous les étrangers ne semassent des trésors pour brouiller les deux empires, mais que tout iroit bien, et que je ne me misse en peine de rien.

Cette troupe d'envieux différens qui ne put rien avancer auprès du caïmacan, ayant su que le grand Seigneur devait aller à la forteresse de Volo pour voir les vaisseaux de Votre Majesté, apposta des gens qui firent courir le bruit qu'on y avoit mandé toute l'armée turque, et que ce ne pouvoit être qu'à mauvais dessein contre les vaisseaux de France. M. le major prêta l'oreille à des bruits suggérés par nos ennemis, sans m'en rien dire, et m'empêcha d'envoyer mon premier secrétaire avec une lettre de créance à M. d'Alméras pour s'informer de l'état des choses, et le prier de demeurer au moins jusques à la fin de mai en vue de Volo.

Il se chargea de ma lettre et d'en obtenir l'effet, comme ayant plus de pouvoir sur son esprit que personne, et feignant, d'ailleurs, d'avoir à lui parler et ayant des affaires aux vaisseaux. Cependant tout le contraire arriva, et M. d'Alméras qui m'avoit écrit et fait dire qu'il ne pouvoit rester à Volo que jusqu'au 20 de mai, en partit dès le 9 sans répondre à ma lettre, me faisant dire seulement par un de mes drogmans que j'avois envoyé avec M. le major, qu'il alloit reconnoître à l'entrée du golfe de Volo les vaisseaux corsaires et barbaresques qu'il avoit avis qui y étoient, et qu'aussitôt après, il me donneroit de ses nouvelles. Je demeurai vingt-deux jours sans en recevoir, au bout desquels une de ses lettres, écrite près de Cérigo le 17 mai, me fut rendue à la fin du même mois. Il y exposoit qu'une nécessité indispensable l'avoit fait retirer de Volo les vaisseaux de Votre Majesté pour les empêcher de périr, qu'étant persuadé que la Porte n'est pas résolue d'envoyer un ambassadeur en France avant le succès de Candie, il a été averti par une voie sûre que le grand Seigneur devoit être en peu de jours à Volo, et ayant mandé son armée navale, galères et vaisseaux, ceux de Votre Majesté n'auroient pu faire là qu'un méchant et dangereux personnage; qu'il auroit été sot et coupable s'il s'y fût commis et que puisque le grand Seigneur s'étoit expliqué contre mon retour en France, il vouloit bien encore faire cette diligence, quoique persuadé qu'elle seroit inutile, de ne pas passer outre, et qu'il attendroit jusques au 15 juin à Cérigo ou à Mile de mes nouvelles, et si je lui faisois savoir que cet ambassadeur turc fût prêt en ce temps, il le viendroit prendre à Napoly de Romanie, mais que si cela tiroit en plus grande longueur, comme il n'en doutoit point, il ne pouvoit pas seulement donner un jour davantage et feroit route pour France.

J'étois fort éloigné de croire que M. le major qui étoit allé pour persuader et obtenir de M. d'Alméras de demeurer à Volo jusques à la fin de mai, le fût allé trouver, l'imagination remplie de frayeur, que le grand Seigneur eût maudé son armée navale à Vole pour faire périr les vaisseaux de Votre Majesté, ni que M. d'Alméras pût être susceptible de pareille vision, et ne sût pas que le grand Seigneur n'a aucun vaisseau de guerre, et que son armée navale ne consiste qu'en galères qui lors étoient assez occupées à passer les secours et provisions nécessaires au siège de Candie, et n'étoient pas en état de venir de huit jours de là pour attaquer les vaisseaux de Votre Majesté. Car qui ne sait que le marquis Centurion a combattu avec deux petits vaisseaux le Capitan pacha qui, en ce temps, avoit quatre-vingts galères; que le chevalier d'Hoquincourt, surpris même dans une rade, s'est fait jour au travers des mêmes galères, et que le chevalier de Bimanville n'a jamais fui ni évité leur rencontre avec un seul vaisseau.

Enfin la réponse du vizir étant venue de Candie quelques jours avant que j'eusse la lettre de M. d'Alméras, j'obtins et fis que dans le temps qu'il me marquoit, l'ambassadeur turc seroit à Napoly de Romanie, comme en effet il s'y rendit, sans avoir le temps de se mettre en équipage, s'étant embarqué le 21 juin sur la frégate de Champagne. Il fut mené à Cérigo, où on le retint près d'un mois, nonobstant les plaintes qu'il fit de ce qu'on le faisoit demeurer dans un port de Vénitiens, ennemis de son maître, et si on ne le vouloit pas mener en France qu'on le remît sur les terres du grand Seigneur. Mais Champagne avoit l'ordre d'attendre là M. d'Alméras qui étoit allé joindre feu M. de Beaufort devant Candie. Je n'ai rien à redire de la funeste expédition qui s'y fit, après laquelle M. d'Alméras est revenu joindre Champagne. Il reçut en son bord Soliman aga, laissant à juger si, dans ces entrefaites et le long temps qu'il a été pour arriver auprès de Votre Majesté, le grand vizir étant assuré de Candie, et n'ayant plus rien à craindre du côté de la France au regard de cette place, il n'aura pas fait changer les instructions de Soliman aga et ses lettres, où le nom d'ambassadeur ne s'est point trouvé; car il est certain qu'il m'a été donné pour ambassadeur, qu'il est parti avec cette qualité de Larissa, qu'il a reçu la veste et le sabre du grand Seigneur en cette vue, que lors de son arrivée à Napoly et de son embarquement pour France, il fut salué du canon de la forteresse, ce qui ne se pratique qu'envers les personnes qui ont le caractère d'ambassadeur.

Ayant pris congé de la Porte pour retourner à Constantinople, j'y arrivai le 10 juillet et, le 23 octobre, les ordres de Votre Majesté en date du 15 avril me furent rendus par le capitaine Charpays de Marseille, avec une lettre de M. d'Alméras du 15 juillet écrite à la cale de St-Nicolas, le tout à l'adresse de ma femme, nous étant ordonné, à elle et à moi, de nous embarquer sur les vaisseaux de Votre Majesté commandés par M. d'Alméras si la chose étoit faisable, et en cas que j'en fusse empêché par les Turcs, que j'eusse à déposer le caractère d'ambassadeur afin qu'ils ne pussent pas prendre avantage d'avoir en leur pouvoir un ministre de Votre Majesté à maltraiter selon leur caprice.

Votre Majesté voit que ma femme ni moi n'étions plus en pouvoir de nous embarquer sur les vaisseaux de M. d'Alméras qui étoient arrivés en France dès la fin du mois d'août, et je ne crus pas devoir déposer le caractère d'ambassadeur jusques à nouvel ordre, tant à cause que le motif du mauvais traitement à craindre au regard de ma personne cessoit par l'envoi d'un ambassadeur du grand Seigneur à Votre Majesté, qui étoit un gage de ma sûreté, que parce que ma déposition auroit pu donner de la défiance aux Turcs. Les dépêches de Votre Majesté du 15 avril avoient été adressées ouvertes à M. d'Alméras afin, sans doute, qu'il eût à contribuer à son exécution, mais lorsque je les reçus, il en courut des copies dans Constantinople qui faillirent produire de méchans effets. En ce temps, les Turcs étoient dans les réjouissances de la prise de Candie dont on eut avis à Constantinople le 19 octobre, et comme, en de pareilles rencontres, ils observent les démarches des ambassadeurs, je ne pus me dispenser d'envoyer faire compliment au caimacan sur la fin d'une si longue guerre, qui mettoit la paix entre l'Empire et la

République, car n'ignorant pas que les Turcs tiennent pour ennemis tous ceux qui leur font la guerre et qui s'opposent à leurs desseins, et pour amis ceux qui les assistent et favorisent, je crus qu'un peu de complaisance ne me nuiroit pas pour éviter les reproches qu'ils n'auroient jamais manqué de me faire, à l'occasion des François qui les avoient si longtemps empêchés d'en faire la conquête. Ainsi dans le plus fort de cette guerre que j'ai demeuré à Constantinople, je me suis toujours soutenu avec honneur, et je doute que parmi les potentats de la Chrétienté, un ambassadeur eût pu mieux se maintenir en leur Cour que j'ai fait à la Porte. Ce que je dis, Sire, est moins pour faire valoir mon peu d'industrie que pour montrer en quelle considération Votre Majesté est auprès du grand Seigneur et de ses ministres. Car depuis le commencement de mon arrivée que j'eus un demêlé avec le premier ministre, rien de leur part n'a été violent ni rude en ma personne, et si quelquefois mes drogmans qui sont leurs sujets, ont eu des rebuts à la Porte au sujet des affaires qui n'alloient pas bien en Candie pour les Turcs, cela est moins venu de leurs principaux officiers que des subalternes, que les drogmans des autres représentans animoient contre les miens. Mais jamais rien ne m'a empêché d'aller la tête levée, avec tout l'éclat qui pouvoit me faire surpasser les autres ambassadeurs, en sorte que je puis dire que mes prédécesseurs, en de meilleurs temps que ceux où j'ai été, ne sont pas sortis si doucement que moi de l'ambassade.

Il est vrai que pendant la mienne, les Turcs ont fait payer aux marchands françois deux avanies qui ont monté à soixante-trois mille écus, mais comme c'est un mal ordinaire et qui, jusques à présent, a été inévitable à toutes les nations qui ont commerce avec la Porte, il est difficile d'y remédier. On a seulement remarqué cette différence, que les étrangers ont payé leurs avanies avec beaucoup de patience, là où les François, pour la plupart Provençaux, ont crié et tempêté sans cesse, pour payer les leurs, et souvent ils se les sont attirées par leur faute. L'année qui précéda mon arrivée à Constantinople, les Hollandois en payèrent une de cent mille écus, à cause qu'un de leurs vaisseaux, chargé pour les Turcs, fut pris par les Maltois en venant du Caire à Constantinople.

Je sais que plusieurs Provençaux ont dit que je devois me faire forcer et mener en prison, comme j'en étois menacé, plutôt que de payer la dernière avanie du savon. Je l'aurois souffert volontiers, si par là j'eusse cru en éviter le payement, mais ayant devant les yeux les exemples reçus de mon prédécesseur et du résident de Hollande qu'on avoit mis prisonniers, et fait payer ensuite, j'ai cru, après avoir fait une résistance de sept à huit mois et tiré l'affaire en longueur, attendant les ordres de Votre Majesté qui ne me vinrent point, qu'il falloit céder, et ne pouvant m'exempter de payer, m'épargner au moins l'indignité de la prison pour l'honneur de Votre Majesté. Mais nonobstant ces avanies, le commerce des François n'a jamais été si lucratif, ni si profitable en Levant que de mon temps, à cause du trafic des pièces de cinq sols sur lesquelles les négocians ont gagné d'entrée cinquante, soixante et jusques à quatre-vingts pour cent.

Quelques Provençaux, par une avidité de gain insatiable, me proposèrent d'accepter un droit de deux pour cent sur ces pièces de cinq sols, afin que je favorisasse leur commerce à l'exclusion des autres qui n'étoient pas de la même compagnie. Mais étant de la charge et de la dignité d'un ambassadeur d'appuyer et de protéger également tous les négocians, je rejetai ces offres et néanmoins il n'a pas manqué de gens qui ont cru que j'avois reçu et exigé ce droit de deux et même de quatre pour cent, pour s'être trouvé des Marseillois, ainsi que je l'apprends, qui, contre toute vérité et par une friponnerie punissable, l'ont compté et fait payer à leurs associés et participants. Je ne répète rien de ce qui s'est passé entre le chevalier Molino, ambassadeur de Venise, et moi depuis son arrivée à Constantinople jusqu'à mon départ, cela se trouvant compris au long en mes dernières dépêches.

Les ordres de Votre Majesté touchant mon rappel m'ayant été rendus vers la fin d'octobre dernier 1670 par M. de Nointel, lui et moi en donnâmes avis aussitôt à la Porte qui étoit à Andrinople, afin d'obtenir mon passeport suivant la coutume, de me laisser passer, ainsi que les quatre vaisseaux commandés par M. d'Aplemont, aux Dardanelles, et j'informai cependant mon successeur de l'état de toutes les affaires que je lui remis dès le moment de son arrivée. Le 7 décembre, m'étant embarqué à l'entrée de la nuit, nous ne fîmes voile que le 9, et nous nous trouvâmes le 12 proche l'île de Marmara. Nous apprîmes, par une barque françoise qui étoit passée le jour précédent aux Dardanelles, qu'il y avoit ordre de ne pas nous laisser passer. On tint conseil entre les capitaines où j'assistai ; mais comme nous n'avions pas avec nous le passeport que M. de Nointel avoit envoyé devant aux Châteaux par un drogman, nous nous mîmes à délibérer, jusques à ce que nous en fussions plus près, pour reprendre ce qu'on nous diroit et ce que contenoit notre passeport, qui ne se trouvant pas convenable à la dignité des vaisseaux de Votre Majesté, il fut arrêté que j'écrirois, et que j'envoirois au grand vizir à Andrinople pour en avoir un dans les formes ordinaires.

Je ne dois pas dissimuler à Votre Majesté que l'ordre qu'avoient les commandans des Dardanelles d'empêcher notre passage, étoit prétexté à cause de deux esclaves françois qu'on disoit s'être sauvés de Constantinople sur les vaisseaux de Votre Majesté, et comme M. de Nointel les y étoit allé demander à MM. les capitaines, qui lui avoient dit ne les avoir point, je fus obligé d'écrire la même chose au vizir, et que les capitaines de Votre Majesté se plaignoient de la violence dont on avoit usé envers quelques-uns de leurs gens à Constantinople, qu'on avoit retenus et faits Turcs. C'étoit une vérité qui donna sujet à MM. les capitaines d'user de représailles et de donner retraite M. Quicquerant de Beaujeu, chevalier de Malte, qui s'étoit sauvé des Sept Tours, et à quatre-vingts ou quatre-vingt-dix autres esclaves françois et chrétiens de toutes sortes de nations, auxquels Votre Majesté a eu agréable de donner et confirmer la liberté après notre arrivée à Toulon.

Cependant, le grand vizir m'ayant fait écrire et faire des civilités de sa part par son kiaia, en m'envoyant un passeport dans les formes et tel que nous le souhaitions, les commandans des Châteaux en témoignèrent beaucoup de joie quand on les leur fut porter. On convint avec eux du salut qu'on se feroit en passant, qui fut coup pour coup : M. d'Aplemont ayant tiré sept coups de la Princesse pour saluer les deux forteresses, elles en tirèrent onze de suite, tant pour rendre le salut à la Princesse qu'à la personne de l'ambassadeur de Votre Majesté pour qui M. d'Aplemont rendit après quatre coups.

Voilà, Sire, ce qui s'est passé pendant les cinq années de mon ambassade, en laquelle si j'avois été assez malheureux pour faire quelque chose qui Lui eût pu déplaire, je La supplie très humblement de me le pardonner, et de considérer que m'étant trouvé dans des contre temps fâcheux, parmi des gens cruels et barbares, en un pays éloigné de la France, je n'ai pu recevoir les lumières ni les ordres de Votre Majesté, qui m'auroient été très nécessaires pour mieux régler ma conduite, mais enfin l'unique motif de mes actions n'ayant été que le bien, et de fidèlement servir Votre Majesté, il sera toujours le même pour me faire agir le reste de ma vie avec toute sorte de zèle et d'affection en qualité,

 Sire,
  de Votre Majesté.
Le très humble et très obéissant et fidèle sujet et serviteur.

DE LA HAYE VANTELAY.

MÉMOIRE DE M. DE CHATEAUNEUF AU ROI A SON RETOUR DE
CONSTANTINOPLE, POUR LUI RENDRE COMPTE DE SON AMBASSADE.

Pour satisfaire à l'ordre que m'a donné Votre Majesté de l'informer de l'état de l'empire des Turcs, et de ce qui peut regarder le bien de son service, je prendrai la liberté de Lui représenter ici ce qu'onze ans d'expérience et de familiarité avec eux m'en ont appris, et surtout la situation où je les ai laissés, sans pourtant La fatiguer par la répétition de plusieurs choses qu'Elle n'ignore pas, puisque je ne les ai exécutées que par ses ordres et qu'elles sont contenues dans mes dépêches.

On peut dire, en général, que cet empire se trouve dans un état de foiblesse qu'on n'auroit jamais pu prévoir. Les Turcs, à qui la conquête de Candie avait coûté les meilleurs chefs, ont achevé de perdre ce qui leur restoit d'officiers expérimentés, dès les premières campagnes de cette guerre, soit par les fréquents désavantages qu'ils ont soufferts, soit par la malheureuse politique de punir dans la personne de leurs généraux les mauvais événements. De plus, cette guerre, qui a duré dix-sept ans, a épuisé leurs finances, et bien loin qu'ils songent dans la paix à les rétablir, les ministres d'aujourd'hui n'en profiteront que pour s'enrichir, sans songer aux vues du bien public qu'ils sacrifieront toujours à leur intérêt particulier. Je dis les ministres d'aujourd'hui, cet empire n'étant pas tellement dénué de sujets qu'il n'y ait encore des gens de valeur et de bon esprit, propres à se former à la guerre et au gouvernement ; mais ils n'oseroient se produire de peur de donner ombrage à ceux qui sont en place, et le grand Seigneur est incapable de les chercher et de les choisir, plus encore de gouverner par lui-même, non-seulement faute de lumières et d'éducation, mais parce que, depuis longtemps, les ministres de la Porte ont eu l'art de mettre la grandeur du souverain dans une retraite mystérieuse, éloigné de toute sorte d'affaires auxquelles il ne prête que son nom. Sultan Moustafa a eu d'autant moins de peine à se conformer à cet usage, que c'est un prince foible qui n'a de passion que pour la chasse et pour ses maîtresses, et dont tout le mérite se réduit à l'exacte observance de sa loi. Sa retraite précipitée à Lenta où, en retenant auprès de sa personne la plus grande partie de son armée, il exposa son arrière-garde au-delà du Tibisc, et sa fuite honteuse, après la défaite de cette arrière-garde, ne marquent que trop son peu de courage et son éloignement pour la guerre. Aussi, peut-on dire que depuis ce temps-là, il n'a fait que déchoir dans l'esprit de ses peuples et qu'il est autant décrié parmi eux qu'il était désiré avant que d'être connu.

Le mufti, homme timide au-delà même de sa profession, mais habile, et tout puissant sur l'esprit de son maître, autrefois son disciple, l'éloignera toujours de la guerre, dans la crainte que le prince ne fût obligé de rétablir sa réputation par sa présence, et dans la nécessité où le mettroit son emploi de le suivre à l'armée.

C'est le premier homme de loi qui, depuis longtemps, ait partagé l'autorité du vizir ; aussi a-t-il eu plus de part que personne à déterminer le grand Seigneur à une honteuse paix, malgré les revers qu'elle pourroit un jour attirer sur ses auteurs ; mais il est vrai que son grand âge le met à couvert de cette crainte.

Cuprugli, quatrième vizir de ce nom, dont la race sembloit promettre en lui plus de vigueur, et qui, comme plus jeune, devoit plus craindre l'avenir, n'a pas laissé cependant que de marquer autant d'empressement pour la paix que le mufti, sitôt que Votre Majesté eût conclu la sienne, et l'on doit peu espérer qu'il veuille jamais recommencer la guerre avec les Allemands dont les Turcs ont presque toujours éprouvé la supériorité.

Mais, par ces mêmes raisons, il est bien à craindre que l'Empereur, connoissant leur faiblesse et leur mauvais gouvernement, le peu de discipline de leurs troupes et leur peu d'expérience dans l'art militaire, ne forme un jour le dessein de les chasser de l'Europe, ce dont il n'a que trop connu la possibilité, puisque, vraisemblablement, il y auroit réussi si, plus envieux de la gloire de Votre Majesté, que jaloux de la sienne, il n'avoit mieux aimé se liguer contre Elle avec tous les princes protestans, au préjudice de la trève qu'elle Lui avoit accordée, que d'en profiter pour chasser les infidèles et se rendre maître des deux empires. Il est même constant que malgré la division de ses forces, il auroit fait des progrès bien plus considérables en Hongrie, si au lieu de s'amuser à fortifier Nissa, comme il fit après la bataille qu'il y gagna en 1689, il eût suivi le cours du Danube : faute qu'il a sentie et dans laquelle vraisemblablement il ne tomberoit pas une seconde fois.

Les Turcs n'ont, à présent, pour défendre leurs frontières que la ville de Belgrade, qu'ils reprirent en fort peu de jours. C'est une place qui n'est nullement fortifiée et qui n'est considérable que par sa situation, je veux dire par la difficulté qu'auroit l'armée Allemande de passer la Save, si le passage étoit défendu par un corps de dix mille hommes. Or, bien loin que l'Empereur y trouvât ce nombre de troupes, les Turcs sont si peu prévoyans, que pour peu que leur ennemi employât de diligence à se mettre en campagne, je suis persuadé qu'on n'apprendroit, à Constantinople, le siège de Belgrade que par la nouvelle de sa prise. Temiswar est si éloigné que les Allemands se garderoient bien de perdre une campagne à l'assiéger, bien assurés que cette place tombera d'elle-même dès qu'elle n'aura plus la communication du Danube et qu'elle ne pourra être ravitaillée.

Je crois donc pouvoir avancer, sur les fréquentes conférences que j'ai eues à ce sujet, et sur la crainte que m'en ont laissée quelques officiers principaux, que l'Empereur peut être maître du Danube en trois campagnes, en y bâtissant des forts et des magasins de distance en distance jusqu'à son embouchure, où l'Empereur s'étant une fois établi, il lui seroit aisé de faire tomber Constantinople, non pas à la vérité en l'assiégeant, puisqu'il faudroit pour cela une armée trop nombreuse, mais en l'affamant, ce qui seroit très aisé en faisant croiser des vaisseaux à l'entrée du canal de la mer Noire, d'où cette capitale tire toute sa subsistance. La plus grande difficulté seroit de construire une flotte capable de résister à celle du grand Seigneur, mais puisque l'Empereur en a déjà une sur le Danube, je ne vois pas qu'il lui fût impossible de la doubler ou de la tripler, s'il s'étoit rendu maître une fois d'un port sur cette mer dont les côtes abondent en bois, en goudron et en cordages, et il trouveroit parmi les Grecs un nombre suffisant de matelots.

Je ne descendrai pas dans un plus long détail pour prouver ce que j'ai avancé, parce que, dans la circonstance présente, ces considérations paroissent trop éloignées et que d'ailleurs, l'Empereur pourroit trouver chez les Moscovites et chez les Allemands mêmes des obstacles à un si grand dessein; mais toutes éloignées qu'elles sont, elles ne m'ont paru indignes de la prévoyance de Votre Majesté par rapport à l'agrandissement de la maison d'Autriche qui a déjà beaucoup fait, ce me semble, que de commencer l'exécution de ce projet et de se convaincre qu'il ne contient en lui-même aucune impossibilité.

Mais, Sire, malgré ce que je viens de représenter de la supériorité de l'Empereur et de la foiblesse des Turcs, l'opinion où je suis de leur éloignement à rentrer en guerre avec lui n'est fondé que sur des circonstances passagères, telles que la paix de la Chrétienté et le caractère des ministres d'aujourd'hui. Ce que j'en ai dit ne doit être aussi considéré que comme un plan passager et ne s'entendre que du tems présent ou d'un avenir prochain. Car s'il arrivoit quelque changement à notre paix qui leur fît espérer une division des forces de l'Empereur, et qu'ils fussent gouvernés par d'autres ministres, je suis persuadé qu'on pourroit encore tirer parti de la fierté naturelle des Ottomans. Il n'arrivera jamais de révolution à la Porte qui ne soit prétextée sur la paix honteuse qu'elle vient de conclure, et dans laquelle, par exemple, entre autres infractions de la loi, on a rendu Caminieck en son entier. Or, comme ces sortes de révolutions ne sauroient être suscitées que par un esprit ambitieux qui s'empareroit de la première dignité, il seroit nécessaire de justifier son audace par quelque entreprise hardie, et de réparer la honte du passé par une conduite opposée à celle de ses prédécesseurs.

Et il ne faut pas croire qu'un tel homme manquât de moyens pour soutenir la guerre, ni que ce vaste empire soit tellement sans ressources qu'après avoir respiré quelque temps, il ne fût en état de faire de nouveaux efforts sous un nouveau chef. Votre Majesté n'aura pas de peine à s'en convaincre, si Elle daigne se ressouvenir dans quel abattement ils étoient en comparaison d'aujourd'hui, lorsqu'Elle m'envoya vers Sultan Soliman en 1689.

L'Empereur étoit maître de Belgrade et de quatre places au-delà, jusqu'à six lieues de Sophie. Je trouvai l'armée du grand Seigneur défaite à Nissa, et le grand vizir si peu en sûreté dans son camp, qu'il recommanda aux drogmans de ma suite de ne parler que le turc, la nuit en se retirant, de crainte que le peu de troupes qu'il avoit auprès de lui ne l'abandonnassent en prenant mes truchemens pour des ennemis. Les conquêtes des Vénitiens occupoient la moitié des forces des Turcs. Ce même vizir avoit déjà fait la démarche d'envoyer des ambassadeurs à Vienne pour demander la paix à des conditions honteuses. On auroit dû croire alors que les Turcs n'avoient d'autres ressources que de passer en Asie, ou que la paix alloit être incessamment conclue.

Mais Cuprugli, homme de tête et de courage, fait déposer le vizir pour se mettre à sa place, s'instruit avidement de tout ce que j'avois à lui dire de la part de Votre Majesté, et animé par de si grandes espérances, reprend en une seule campagne Nissa, Semendria et Belgrade, et enfin donne, l'année suivante, une bataille au prince de Bade, qu'il auroit vraisemblablement gagnée si sa mort, en décourageant les siens, n'eût fait passer la victoire dans le parti ennemi. Ce qui doit prouver à Votre Majesté qu'un seul homme, secondé d'une diversion puissante, seroit capable de rétablir la gloire de cet empire.

Depuis sa mort, j'ai eu à traiter avec six vizirs, dont aucun n'a succédé à son mérite, et qui tous, quoique de différent caractère, se ressembloient pourtant en ce point, que craignant également les évènements de la guerre dont ils étoient chargés, ils ne souhaitoient rien tant que la paix. Cependant ils n'ont pu y réussir qu'après que Votre Majesté a fait la sienne.

Vers la fin de 1691, Marsigli revint à Andrinople de la part de l'Empereur, avec des propositions bien plus avantageuses que celles qu'il leur vient d'accorder, puisqu'il ne demandoit point la Transilvanie et qu'il offroit, outre cela, d'abandonner les Vénitiens. Le vizir étoit déterminé à les accepter par les inspirations de son kiaya et du reys-effendi, mais il trouva deux hommes opposés à ses desseins. Le mufti d'alors, toujours plein de zèle pour les intérêts de Votre Majesté, et l'aga des janissaires que j'avois engagé par les voies qui sont expliquées dans mes dépêches. Ce dernier opina au nom de la milice dont il étoit le chef, qu'il falloit rejeter les propositions de l'Empereur, et son avis, appuyé du mufti, l'emporta et fit conclure la continuation de la guerre.

Il ne jouit pas longtemps de cet avantage, parce que le vizir, offensé de la hauteur avec laquelle il avoit parlé, trouva bientôt le moyen de le faire mourir. Il essuya lui-même la même disgrâce quelques mois après, avant que d'avoir pu exécuter ses desseins sur la paix, auxquels le mufti s'opposoit toujours.

Ali Pacha, qui est maintenant en Candie et qui lui succéda, se tint sur la défensive pendant la campagne de 1692. Mais l'hiver suivant, 93, il marqua tant de zèle pour la paix qu'il se relâcha de la prétention où s'étoient mis les

Turcs, que la proposition en fut faite par un ambassadeur de l'Empereur et il consentit à une médiation. Milord Paget et M. Henaskerke se promettoient tout d'une si favorable disposition, mais leurs mesures furent rompues par un nouvel aga des janissaires que j'avois mis dans mes intérêts par les mêmes voies que le précédent, et qui fut d'avis qu'on fît venir en plein divan ces deux ambassadeurs avec celui d'Hollande, afin qu'après avoir écouté leurs propositions, le refus qu'on en feroit fût plus solennel ; ce qui fut exécuté comme il l'avoit proposé, sans que le vizir osât le contredire et il fit même plus que je ne le voulois dans cette occasion, puisqu'il fut d'avis qu'on m'appelât à cette assemblée pour être témoin de la fermeté de leur résolution et pour confirmer par ma présence la bonne intelligence des deux empires. Mais heureusement il fut arrêté seulement que le vizir me feroit part du résultat de cette assemblée pour en informer Votre Majesté.

J'eus encore la douleur de voir éloigné bientôt après cet officier si zélé par un nouveau vizir, Moustafa Pacha, beau-frère du grand Seigneur, que les ministres ennemis de Votre Majesté avoient mis dans leurs intérêts, et sous lequel ils reprirent leur négociation. N'ayant donc plus pour moi ni le chef de la loi, ni celui de la milice, je fus obligé de recourir à de nouveaux ressorts. Je n'en trouvai point de meilleur que de me tourner du côté des eunuques du Sérail avec qui j'avois pris soin d'entretenir de secrètes liaisons depuis longtems, et ce fut par eux que je fis avertir le sultan de la timidité des officiers du dehors, intéressant sa gloire par les honteuses conditions auxquelles on le vouloit faire consentir, et l'encourageant par l'exemple de Votre Majesté et par les avantages qu'elle remportoit sur l'ennemi commun. Ces sortes d'intrigues inusitées eussent pu m'attirer la haine du vizir s'il en avoit eu connaissance, mais elles me parurent nécessaires dans l'abandon où je me trouvois, et j'en parle aujourd'hui avec plus de hardiesse parce qu'elles m'ont réussi. En effet, le grand Seigneur menaça plusieurs fois son vizir de le faire périr parce qu'il lui parloit de paix, et le vizir d'aujourd'hui est convenu avec moi que sous le règne de ce prince la paix n'auroit jamais été conclue aux mêmes conditions qu'elle vient de l'être.

Sultan Mustafa qui lui a succédé, tout susceptible qu'il paraissoit de ces impressions courageuses jusqu'à l'affaire de Genta, ne respiroit cependant que la paix qui a été près de se faire toutes les années, et qui a été rompue autant de fois par le bonheur qu'on a eu, tantôt de profiter de la jalousie de ses ministres pour les opposer les uns aux autres, tantôt de surmonter en eux la crainte du présent par celle de l'avenir, en leur faisant envisager les disgrâces qu'ils s'attireroient, dans la suite, s'ils trahissoient la gloire de leur maître par un indigne traité, au lieu de profiter de la puissante diversion de Votre Majesté.

Je ne rappelle ici ces différentes occasions qui sont particularisées dans mes lettres, que pour faire voir à Votre Majesté que si Elle rentroit en guerre avec l'Empereur, il pourroit arriver telle conjoncture où les Turcs se porteroient d'eux-mêmes à rompre avec lui, et qu'alors il seroit aisé de les engager à la continuation de la guerre par les mêmes moyens dont on s'est servi.

Votre Majesté en avoit d'abord employé deux qui paraissoient très efficaces pour éloigner leur paix avec l'Empereur; la paix particulière de Pologne et l'établissement du comte Tekeli en Transylvanie. Le premier manqua du côté du roi de Pologne, et non de celui de la Porte qui m'avoit accordé tout ce que cette couronne pouvoit exiger de raisonnable. Je veux dire la restitution de Caminieck à quelques pierres près, qu'on auroit seulement fait sauter pour les formes.

Le second moyen devint inutile par la mauvaise conduite du comte Tekeli. La Porte, en 1690, m'avoit accordé pour lui, à la recommandation de Votre Majesté, l'investiture de la principauté de Transylvanie avec une armée pour s'en mettre en possession, mais par ses concussions tyranniques sur ses nouveaux sujets et ses pilleries sur les Turcs, il devint l'objet de la haine publique, et tomba dans un décri qui le rendit entièrement inutile au service du grand Seigneur.

Cependant, ces deux moyens ayant manqué, Votre Majesté voit que le seul récit de ses victoires et des forces qu'Elle opposoit aux Allemands y a suppléé malgré les intrigues des ambassadeurs anglois et hollandois, et des émissaires de l'Empereur qui ne cessoient d'inspirer aux Turcs de prévenir Votre Majesté par une prompte paix, s'ils ne vouloient demeurer livrés aux forces réunies de l'Empereur, ou subir les conditions les plus désavantageuses qu'il leur voudroit imposer, ce qui leur est arrivé.

Votre Majesté a continué la guerre tant que je les assurois qu'Elle la continueroit. Quand Elle a résolu de la finir, Elle les en a avertis, et je leur annonçai notre paix avec l'assurance d'un homme qui ne les avoit jamais trompés, sans leur laisser même l'espérance dont ils vouloient se flatter qu'elle seroit bientôt rompue ; mais comme elle ne fut terminée qu'à la fin de la campagne de 1691, ils eurent du moins l'hiver devant eux pour ménager la leur.

Par votre procédé franc et généreux, Votre Majesté les a mis hors d'état de nous faire des reproches légitimes de les avoir abandonnés, quelque douleur qu'ils aient marqué de se voir prévenus, et, en concluant sa paix avec celle des Turcs. Elle a fait taire tous ceux qui osoient nous reprocher un traité avec la Porte, lesquels ne sachant que répliquer à une preuve si convaincante, eurent bien la hardiesse (plutôt que de se dédire), de débiter contre toute vraisemblance dans leurs gazettes que j'étois retenu prisonnier par les Turcs en vengeance de ce que je les avois trompés.

L'opinion d'un traité entre nous et la Porte étoit d'autant plus importante à détruire que les Turcs mêmes (hors ceux qui avoient part au ministère), en étoient généralement persuadés, et que nos ennemis se trouvoient par là encore plus autorisés à le publier. Le vizir d'aujourd'hui en étoit si prévenu, que sitôt qu'il entra au gouvernement, la première chose qu'il fit, fut de me demander pourquoi m'étant engagé à la continuation de la guerre, Votre Majesté avoit ainsi abandonné ses alliés et s'il n'étoit pas vrai que j'eusse obtenu les Saints Lieux à cette seule condition. Il me fallut donc le désabuser sur ces deux articles en attestant l'un de ses prédécesseurs qui, heureusement, étoit encore en vie ; et malgré sa prévention, malgré les insinuations de Maurocordato et des Grecs qui ne se promettoient rien moins du ressentiment du vizir que de me voir enlever les Saints Lieux, ce ministre fut si satisfait des éclaircissements que je lui donnai, que j'ai eu autant de sujet de me louer de lui dans la suite que d'aucun de ses prédécesseurs. C'est sans doute dans cette vue qu'ayant été chargé de toute cette négociation pendant la guerre, Votre Majesté jugea à propos de ne me rappeler qu'après la paix des Turcs, pour me donner le temps de purger jusques aux moindres soupçons qui pouvoient rester sur cette prétendue alliance, en faisant voir, par la continuation des bons traitements que recevoit le même ministre de Votre Majesté à la Porte depuis notre paix, que la considération qu'on y avoit eue pour Votre Majesté pendant notre guerre n'étoit fondée sur aucun engagement de la continuer. Aussi puis-je dire que j'ai essuyé leur première douleur sans éprouver de leur part la moindre marque de ressentiment ; qu'au contraire j'ai laissé les Turcs pleins de vénération pour la personne sacrée de Votre Majesté, et que j'y ai eu la satisfaction d'y voir son autorité autant respectée depuis notre paix qu'elle l'avoit été auparavant ; témoin les offres que me fit le vizir d'envoyer vingt mille Tartares en Pologne au service de M. le prince de Conti ; les honneurs sans exemple que reçurent M. le chevalier de Villars et les autres officiers de vaisseaux tant de la part du grand Seigneur que de ses ministres ; la liberté accordée au capitaine Cruvillier, retenu esclave dans le bagne du grand Seigneur depuis douze ans pour avoir été pris en course contre les Turcs ; la même facilité à obtenir des commandements pour enlever des bleds que par le passé ; et enfin la même exactitude la part des Turcs à me renvoyer d'Hongrie tous nos déserteurs, même après que leur paix fut faite avec les Allemands. Je dirai ici par occasion que je crois en avoir bien envoyé jusqu'au nombre de trois mille pendant le cours de mon ambassade.

Mais, Sire, une des plus fortes preuves de la considération où est aujourd'hui le nom de Votre Majesté à la Porte, c'est la manière dont le grand Seigneur a reçu le refus que fit M. de Ferriol de prendre son audience. Le prince revint exprès de la chasse pour la lui donner. Il entend à la porte de sa chambre des contestations auxquelles la fierté ottomane étoit peu accoutumée ; on le fait attendre une une demi-heure inutilement sur son trône. Après quoi, M. de Ferriol se retire et est reconduit avec la même tranquillité et les mêmes cérémonies par les officiers de la Porte que s'il avait vu le grand Seigneur, en sorte que tout le ressentiment du prince tomba sur le vizir qui pensa périr pour avoir exposé son maître à cet affront. Sur quoi j'ose dire que les Turcs sont heureux de connoître aujourd'hui, au point qu'ils le font, la puissance de Votre Majesté puisqu'autrefois ils se seroient portés à des extrémités qui auroient obligé Votre Majesté à la leur faire ressentir.

Je dois remarquer à propos de cette contestation qu'on en a du moins tiré un avantage en ce qu'ayant suspendu l'audience de M. de Ferriol, elle lui a donné le temps d'observer les nouveaux honneurs qu'on a faits depuis à l'ambassadeur de l'Empereur et qu'elle met Votre Majesté en état d'en exiger de pareils, après que la difficulté de l'épée sera terminée à sa satisfaction.

Outre le nombre et la qualité des officiers que la Porte a envoyés pour recevoir ce ministre de l'Empereur, on lui a donné, au lieu d'un cafetan de vil prix qu'ont eu toujours les autres ambassadeurs, une veste doublée de samour : présent le plus considérable que le grand Seigneur ait accoutumé de faire à ses vizirs. Votre Majesté jugera sans doute combien il lui importe de ne pas laisser établir une pareille distinction en souffrant que son ambassadeur reçût son audience avec un cafetan ordinaire.

Les premiers ambassadeurs chrétiens qui aient eu de ces sortes de fourrures sont ceux d'Angleterre et de Hollande au retour des conférences de Carlowitz. M. de Ferriol, fondé sur cet exemple, prétendit les mêmes honneurs à son arrivée; mais les ministres de la Porte s'en défendirent, sur ce que ce n'étoit qu'une reconnoissance passagère des services que MM. Paget et Collier avoient rendus au grand Seigneur dans leur médiation ; qu'ainsi elle ne pouvoit tirer à conséquence pour la réception des ambassadeurs. On dut alors se payer de cette raison, mais elle n'est plus recevable depuis que les Turcs ont donné le même présent à l'ambassadeur de l'Empereur qui n'a été rien moins que médiateur dans le dernier traité.

Je ne vois donc pour les Turcs que deux moyens d'éluder une prétention si juste.

Le premier en accordant l'épée à l'ambassadeur de Votre Majesté, et, prétendant que celui de l'Empereur ne l'ayant point eu, cette distinction peut tenir lieu de l'autre ; mais l'habillement hongrois dans lequel le comte d'Hotinguen a paru ne comportant point cet ornement qui est inséparable de l'habit françois, l'épée ne peut servir d'équivalent au cafetan de samour, d'autant plus qu'elle ne doit plus être regardée comme une grâce nouvelle, puisque M. de Ferriol en est en possession par l'exemple de son prédécesseur.

Le second moyen seroit de répondre aux instances de Votre Majesté que l'ambassade du comte d'Hotinguen étant une ambassade extraordinaire, les honneurs qu'on lui a faits ne peuvent servir de règle pour les ambassadeurs ordinaires. Je n'ai rien à dire sur une telle excuse, sinon qu'elle ne me paroit valable qu'autant que Votre Majesté voudroit s'en contenter pour ne pas multiplier les difficultés qui pourroient peut-être retarder, d'ailleurs, le bien de son service. Mais je crois au moins qu'il seroit important de pousser les

Turcs jusqu'à donner par écrit cette explication qui seule peut sauver à la Porte l'égalité entre Votre Majesté et l'Empereur, et qui assureroit le droit de Votre Majesté en cas qu'elle voulût, un jour, s'en mettre en possession, en donnant, par exemple, pour un temps, le titre d'ambassadeur extraordinaire à son ministre.

Le même intérêt m'oblige encore de remarquer que j'ai vu les Turcs tirer vanité de ce que, recevant des ambassadeurs de tous les princes chrétiens, ils n'envoient des personnes de distinction qu'à l'Empereur, comme s'il étoit le chef de la chrétienté. Celui qui est actuellement à Vienne a passé par les charges les plus considérables de l'empire ottoman, et pour faire plus d'honneur à l'Empereur, le grand Seigneur lui donna en partant une troisième queue, traitant l'Empereur comme le roi de Perse à qui il envoie toujours des vizirs à trois queues, comme il fit encore, il y a deux ans, sur les remontrances de ce dernier qui s'étoit plaint de ce qu'il avoit envoyé deux ambassades de suite à la Porte sans en recevoir de sa part. Ainsi rien ne pourroit, à mon sens, y mieux soutenir l'égalité des deux Empereurs chrétiens et désabuser les Turcs de la fierté dans laquelle on les a entretenus, que d'exiger du grand Seigneur qu'il envoyât en France une ambassade remplie par un sujet de dignité et de convenir, à cette occasion, des traitements réciproques pour faire rendre à l'ambassadeur de Votre Majesté les mêmes honneurs qu'elle auroit accordés à celui de Sa Hautesse.

Ce qui m'oblige à insister sur toutes ces considérations, c'est qu'en général, il est dangereux de mollir avec les Turcs, et que sans insulter à leur foiblesse présente, il n'a jamais été plus nécessaire de les faire au moins ressouvenir des obligations qu'ils ont à Votre Majesté pour obtenir d'eux des choses justes et raisonnables, que dans un temps où nous voyons que les ministres des autres couronnes y réussissent, par hauteur, dans tout ce qu'ils entreprennent.

Le Moscovite est venu mouiller jusqu'au Sérail dans un

vaisseau de son maître, ce qui étoit jusqu'alors sans exemple.

Le Polonois entre en conquérant dans Constantinople, après s'être fait rendre par force un de ses domestiques qui s'étoit rendu Turc, et l'avoir puni de mort à leurs yeux; mais il me paroit surtout de conséquence de s'élever par quelque action d'éclat, pour rabaisser du moins par là la considération que les ambassadeurs d'Angleterre et de Hollande résidant à la Porte s'y sont acquise depuis leur médiation, et pour rétablir la distance presque infime où l'ambassadeur de Votre Majesté les avoit presque toujours tenus jusqu'alors à son égard.

Voilà, Sire, en général, la situation présente des Turcs, tant à l'égard de Votre Majesté que de l'Empereur et même des autres puissances de la chrétienté, hors les Vénitiens qui méritent ici un article séparé.

Quelque foibles que j'aie représenté les Turcs, et quelque peu tentés qu'ils soient à présent de recommencer la guerre avec les Allemands, je les crois dans une position toute différente par rapport aux Vénitiens avec qui je suis persuadé qu'ils rompront à la première occasion, malgré le traité de paix qui vient d'être conclu, parce qu'ils se croient en droit de le violer sur l'exemple qu'ils prétendent que la république de Venise leur en a donné en leur déclarant la guerre sans sujet, et au préjudice de la précédente paix. Les Turcs souffrent impatiemment les Vénitiens dans le centre de leur État et n'ont fait la paix avec la République que par force et à la considération de l'Empereur. Or dès que cette considération cessera et qu'ils verront l'Empereur occupé ailleurs, il est à présumer qu'aussitôt ils prendront la résolution de rentrer dans la Morée; je dis même les ministres d'aujourd'hui tout pacifiques qu'ils sont, parce qu'une pareille guerre n'exigeroit point la présence du grand Seigneur, ni celle du grand vizir.

A plus forte raison, s'il arrivoit que l'Empereur, pour trouver moins d'obstacle à ses desseins sur l'Italie, sollicitât secrètement les Turcs à cette rupture, à quoi les Vénitiens ont tout lieu de s'attendre puisqu'ils doivent se ressouvenir que l'Empereur avoit offert autrefois de les abandonner, et que, dans la dernière négociation, les Allemands leur ont fait perdre Lépante en avertissant les Turcs d'insister à la restitution de cette importante place sur laquelle le vizir s'étoit déjà relâché.

Il est à croire, en ce cas, que la république de Venise auroit recours à l'autorité de Votre Majesté pour détourner cette guerre.

Il ne m'appartient pas de pénétrer ici quel parti prendroit alors Votre Majesté, mais au hasard de dire des choses inutiles, je crois qu'il est de mon devoir de Lui représenter, sans déguisement, la manière dont je pense que les Turcs recevroient la protection que Votre Majesté accorderoit aux Vénitiens. Ou Elle emploieroit simplement son intercession comme ami commun, ou des menaces de prêter du secours à la République, ou enfin un secours effectif.

Quant au premier moyen, je craindrois pour les Vénitiens qu'une simple intercession ne fût pas suffisante, parce que les Turcs se croiroient fondés à répondre qu'ils peuvent, sans blesser la considération due à Votre Majesté, rompre un traité dont Elle n'est point garant, comme les Vénitiens avoient violé le précédent, sans être retenus par l'ancienne amitié qu'ils savoient être entre Votre Majesté et la Porte.

Le second moyen devroit les intimider, mais je doute encore qu'il pût l'emporter, dans l'esprit des Turcs, sur un intérêt aussi pressant que celui de reprendre la Morée, parce qu'ils se flatteroient toujours que Votre Majesté n'en voudroit jamais venir à une extrémité qui l'obligeroit à retirer ses sujets du Levant, qui livreroit les Saints Lieux aux schismatiques et qui exposeroit la religion pour laquelle ils connoissent le zèle de Votre Majesté et qui ne respire en Turquie que sous sa puissante protection. Ainsi je suis persuadé qu'ils s'obstineroient à prendre tout ce qui leur seroit dit de plus fort de la part de Votre Majesté pour des offices, ou des menaces sans suite, ce qui, je l'ose dire, ne serviroit qu'à commettre son nom et aliéner sans fruit des anciens amis.

Le troisième moyen qui reste, et qui seul me paroit efficace pour les Vénitiens, seroit de faire voir aux Turcs qu'on ne les auroit pas menacés à faux, et d'envoyer à la République un secours effectif, au péril de rompre avec la Porte, ce qui arriveroit infailliblement, puisque après que Votre Majesté se seroit expliquée, ce secours ne pourroit être ni ignoré, ni pallié, comme le fut celui de Candie, surtout dans un temps où il n'est pas aisé de leur en faire accroire comme autrefois, parce que le besoin qu'ils ont eu de nous, les a tirés de cette profonde ignorance sur les affaires étrangères dont ils faisoient gloire pendant leur prospérité. Or, je ne sais, Sire, si quand même les Turcs manqueroient de complaisance pour les désirs de Votre Majesté, je ne sais, dis-je, s'il Lui conviendroit jamais d'en venir à une guerre contre les Turcs qui, outre les inconvénients que j'ai marqués ci-dessus par rapport au commerce et à la religion, affoibliroit l'ennemi le plus naturel de la maison d'Autriche, et celui qu'elle doit le plus redouter après Votre Majesté. Si cependant il arrivoit qu'un intérêt plus puissant prévalût sur les considérations que je viens d'alléguer, me seroit-il permis de représenter à Votre Majesté qu'Elle pourroit, en secourant les Vénitiens, mettre cette rupture à profit pour Elle-même, et se consoler de la nécessité où Elle seroit d'affoiblir les Turcs, par des conseils qui étendroient sa puissance et qui enrichiroient le commerce de son royaume. D'un côté, l'offensive ne déplairoit guère plus aux Turcs que d'entrer dans une défensive avec leurs ennemis, et d'ailleurs une diversion navale dans les îles de la Méditerranée ne seroit pas moins utile aux Vénitiens pour conserver la Morée qu'un secours direct.

La Candie est une île d'une étendue considérable, féconde en toutes sortes de denrées, qui, entre les mains de Votre Majesté, rendroit quatre fois plus qu'elle ne rend au grand Seigneur et qu'elle pourroit peupler en peu de temps d'une infinité de Grecs qui gémissent dans les îles de l'Archipel. La ville de Candie est presque dans le même état qu'elle étoit lors de sa prise, et je suis persuadé que les troupes de Votre Majesté l'emporteroient en peu de temps, si Elle employoit à cette entreprise l'armement que les Vénitiens croiroient destiné pour leur secours, lesquels, en toute autre occasion, seroient bien plus portés à s'unir avec les Turcs pour empêcher Votre Majesté de se rendre maître de ce royaume qu'à Lui en faciliter la conquête.

Comme tout ceci suppose que Votre Majesté seroit en possession des Deux-Siciles, Elle pourroit encore se servir de la Candie pour s'approcher de la Palestine, et faire revivre les anciens droits des rois de Naples sur le royaume de Jérusalem.

Enfin si la Providence qui a prescrit des bornes à la durée des plus puissantes monarchies, avoit marqué la fin de celle des Turcs en Europe sous le règne de Votre Majesté, sa modération ne sauroit la dispenser de prendre de loin des mesures pour n'être pas simple spectateur du partage que les autres princes feroient entre eux des débris de ce vaste empire. Si je m'égare dans des vues hors de ma portée, j'espère que Votre Majesté le pardonnera à mon zèle et à l'idée qu'Elle nous a donnée de sa puissance.

Je passe à présent aux affaires de la religion. Ce que Votre Majesté m'avoit le plus souvent recommandé est le rétablissement de nos religieux dans le Saint-Sépulcre dont les schismatiques étoient en possession depuis quatorze ans. Votre Majesté l'obtint à la première instance que j'en fis en son nom, et cela en plein Divan, par un jugement solennel et contradictoire, et par conséquent, hors d'atteinte. Mais pour le rendre encore plus solide en le fortifiant du nom de Votre Majesté, le grand Seigneur et le grand vizir Cuprogli écrivirent à Votre Majesté que c'étoit à sa recommandation que cette restitution avoit été faite. Les ambassadeurs ennemis de Votre Majesté, pour diminuer la gloire que cette victoire Lui avoit acquise, écrivirent à leurs maîtres que je n'avois réussi dans cette affaire que par les sommes immenses que nos Religieux avoient données aux officiers de la Porte et dont j'avois aussi profité. Cette supposition étoit trop grossière pour oser la débiter dans l'empire Ottoman, où il étoit de notoriété publique que la restitution n'avoit pas été moins gratuite de la part des Turcs que de la mienne. Aussi n'osèrent-ils s'en expliquer sur les lieux, et ce ne fut qu'à l'occasion de leurs lettres interceptées, et que Votre Majesté eut la bonté de m'envoyer, que j'eus connoissance de cette imposture et que je fournis des preuves à Votre Majesté pour la confondre, auxquelles Elle me permettra d'ajouter le refus public que je fis d'une croix de diamans, estimée dix mille écus, que nos Religieux avoient cachée sous plusieurs chapelets de bois qu'on me présenta de leur part. Il est vrai que ce présent fut remplacé par une grâce hors de prix, puisqu'ils fondèrent par un contrat authentique une messe pour moi sur l'autel du Saint-Sépulcre tous les vendredis de la semaine, à perpétuité, les autres jours étant remplis par les têtes couronnées, ce que je ne rapporte ici que comme un témoignage que je crois leur devoir, et pour faire voir à Votre Majesté jusqu'où va leur reconnoissance pour Elle, puisqu'ils l'étendent même sur les personnes qui ne sont que les instrumens dont Elle se sert pour leur faire sentir sa royale protection.

Ils ont toujours été depuis et sont encore en possession du dépôt sacré que Votre Majesté leur a procuré. Ce qui reste à faire pour eux est de presser l'exécution du commandement que j'ai obtenu pour la réparation du dôme de Jérusalem. Quoique cet édifice, que nos Religieux soutenoient menacer ruine, puisse encore se maintenir quelques années, s'il ne survient des pluies extraordinaires, je crus cependant devoir déférer à leurs pressantes instances, parce qu'il étoit universellement répandu en Turquie, après la paix de Carlowits, que le grand Seigneur vouloit nous ôter les Saints Lieux et que rien ne me paroissoit plus propre qu'une semblable permission pour détruire un tel bruit et pour connoître les intentions secrètes du vizir, lequel, en effet, m'accorda le commandement que je demandois, m'assurant, en cette occasion, qu'il se garderoit bien de prendre jamais sur cela aucune résolution qui pût déplaire à Votre Majesté. Cependant l'exécution de ce commandement fut suspendue sur divers prétextes, mais en effet, pour flatter le Czar de quelques fausses espérances, jusques à ce que la paix fût conclue avec lui. Or, cet obstacle ayant cessé, et la paix des Moscovites étant conclue sans qu'on ait osé toucher aux titres de nos Religieux Latins, il me paroît qu'il est temps à présent de presser l'ouvrage, tant parce que tous les préparatifs sont faits et que les bois pour la charpente sont transportés, lesquels pourroient dépérir par le temps, qu'à cause des aumônes considérables qu'ils ont reçues de Votre Majesté et d'autres princes chrétiens et qui seroient peut-être diverties à des usages moins importants, si on ne les employoit promptement à leur destination.

Les autres missionnaires ont toujours joui de la protection de Votre Majesté dans toutes les occasions où ils y ont eu recours à moi. Le Pape d'aujourd'hui m'a honoré d'un de ses brefs à ce sujet pour me marquer sa gratitude et sa bienveillance paternelle. Et si quelques Récolets sans aveu ont été assez téméraires pour se plaindre à M. le cardinal de Bouillon que j'ai refusé de les servir, le dédit par écrit que ceux de Péra (sous le nom desquels la plainte avoit été formée) ont envoyé à Rome et la satisfaction que cette Cour m'en a faite, m'ont vengé glorieusement de cette imposture. Car quant à ce qui regarde les Récolets de Smyrne, je leur avois offert, pour le rétablissement de leur église brûlée, tous les commandemens qu'ils pouvoient raisonnablement exiger. Cependant, ils m'en demandèrent un nouveau, directement contraire aux lois de l'empire Ottoman, savoir de pouvoir rebâtir leur église dans un autre endroit de la ville, et en avoir deux au lieu d'une, afin sans doute, que mon refus servît de prétexte à l'envie qu'ils avoient de passer sous la protection de l'ambassadeur d'Hollande, ce qu'ils firent bientôt après, non pas dans l'espérance d'obtenir rien de plus par lui que par moi (puisque M. Collier ne leur a fait avoir que le même commandement que je leur avois offert), mais pour flatter les Hollandois, de qui ils recevoient des aumônes considérables, et parce qu'ils avoient été fondés par un homme de cette nation. D'où il est aisé de conclure que si les Récolets de Smyrne se sont plaints que je leur ai refusé la protection de Votre Majesté, ce n'est que pour excuser à Rome leur désertion, que je m'étois plaint le premier, et pour cacher le sordide intérêt qui les avoit porté à embrasser la protection d'un hérétique.

Je n'ai donc rien à me reprocher à leur égard ni à l'égard des autres missionnaires. La seule affaire pendant onze ans de service, où mon zèle à exécuter les ordres de Votre Majesté a trouvé de l'impossibilité, est le rétablissement d'une église catholique dans l'île de Scio. J'ai rendu, dans plusieurs occasions, un compte exact des obstacles invincibles qui s'y sont rencontrés, et je n'en reparlerai ici que parce que les mêmes obstacles subsistent encore. Je crois devoir représenter à Votre Majesté qu'il ne faut pas tenter à présent de les surmonter. Je veux dire la toute-puissance du mufti d'aujourd'hui sur l'esprit du grand Seigneur, sa haine personnelle contre nos missionnaires et le prétexte trop légitime que les catholiques lui ont fourni de se venger, en livrant l'île de Scio aux Vénitiens.

Pour mettre Votre Majesté en état de juger d'une seule vue de toute cette affaire, je la reprendrai d'un peu plus haut, mais le plus succinctement qu'il me sera possible.

En 1690, j'obtins un commandement si avantageux en faveur de nos missionnaires d'Erzerum que je crus devoir les avertir (en le leur envoyant), de n'en pas triompher, parce qu'outrepassant nos capitulations, il seroit aisé à leurs ennemis de le faire révoquer. Mais se laissant emporter par leur zèle, ils se servirent de ce commandement pour catéchiser publiquement les enfans des Arméniens schismatiques, s'attirèrent des violences de la part de leurs parens et menacèrent même le cadi du lieu qui s'opposoit à leurs entreprises, fondé sur ce que leur commandement avoit été surpris et protestant qu'il en auroit raison.

Ce cadi est le même mufti d'aujourd'hui ; il avoit été précepteur de sultan Mustafa, et lorsqu'on déposa sultan Méhémed son père, il fut compris dans la disgrâce de cette maison ; mais comme on ne fait pas mourir les gens de loi, on se contenta de le reléguer à Erzerum, où il a fait les fonctions de cadi jusqu'en 1694, que sultan Mustafa, son disciple, étant monté sur le trône, n'eut rien de plus pressé que de le rappeler auprès de lui pour le mettre à la tête des gens de loi. Votre Majesté jugera sans doute qu'il ne pouvoit rien m'arriver de plus fâcheux par rapport aux intérêts de nos missionnaires, et qu'il ne manquoit à cet ennemi si puissant qu'une occasion de se venger. Elle se présenta telle qu'il la pouvoit désirer. Les Turcs venoient de reprendre Scio sur les Vénitiens et avoient fait des perquisitions pour connoître les coupables de la précédente révolte. Les Sciottes Grecs en rejetèrent le crime sur l'évêque et les autres sujets catholiques de la même île qui y avoient appelé les Vénitiens, se plaignant surtout que la permission qu'avoient nos missionnaires d'attirer les Grecs dans la religion du Pape les mettoit hors d'état de répondre de la fidélité de leurs familles. Il n'en fallut pas davantage aux Turcs pour punir de mort tous les catholiques qui se trouvèrent convaincus d'avoir livré l'île de Scio aux ennemis, pour y interdire notre religion et chasser surtout nos Religieux, et pour confisquer nos églises par droit de conquête, comme ils confisquèrent, aussi par le même droit, leurs propres mosquées, avec cette différence que celles-ci ont eu permission de se racheter.

Mais ce n'étoit pas assez pour le ressentiment du mufti ; il fit encore publier un catchérif qui réduisoit nos missionnaires à n'instruire que les Latins, traitant les commandemens que j'avois obtenus de passe droits, et de tolérances dont nos missionnaires s'étoient rendus prodigues par l'abus qu'ils en avoient fait contre la fidélité due au souverain, et me parlant surtout avec aigreur de celui que j'avois obtenu pour ceux d'Erzerum.

Votre Majesté a pu connoître par mes lettres que je n'ai rien oublié pour faire changer ce nouvel édit et pour obtenir une église dans Scio, mais elle voit aussi si j'y pouvois réussir ayant en tête un ennemi si accrédité, si bien secondé par les conjonctures, et qui se servoit même contre moi de nos capitulations, lesquelles ne permettent en effet à nos missionnaires que d'instruire les Latins, et encore supposé qu'ils s'y comportent selon leur devoir.

Je souhaiterois, Sire, que mon successeur fût plus heureux dans cette affaire que je ne l'ai été, mais comme je ne l'espère pas tant que ce mufti régnera, je crois que jusques à sa mort Votre Majesté doit surseoir toute instance à ce sujet, pour ne pas accoutumer la Porte à des refus réitérés.

Outre le mufti, j'ai trouvé en cette occasion et en toutes les autres un ennemi déclaré dans la personne de Maurocordato. C'est un homme de beaucoup d'esprit, d'un caractère souple et insinuant, qui, par le don des langues qu'il possède, a mérité la charge de premier interprète de la Porte, et qui a depuis augmenté encore de considération par les services qu'il a rendus dans la négociation de la paix dont il étoit chargé, en reconnaissance desquels la Porte l'a honoré du titre de conseiller d'État de l'Empire, malgré le christianisme dont il fait profession. Il est né dans l'île de Scio et dans la religion grecque, et il fut ensuite élevé en Italie dans la religion catholique; mais à son retour, il rentra dans le schisme et devint le protecteur de l'Église grecque dont il a le titre de chef pour les affaires temporelles. Je n'avois donc que trop de sujet de me défier de lui, et, en effet, il s'est toujours servi habilement contre nous des connoissances qu'il avoit acquises dans ses voyages, prenant soin d'instruire la Porte du rang que le Pape tient en chrétienté, de la part que ce chef de l'Eglise a dans toutes les guerres que les princes chrétiens font aux Turcs, enfin de l'obéissance que nos missionnaires lui rendent, en sorte qu'il n'a pas manqué, surtout dans l'affaire de Scio, de les représenter comme sujets d'un Prince qui est l'ennemi éternel des musulmans. Et au lieu qu'auparavant les Turcs ne faisoient nulle différence entre leurs sujets soumis au Pape et leurs sujets schismatiques, leur accordant successivement aux uns et aux autres les mêmes églises parce qu'il leur importoit peu de qui ils reçussent de l'argent; aujourd'hui, les premiers (depuis les mauvais offices que Maurocordato leur a rendus), sont considérés comme des sujets dont il faut se défier toutes les fois que la Porte sera attaquée par un prince de la communion du Pape.

Ces raisons m'ont toujours obligé d'éloigner Maurocordato de la connoissance des affaires, quelque flatterie dont il se soit servi pour y entrer; et quoiqu'il fût en possession d'assister aux audiences des ambassadeurs et d'interpréter leurs discours au vizir, j'ai été le premier qui n'ait jamais souffert qu'il interprétât les miens, et je me suis toujours servi de mes drogmans, même en sa présence. Mais je découvrois toujours qu'il semoit sous main des difficultés dans tout ce que j'entreprenois, et ce seroit encore un nouvel obstacle à surmonter dans la demande de l'église de Scio.

Je ne m'étendrai pas davantage sur le caractère de ce premier drogman, non plus que sur celui du vizir et du mufti d'aujourd'hui, parce que ce que j'en ai dit ci-dessus me paroit suffisant pour une Cour aussi changeante qu'est celle de la Porte.

Il ne me reste donc qu'à parler du commerce. Je serois trop long si je voulois rapporter tous les avantages dont les sujets de Votre Majesté ont joui depuis onze ans. Je dirai seulement, en général, que les Turcs n'ont jamais rien entrepris contre eux que la Porte ne m'en ait fait une prompte satisfaction.

Enfin, Sire, j'ai tenu la main si scrupuleusement à l'exécution de l'ordre que Votre Majesté me donna en partant, d'empêcher qu'aucun de mes domestiques ne se mêlât du commerce, que messieurs les maire et échevins de Marseille ne crurent pouvoir suffisamment me marquer sur cela les obligations qu'ils avoient à Votre Majesté, par une réception glorieuse qu'ils m'avoient préparée dans leur ville et qu'ils vinrent même jusqu'à Toulon pour me féliciter sur mon retour.

Mais, Sire, la plus grande gloire que je pouvois me proposer dans mes services est l'approbation dont Votre Majesté a bien voulu honorer ma conduite dans la plupart de ses réponses, et j'aurai éternellement gravées dans le cœur ces paroles que j'ai entendues à mon retour de sa bouche royale, qu'Elle ne pouvoit être plus satisfaite qu'Elle l'étoit de la manière dont j'avois exécuté ses ordres pendant les onze ans de mon ambassade.

J'en attendrai les marques avec soumission et je dirai sans impatience que les récompenses que j'ambitionne le plus sont des occasions de la servir encore et de justifier, par de nouvelles preuves de mon zèle et de ma fidélité, la confiance dont Elle a daigné m'honorer.

Mémoire de M. de Ferriol pour rendre compte de son ambassade (10 août 1711).

Pour donner une juste idée des affaires du roi à la Porte ottomane, autant qu'il est possible de le faire dans un mémoire qui n'ennuie pas, je traiterai ici des matières le plus succinctement que je pourrai, sans pourtant la rendre obscure ni omettre aucune des circonstances que je croirai intéresser le service de Sa Majesté ou le bien de ses sujets.

Je parlerai, pour le dessein, de la politique, de la religion et du commerce qui sont les trois points principaux qui méritent l'attention d'un ambassadeur, et, reprenant les choses du jour de ma nomination à l'ambassade et de mon arrivée à Constantinople, je les conduirai jusqu'à mon départ et à la fin de mes négociations.

Sa Majesté me fit l'honneur de me nommer son ambassadeur à la Porte, le 6 décembre 1698. J'avois déjà fait par son ordre sept campagnes en Hongrie ; les quatre premières avec le grand vizir de sultan Mustapha. L'objet de ma mission étoit de traverser les intrigues de nos ennemis qui avoient envoyé sur les frontières Milord Harford Paget et M. Hemskerke en qualité d'ambassadeurs pour faire à la Porte des propositions de paix qui n'eurent aucun effet, par les justes mesures que je pris pour les faire échouer.

Je partis de Paris le 10 juin 1699, et je m'embarquai à Toulon, le 28 juillet, sur les vaisseaux du Roi, le Bizarre et l'Assuré, qui étoient destinés pour me porter à Constantinople. Je passai par Malte et je visitai les Échelles de l'Archipel où je rétablis l'ordre et le repos qui avoient été troublés pendant la guerre, et par la division de notre nation assez fréquente dans les pays étrangers. J'entrai dans le port de Constantinople, le 12 décembre, et le 25, je pris ma première audience du grand vizir Hussein pacha, de la maison des Kuprulis, qui venoit de donner la paix à l'Empire par le traité de Carlowitz. Celle du grand Seigneur fut au cinquième janvier 1700. Sa Majesté fut informée de ce qui se passa dans cette occasion par les longues dépêches que j'eus alors l'honneur de lui écrire et de la difficulté qu'on y fit de m'admettre à l'audience avec l'épée, de même que de la fermeté avec laquelle je puis dire que je soutins une affaire aussi délicate et importante dans un temps où les Turcs, après avoir terminé avec honneur une guerre malheureuse qui menaçoit leurs États d'Europe d'une ruine entière, sembloient en avoir repris leur esprit de grandeur et de fierté.

Cet incident ne m'empêcha pas de prendre le gouvernement des affaires et de les traiter avec succès. Si d'une part, j'étois fâché qu'il me fût arrivé, les Turcs de l'autre, ne l'étoient pas moins par la confiance et la considération que je m'étois acquises pendant le cours de mes premières missions et par l'empressement qu'ils avoient fait paroître et le désir de vivre avec moi dans une intelligence qui resserrât davantage les nœuds de l'amitié qui est entre les deux empires depuis près de deux siècles.

Tout se passa suivant mes souhaits, tant pour ce qui a regardé nos traités que pour les grâces particulières que je demandai, et si quelque nuage vint parfois obscurcir les beaux jours, on le vit bientôt se dissiper. Il est vrai que je trouvai dans la personne du grand vizir un grand fond d'équité et de modération et qu'il ne démentit en rien l'estime et la considération que les Kuprulis ont toujours témoignées pour la France.

La plus grande partie de nos missions fut rétablie; on vit fleurir le commerce dans toutes les Échelles du Levant et on ne nous offensa nulle part impunément. L'exemple du pacha de Gaza en fut une preuve, la Porte lui ayant fait couper la tête sur mes plaintes pour avoir maltraité un de nos marchands et lui avoir pris quatre cents écus qui lui furent restitués sur les équipages du mort et sur ses biens de Naplouse, et préférablement aux dettes qu'il avoit contractées et aux droits du grand Seigneur à qui tous les effets des proscrits demeurent confisqués.

Le grand vizir chercha même des expédiens qui accommodassent l'affaire de l'épée, mais il n'y eut point d'alternative qui convint à la dignité de l'ambassadeur du roi et à la fierté des Ottomans, bien éloignés d'avouer que l'épée eût été laissée à M. de Castagnère et qu'il l'eût même portée à l'audience du grand Seigneur, ainsi qu'il l'avoit écrit à Sa Majesté. C'étoit cependant sur ce principe que je m'étois obstiné à ne pas quitter la mienne, pour ne perdre aucun des privilèges dont mes prédécesseurs disoient avoir joui suivant les ordres exprès que Sa Majesté m'en avoit donné par mes instructions, de sorte que la prétention de l'épée et celle du cafetan doublé de martres zibelines comme il avoit été donné au comte d'Hotinguen, ambassadeur extraordinaire de l'Empereur pour la consommation du traité de paix de Carlowitz, et mon inférieur à la Porte, l'ambassadeur de France y ayant le premier rang sur tous les ambassadeurs des princes chrétiens, ont demeuré indécises jusqu'à la fin de mon ambassade.

Le grand Seigneur partit pour Andrinople le 1er mars 1701 et laissa à Constantinople tous les ambassadeurs qui furent obligés d'envoyer un interprète à la suite de la Cour pour traiter leurs affaires. Je choisis le sieur Santon pour cet emploi, et lorsqu'il survenoit quelque chose d'importance, je la confiois au sieur Blondel de Jouvancourt, chancelier, qui faisoit les voyages d'Andrinople et qui s'est toujours acquitté de ses devoirs avec beaucoup de capacité et de succès.

Hussein pacha, grand vizir, fut déposé au mois de juin 1702, après avoir gouverné l'empire pendant cinq ans avec tant de noblesse qu'on a dit que le vizirat étoit mort avec lui, et le grand Seigneur le relégua à Sataldgi, une de ses maisons de campagne où il mourut peu de jours après. Daltaban pacha de Babilone fut mis à sa place; ce dernier ne dura que deux mois et fut étranglé par ordre du grand Seigneur sur les instances du moufty Fesoulla Effendy, qui l'avoit fait grand vizir et qui trouvoit à redire à ce qu'il ne voulut pas lui donner la part qu'il désiroit dans le gouvernement. Ramy pacha succéda à Daltaban pacha; il étoit de l'ordre des effendis et l'homme de l'Empire le plus éclairé; il ne put cependant pas parer le coup qui renversa sa fortune et qui fit perdre l'Empire à son maître. Ce fut cette grande révolution où sultan Mustapha fut déposé et son frère, sultan Ahmet, à présent régnant mis sur le trône. Cet évènement n'est pas de mon sujet; je dirai seulement que jamais affaire de cette conséquence ne fut conduite avec plus d'ordre, dans une ville toute soulevée où il y a un peuple infini; que tout l'Empire se déclara pour la capitale et suivit ses mouvements et que les troupes que sultan Mustapha avoit assemblées à Andrinople l'abandonnèrent à la première vue de leurs confrères qui venoient de Constantinople et se rangèrent de leur parti.

Sultan Ahmet se rendit à Constantinople le 22 septembre 1702 pour s'y faire couronner et pour complaire au peuple, dont le principal mécontentement contre Sultan Mustapha venoit de son absence de la capitale dans un temps de paix, et du pouvoir absolu qu'il avoit donné au moufty Fezoulla Effendy qui avoit à son précepteur et qui disposoit à son profit de tous les emplois de l'Empire et de toutes les grâces. Il fut mis en pièces par les conjurés et ses deux fils aînés subirent une mort honteuse. Pour sultan Mustapha, il fut conduit à Constantinople et renfermé dans le sérail où il mourut de tristesse six mois après.

Nos affaires ne souffrirent point par tous ces changemens et le succès en fut encore plus heureux sous le ministère d'Assan pacha, beau-frère du grand Seigneur, qui venoit de succéder à Ahmet pacha qui avoit succédé à Ramy pacha. Mais comme la Porte est le théâtre de l'inconstance, le mérite d'Assan pacha et son alliance avec le grand Seigneur ne lui furent que d'un foible secours et son règne ne dura qu'un an. Il fut exilé à Nicomédie où la sultane son épouse le suivit. Il est présentement pacha de Tripoly de Syrie Calaïlicos, pacha de Candie, que le grand Seigneur avoit fait venir secrètement à la Porte, prit sa place. C'étoit un homme d'un caractère violent et sa nouvelle dignité avoit achevé de lui gâter l'esprit. Il me fit une querelle le lendemain de son élévation au vizirat au sujet de l'illumination que j'avois faite dans le palais de France, à la fête que je donnois pour la naissance de Mgr le duc de Bretagne, qu'il prétendit me faire éteindre, disant que tout Constantinople paraissoit en feu. J'eus beau lui représenter que le grand Seigneur m'avoit donné permission de faire cette illumination par un catcherif qu'il trouveroit écrit dans les registres de l'Empire, rien ne put l'arrêter et je fus obligé d'opposer la force à la force. C'eût été une honte pour la France de céder dans cette occasion. Peu s'en fallut que nous n'en vinssions aux mains; ma fermeté l'emporta, il se rendit au conseil de ses confidens et mon illumination subsista. Il devint mon ami dans la suite et je le regrettai lorsqu'il fut déposé. Cependant, j'eus lieu de m'en consoler par le choix que Sa Hautesse fit de Baltadgy Méhémet pacha pour remplir sa place. C'est celui de quatorze grands vizirs que j'ai vus dans l'Empire Ottoman qui m'a donné plus de marques d'amitié et de distinction. C'est le même d'aujourd'hui à qui le grand Seigneur a confié pour la seconde fois le gouvernement de son Empire. Il ne demeura pour lors dans sa dignité que dix-sept mois et il eut pour successeur Gin Aly pacha, si fameux par sa tyrannie. Pour bien dépeindre le caractère de ce dernier, je dirai que c'étoit un tissu de toutes les bonnes et mauvaises qualités qu'on pourroit trouver dans plusieurs sujets différens. Son esprit étoit supérieur à celui de la plupart des hommes, sa pénétration surprenante dans toutes les affaires qu'on peut dire qu'il dévoroit; il étoit attentif à tout et savoit flatter son maître dans tous ses faibles, ne songeant qu'à l'entretenir dans les plaisirs et dans l'amour des richesses et à remplir ses coffres pour lui en donner plus de goût. Les espions qu'il faisoit déguiser en cent manières l'instruisoient de tout ce qui se passoit à Constantinople et le mettoient par là en état de couper racine à toutes les cabales; enfin on l'eût regardé pour un grand ministre si ses défauts n'avoient surpassé ses talens. Il étoit tyran à l'excès et se plaisoit dans le sang. C'est lui qui a fait mourir le reste des officiers de la vieille guerre et une infinité d'autres. C'étoit un crime de lui donner le moindre ombrage. Il regardoit tous les hommes au-dessous de lui et traitait d'imbéciles ceux qui avoient fait des capitulations avec les nations étrangères, disant qu'il mettroit l'Empire sur un pied à n'avoir rien à craindre que de la main de Dieu. Il s'attachoit à insulter les ambassadeurs et ceux qui plioient devant lui et qui avoient quelques complaisances pour ses caprices étoient toujours les plus maltraités; enfin il n'épargnoit personne et n'avoit de ménagement que pour les gens de guerre qu'il faisoit payer très régulièrement pour s'en faire un appui contre ses ennemis. Il eut plusieurs démêlés avec le roi de Suède, et l'on a découvert après sa déposition par les lettres qu'il avoit écrites à Issouf pacha, séraskier de Silistrie, et qui faisoit sa résidence à Bender auprès du roi de Suède, qu'il lui avoit ordonné d'empoisonner ce prince, ce qui a fait la disgrâce de ce pacha pour n'avoir pas révélé ce secret dans le temps.

Comme Aly pacha n'avoit jamais fait la guerre et qu'il se sentoit peu propre pour le métier, qu'il craignoit que son incapacité ne parût dans le commandement des armées et que le grand Seigneur ne le rendît garant des évènements, il ne respiroit que la paix. C'est ce qui redoubloit encore sa haine contre le roi de Suède qu'il regardoit comme un obstacle à ses desseins et comme un prince qui ne cherchoit qu'à troubler le repos de l'Empire. Il s'imaginoit que c'étoit un chef-d'œuvre de le maintenir tranquille, tandis que les princes chrétiens se déchiroient par une cruelle guerre et, préférant ses intérêts à ceux de l'Empire, il se flattoit qu'il lui seroit plus aisé de se conserver dans sa dignité au mileu de la paix que dans une guerre douteuse où les grands vizirs se trouvent souvent la victime des mauvais succès. Les brouilleries avec le roi de Suède redoublèrent par le refus que fit ce prince d'accepter quelques chevaux qu'il avoit joints à un présent considérable que Sa Hautesse avoit envoyé à Sa Majesté Suédoise. La raison de ce refus étoit fondée sur un nouveau sujet de mécontentement que le vizir venoit de donner au roi de Suède, ayant mis son envoyé aux arrêts dans sa maison pour quelques esclaves suédois qu'il y avoit réfugiés, au lieu de s'en plaindre au roi, lequel étant sur les lieux auroit pu lui faire justice de son ministre, s'il étoit tombé dans quelque faute. Enfin, soit que la tyrannie d'Aly le rendît insupportable et que par sa cruauté la main de Dieu se fût appesantie sur lui, soit que le grand Seigneur en fût dégoûté et que, ses coffres pleins, il voulût le sacrifier au public, ou que le roi de Suède eût découvert et prouvé ses intrigues avec le Czar dont il avoit reçu des sommes immenses, qu'on fait remonter à six millions, pour assurer une paix qu'il désiroit lui-même avec tant d'ardeur, il fut déposé le 15 juin 1710, après un ministère de quatre ans et deux mois. On le promena de prison en prison et je l'ai laissé dans le mois de mai dernier au château de Mételin, à la sortie des Dardanelles. Le grand Seigneur lui a fait rendre compte de son administration et on avoit tiré de lui deux mille bourses avant mon départ. L'opinion commmune est que le grand Seigneur le fera mourir après lui avoir fait donner tout son argent qu'il avoit pris soin d'enterrer. Sa cruauté étoit venue à tel excès qu'il avoit fait mourir dans les tourmens Ramy pacha, le grand vizir dont j'ai parlé, et fait appliquer à une rude question Cara Méhémet pacha, à présent séraskier à Bender, dont il est demeuré estropié, ayant eu tous les os déplacés et le visage tourné du côté des épaules.

Numan pacha, fils de ce Kupruly qui fut tué à la bataille de Salankemen, succéda à Aly pacha; son désintéressement dans les divers emplois qu'il avoit auparavant occupés lui avoit acquis une grande réputation parmi les Turcs, qui étoit encore fortifiée par l'estime où est sa maison dans l'empire Ottoman, et on s'attendoit à voir un long règne plein de justice et de douceur. Mais les plus clairvoyants en jugèrent autrement et dirent, sur ses premières démarches, qu'il étoit plus propre pour être moufty que grand vizir; que la politique ne s'accordoit point avec ses scrupules; qu'un premier ministre, chargé des affaires qui intéressent le repos d'un grand Empire, devoit moins s'attacher à la loi et que son règne seroit de peu de durée. En effet, il ne fut que de soixante jours; on fit entendre au grand Seigneur que son père ayant fait déposer Sultan Méhémet, père de Sa Hautesse, il devoit tout craindre d'un pareil vizir, et que, recherchant comme il faisoit les suffrages des gens de loi tout-puissants sur le peuple, il ne pouvoit avoir que des desseins pernicieux. Le grand Seigneur le renvoya à Négrepont, d'où il étoit venu pour épouser la nièce de Sa Hautesse et, voulant rappeler au ministère Bataldgy Méhémet pacha qui commandoit à Alep et qui avoit été envoyé contre les Arabes, il dépêcha son grand écuyer pour lui en porter la nouvelle et pour l'amener à Constantinople, ce qui ne put se faire que dans l'espace de six semaines, pendant lequel temps il y eut à la Porte une espèce d'interrègne. Cependant Soliman pacha, vizir dévoué, que le grand Seigneur venoit de faire caïmacam, régloit une partie des affaires. Ce fut alors que M. Tolstoy, ambassadeur du czar, profitant de la faiblesse et de l'avarice de ce ministre, en obtint, à force d'argent, la première audience, usurpant le rang sur les autres ambassadeurs, ce qui m'empêcha de voir Soliman pacha, et mon exemple fut suivi de tous les ministres étrangers. M. Tolstoy, enflé de ce succès et plus encore des victoires de son maître et s'appuyant sur le crédit du grand chancelier et des autres ministres de la Porte qu'il avoit corrompus par ses présens, se vanta hautement qu'il emporteroit la préséance sur moi auprès du grand vizir et que pour y réussir, il employeroit l'activité, la finesse, l'argent et au besoin les menaces. Ce discours m'eût pu embarrasser s'il eût été question d'en venir aux voies de fait ; mais comme c'étoit une affaire de négociation, que la Porte venoit d'accorder tout nouvellement au grand duc de Moscovie la qualité de czar qui répond à celle de César et que les émissaires de M. Tolstoy mettoient tout en œuvre pour lui procurer cette préséance, je crus qu'il falloit prévenir le vizir qui ne pouvoit pas oublier le rang qu'il m'avoit autrefois donné lui-même. Je pris donc le parti d'envoyer le sieur Fornetti, un de mes drogmans, à sa rencontre jusqu'à Nicomédie avec un mémoire instructif de mes prétentions dont j'ai eu l'honneur d'envoyer la copie à Sa Majesté. Le grand vizir, après en avoir fait la lecture, dit au S' Fornetti de s'en retourner à Constantinople et que je fusse tranquille. A peine fut-il arrivé, qu'il déclara que la préséance m'étoit due, et pour rendre cette décision plus authentique, il la fit passer par le divan et m'admit le lendemain à son audience pour faire cesser toutes sortes de brigues. Jamais la Porte ne m'a fait tant de caresses que ce jour-là, par l'estime que les Turcs ont pour la France et par la haine qu'ils portent aux Moscovites.

Le grand vizir ayant donné les premiers jours aux affaires qui ne pouvoient souffrir de retardement, parla au grand Seigneur de celle du roi de Suède et des progrès du czar, disant qu'il étoit de l'intérêt de l'Empereur d'en arrêter le cours. En effet, la Porte n'avoit-elle pas tout à craindre d'un voisin qui venoit de soumettre toute la Livonie, qui s'étoit rendu le maître de la Pologne où il avoit fait rentrer le roi Auguste et qui tenoit les frontières turques assiégées, ayant même fait passer ses troupes en Valachie et en Moldavie contre toute sorte de droit, pour y dissiper le reste des Suédois qui avoient échappé de la journée de Poltowa.

Sur les représentations du grand vizir, Sa Hautesse convoqua un divan général où les grands de l'Empire et les anciens de tous les corps furent appelés pour décider si l'on devoit déclarer la guerre au czar et si les infractions qu'il avoit faites au traité de Carlowitz n'en donnoient pas de justes motifs. La guerre fut résolue tout d'une voix ; plusieurs trouvèrent même à redire qu'on ne l'eût pas déclarée trois ans auparavant, dans le temps que les troupes du roi de Suède étoient toutes entières et que le prince Racoszy étoit en état de s'opposer à la diversion que l'Empereur auroit pu faire en Hongrie en faveur du czar, suivant leurs traités. Le roi de Suède faisoit présenter tous les jours des mémoires à la Porte par ses envoyés pour l'exciter à cette guerre.

Le kan des Tartares qui avoit été appelé à Constantinople pour assister au divan, acheva d'y déterminer le grand Seigneur, promettant à Sa Hautesse de garder les frontières jusqu'à ce que la Porte pût y envoyer des forces suffisantes pour les mettre hors d'insulte. Les Tartares, accoutumés au butin, étoient trop fatigués d'une longue paix pendant laquelle ils avoient perdu une partie de leurs esclaves, sans pouvoir en faire d'autres, pour ne pas désirer un renouvellement de la guerre. Elle fut déclarée le 22 novembre et l'ambassadeur du czar mis aux Sept-Tours le 29. Cependant le manifeste du grand Seigneur ne parut que quelque temps après. Les Suédois, ravis de cette déclaration, ne laissèrent pas de condamner les Turcs de l'avoir faite avec quelque précipitation avant que leurs frontières fussent garnies, ne les croyant pas bien sûres à la garde des Tartares.

On peut dire que le roi de Suède est venu à ses fins par la patience et qu'il a vu les Turcs se déclarer contre le czar sans les en avoir sollicités, ayant toujours été aussi fier à Bender qu'à la tête de ses armées, et n'ayant jamais demandé au grand Seigneur que de le remettre dans son pays. Le czar consentoit du temps d'Aly pacha qu'il passât à travers la Pologne pour se rendre en Poméranie, avec une escorte de cinq à six mille Turcs à l'exclusion des Tartares, disant qu'ils ne manqueroient pas de faire des esclaves et du dégât en Pologne, et il offroit pour garant de sa parole un écrit de sa main et son ambassadeur à la Porte ; le roi de Suède indigné regarda comme une injure qu'on osât lui proposer de pareilles cautions pour équivalent de sa personne et, se récriant contre l'infidélité du czar qui prétendoit disposer de la Pologne comme de son patrimoine, il fit dire à la Porte que le grand Seigneur n'avoit qu'à déclarer s'il lui donneroit les troupes nécessaires pour sa sûreté et convenables à son rang ou qu'il prendroit son parti. Il refusa pareillement les offres de l'Empereur qui lui donnoit passage par ses pays héréditaires, comptant qu'à la dernière extrémité, il pourroit s'embarquer sur les vaisseaux de guerre du roi, qui venoient fréquemment en Levant pour la traite des bleds. J'en avois offert six à Sa Majesté suédoise, immédiatement après sa retraite à Bender, et un million pour son passage en France ou pour laisser à ses troupes, persuadé que je serois approuvé de Sa Majesté et que je ne pouvois engager le roi de Suède dans nos intérêts par un service plus signalé. Mais ce prince avoit cru devoir attendre l'effet des paroles du grand Seigneur, ne désespérant pas que son intérêt ne le portât à une diversion comme elle vient d'arriver.

Enfin, la guerre déclarée sur de bons et solides principes qui intéressent également la Porte et les Tartares et sur les infractions du czar au traité de Carlowitz et au droit des gens, le grand Seigneur donna ordre par un catchérif à tous les pachas, zaïms et troupes nationales, de se rendre à Bender au mois de juin et au grand vizir d'y marcher en personne et d'y envoyer en diligence un corps de vingt mille hommes de vieilles troupes avec le canon et les munitions de bouche et de guerre nécessaires pour la défense de cette place, et il enjoignit au kan des Tartares de tenir la campagne avec ses hordes pour veiller sur les desseins du czar et de faire des courses dans son pays dès que les rivières seroient gelées. Cependant le grand vizir ordonna la levée d'un bon nombre de Janissaires, de Gebegis et de Tobgis. On ne pourra faire une plus grande diligence pour assembler toutes les troupes sur la frontière de Moldavie. Si l'on considère le temps qu'il faut pour les relever et pour les conduire de l'extrémité de l'empire jusqu'à Bender, on dira peut-être que les Turcs manquent de généraux et de discipline et que les Moscovites s'étant aguerris avec les Suédois, on ne peut rien espérer de cette guerre. Je vous dirai que les Turcs ont toujours méprisé les Moscovites; qu'ils valent, du moins, autant qu'eux et leur cavalerie est infiniment au dessus de la moscovite et qu'il leur sont de beaucoup supérieurs en nombre, qu'il semble même qu'ils ont pris une nouvelle audace par leur jonction avec le roi de Suède qu'ils regardent comme un héros. Enfin le sort des armes décidera pour l'un ou l'autre parti, mais il est de l'intérêt de Sa Majesté que cette guerre s'allume de plus en plus. Si cette diversion se fait loin de nous, elle est près de nos ennemis et l'on ne peut douter que la Porte ne soit constante dans sa résolution, le grand vizir ayant dit publiquement qu'elle seroit ferme et inébranlable comme une muraille, quand tous ses ennemis de la dernière guerre devroient se réunir contre elle.

Pour moi, mon unique but a été de tirer les Turcs de leur assoupissement et de faire connoître au roi de Suède ses véritables amis et les distinguer de ceux qui, ne l'étant qu'en apparence, ont favorisé le czar dans toutes les occasions. J'ai eu, avant mon départ, la satisfaction de voir l'un et l'autre; les Turcs en guerre et le roi de Suède me prier, par sa lettre du quatrième janvier dernier, d'assurer Sa Majesté de la parfaite estime et amitié qu'il lui porte et du désir qu'il a de pouvoir lui en donner des preuves certaines. Ces termes sont assez significatifs de la part d'un prince assez réservé dans ses paroles; son séjour de deux ans à Bender lui a encore donné le temps de la réflexion sur sa conduite passée et s'il retourne à la tête de ses armées, comme il a tout lieu d'espérer, on le verra périr ou faire quelque chose de grand.

Rien ne prouve davantage la nécessité où étoient les Turcs de faire la guerre et leur désir de la bien faire que leurs grands préparatifs. Ils n'en ont pas fait de semblables depuis le siège de Vienne; leur armée de terre sera au moins de cent cinquante mille hommes, sans compter les Tartares, l'armée navale de près de quatre cents voiles avec quarante mille hommes de débarquement. Ce n'est plus comme dans la dernière guerre où l'on prenoit toutes sortes de gens pour janissaires. Je les ai vu choisir à Constantinople et renvoyer ceux qui manquoient de taille ou de mine ou qui n'étoient pas instruits au maniement des armes.

L'intention des Turcs pour cette campagne est de remettre le roi de Suède à la tête de son armée de Poméranie et de reprendre s'il est possible Azac, place importante sur le Tanaïs, par l'entrée qu'elle donne dans les Palus méotides, ou d'attaquer les forts du Borysthène et la nouvelle forteresse de Kaminka. Cette place causeroit tôt ou tard la perte des Tartares, n'étant qu'à vingt lieues de la Porte-Or, qui est à l'isthme de la Crimée.

Pour le roi de Suède, son dessein est de rentrer en Saxe, étant très irrité contre le roi Auguste, et de demander raison aux princes médiateurs et garants du traité de Rastat, d'avoir été les premiers à le reconnaître, quand il est retourné en Pologne après son abdication.

Enfin, je ne vois rien qui marque davantage l'ardeur des Turcs pour cette guerre que leurs libéralités envers le roi de Suède et les dépenses qu'ils ont faites pour les équipages d'une partie des généraux suédois. Les Turcs, accoutumés à recevoir, ne mettent pas la main à la bourse sans y aller de bonne foi, mais les dépenses à part et le manifeste du grand Seigneur qui rapporte toutes les infractions du czar au dernier traité qui feroient la matière d'une grande guerre, l'emprisonnement de son ambassadeur aux Sept-Tours et la parole du grand Seigneur au roi de Suède de le remettre dans ses États ou à la tête de ses armées, Sa Hautesse pouvoit-elle se dispenser de faire la guerre, le czar menaçant son Empire d'une invasion et faisant ouvertement toutes sortes de dispositions pour conduire ce projet à sa fin, de sorte que, dans cette conjoncture, la guerre n'étoit pas devenue moins nécessaire à l'empire Ottoman que la paix l'étoit au traité de Carlowitz, après quinze années d'une guerre malheureuse.

A l'égard des affaires de Hongrie que j'ai si longtemps soutenues, soit par le nombre d'officiers que j'y ai fait passer, soit par les avances que j'ai faites au prince Rakoszy dans ses besoins ou par le crédit que j'ai donné à ses envoyés à la Porte et dont on a vu la décadence dès que j'ai été rappelé de l'ambassade, on peut dire que c'étoit une diversion très utile à la France qui occupoit vingt mille hommes des meilleures troupes de l'Empereur et qui lui coûtoit huit à dix millions par an, n'étant pas même en sureté hors des portes de sa capitale, et une partie de ses pays héréditaires payant la contribution ; au lieu que cette guerre finie, il n'aura plus rien à craindre et qu'il tirera de la Hongrie et de la Transilvanie autant d'hommes et d'argent qu'il en falloit pour y faire la guerre.

J'ai vu la naissance de ces affaires qui ont commencé en 1676. C'est moi qui en ai rendu compte jusqu'à la paix de Nimègue et je puis produire des lettres interceptées du prince Montecuculi, président du conseil de guerre, au général Leslé qui commandoit l'armée de l'Empereur en Hongrie, par lesquelles il lui disoit que s'il ne pouvoit pas arrêter les courses des Hongrois et terminer cette guerre, il mettroit l'empereur dans la nécessité de faire la paix avec la France. Comparons présentement les temps. Le prince Tekely n'avoit alors que dix à douze mille hommes et n'occupoit que la plus petite partie de la Haute-Hongrie, et le prince Rakoszy l'a occupée presque entière des deux côtés du Danube et l'on a vu jusqu'à quatre-vingt mille hommes sous ses étendards, ne manquant d'ailleurs ni de courage ni des autres qualités nécessaires pour un général et pour un chef de parti, de sorte que s'il a eu le malheur de succomber, on ne peut en attribuer la faute qu'à ceux qui ont préféré leur intérêt particulier au bien public.

De quelle utilité cette diversion ne seroit-elle pas dans la conjoncture présente. Ce que les Hongrois faisoient de mauvais étoit contre eux et tout ce qu'ils faisoient de bon tournoit à notre profit. Il falloit les flatter et les laisser combattre à leur manière, selon l'ancien usage de leurs pères, ne se point obstiner à les réduire à une discipline dont ils n'étoient pas capables et ne considérer que l'embarras où cette guerre jetoit l'Empereur et le profit que la France pouvoit en retirer; en user autrement, c'étoit ne pas connoître le génie de la nation, les intérêts du prince Ragoszy et ceux de Sa Majesté. J'ai vu avec douleur tomber le parti qu'on avoit formé et soutenu avec tant de peine et de dépense dans le temps qu'on devoit en espérer un plus grand avantage.

Je passerai présentement au caractère du grand Seigneur, du grand vizir et des principaux officiers de la Porte et je finirai par la religion et le commerce.

Le grand Seigneur est un prince âgé de quarante deux

ans, d'une taille un peu au-dessus de la médiocre. Il a de beaux traits, le teint assez blanc, la barbe noire et bien fournie et un air de grandeur. Son tempérament le porte au plaisir et à l'amour des richesses. Il entre souvent dans le détail des affaires de son Empire et souvent, il marche déguisé par la ville pour entendre ce qu'on dit de lui et pour voir si les choses se passent dans l'ordre. Comme il n'a point encore fait la guerre, il seroit difficile de juger de son courage; peut-être aussi n'a-t-il amassé tant de richesses que pour se mettre en état de la faire et de réparer les pertes passées. On doute qu'il aille en personne commander ses armées, de crainte d'un soulèvement dans la capitale pendant son absence, n'étant pas aimé de ses sujets, et sultan Ibrahim, son cousin germain, fils de sultan Ahmet, qui est un prince de grande espérance, âgé de dix-neuf ans, et que les Turcs regardent comme le légitime héritier de l'Empire, ayant le cœur des grands et du peuple, l'opinion générale étant que Sultan Méhémet, père de l'empereur régnant, étoit un enfant supposé qu'une sultane favorite du sultan Ibrahim avoit introduit dans le sérail.

Le grand vizir se nomme Bataldgy Méhémet pacha. Il a été élevé dans le sérail où il a passé par la plupart des charges, avant d'en sortir. Il fut fait capitaine pacha en 1704 et quelque temps après grand vizir. Après sa déposition, le grand Seigneur le fit successivement pacha d'Erzeroum, de Chio et d'Alep d'où Sa Hautesse l'a rappelé pour lui rendre le sceau de l'Empire qu'il a plutôt pris par obéissance que par ambition. Il est d'une grande douceur et on ne l'a point vu jusqu'ici tremper ses mains dans le sang de personne. Il a de l'esprit, du bon sens et de l'expérience dans le gouvernement, mais il n'en a aucune dans le métier de la guerre et l'on doit présumer qu'il sera embarassé du commandement d'une grande armée. Son kiaya, homme de tête, pourra le soulager. Son premier dessein étoit de le laisser caïmacam à Constantinople, mais il a cru dans la suite qu'il lui seroit plus utile en campagne. Il y avoit à mon départ de Constantinople une forte brigue au dedans du sérail contre le grand vizir, et ses partisans craignoient qu'il ne fût pas de durée. Nous étions liés ensemble d'amitié autant qu'il peut y en avoir entre deux hommes d'une religion si différente. Il ne me souvient pas qu'il m'ait jamais rien refusé de tout ce que je lui ai demandé et il m'a envoyé jusqu'à Smirne, après mon départ de Constantinople, quelques esclaves que j'avois désirés.

Osman aga, kiaya du grand vizir, a de l'esprit infiniment, il est capable de gouverner et de commander, actif et décisif, ayant le fonds de toutes les qualités qui peuvent faire un grand ministre.

Le Selictar pacha, vizir à trois queues, gendre du grand Seigneur, ayant épousé sa fille à l'âge de quatre ans, est le favori de Sa Hautesse. Il s'éloigne des emplois autant qu'il peut pour vivre en repos et pour n'être pas responsable des évènements. Les grands vizirs lui font la cour et s'il étoit dans les charges, il seroit obligé de la leur faire. C'est pourquoi il abdiqua l'emploi de caïmacan au mois d'avril dernier, que le grand vizir avoit obligé le grand Seigneur de lui donner, lorsqu'il alla à Andrinople pour y assembler l'armée. Le Selictar pacha n'a pas plus de trente-deux ans. Il est fier et avare et peu instruit dans les affaires, étant sorti nouvellement du sérail.

Le moufty, le grand chancelier, le Capitan pacha et le janissaire aga sont des sujets assez médiocres et d'un mérite peu distingué. Le janissaire aga est estimé dans son corps et on le dit plein de valeur.

Le kan des Tartares se nomme Dewlet Guiray kan, fils aîné de sultan Selim, illustre par ses victoires, qui avoit été trois fois kan et qui est mort sur le trône. Dewlet kan est un prince aimé des Tartares et qui aime la guerre. Il fut déposé il y a six ans, et relégué à Rhodes pour avoir voulu y exciter les Turcs trop vivement ; Gazy kan, son frère, lui succéda et Caplan kan succéda à Gazy kan qui mourut de la peste à Djinguène Sérai. Il y a deux ans que le grand

Seigneur a remis sur le trône Dewlet Guiray kan. Les princes tartares sont héritiers présomptifs de l'Empire au défaut des princes Ottomans.

Après avoir dépeint le caractère des grands, je crois qu'il est à propos de décrire l'esprit de la cour ottomane. En général, l'inconstance y est si naturelle, qu'on peut dire que c'est le théâtre de la fortune où l'on voit presque tous les jours paroître de nouveaux acteurs. Ceux qui ont joué les plus grands rôles tombent souvent dans le néant, et la jalousie y règne si fort qu'il ne songent tous qu'à se déplacer et à se détruire, n'ayant pour objet que la première dignité, sans considérer les périls qui l'environnent. C'est le changement continuel des ministre qui a empêché la réforme d'une infinité d'abus qui se sont glissés dans le gouvernement. Il est même arrivé que quelques pachas, qui ont voulu se distinguer par leur zèle ou par une plus exacte observation des canons de l'Empire, ont péri par l'ombrage qu'ils ont donné aux grands vizirs, ou par les cabales de leurs camarades qui trouvoient leur compte dans le désordre. On verra, dans le renouvellement de la guerre, si les Turcs liés avec les Suédois prendront d'autres maximes. On peut toujours assurer que l'empire ne manque ni d'hommes ni d'argent ; que l'abondance est si grande dans les provinces que les Turcs ne se sont peut-être jamais vus plus en état de faire la guerre.

Avant que d'en venir à la religion et au commerce, je ne puis passer sous silence l'article des bleds et des esclaves. J'ai fait charger avec commandement du grand Seigneur, dans ses ports et à Constantinople même, dans le temps de la dernière disette qui affligeoit tout le royaume, plus de mille bâtiments de bled, ce qui remit l'abondance dans nos provinces maritimes et la fit remonter jusque dans nos places et nos armées de Flandre et, afin que tout le bénéfice en demeurât au public, je fis taxer les bleds par le grand vizir à un prix fort bas et je pris sur moi tous les frais des commandements et les dépenses que je fus obligé de faire à l'arrivée des vaisseaux de guerre de Sa Majesté à Constantinople ; mon désintéressement dans cette occasion est connu de toute la terre, ne m'étant réservé que la seule gloire de ce secours. Les ambassadeurs des nations étrangères n'en usèrent pas de même ; ils avoient demandé à mon exemple quelques commandements qu'on n'avoit pu honnêtement leur refuser et ils les ont mis à leur profit, les vendant bien cher à leur propre nation.

Pour les esclaves françois, j'en ai retiré environ deux mille que j'ai renvoyés en France, et plus de quatre mille François déserteurs du service de l'Empereur ou des Vénitiens qui couroient risque de se perdre, et la plupart ont été embarqués à mes dépens.

La religion n'a jamais été plus tranquille dans l'empire Ottoman, et les missionnaires n'ont jamais fait leurs fonctions avec plus de liberté. Il s'est élevé quelques fois des persécutions qui ont toujours été suscitées par les patriarches grecs et arméniens, dont on a bientôt vu la fin. Le grand vizir d'aujourd'hui vouloit, en dernier lieu, que les catholiques de Chio demandassent le rétablissement de leurs églises, ayant connu la perfidie des Grecs dans le temps qu'il commandoit dans l'île, et les catholiques l'auroient fait volontiers sans la crainte d'un changement de vizir où les Grecs, trouvant de l'accès auprès du nouveau ministre, les auroient persécutés plus que jamais, et ils se sont réduits à demander seulement le libre exercice de leur rite. Ce fut là mon sentiment jusqu'à ce que Sa Majesté, libre de la guerre qui l'occupe, puisse leur procurer de plus grands avantages.

J'ai rétabli toutes les autres missions que les missionnaires ont voulu relever, comme celle d'Erserum, de Van et de Bassora et j'ai fondé, sous les auspices de Sa Majesté, celles de Macédoine et de Crimée que j'ai remises entre les mains des révérends Pères Jésuites, les ayant reconnus dans toutes occasions pour les sujets zélés et les plus propres, non seulement à faire la mission, mais encore à bien élever la jeunesse et il seroit à désirer que les enfants de langues de Constantinople fussent sous leur discipline.

La mission de Crimée, la plus belle et la plus utile qui soit en Levant, va s'étendre encore davantage par le nombre d'esclaves de toutes les nations que les Tartares ne manqueront pas d'y amener. Le révérend père du Ban, avant mon départ, avait déjà fait des missions volantes à Guslo, Carasou et Caffa, faisant sa résidence ordinaire à Baczy-Séray, capitale de la Crimée, avec les deux compagnons qu'on lui a donnés. Les kans des Tartares les ont toujours protégés à ma recommandation et le dernier leur a permis d'acheter une maison à Baczy-Séray où ils doivent faire une chapelle. Rien n'est plus glorieux à Sa Majesté et ne lui attirera davantage les bénédictions du ciel, que la protection qu'Elle donne à la religion et aux missions dans les pays infidèles.

Les galeries des Saints Lieux qui entourent la voûte du Saint Sépulcre étant tombées l'année passée, je n'attendois, pour demander au grand vizir un commandement pour les faire réparer, que l'*hoget* du cady de Jérusalem et des puissances du pays, lorsque j'ai remis à M. des Alleurs le gouvernement des affaires par ordre de Sa Majesté, bien assuré que le vizir ne m'auroit pas refusé le commandement qui doit être à l'exclusion des Grecs. Autrement, ce seroit les mettre en droit de rentrer un jour dans les Saints Lieux.

Le seul commerce demanderoit un mémoire dix fois plus étendu que celui-ci. J'en ferai un séparé si Sa Majesté me l'ordonne. Je dirai seulement qu'il a un peu souffert dans cette guerre par le grand nombre de prises que les ennemis nous ont faites, et qu'il eût été avantageux pour la nation que les Turcs eussent vu, plus souvent, dans leurs murs quelques vaisseaux de guerre de Sa Majesté. Malgré nos pertes, nous n'avons pas laissé de ruiner en Levant le commerce de drap des Hollandois, et l'on ruineroit encore celui des Anglois, si nos manufactures pouvoient parvenir à faire aussi bien qu'eux les draps grossiers, nommés communément les draps de Londres. Notre commerce dans toutes les Echelles peut aller à près de vingt millions par an.

A l'égard de la tranquillité, je crois l'avoir laissée parmi la nation et j'ajouterai que je n'ai jamais permis aux pachas, douaniers et autres puissances d'enfreindre nos capitulations, ni de faire avec impunité aucune avanie à nos marchands, ni au moindre de nos protégés. Cependant, comme plusieurs articles de nos capitulations sont obscurs et qu'il arrive souvent aux Turcs de les interpréter comme il leur plaît, je suis persuadé qu'il seroit de l'intérêt du commerce de les renouveler, après que Sa Majesté aura terminé cette guerre par une heureuse paix.

Mémoire du marquis de Bonnac, ci-devant ambassadeur du Roi a la Porte Ottomane, pour lui rendre compte de ce qui s'est passé de plus considérable dans son ambassade et des dispositions actuelles de cette cour.

Sire,

J'ai l'honneur de présenter à Votre Majesté, suivant l'usage, la relation de ce qui s'est passé de plus considérable à Constantinople pendant les huit ans que j'y ai demeuré par vos ordres. Quoique cette ambassade soit la plus éloignée et qu'elle ait été souvent regardée comme peu importante, j'espère que Votre Majesté jugera, après la lecture de ce mémoire, que les affaires qui s'y traitent ne laissent pas de pouvoir contribuer beaucoup à la gloire de son nom, au bien de ses sujets et au maintien de la réputation de ses affaires.

C'est, Sire, de cet emploi que j'ai occupé pendant près de neuf ans dont j'ai à lui rendre compte aujourd'hui, c'est un talent que Votre Majesté a confié à ma fidélité et ayant usé de toute mon industrie dans le temps que je l'ai rempli par vos ordres pour le faire valoir, je ne craindrai pas, en me présentant devant Elle, de lui rapporter ce qui s'est passé pendant mon ambassade, rapport qui lui prouvera mon zèle et ma fidélité plutôt que les autres qualités qu'un si grand poste demande et dont je reconnois être entièrement dépourvu.

M. des Alleurs qui l'occupoit du tems du feu roi, accablé d'âge et d'infirmités, ayant demandé à se retirer, Sa Majesté me désigna pour lui succéder dans le tems que j'étois encore employé par ses ordres auprès du roi d'Espagne, et me destina à cet honneur que je reçus comme un témoignage de sa satisfaction et, par conséquent, comme une récompense des services que j'avois essayé de Lui rendre à Madrid.

Mon départ ayant été différé pendant plus de deux ans, Votre Majesté voulut bien confirmer le choix du roi son aïeul et me fit partir, au mois de juin 1716, pour Constantinople. Elle me chargea en même tems des trois grands intérêts que la France a toujours eu à ménager à la Porte Ottomane, c'est-à-dire de la protection de la religion et des Saints Lieux de Jérusalem, de celle du commerce que ses sujets font dans les États du grand Seigneur, enfin du rapport que peuvent avoir avec les intérêts généraux de l'Europe et particulièrement avec ceux de Votre Majesté le mouvement ou l'inaction d'une puissance aussi considérable que celle des Turcs. J'ai rendu, Sire, jusqu'à mon départ de Constantinople, un compte fidèle et circonstancié à Votre Majesté et à ses ministres de tout ce qui s'est passé sur ces trois grands intérêts. Mais, Votre Majesté ayant eu agréable de me rappeler, je dois, conformément à mes instructions Lui faire un rapport fidèle et abrégé de l'état où je laisse les choses de la constitution actuelle de ce gouvernement et enfin de la disposition de ses intérêts et de ses affaires.

Quand je partis du royaume, le gouvernement de cet empire étoit entre les mains de Djin Aly pacha, grand vizir, en même temps gendre et favori du grand Seigneur. C'étoit un homme de beaucoup d'esprit, mais élevé dans l'orgueil du sérail. Il ne connoissoit de grandeur que celle de son maître; méprisoit tous les autres et, par superstition ou par sentiment, témoignoit dans toute sa conduite l'horreur qu'il avoit pour la religion chrétienne. Il étoit absolument le maître de l'esprit du grand Seigneur qui, porté naturellement à la cruauté et à l'avarice, suivoit aveuglément les mouvements d'un ministre qui ne respiroit que le sang et le carnage. Aussi, dans les premières années de son ministère, le prince et le favori s'immolèrent pour ainsi dire mutuellement les plus considérables personnages de cet empire. Le vizir cherchoit à assurer sa fortune et sa faveur en faisant couper la tête à tous ceux qui lui donnoient de l'ombrage, ou par leur mérite, ou par leur réputation, et le prince dont l'avarice trouvoit à se satisfaire dans la dépouille de ceux qu'il abandonnoit à son favori, donnoit les mains à tout.

Aly Pacha, pour porter au dehors la terreur qu'il avoit imprimée au dedans, attaqua sous d'assez légers prétextes les Vénitiens et leur enleva, dans une campagne, le royaume de Morée dont la conquête leur avoit coûté près de vingt années. Ce succès augmenta son orgueil et le rendit plus cruel. Il se baigna pour ainsi dire dans le sang des peuples qu'il avoit conquis et continua, avec plus de rage, à sacrifier à sa haine et à son ambition les meilleures têtes de l'empire Ottoman. Une conduite si violente faisoit trembler avec raison tout ce qu'il y avoit d'étrangers à Constantinople et il y avoit tout lieu de craindre que, si ce ministre eût été aussi heureux en Hongrie qu'il l'avoit été en Morée, il n'exécutât le dessein qu'il avoit formé de détruire la religion chrétienne dans les États du grand Seigneur et qu'il ne chassât tous les étrangers. Mais ayant été tué dans la bataille de Petrivaradin, cette nouvelle fit respirer tout le monde. Je l'appris à mon passage à Smyrne et je ne fus pas plutôt arrivé à Constantinople, que je m'aperçus du changement que la mort de ce vizir apportait dans l'esprit des Turcs, tant par rapport à leurs desseins contre la chrétienté que par rapport aux ménagemens pour les étrangers et le commerce dans leurs Etats.

Si Aly pacha eût été victorieux, et qu'il eût survécu à sa victoire, il auroit peut-être été aussi difficile de résister aux

Turcs au dehors que de contenir ce ministre au dedans. La perte de la bataille de Petrivaradin et le siège de Temiswar dont elle fut suivie, changèrent absolument ces dispositions. Les Turcs qui faisoient tout trembler, tremblèrent à leur tour, et les nouveaux ministres crurent que le moyen de faire aimer le nouveau gouvernement étoit de tenir une conduite toute contraire à celle qu'il avoit tenue. Il ne convenoit point, et il ne conviendra jamais aux intérêts de Votre Majesté, que les Turcs fassent de trop grands progrès contre les chrétiens, mais le bien de son service demandoit, pour lors, que la guerre qu'ils avoient commencée, ne finît pas sitôt. Voyant donc nos ecclésiastiques et nos marchands rassurés, je m'attachai à relever le courage des ministres de la Porte qui étoit absolument abattu et je contribuai, peut être en quelque chose, à leur faire hasarder une seconde campagne. Pour les y déterminer, je me servis de deux moyens : le premier de renouer quelque commerce entre eux et le roi de Suède, et s'il avoit été à portée ou dans la volonté d'entreprendre, sous quelque prétexte que ce fût, une diversion, j'avois déterminé les ministres de la Porte à lui fournir en argent les secours dont il auroit eu besoin. Le second moyen fut de détacher les Vénitiens de l'Empereur par une paix particulière.

Pour acheminer la première de ces vues, les ministres de la Porte écrivirent au roi de Suède par mon canal et ils me prièrent de sonder les Vénitiens sur la seconde. Je fis passer leur lettre au roi de Suède et je pris les mesures convenables pour insinuer aux Vénitiens les dispositions où étoient les Turcs, Votre Majesté ayant bien voulu s'en remettre à ma conduite pour l'usage que j'en pourrois faire; mais je n'ai pu savoir seulement si la lettre du grand Seigneur au roi de Suède lui avoit été rendue et les Turcs mêmes ne m'en ont point demandé des nouvelles, ni de ce qu'on avoit répondu à leur lettre, ni de la manière dont les Vénitiens avoient pris leurs insinuations pour une paix séparée, car à mesure que la campagne approchoit, sentant le mauvais état de leurs forces et la supériorité des Impériaux, ils commencèrent à entrer en négociation avec eux par le moyen de l'ambassadeur d'Angleterre. Cette négociation, menée d'abord trop froidement de part et d'autre et embarrassée par mes insinuations, donna lieu à l'ouverture de la campagne qui fut suivie de la défaite des Turcs devant Belgrade et ensuite de la reddition de cette place même. Ces événemens jetèrent les Turcs dans une consternation inexprimable. Le grand vizir fut déposé et Méhémet, présentement pacha du Caire, fut mis à sa place.

La faveur d'Ibrahim, caïmacan de l'étrier et maintenant grand vizir, commença pour lors à éclater et comme c'est ce ministre avec lequel je commençai dès lors à traiter et avec lequel j'ai toujours traité depuis, il me paroît nécessaire de faire connoître sa fortune et son caractère à Votre Majesté. Il est né auprès de Césarée en Cappadoce, de parens assez obscurs. La vivacité de son esprit et son habileté à écrire (talent si rare et si estimé chez les Turcs que, parmi les louanges que l'on donne au grand Seigneur régnant, celle de meilleur écrivain de son empire n'est pas une des moindres), lui fit obtenir, après divers petits emplois, celui de secrétaire du Kislar aga, chef des eunuques noirs qui gouverne l'intérieur du sérail. Il gagna absolument la faveur de son maître et s'insinua dans ses secrets, jusques là qu'on m'a assuré qu'il entretenoit une correspondance avec le sultan Ahmed régnant, dans le temps qu'il étoit enfermé, selon l'usage des princes Ottomans, pendant le règne de sultan Mustapha son frère. On prétend même qu'il contribua beaucoup par ses intrigues à la déposition de ce prince, et que c'est le premier fondement de la faveur dont sultan Ahmed l'a honoré constamment depuis. Ce qu'il y a de sûr est que cette faveur étoit si grande que, malgré la médiocrité de son premier poste, il gouvernoit cet empire par ses conseils et par ses intrigues. Aly pacha, élevé comme lui dans le sérail, ne l'ignoroit pas ; il vouloit le sacrifier à sa jalousie, et Ibrahim pacha m'a dit lui-même qu'il étoit dans la liste des quatre-vingts personnes à qui ce grand vizir avoit résolu de faire couper la tête à son retour de la campagne de Petrivaradin. Dès qu'il eut appris sa mort, il commença à agir avec la confiance que donne la faveur quand elle n'a plus rien à craindre. Il pouvoit, dès lors, se faire donner la place de grand vizir, mais connaissant les dangers attachés à cette place, il attendit que la paix fut quasi certaine pour se charger de ce poste.

Il le fit d'abord donner à Kalil pacha, bostandji bachi, et après la déposition de celui-ci, à Méhémed-Nichandji-bachi son ami et son compatriote ; mais leur laissant l'éclat extérieur aussi bien que les dangers d'une place sujette à tant de revers, il s'en conserva toute l'autorité en demeurant auprès de la personne du grand Seigneur sous le titre de caïmacam de l'étrier, c'est-à-dire lieutenant du grand vizir auprès du sultan. Ibrahim pacha occupoit ce poste quand j'arrivai à Andrinople pour y prendre mes audiences publiques. Je reconnus, et il ne laissa pas ignorer lui-même, qu'il disposait de tout et qu'il ne falloit parler d'affaires au grand vizir que pour la forme. Je m'attachai donc particulièrement à cultiver son amitié et à profiter de la douceur et de la facilité de son esprit. Méhémed pacha ne demeura grand vizir qu'autant de temps qu'il en falloit à Ibrahim pacha pour engager, avec quelqu'espérance de succès, une négociation publique de paix avec les Impériaux. Dès qu'il vit quelque apparence de conclure, il le fit déposer et se fit déclarer grand vizir. Il trouva l'Empire dans un abattement et dans un désordre qui autorisaient en quelque sorte la paix honteuse qu'il falloit conclure. Aly pacha avoit fait couper la tête à presque tout ce qu'il y avoit de gens de conseil et de généraux expérimentés. La milice, dépourvue de bons chefs, n'alloit à la guerre qu'en tremblant, et cette timidité avoit passé jusque dans la Cour du Prince qui, n'étant pas naturellement belliqueux, étoit dans des frayeurs continuelles de voir, pour ainsi dire, les Allemands à ses portes et il est sûr que si, dans ces circonstances, l'Empereur eût continué la guerre encore une campagne, il auroit chassé les Turcs de Constantinople. Mais le grand vizir, informé de la division du conseil de l'Empereur et de l'inclination de ce prince, en profita habilement et, acceptant toutes les conditions qu'on lui proposa, assura une paix véritablement honteuse, mais qui étoit devenue absolument nécessaire. Il ne feignit point de s'en expliquer ouvertement avec moi dans la visite que je lui rendis à Andrinople sous ses tentes. « Comment, me dit-il, faire la guerre avec les troupes que vous voyez, dans un temps que tout nous abandonne et que la France, dont nous pouvions espérer tôt ou tard la diversion, fait la guerre contre l'Espagne pour l'Empereur ? Aly pacha, continua-t-il, a détruit cet Empire. Il me faut du temps et du repos pour le rétablir ; nous songerons ensuite à reprendre ce que nous allons abandonner. La France reviendra aussi à ses anciennes maximes et reconnoîtra combien l'abaissement de cet empire pourroit lui devenir contraire, et votre jeune roi, dont on dit déjà des merveilles, pensera comme son aïeul. Pour lors, dit-il, il verra que nous n'avons que les mêmes ennemis, que leur agrandissement nous est également pernicieux et qu'il faut toujours que l'un des deux ou tous les deux ensemble, travaillent conjointement ou séparément pour le prévenir ou pour l'arrêter ». Je convins avec lui de cette vérité et je pris occasion de lui parler de la réparation de la grande voûte du Saint-Sépulcre de Jérusalem, dont je l'avois déjà entretenu, et, le prenant par son propre intérêt, je lui dis que je savois que les Impériaux devoient en parler au traité de paix, et qu'il n'y avoit pas pour lui d'autre moyen de le refuser honnêtement que de dire qu'il l'avoit déjà accordé à Votre Majesté. J'ajoutai que s'il ne prenoit pas ce parti, il mettoit entre les mains des Allemands une occasion perpétuelle de rupture et les rendroit pour ainsi dire maîtres de la paix et de la guerre ; que les affaires de Jérusalem devenant un article de paix, les Allemands n'en parleroient plus comme nous, avec amitié, mais qu'ils feroient la loi avec la hauteur qui leur étoit naturelle ; que c'étoit à lui à considérer ces inconvénients et à donner à l'amitié de la France ce qu'il ne pouvoit pas refuser à la supériorité des Allemands. Il convint de cette vérité, me promit qu'il finiroit cette affaire à son retour et véritablement, il m'a tenu parole depuis, avec des particularités remarquables. La première est que cette affaire fut finie dans le temps que l'ambassadeur extraordinaire de l'Empereur étoit à Constantinople et sous ses yeux. La seconde, qu'afin que personne ne pût douter en Europe que la chrétienté devoit cette consolation aux soins et à la protection de Votre Majesté, il lui fit envoyer une ambassade solennelle, uniquement pour l'informer que la réparation qu'Elle désiroit avoit été heureusement terminée selon ses souhaits.

Cette affaire, si digne de la piété des rois très chrétiens, avoit fait l'objet des désirs du feu roi votre aïeul. Ses ambassadeurs l'avoient sollicitée pendant trente ans. Je fus chargé de continuer cette sollicitation avec des précautions qui me donnoient peu d'espérance. Et véritablement, la jalousie et les artifices des Grecs, la superstition et l'avarice des Turcs, et si je l'ose dire, la politique des Religieux mêmes de Terre Sainte rendoient cette affaire très difficile; pendant que je travaillois à calmer les premiers et à m'assurer des autres par toutes les voies qu'on peut mettre en usage, ceux-ci firent venir une lettre de Rome de la congrégation de *propaganda fide*, par laquelle j'étois formellement prié de suspendre mes démarches pour cette affaire. Mais encouragé plutôt que rebuté par tant d'obstacles, je les surmontai tous. L'affaire fut consommée tranquillement et si le grand Seigneur écrivit à Votre Majesté pour lui en donner part, le Pape le fit de son côté pour témoigner sa joie de l'heureux succès d'une si sainte et si nécessaire entreprise.

Toutes ces choses s'étant passées pendant les premières années de la minorité de Votre Majesté, je ne suis pas surpris si j'ai été privé de la consolation que m'auroit donnée l'approbation de Votre Majesté, sur la conduite que j'avois tenue. J'en dressai pour lors un mémoire circonstancié et je me flatte que si Votre Majesté veut bien se le faire représenter, Elle trouvera que je n'ai rien fait en cette occasion qui n'allât à la gloire de notre sainte religion et à la réputation de son heureux règne.

Il se passa, presque en même temps, une chose particulière et que Votre Majesté trouvera peut-être digne de lui être rapportée. Il n'y a pas de solennité plus remarquable parmi les Turcs que les fêtes qu'ils font lors de la circoncision de leurs enfants. Les grands seigneurs surtout se distinguent dans ces occasions. Ils donnent part de cette cérémonie à tous les princes de leur religion. Ils y invitent tous les grands et tous les ordres de l'Empire jusques aux corps des métiers, et font des réjouissances qui durent ordinairement quinze jours. Dans le temps que Méhémet Efendi partit pour venir apprendre à Votre Majesté que la réparation de la voûte du Saint Sépulcre avait été exécutée suivant ses désirs, le grand Seigneur fit circoncire les trois ainés des princes ses enfants et les fêtes se firent sous les tentes hors de Constantinople, à la place appelée Okmeïdan. Il y a avoit déjà dix jours qu'elles duroient, sans que les ministres de la Porte eussent fait rien dire aux ministres étrangers résidant à Constantinople. Mais ce jour là, le kiaya du grand vizir nous envoya un aga pour nous dire que le grand Seigneur était surpris que, voyant que tout l'Empire lui faisoit des présents, nous ne lui eussions encore envoyé les nôtres. La proposition me parut extraordinaire et je répondis froidement que, quand j'étois à la cour d'un prince, je me faisois une loi d'ignorer les choses même publiques qui s'y passoient, lorsqu'il ne m'en faisoit pas donner avis; qu'ainsi, ne voulant pas savoir le sujet des réjouissances publiques qu'on ne m'avoit pas communiqué, j'aurois cru qu'il y auroit eu de la témérité à penser à faire des présents au grand Seigneur : que je savois, à la vérité, que l'usage général dans l'empire Ottoman étoit que les personnes, invitées à un mariage ou à une fête de la nature de celle ci, étoient obligées d'y assister et d'y faire des présents lors même qu'elles ne pouvoient pas s'y trouver, de sorte que si le grand vizir m'invitoit dans les formes aux divertissements publics qui précédoient la circoncision des princes, je m'y rendrois si cela étoit possible et se trouvoit convenable, ou que, ne le pouvant pas, je le prierois de faire agréer mes présents au grand Seigneur; mais que, sans invitation formelle, je me garderois bien de le faire. Cette réponse, qui fut rapportée au kiaya et qui lui fut confirmée de mon ordre par les drogmans de Votre Majesté, parut d'abord blesser la fierté de ce ministre. Mais l'ayant rapportée au grand vizir, celui-ci trouva que j'avois raison et me fit inviter à ces fêtes de même que les autres ambassadeurs, avec tant d'attention pour la préséance que le jour qu'on m'avoit donné ayant été orageux, il me donna le lendemain qui avoit été déjà assigné à l'ambassadeur d'Angleterre.

Peu de temps après, je me trouvai chargé d'une affaire qui ne laissoit pas d'avoir ses difficultés. L'Empereur ayant refusé de faire dans ses Etats des recrues pour les housards de Votre Majesté, on imagina d'en faire faire en Turquie, parmi les Hongrois qui s'y étoient réfugiés et je fus chargé de faciliter cette levée. La première proposition surprit les ministres de la Porte. Ils la prirent même au point d'honneur, prétendant qu'il seroit honteux à leur Empire de laisser sortir de ses États des étrangers qui y étoient venus chercher leur sûreté et la subsistance, pour l'aller chercher chez d'autres princes. Mais, après avoir adouci ces préventions, je n'eus pas de peine à les faire entrer dans les expédients propres à faciliter cette levée qui eut tout le succès qu'on s'étoit promis. Exemple qui, quoique médiocre, pourroit avoir un jour son utilité.

Je m'étois adressé ouvertement, quoiqu'avec ménagement, aux ministres de la Porte, pour venir à bout de cette affaire. Je pris une autre méthode, sur la fin de mon ambassade, pour en achever une autre qui étoit plus importante et plus difficile, puisqu'elle regardoit la religion. Les religieux de Saint François, anciens curés de Galata, avoient été violemment dépossédés par les Turcs, il y a près de quarante ans, d'une belle église qu'ils avoient sous le nom de Saint-Antoine. Ils avoient été obligés, après ce malheur, de se réfugier dans une petite maison contiguë à la première porte du Palais et dont le jardin s'étendoit jusqu'à la seconde : cela faisait une avenue si étroite pour l'entrée du Palais qu'à peine un cheval chargé pouvoit-il y passer : elle étoit d'ailleurs si roide qu'un cavalier n'y pourroit descendre qu'avec danger. Les précédents ambassadeurs avoient fait inutilement diverses tentatives pour élargir cette avenue et pour faire bâtir une chapelle convenable aux pères de Saint François, qui ne pouvoient dire la messe que dans une simple chambre qui même tomboit en ruine comme toute leur maison. Je profitai du temps des conférences pour faire bâtir une chapelle et une maison convenable aux pères de Saint François et, en même temps, pour élargir et adoucir l'avenue du Palais et y faire une entrée assez large, en plaçant sur la porte les armes de Votre Majesté, ce qui étoit convenable et n'avoit jamais été pratiqué. Je ne fis point de demande formelle là-dessus, de peur d'être refusé ; mais je pris mon temps, dans les conférences, pour prévenir les commissaires sur les ouvrages que je voulois entreprendre, et cela me réussit si bien qu'il furent perfectionnés dans trois mois, sans que j'y trouvasse aucun obstacle de la part des Turcs.

Il étoit arrivé auparavant un soulèvement fâcheux à Tripoli de Syrie ; la maison du consul fut forcée et pillée par la populace, de même que celle de deux marchands françois. La perte fut estimée à près de quarante mille écus. Ce qu'il y avoit de plus fâcheux dans cette affaire, c'étoit les préventions qu'on avoit jetées dans l'esprit du grand vizir contre le consul. On l'avoit représenté à ce ministre comme la cause de tout ce désordre et il demandoit qu'il fût révoqué et cassé.

Il fallut appaiser ce premier feu et répondre aux plaintes portées contre le consul, avant d'en venir à celles que nous aurions à faire nous-mêmes. Je pris mon temps de manière que je fis l'un et l'autre, c'est-à-dire que je justifiai pleinement le consul et que j'engageai le grand vizir à donner des ordres sévères pour la restitution du dommage causé aux François, ce qui fut exécuté dans la suite, d'une manière très capable de contenir les peuples et de servir d'exemple à l'avenir, car, jusques là, il n'y en avoit eu aucun de cette nature.

Je dirai, Sire, à cette occasion à Votre Majesté, que ses sujets qui s'appliquent au commerce du Levant y font le plus grand et le plus utile commerce de son royaume; que les manufactures et autres marchandises qu'ils y portent tous les ans vont à près de quinze millions; qu'ils retirent pour cette valeur, des États du grand Seigneur, des denrées et des marchandises utiles et nécessaires au royaume et qui entrent dans les assortiments dont ils ont besoin pour le négoce qu'ils font dans les autres pays de la chrétienté, enfin que ce commerce occupe près de quatre cents bâtiments. Mais, comme j'ai dressé un mémoire exprès sur ce sujet, que Votre Majesté ne trouvera peut-être pas indigne de paroître un jour devant ses yeux, je me bornerai, en attendant, à lui dire ici que ses sujets négocient dans le Levant à des conditions plus favorables que dans aucun autre pays du monde; que les Turcs sont, en général, assez disposés à observer les capitulations et qu'ils se portent volontiers à distinguer les François des autres nations chrétiennes qui abordent dans leurs États. Mais le fondement des capitulations est si faible qu'il faut le ménager avec adresse et avec beaucoup de circonspection. Djin Aly pacha, dont j'ai parlé au commencement de ce mémoire, avoit reconnu cette vérité et s'il avoit encore gouverné deux ou trois ans, il auroit annulé les capitulations auxquelles il avoit déjà donné diverses atteintes. Ma première occupation fut de les rétablir, ce que je fis en obtenant divers commandements qui remirent les choses sur l'ancien pied, et continuant mes soins et mon application à favoriser le commerce, j'ai eu la satisfaction de le voir augmenter dans toutes les Échelles pendant les premières années de mon ambassade. La peste survenue à Marseille a troublé véritablement ce progrès, mais les choses reviennent sur le premier pied. Le commerce de l'huile et du blé, si nécessaire au royaume et précédemment défendu même par les capitulations, est devenu libre au moyen d'une imposition, ce qui peut servir d'exemple pour le café, qui est à présent la seule denrée prohibée. Vos sujets sont tranquilles et protégés dans toutes les Échelles, et j'ose assurer Votre Majesté que si leur commerce est réglé et encouragé au dedans comme il est soutenu au dehors, il ira tous les jours en augmentant, fortifiera leur industrie, portera l'abondance dans le royaume et ne contribuera pas peu à le faire monter à cet état florissant où nous espérons le voir sous le règne de Votre Majesté.

Il ne restoit pour augmenter la réputation de son nom dans l'Orient, qu'une occasion de faire voir que Votre Majesté, même sans offenser la fausse délicatesse des princes chrétiens et sans leur causer aucun sujet de jalousie, peut donner à cet empire des marques publiques du cas qu'elle fait de son amitié. Elle s'est présentée d'elle-même, et je crus devoir prendre sur moi d'en faire usage avant que d'avoir reçu des ordres, témérité qui a été excusée par l'approbation dont Votre Majesté a bien voulu honorer le succès qu'elle a eu. A peine les Moscovites et les Turcs avoient-ils conclu un traité de paix perpétuelle où les intérêts généraux de votre royaume trouvoient leur convenance, qu'il est survenu entre ces deux puissances un prétexte naturel de rupture, par les entreprises du czar sur la mer Caspienne et par celles des Turcs sur la Perse. Jamais jalousie n'a été si vive, ni peut-être mieux fondée. L'éloignement des deux cours faisoit qu'il étoit quasi impossible de prévenir à temps le progrès de ces méfiances. Le Czar, qui vouloit assurer ses desseins plutôt que de s'engager à faire la guerre aux Turcs, pendant qu'il se proposoit de si grandes acquisitions d'un autre côté, songea le premier à la médiation de Votre Majesté et m'en fit écrire par le sieur de Campredon, son ministre en Moscovie. Les Turcs répondirent avec honnêteté à cette ouverture, mais sans l'accepter formellement, et j'eus lieu de juger que le motif de cette conduite étoit qu'ils se flattoient d'être plus maîtres de cette négociation quand ils n'auroient à traiter qu'avec le résident de Moscovie, et qu'ils auroient plus de facilité à l'intimider et à le conduire où ils voudroient que si cette négociation se passoit sous les yeux d'un ministre de Votre Majesté. C'étoit sans doute le premier sentiment des ministres, mais le grand Seigneur en ayant jugé différemment, ils furent obligés à m'inviter expressément aux conférences qu'on devoit tenir sur cette affaire, même après que j'eus déclaré que je n'avois ni ordre ni pleins pouvoirs de Votre Majesté et que je ne pouvois y assister que comme ambassadeur, et autant que la confiance réciproque des deux parties m'autorisait à cette démarche. Ce premier pas fait, cette confiance s'est établie de telle manière dans le cours de la négociation que je ne craindrai pas de dire à Votre Majesté que, du consentement des parties, je m'en suis trouvé entièrement le maître jusqu'à la fin, avec une autorité et une dignité auxquelles les ambassadeurs d'Angleterre et de Hollande n'ont jamais pu parvenir dans la médiation des traités de Carlowitz et de Passarovitz. Je ne m'étendrai pas davantage là dessus dans ce mémoire, non seulement parce que j'ai informé régulièrement Votre Majesté de tout ce qui s'est passé dans cette négociation, mais aussi parce que j'en ai dressé une relation particulière. Je me contenterai de lui dire qu'elle a été terminée avec tous les témoignages publics de distinction et d'approbation que je pouvois désirer dans un pareil cas et que j'ai eu, à cette occasion, les premières pelisses de martre zibeline qui aient été données aux ministres de France, exemple qui, bien ménagé, peut servir un jour contre une différence de traitement avec les ministres de l'Empereur, qu'un long usage avoit établie et qu'il avoit été impossible jusqu'à cette heure de rompre. Que si Votre Majesté veut jeter, un jour, les yeux sur la relation que j'ai faite de cette négociation, Elle verra qu'elle l'a rendu l'arbitre des trois plus grandes puissances de l'Asie et que pour la difficulté et la largeur de leurs entreprises, elles auront encore longtemps besoin de ses bons offices.

Je passerai donc présentement à ce qu'il y a de plus intéressant pour la piété de Votre Majesté dans la bonne correspondance qu'Elle entretient avec les princes ottomans, c'est-à-dire le maintien et le progrès de notre sainte religion dans leurs États dont Votre Majesté, à l'exemple de ses prédécesseurs, a le glorieux titre de protecteur.

Aly pacha, comme je l'ai dit ci-dessus, menaçoit également tous les chrétiens répandus dans les États du grand Seigneur. Les Grecs lui étoient devenus suspects par la défection de Cantemir, prince de Moldavie, qui avoit embrassé le parti du czar. Il savoit qu'en général ils étoient tous disposés à la révolte et que, si le czar avoit été victorieux, cet empire couroit risque de se trouver attaqué en même temps au dehors et au dedans ; il méprisoit les Arméniens et avoit une haine irréconciable pour les Latins qu'on avoit eu l'art de faire envisager à ses prédécesseurs dans le ministère, comme des sujets du Pape. Cet orage, qui menaçoit la religion, fut en quelque sorte dissipé à la mort du ministre par le mauvais succès de la guerre contre l'Empereur et par la modération des ministres qui lui ont succédé ; Ibrahim pacha, bien loin de maltraiter les Grecs, crut que le meilleur moyen de les contenir étoit de les favoriser et il l'a fait en tout. Il a témoigné la même faveur aux Arméniens, peut-être par un mouvement secret que lui a inspiré sa naissance, car on prétend que son grand-père étoit de cette nation. La considération qu'il a toujours témoignée pour l'amitié de Votre Majesté a adouci aussi, en quelque manière, les soupçons dont il n'ignoroit pas qu'on avoit chargé les Latins et tout s'est ressenti, dans les premières années de son ministère, de ces favorables dispositions. Mais quelques-uns de nos religieux et de nos missionaires ayant cru, malgré mes continuelles représentations, qu'on pouvoit tout faire et tout hasarder sous un ministre si favorable, ont poussé les choses si loin en quelques endroits, qu'ils ont mis les affaires de la religion dans un péril évident dont il n'y a que la prudence, la modération et le temps qui puissent l'en tirer. Il est certain qu'ayant obtenu la réparation de la voûte du Saint Sépulcre, ayant favorisé le rétablissement de diverses missions en Syrie et les ayant fait toutes jouir d'une profonde tranquillité dans les quatre premières années de mon ambassade, j'avois quelque lieu de me flatter que je pourrois maintenir les choses sur ce pied là, si les religieux, ne se laissant pas trop emporter à leur zèle et même à des intérêts temporels, avoient eu plus de modération. Cependant, malgré quelques contretemps qui sont arrivés, j'espère avoir laissé les choses de la religion dans un état assez tranquille et qui pourra se changer en mieux par les bons ordres qu'il est à souhaiter que la cour de Rome donne aux missionnaires pour leur conduite. Mais comme il est à craindre que les religieux continuent à s'abandonner à leur zèle, ne prennent de fausses démarches en envisageant les choses autrement qu'elles ne sont, et qu'ainsi, trompés eux-mêmes, ils ne cherchent à abuser de la piété de Votre Majesté, je crois qu'il est de mon devoir de représenter la véritable situation des affaires de la religion dans les États du grand Seigneur et ce que sa protection bien ménagée peut y opérer.

Il y a trois grands objets dans la Turquie pour l'avancement de notre sainte religion : la conversion des Turcs, la réunion des schismatiques Grecs et Arméniens, et l'extirpation des erreurs ou hérésies que l'ignorance ou la grossièreté a fait glisser insensiblement dans ces deux églises.

Les lois des Turcs sont si sévères sur la religion et leur superstition si enracinée, que les Papes ont jugé à propos de défendre aux missionnaires de leur en parler.

Les Grecs et les Arméniens forment chacun de leur côté

un corps d'église qui a conservé sa hiérarchie entièrement séparée de la nôtre. Ils sont également attachés à leur rit et à leurs coutumes. Leurs chefs ont soin de les entretenir dans une espèce d'horreur pour celles des Latins, et quoique les plus éclairés d'entre eux pensent favorablement de notre religion et estiment la science et la vertu de nos ecclésiastiques, ils craignent la domination de Rome qui affaibliroit leur autorité et, se bornant à reconnoître dans le Pape une primauté de rang, ils se déclarent hautement contre la supériorité de juridiction.

Dans cette disposition générale des esprits, il est très difficile aux missionnaires de faire les progrès qu'on pourroit attendre de leur zèle et de leurs bons exemples. Cependant, il faut avouer qu'ils en avoient fait d'assez grands auprès des Arméniens ; mais, étant entrés dans les intrigues que ceux-ci avoient entre eux pour les élections de leurs patriarches, les ayant voulu attirer dans nos églises au lieu qu'ils alloient auparavant dans les leurs, tout ce qu'ils avoient fait s'est trouvé presque renversé dans un moment. Les Arméniens, gens féroces et qui se portent avec obstination à tout ce qu'ils entreprennent, s'adressèrent à la Porte pour lui représenter que le Pape, ennemi déclaré des Turcs, envoyait des émissaires dans leurs États qui, sous prétexte de religion, débauchoient leurs sujets et les faisoient passer sous l'obéissance du Pape. Ce soupçon fut reçu avidement par les ministres et causa, il y a environ trente ans, un commencement de persécution qui n'est pas encore assoupi entièrement. Ce ne fut que par un effet de la protection des ambassadeurs de Votre Majesté que les missionnaires en furent préservés. On défendit seulement aux Arméniens, à l'exemple de ce qui se pratique dans diverses autres occasions, d'aller dans les églises des Francs et on châtia ceux qui contrevinrent à cet ordre. Cette défense continue encore et est encore exécutée avec plus ou moins de sévérité, à proportion des ménagements que l'ambassadeur sait observer avec le patriarche des Arméniens.

Cependant, les Grecs suivirent en Syrie l'exemple de ceux-ci. Les Jésuites et les autres religieux qui s'étoient établis à Damas en furent chassés ; ils s'y sont rétablis depuis sous mon ministère et quoiqu'ils aient été attaqués de nouveau par ces mêmes Grecs, ils s'y maintiennent encore avec quelqu'espérance de pouvoir conserver ces établissements et même de les augmenter. Mais comme cela dépend de la manière de se conduire, j'espère, Sire, que Votre Majesté agréera que j'aie l'honneur de lui exposer ce que je pense là-dessus. Il y a deux méthodes pour assurer l'établissement et les progrès des missions : la première, l'autorité du grand Seigneur et de ses ministres, la seconde, les ménagements et la négociation avec les chefs des deux églises. Le premier de ces deux moyens m'a paru toujours dangereux et impraticable. Il n'y a point de prince qui, quelqu'étroite union qu'il ait avec un autre, voie avec plaisir et souffre même qu'il se mêle directement de ce qui regarde ses sujets. Les Turcs ne sont pas moins délicats là dessus que les autres et leur délicatesse a été changée en une jalousie formelle par les insinuations des Arméniens et des Grecs. Il n'est donc quasi pas possible de prendre les affaires de la religion de ce côté là. La protection générale qu'ils ont consenti que les rois vos prédécesseurs donnassent à la religion chrétienne, ne regarde que les établissements que les Latins avoient dans leurs États, lors des premiers traités. Tout ce qui a le moindre air de nouveauté est toujours suspect aux Turcs. Il ne faut donc, ce me semble, s'adresser directement à eux que dans des cas d'une extrême nécessité pour les différends qui sont entre les Grecs, les Arméniens et nous. La seule voie qui nous reste, est de ménager les chefs des églises grecque et arménienne, de les persuader qu'on n'en veut pas directement ni à leur autorité ni à leur rit ; qu'aucune vue d'intérêt temporel ou politique n'entre dans notre conduite, mais que, touchés de l'ignorance où un long esclavage entretient leurs peuples, le Pape et les missionnaires n'ont d'autre but, dans les instructions qu'ils leur donnent, que de nous approcher insensiblement les uns des autres en adoucissant les obstacles qui nous séparent, afin de conduire les choses à une réunion si désirable pour les différents partis et une union totale qui, bien ménagée, peut les soulager dans leurs malheurs et disposer insensiblement les choses pour eux à une délivrance générale du joug tyrannique des Turcs.

Il me paroît certain que si cette méthode n'est pas infaillible, c'est la seule qu'on puisse mettre en usage, et que toutes les fois qu'on s'en écartera, on exposera la religion et les missionnaires et on compromettra la protection de Votre Majesté.

On se seroit, sans doute, fixé depuis longtemps à cette méthode, si les missions du Levant avoient été conduites par une même tête et par une même main ; mais quatre ou cinq différents ordres de religieux s'en mêlant en même temps, et la cour de Rome ne leur ayant point donné de règles fixes, chacun s'est abandonné à son zèle et à ses lumières, ce qui n'a pas médiocrement embarrassé le progrès des missions et a, sans doute, beaucoup contribué aux divers contretemps auxquelles elles ont été sujettes.

Il ne me reste présentement, Sire, à parler à Votre Majesté que de la constitution de ce gouvernement et de la situation où je laisse les affaires de cet Empire. Jamais commencement si petit que celui des Turcs n'a eu un accroissement plus considérable. Alexandre, Gengiskan, Tamerlan, quand ils commencèrent leurs conquêtes étoient déjà des princes puissants. Les Turcs n'étoient rien, et de l'aveu de leurs historiens, Osman, le premier de leurs empereurs, n'avoit que quatre cents hommes. Il est bien vrai que la faveur d'Aladin, dernier sultan d'Iconium, à l'extinction de la race des Seldjoucides qui finit avec lui, contribua beaucoup à sa première élévation. Mais ce ne fut que par des guerres continuelles que lui et ses successeurs sont parvenus à détruire les empires de Constantinople et de Trébizonde, à subjuguer toute la Grèce, les provinces de la Valaquie et de la Moldavie, une partie de la Hongrie et à détruire la puissance des soudans de Babylone, de Damas et d'Egypte et à former de ces différents États un corps d'empire immense par son étendue et formidable par ses forces. Ces conquêtes se sont faites successivement dans un espace de quatre cents ans, sans aucun accident fâcheux et remarquable que la prise de Bajazet par Tamerlan et, en dernier lieu, par les batailles perdues de Petrivaradin et de Belgrade, la prise de cette place et celle de Temiswar. On peut regarder ces derniers événements comme la première digue que les chrétiens aient opposée au cours d'un torrent impétueux qui étoit toujours sur le point de les inonder. La chrétienté n'aura que peu ou point à craindre des Turcs tant que ces deux places seront entre des mains capables de les défendre et de les conserver, et les Turcs, dont les frontières sont mal couvertes de ce côté-là, auront à craindre à leur tour.

Ils ne l'ignorent pas, et c'est le principe des ménagements qu'ils ont pour l'Empereur et qu'ils observeront jusqu'à ce qu'ayant rétabli leurs forces ou venant à être gouvernés par un prince ou par un vizir audacieux, ils s'arment de nouveau pour reprendre ces conquêtes.

Il semble qu'ils n'en aient plus aucune à faire sur les Vénitiens, les royaumes de Chypre, de Candie et de la Morée qu'ils ont successivement enlevés à la république de Venise, mettant entièrement la mer entre eux et cette république. Il n'y a que l'île de Corfou qui leur donne quelque jalousie ; mais ils savent par leur propre expérience que l'entreprise est difficile, et ils n'ignorent pas qu'elle exciteroit la jalousie des princes chrétiens et de l'Empereur, surtout depuis qu'il possède les royaumes de Naples et de Sicile. Les Turcs n'ont aucune vue contre la Pologne, et les fortifications qu'ils font à Cochim et à Bender font voir qu'ils cherchent uniquement à se couvrir de ce côté-là. Ils se sont mis hors de toute inquiétude avec les Moscovites par le traité de paix perpétuelle qu'ils ont fait avec le czar, et la manière dont ils ont négocié depuis avec ce prince fait voir le désir qu'ils ont de cultiver une amitié de laquelle ils jugent apparemment pouvoir faire quelque usage.

Il paroit, par cette disposition générale des Turcs par rapport aux princes chrétiens, qu'ils veulent conserver la paix avec eux, et qu'ayant reconnu leur supériorité dans l'art de faire la guerre, leur dessein est d'entretenir la paix, ou pour discipliner leurs troupes ou pour laisser le temps agir et attendre que les divisions particulières qui peuvent naître dans la chrétienté leur fournissent, comme cela est arrivé si souvent, une occasion favorable de recouvrer ce qu'ils ont perdu. Mais quoique ces motifs de la conduite des Turcs soient fondés sur quelque vraisemblance, le génie du prince et de ses ministres y a la principale part.

Sultan Ahmed, qui gouverne aujourd'hui, ayant éprouvé que la fortune des armes ne lui étoit pas favorable, a réduit toute son ambition à régner tranquillement et à se délivrer des agitations et des craintes des évènements de la guerre. Mais de toutes les choses qu'un grand prince doit faire pour l'augmentation de sa puissance pendant la paix, il s'est réduit par son propre goût, non pas tant à rétablir l'ordre dans ses finances qu'à satisfaire son avarice d'une manière et avec des circonstances si sordides que je n'oserois les rapporter à Votre Majesté, de peur qu'elles ne Lui parussent incroyables et qu'elles ne blessassent cette générosité qui Lui est si naturelle et qui a toujours été regardée comme une vertu propre et naturelle à tous ses prédécesseurs. Mais je La supplie de trouver bon que je Lui rapporte une particularité qui fait voir l'adresse du grand vizir et que l'avarice même du grand Seigneur n'a point éteint en lui tout principe de générosité.

Il y a quelque temps qu'un des princes ses enfants ayant dépensé le peu d'argent qu'on lui donne pour ses menus plaisirs, s'adressa au vizir pour lui en demander, et un moment après, en fit des libéralités aux pages qui jouoient au jirid devant lui. Le grand Seigneur son père l'ayant vu, l'appela et lui demanda avec aigreur pourquoi il distribuoit ainsi son argent et d'où il avoit pris celui qu'il venoit de donner. Le prince répondit que c'étoit du grand vizir. Le Sultan le fit venir aussitôt, et avec un visage sévère le blâma d'accoutumer ainsi ses enfants à des dépenses frivoles et inutiles, ajoutant qu'il savoit que, de son côté, il en faisoit de trop grandes. Seigneur, lui répondit avec fermeté le grand vizir, votre prudence vous pousse à amasser des trésors et vous faites bien, c'est la force et le soutien des princes, mais il faut que je tienne une autre conduite et que je répande libéralement au peuple les bienfaits que je reçois de votre main. Vous ne seriez pas en sûreté sur votre trône, ni moi dans la place que vous m'avez confiée si j'en agissois autrement. Les trésors des princes sont le bien des peuples, il faut qu'il leur en revienne quelque chose par les mains du souverain ou du ministre. Si le bon ordre et l'économie sont nécessaires, la libéralité ne l'est pas moins. Choisissez de ces deux moyens celui qui est le plus à votre goût et m'abandonnez l'autre. Ce discours calma le grand Seigneur. Il fit même plus, car s'étant fait apporter les registres du trésor et ayant trouvé que le grand vizir avoit pris par forme d'emprunt mille bourses, il ordonna que cet article fût effacé et qu'on en donnât quittance au grand vizir.

Les souverains qui conduisent les États sont souvent conduits eux-mêmes, tantôt pas leurs passions, tantôt par celles de leurs ministres et de leurs favoris. Il y a très peu de grands personnages qui aient su éviter entièrement ces écueils. On peut même dire qu'ils sont, humainement parlant, inévitables, les princes étant sujets aux mêmes passions que le reste des hommes, et croyant peut-être avoir moins de raisons de les cacher et de se contraindre. Etant d'ailleurs obligés de se servir de divers instruments pour la conduite de leurs peuples, il est nécessaire qu'ils donnent à quelqu'un d'entre eux leur confiance, l'adresse d'un ministre fidèle étant capable de prévenir les mauvais effets des passions des princes et de tourner à son avantage et à celui des peuples ses plus mauvaises qualités.

C'est ce qu'on voit évidemment dans le ministère d'Ibrahim pacha. Sultan Ahmed son maître, comme je l'ai déjà remarqué, n'a pas cette inclination guerrière qui a été comme le caractère de tous ses prédécesseurs. Ce n'est pas prudence en lui, c'est, si on l'ose dire, timidité.

Il s'est fait voir au commencement de son règne plus cruel envers ses propres sujets qu'aucun des princes Ottomans ne l'a été contre ses ennemis. Il a fait périr de sang-froid tous les chefs de révolte qui l'avoient tiré de prison et l'avoient fait monter sur le trône : il a sacrifié depuis à la jalousie de ses ministres et à son avarice les meilleures têtes de l'empire, et s'adonnant uniquement à amasser des trésors dont il ne se laisse à lui-même que la vue, il a réduit ses sujets à une pauvreté quasi générale. Ibrahim pacha a fait usage de toutes les passions de son maître pour son service. Il l'a obligé à continuer la guerre autant de tems qu'il en falloit pour faire juger qu'il se portoit à la paix, plutôt par nécessité que par pusillanimité. Il a modéré sa cruauté et a paru aussi doux, depuis le gouvernement de ce ministre, qu'il avoit été cruel et barbare pendant la faveur des autres; et ne pouvant pas arracher l'avarice de son cœur, il s'est chargé lui-même de toutes les dépenses d'éclat qui font honneur à un prince et qui peuvent satisfaire les sujets. Il a fait réparer tous les anciens bâtiments; il a, pour ainsi dire, renouvelé Constantinople par les nouveaux édifices qu'il a faits lui-même et par ceux qu'il a fait faire à ses parens et à ses amis. Enfin, depuis le retour de Méhémet Effendi de son ambassade auprès de Votre Majesté, il a essayé d'imiter ce qu'on lui a rapporté de la magnificence de nos jardins et de nos bâtiments, et quoique cet échantillon soit même au-dessous du médiocre et que la situation n'en soit pas belle, il a donné par là, au peuple, un spectacle d'autant plus agréable qu'il n'y étoit pas accoutumé et qui n'a, peut-être, pas peu contribué à le contenir dans les dispositions où il a été pendant quelque temps au murmure et à la révolte. Mais les ménagemens continuels que le grand vizir est obligé d'avoir pour l'avarice de son maître ont retardé et embarrassé considérablement les mesures qu'il avoit à prendre au sujet des entreprises du czar et de la résolution des affaires de Perse. Ce ministre a été, peut-être, le seul qui ait compris que sous un semblable prince, il n'étoit pas possible en même tems, de réprimer les Moscovites, de prévenir les desseins ambitieux de Mir Mahmoud et d'agrandir cet empire en pacifiant les troubles de Perse. Il avoit à combattre la plus forte des passions populaires, c'est-à-dire la superstition. Elle portoit également les Turcs à regarder avec horreur l'agrandissement des Moscovites dans des pays possédés par des Mahométans, et de plus la guerre à entreprendre contre Mir Mahmoud reconnu pour musulman. Cependant Ibrahim pacha a porté les choses, par sa patience et son adresse, au point que les Turcs verront tranquillement l'agrandissement du czar qu'il leur est trop difficile d'empêcher, qu'ils s'opposeront même à celui de Mir Mahmoud et qu'ils travailleront enfin, ouvertement et conjointement avec les Moscovites, au rétablissement de Tahmasib, fils du Sophi de Perse, quoiqu'ils le regardent comme hérétique. Il a couvert cette conduite qui étoit nouvelle aux Turcs, du prétexte spécieux de l'agrandissement de cet Empire. Il s'est emparé de la Géorgie, il a fait entrer une armée en Perse du côté de Babylone et négocie actuellement avec Tahmasib pour s'assurer de la province d'Erivan et d'Arménie par un traité. Que si les dispositions que ce ministre fait depuis deux ans pour acheminer les choses à ce point n'ont pas été suivies avec cette promptitude si naturelle aux Turcs dans tous leurs desseins, c'est parce qu'Ibrahim Pacha, perpétuellement contraint par ses ménagements pour l'avarice du prince, n'a pu envoyer sur ses frontières les fonds nécessaires pour lever et entretenir des troupes ; que les soldats mal payés ont pillé les peuples qu'ils devoient protéger, que quelques-uns des généraux n'ont pas pu ou voulu les contenir, enfin, qu'on est entré dans un pays dont on devoit chercher à gagner les habitans, comme si l'on eût été dans un pays ennemi.

Il paroit qu'Ibrahim pacha a remédié à ces inconvéniens; qu'il a déterminé le grand Seigneur à fournir aux dépenses nécessaires et que cette entreprise qui, au commencement, a été conduite avec un grand désordre, va prendre une forme régulière, tant du côté des opératious guerrières que de la négociation.

Votre Majesté aura pu remarquer, dans le compte que je Lui ai rendu, avec quelle adresse et avec quelle dextérité ce ministre s'est conduit dans l'affaire de la négociation, l'usage qu'il a fait de la médiation de Votre Majesté, enfin que, se couvrant de l'autorité de son nom, il l'a rendue entièrement l'arbitre de ce grand différend et l'a, pour ainsi dire, établie juge du partage qu'il y auroit à faire entre cet Empire, le czar et Tahmasib, à propos de quoi je rapporterai, s'il plaît à Votre Majesté, les termes dont Ibrahim pacha se servit dans la conférence que le résident de Moscovie et moi eûmes avec lui le 19 janvier. Il faut regarder, dit-il, Chah-Ussein comme un père de famille qui a laissé des enfans qui, après sa mort, disputent son héritage et le veulent sauver des mains d'un usurpateur. Ces trois enfans sont le grand Seigneur, le czar et Tahmasib. Leur propre intérêt pourroit les aveugler et les porter à une discorde qui pourroit tourner à l'avantage de l'usurpateur. Il faut qu'ils cherchent un tuteur désintéressé qui, par son autorité et par la confiance qu'ils prendront en son amitié, soit capable de les accorder sur leur partage. L'empereur de France peut seul nous rendre cet office. Il est ancien ami des trois puissances et aucun intérêt personnel ne l'engage à favoriser l'un aux dépens de l'autre. Le czar lui a confié ses intérêts, nous avons la même confiance en lui, et Tahmasib ne peut la lui refuser. Remettons-lui la décision de nos différends avec la même confiance, nous y trouverons un avantage réciproque et nous parviendrons à détruire avec plus de facilité un exemple aussi pernicieux à tous les souverains que l'est celui de l'usurpation de Mir Mahmoud.

Quoi qu'il en soit, cette affaire, qui vient d'être consommée par l'échange des ratifications du czar, durera encore quelque temps, car les Turcs et les Moscovites chercheront d'abord à s'assurer des provinces de leur partage, ce qui ne sera pas si facile dans l'exécution que dans le projet. Ils auront, ensuite, à chasser Mir Mahmoud qui se fortifie en attendant, et à rétablir Tahmasib, toutes choses de longue haleine et sujettes à divers contretemps. Ainsi, il y a apparence que cette affaire ne finira pas sitôt et qu'elle durera encore quelques années; mais il faut considérer que si on la continue sur le fondement établi par la médiation de Votre Majesté, les Moscovites et les Turcs ne seront obligés d'y employer qu'une médiocre partie de leurs forces, que conservant l'autre dans l'Europe, et ayant appris à s'unir, ils maintiendront la réputation de leur puissance de ce côté-là, pendant le tems qu'ils l'augmenteront de l'autre.

Cette disposition, qui est l'objet principal de la politique d'Ibrahim pacha, est aussi son ouvrage tant qu'il gouvernera. Votre Majesté peut être persuadée qu'il dirigera tous ses desseins de manière que les efforts qu'il fera du côté de la Perse le laissera en état de ne rien craindre du côté de l'Europe et de profiter des occasions qui s'y présenteront, d'y renouveler la terreur du nom ottoman.

C'est, Sire, ce qui me paroît de plus vraisemblable sur les dispositions présentes de cet Empire; mais la forme de son gouvernement peut y apporter des changemens difficiles à prévoir, car l'empire Ottoman ne diffère pas moins des autres par sa constitution intérieure que par les mœurs et par le langage. Il se ressent encore de la manière dont il a été formé, c'est-à-dire du gouvernement militaire. Il est établi sur trois principes, la force, ou, pour mieux dire, la violence, la superstition et le respect pour la personne du prince, moins que pour la famille régnante qui a fondé cet Empire. Une superstition dont ses succès ont été si heureux amène, en général, tous les Turcs à la conquête des États chrétiens, et s'ils font sentir la pesanteur de leur bras aux peuples qui leur sont soumis, ils ne contiennent avec guère moins de dureté les peuples qui sont de leur religion ; et pour ce qui est du respect qu'ils ont pour la famille régnante, qui est proprement le nœud de ce gouvernement, il y a de fréquents exemples qui font voir qu'ils ne l'étendent jamais sur la personne du prince, et que s'ils en souffrent quelquefois qui ne leur plaisent pas, ils savent aussi les changer et les déposer quand ils veulent, de sorte que le prince est toujours dans une crainte continuelle de ses sujets qui lui font souvent éprouver la terreur qu'il leur inspire.

Cette disposition rend l'état des sultans, si brillant d'ailleurs, sujet à de grands revers et à des agitations perpétuelles. Ils profitent de l'usage de cet Empire de remettre entre les mains d'un seul homme le gouvernement, moins pour se décharger de ce soin que pour avoir toujours une victime prête à immoler au mécontentement des grands et du peuple. Ils le sacrifient eux-mêmes à leur propre dégoût et quelquefois aux intrigues du Sérail. Ainsi, cette place si élevée est de tous côtés environnée de précipices. Le vizir, obligé de se mettre à la tête des armées, est non seulement responsable des événements, mais livré absolument au caprice des courtisans. Une grande réputation et d'heureux succès ont maintenu quelques-uns d'entre eux, mais la plupart y ont succombé. Ibrahim pacha n'en a pas voulu courir les risques, et c'est un des principaux motifs qui l'ont engagé à donner un tour aux affaires qui ne l'obligeât pas à s'éloigner du prince. Il a pris, d'un autre côté, tous les moyens que son habileté et sa prudence pouvoient lui suggérer pour s'assurer de la volonté et de la faveur de son maître. Il l'a comme forcé à se défaire des officiers du sérail qui étoient les plus agréables, et après s'être fait donner une de ses filles en mariage, il en a fait donner trois autres à son fils, à son neveu et à une de ses créatures. Les visites fréquentes que le grand Seigneur rend à ces princesses lui donnent une occasion naturelle de l'entretenir qu'il n'auroit pas sans cela, la coutume étant que les grands vizirs n'aillent au sérail et ne voient le grand Seigneur qu'une fois la semaine. Il paroît qu'Ibrahim pacha a porté ses vues plus loin dans ses alliances et qu'il a voulu s'affermir dans son poste contre l'événement de la mort du grand Seigneur, dont les enfans n'étant pas en âge de gouverner par eux-mêmes et ayant un concurrent dans la personne d'Ibrahim, fils de Moustapha, auroient besoin de l'appui d'un homme aussi autorisé que lui, et qui, se trouvant leur beau-frère, sera, par son propre intérêt, obligé de leur faire donner la préférence.

Mais, sans porter mes vues à des événements susceptibles de tant de variations du temps et de la fortune, je me contenterai de dire à Votre Majesté que s'il convient aux intérêts de son royaume que la réputation et les forces de cet empire se maintiennent, il ne lui convient pas moins qu'Ibrahim pacha conserve son rang et sa faveur. Les ministres de Votre Majesté à la Porte, trouveront difficilement dans un autre vizir les mêmes dispositions que dans celui-ci. Il n'accordera pas véritablement tout ce qu'on pourra lui demander; il fera même attendre quelquefois longtemps les faveurs ou la justice qu'on peut désirer de lui, mais il cultivera avec soin la bienveillance de Votre Majesté; il aura pour ses ministres plus d'égards qu'aucun de ces prédécesseurs et ni eux, ni les François qui négocient dans le Levant n'auront, à ce que j'espère, rien à craindre sous son ministère, pour les dégoûts ou les contretemps qu'on a éprouvés sous d'autres vizirs.

Il feroit peut être davantage, s'il n'étoit retenu par la superstition ou par ses mœurs de ceux qui le gouvernent; ce n'est pas le moindre embarras du ministère d'un grand vizir. Il n'y a point de pays où l'autorité ecclésiastique, si je puis me servir de ce terme, en parlant des Mahométans ait plus de force. Le moufti, les kadileskers et les gens de loi font un corps formidable aux vizirs et au grand Seigneur même. Comme ils sont également dépositaires de la religion et de la loi, il faut les consulter sur tout. Ils ont la première place dans les conseils après le vizir, et comme ils y parlent mieux que les autres, ils y ont aussi plus d'autorité ; d'ailleurs, ils ne peuvent pas être contenus, comme le reste des sujets, par la crainte ou par la mort, leurs personnes étant regardées, en quelque sorte, comme sacrées et ils n'ont pas de plus grandes peines à craindre que l'exil. Leurs grands biens, le respect des peuples et l'impunité dans laquelle ils vivent les rendent plus difficiles à manier et à conduire que les autres, et la manière de les ménager et de les conduire n'est pas un des moindres mystères et une des moindres difficultés de ce gouvernement; tout le reste est absolument soumis au vizir, charges militaires, gouvernements de province, emplois à la Cour, excepté ceux du sérail, tout dépend absolument de sa volonté. Ibrahim pacha en a profité pour mettre ses créatures dans les principales places. Il a donné celle de Capitan pacha à un de ses gendres, celles de Kiaya à un autre avec lequel il partage entièrement son autorité. Il a mis celle de Reïs Effendi entre les mains d'un homme qu'une longue et ancienne amitié lui a entièrement acquis; enfin, il n'a rien oublié de ce que la prudence peut faire mettre en usage pour se maintenir dans un poste aussi glissant que le sien. Mais travaillant pour l'État, en même temps qu'il travaille pour lui-même, il paroît, par toute sa conduite, qu'il ne cherche qu'à procurer des avantages à cet empire, à lui faire faire des entreprises sûres et utiles et à se préparer, par des dispositions secrètes, à en entreprendre de plus grandes, quand l'occasion s'en présentera. Je crois devoir mettre dans ce nombre la distinction particulière qu'il a toujours eue pour l'ambassadeur de Votre Majesté, car quoique je puisse me flatter qu'il a eu quelqu'amitié particulière pour moi, je ne suis pas assez vain pour penser que les égards qu'il m'a témoignés soient sur mon propre compte. Il a commencé, comme je l'ai dit ci-dessus, à entrer dans le ministère peu de temps après mon arrivée à la Porte et, pendant tout le temps que j'ai été honoré du caractère de votre ambassadeur, il ne m'a rien refusé de ce que je lui ai demandé. Il m'a donné toute sa confiance dans sa négociation avec les Moscovites, m'a procuré une audience de congé du grand Seigneur et m'y a fait recevoir des honneurs qui n'avoient point encore été en usage. Il a poussé cela jusqu'au moment de mon départ, par les compliments qu'il m'a fait faire après mon embarquement sur le vaisseau de Votre Majesté et par les honneurs qu'il a fait faire, sur mon insinuation, à ceux qui le commandoient. Car, ayant soupçonné que ce ministre se portoit, autant peut-être par politique que par inclination, à faire voir aux grands et au peuple qu'il étoit particulièrement considéré de Votre Majesté, j'ai profité de cette connoissance pour lui insinuer diverses choses qui, allant à son but, se trouvoient aussi convenables à la réputation des affaires de Votre Majesté dans le Levant.

Que si, en cela comme dans le reste de mon ambassade, je ne me suis point éloigné des intérêts de Votre Majesté et si j'ai pu rencontrer les intentions de son conseil, je m'estimerai heureux et me dirai assez récompensé, si une ambassade de neuf ans dans un pays aussi éloigné, à la suite d'un service de vingt ans dans des emplois de la même nature, ne demandoit pour moi à Votre Majesté quelques marques publiques de sa satisfaction.

J'ai reçu, avec la permission de Votre Majesté, de grands témoignages d'honneur de la part du Czar; ceux que les Turcs m'ont donnés ne sont pas moindres dans leur genre.

Mais, quel effet produiront dans le public ces distinctions étrangères, si elles ne sont rehaussées par quelques faveurs de Votre Majesté? Que diront même ces puissances si les services qu'elles conviennent que je leur ai rendus, ne paroissent pas avoir mérité quelques regards favorables de Votre Majesté. Je n'en appuierai pas la demande sur d'autre mérite personnel que celui de mon zèle, de vos propres exemples et de celui de vos prédécesseurs, et quelque besoin que j'aie, par l'état de ma fortune, de recevoir quelqu'un de vos bienfaits, je me contenterai de les attendre avec respect et soumission.

APPENDICE

I

Lettre de M. le comte des Alleurs au roi.

Constantinople le 7 octobre 1716.

Sire,

J'ai enfin eu la satisfaction de voir arriver ici, le 4 de ce mois, M. le marquis de Bonnac. Il m'a rendu la dépêche dont Votre Majesté m'a honoré le 1ᵉʳ juillet, avec mes lettres de récréance qui y étoient jointes. Je lui ai remis, aussitôt après son arrivée, toutes les affaires auxquelles mes infirmités ne me permettoient presque plus de travailler. Nous sommes convenus ensemble d'envoyer un drogman à Andrinople ou à Belgrade, s'il est nécessaire, pour y présenter des requêtes pour toutes les affaires qui étoient demeurées suspendues par la négligence du drogman Brûe, et pour toutes celles qui sont arrivées depuis l'assassinat de ce pernicieux et perfide interprète.

Le voyage d'un drogman est d'autant plus nécessaire que Edib Effendi, secrétaire de la Porte, qui est chargé des affaires de France, a mandé ici, par le janissaire que j'avois dépêché à Belgrade, que ma lettre et toutes mes requêtes avoient été remises à l'ancien Reïs Effendi qui avoit été déposé deux jours après les avoir reçues et les avoit gardées ; qu'ainsi, il falloit en envoyer des doubles au nouveau Reïs Effendi, ce qui va retarder les affaires jusques à la fin de la campagne. Il est aussi nécessaire de savoir si M. de Bonnac doit se rendre à Andrinople, au lieu où se trouvera le grand vizir, pour rendre ses lettres de créance et recevoir ses audiences. Le drogman est encore chargé de représenter vivement l'injuste et nouveau traitement que l'on vient de faire au sieur de Gardane à Alep, sur des ordres que le défunt et féroce grand vizir avoit envoyés, contre toute justice et raison, pour le faire venir ici enchaîné. Le grand vizir a été assez extravagant pour ordonner dans son commandement que, s'il manquoit quelqu'un de la suite dudit sieur Gardane, l'on amenât ici en sa place le consul d'Alep. Je ne crois pas que la férocité même eût pu penser une telle chose qui seule doit faire connoître le caractère extravagant de ce premier ministre. Je ne m'étendrai pas davantage sur cette affaire, parce que le consul d'Alep m'a mandé qu'il en avoit exactement informé le conseil de la Marine. Je dirai seulement à Votre Majesté que j'ai fait demander au Caïmacam que le dit sieur de Gardane me fût remis lorsqu'il arriveroit à Constantinople, sur quoi le Kiaya du Caïmacam a répondu qu'il y avoit plus d'un mois que son maître avoit reçu des ordres pour mettre au bagne le dit sieur de Gardane avec tous ses gens. C'est l'endroit où l'on met tous les esclaves du grand Seigneur. Ensuite le Kiaya, haussant les épaules et levant les yeux au ciel, a dit : « Si ce malheureux vizir étoit encore demeuré quelque temps en place, il auroit obligé nos meilleurs et plus anciens amis de se déclarer contre cet empire, » et il ajouta : « Assurez l'ambassadeur que nous lui donnerons avis de l'arrivée du sieur de Gardane et que nous agirons de manière qu'il sera content de nous. Nous ne pouvons pas empêcher que ce qui est fait ne soit fait, mais nous ferons notre possible pour réparer ce que le grand vizir a fait d'injuste et de violent à cet égard. »

Tout est ici dans une confusion inconcevable; on y parle hautement de la déposition du grand Seigneur qui veut revenir à Constantinople, où il craint cependant d'être déposé plutôt qu'à Andrinople, parce que tous les Effendis sont irrités contre lui de ce qu'il a entrepris une guerre malheureuse, contre leur avis. On saura bientôt à quoi tout ceci aboutira. En attendant un changement; les marchands françois souffrent des ordres injustes et rigoureux que le défunt grand vizir avoit donnés pour ne laisser embarquer aucune denrée dans cet empire. A quoi tous les pachas ont jusques à présent tenu sévèrement la main, par la crainte qu'ils avoient de ce grand vizir ennemi de tout le monde et de la droite raison. On doit naturellement présumer que, le grand Seigneur ayant changé de ministre, celui qui sera mis en sa place changera de maximes. Les choses ne peuvent rester en l'état qu'elles sont, et on a tout lieu d'espérer que M. de Bonnac obtiendra tout ce qu'il demandera, aussitôt après qu'il sera en place.

Voici les nouvelles qu'un de mes janissaires que j'avois envoyé à Belgrade m'a rapportées : Que celui qui a été nommé grand vizir est celui qui a été ci-devant Bostandji bachi, mon bon ami, qui m'a toujours communiqué secrètement toutes les nouvelles qu'il savoit. Je ne pouvois rien souhaiter de meilleur pour le bien des affaires que la nomination de ce premier ministre, étant persuadé qu'il ne refusera rien de ce qu'on pourra lui demander de raisonnable. Ce janissaire m'a encore rapporté que le grand vizir étoit toujours à Belgrade, avec les débris de l'armée turque qui se montoit à environ vingt-cinq ou trente mille hommes; que le prince Eugène avoit marché avec une partie de son armée en Bosnie; qu'on ne pouvoit pénétrer à quel dessein il avoit pris cette route, parce que les Turcs n'avoient ni troupes, ni places dans cette province, qu'il avoit fait passer le Danube à douze mille hommes pour former le siège de Temiswar, en les joignant au corps d'Allemands qui est en Hongrie. Toutes ces nouvelles ne me paroissent pas venir d'assez bon lieu pour y ajouter foi. Ainsi je ne les garantis pas de fausseté à Votre Majesté.

Tout le monde a été ici dans un grand étonnement de ce que le prince Eugène n'a pas suivi les Turcs jusques à Belgrade, après les avoir entièrement défaits et dispersés à Petriwaradin et qu'il leur a donné le temps de réparer le pont qu'ils avoient sur la Save, par le moyen duquel ils se sont retirés, après avoir laissé sur le champ de bataille trente ou quarante mille hommes et ayant fait quartier à cinq ou six mille qu'ils ont renvoyés après les avoir dépouillés. S'il avoit suivi les Turcs après cette déroute et marché droit à Belgrade, il auroit trouvé cette place dépourvue de provisions, de munitions et de canons, le grand vizir ayant laissé cette place en cet état, après en avoir tout enlevé pour mieux pourvoir son armée. L'inaction du prince Eugène est d'autant plus surprenante qu'elle a donné aux Turcs le temps de se reconnoître et de rassembler les débris de leur armée sous Belgrade, pour remettre cette place en état de soutenir un siège. Il est certain que dans la consternation où étoient les Turcs, il n'avoit qu'à se présenter pour s'en rendre le maître, ayant pris aux Turcs assez d'artillerie et de munitions pour faire trois sièges comme celui de Belgrade, qui est la place la plus importante qu'il puisse prendre, et pour l'Empereur et pour les Turcs, et qui lui donneroit les moyens d'entreprendre tout ce qu'il voudroit, sans que les Turcs puissent l'en empêcher.

Les troupes d'Asie s'en retournent par petite bandes dans leur pays et le Caïmacam a reçu des ordres du grand Seigneur de faciliter leur passage, pour éviter qu'elles ne grossissent le nombre des mécontents qui sont à Constantinople de toutes conditions. On assure que le prince Eugène veut faire le siège de Temiswar, avant que de songer à celui de Belgrade. Pour moi, je ne puis rien comprendre à ce dessein, puisque Temiswar tomberoit de lui-même si on étoit maître de Belgrade, et que cette place est peu importante en comparaison de l'autre. On est ici dans l'attente de voir quel dessein a formé le prince Eugène pour achever une campagne qu'il a si glorieusement et si avantageusement commencée; il y a cependant quarante-cinq jours qu'il a défait les Turcs sans avoir encore profité de leur déroute et de leur consternation.

L'opiniâtre et emporté procureur de Terre Sainte qui étoit ici, est, grâces au Ciel, mort depuis quelques jours, ce qui m'a fait prendre la résolution de solliciter de nouveau un commandement pour la réédification de la grande voûte du Saint-Sépulcre, en y changeant le terme qui blessoit si fort ce père et tous ceux qui sont de son parti ; et au lieu de dire : à la connoissance des Grecs, Arméniens et autres chrétiens, j'y ai mis que si la petite voûte recevoit quelque dommage par les débris de la grande, on la remettroit dans le même état qu'elle est, sans y rien changer, et que la réparation s'en feroit à la vue de tout le monde, ce qui est ce qu'on ne sauroit empêcher. Votre Majesté aura vu, par les lettres du père Nicaise de Terre Sainte, qui est françois, d'où vient l'opposition que les Pères espagnols font à cette réédification et leurs vues particulières qui leur attireront à la fin quelque grand désastre, ou par la ruine entière de la grande voûte, ou par toutes les nations qui habitent à Jérusalem et dont ils se sont attiré la haine par leurs manières hautaines et impérieuses.

On m'a depuis peu assuré que le défunt grand vizir avoit pris la résolution de faire pendre le drogman Brüe, mais que le Reïs Effendi lui ayant représenté que s'il le faisoit pendre, je ne manquerois pas d'en demander justice et que cela pourroit altérer la bonne union qui étoit depuis si longtemps entre la France et la Porte, et qu'il valoit mieux le faire assassiner par des gens inconnus, ce qui n'auroit nulle suite. On assure encore que le vizir, s'étant aperçu que ce drogman le trahissoit auprès du Résident de l'Empereur, l'avoit fait assassiner pour ce sujet et ce Résident, qui s'étoit plaint à moi qu'il le trahissoit auprès de la Porte, me prioit en même temps de ne lui point faire connoître ce qu'il me disoit en confidence, de crainte qu'il ne lui attirât quelque fâcheuse affaire à la Porte, ce qui ne convenoit nullement à l'état présent où il se trouvoit ; d'un autre côté, ce perfide me trahissoit aussi, me cachant soigneusement et grossièrement tout ce qu'il faisoit.

Les Turcs ont certainement levé le siège de devant Corfou après avoir appris la défaite de l'armée ottomane devant Petriwardin et la mort du grand vizir. Ils ont abandonné devant Corfou toute leur artillerie et leurs bagages et se sont retirés avec beaucoup de précipitation, après avoir massacré les vieillards et les enfants de cette île, n'ayant épargné que ceux qui leur pouvoient servir d'esclaves.

Je viens d'obtenir un commandement qui permet et approuve le nouvel établissement de Chio. J'espère que ce commandement arrêtera les brouilleries que des personnes mal intentionnées avoient tâché d'exciter à Chio, au sujet de cet établissement et pour en empêcher l'exécution.

Un Turc de considération m'a fait demander, depuis deux jours, si je n'avois point d'ordres de m'entremettre pour une paix entre le grand Seigneur et ses ennemis. J'ai répondu que je n'en avois pas, parce qu'on ignoroit en France si la Porte vouloit continuer la guerre ou faire la paix, mais que si l'on vouloit me dire ses intentions, je me chargerois volontiers d'en informer la Cour, à mon retour en France, qui enverroit sur cela ses ordres à mon successeur. L'on vient de me dire que je verrois dans trois ou quatre jours une personne qui doit venir exprès d'Andrinople pour m'entretenir sur cette affaire. On m'assure dans ce moment que Temiswar s'est rendu aux Allemands, ce qui va beaucoup augmenter la consternation de ces gens-ci. Le drogman Fornetti partira demain pour se rendre à Andrinople.

II.

Mémoire des affaires de la Terre Sainte et de l'état où elles se trouvent présentement.

Les Religieux latins et les Religieux grecs ont, chacun en leur particulier, des dômes et possessions dans le temple du Saint-Sépulcre de Jérusalem et les autres Chrétiens y ont pareillement des lieux, sans qu'ils aient les uns sur les autres aucune prétention. On assure que les Religieux latins ont été mis en possession de tout ce qu'ils ont dans les Saints Lieux, du temps des Sarrasins et que cette possession leur a été continuée sans interruption jusqu'à Sultan Murad.

Les Grecs, non contents de ce qu'ils possédoient dans le temple du Saint-Sépulcre et à Bethléhem, voulurent, en 1634, ôter aux Latins tout ce qu'ils avoient dans ces deux endroits; mais ces derniers ayant prouvé que tout ce qui leur étoit contesté leur appartenoit légitimement, le même Sultan Murad leur donna un catchérif ou ordonnance, en 1636, qui les maintenoit dans leurs anciennes possessions et défendoit aux Grecs de les y troubler à l'avenir.

Au préjudice de ce catchérif, les Grecs trouvèrent moyen de chasser les Latins de la grande église de Bethléhem et de la grotte du Presepe ou de la crèche qui est au dessous, de même que de la pierre de l'onction et du mont Calvaire ; mais ils y furent rétablis par un catchérif du sultan Sulyman, accordé à M. de Châteauneuf, il y a vingt-sept ans, lequel fut confirmé par le Sultan Ahmet à présent règnant, lors de son avénement au trône. Les Religieux latins ont encore beaucoup de titres en leur faveur.

Comme le dôme qui couvre le Saint-Sépulcre, lequel appartient aux Latins, menace ruine depuis longtemps, le même M. de Châteauneuf obtint, en 1689 et 1697, dix commandements pour le faire rebâtir. Le Patriarche grec de Jérusalem demanda alors que cette réédification fût faite à frais communs entre ceux de sa nation et les Latins, et, par ses intrigues et son argent, il obtint un commandement qui détruisoit les autres.

On en accorda un à M. des Alleurs en 1711, dont l'exécution fut encore éludée par un autre commandement que le patriarche de Jérusalem surprit, et quelques représentations que M. des Alleurs ait faites, il n'a pu en avoir la révocation.

On voit par expérience que les Grecs, à force d'argent, ont toujours empêché l'exécution des commandements qui ont été donnés pour la réparation de la voûte du Saint-Sépulcre, aimant mieux que cet édifice tombe que de souffrir qu'on le répare, sans qu'il soit inséré dans ce commandement qu'on obtiendra que sa réparation se fera à frais communs. M. des Alleurs les avoit réduits, en dernier lieu, à se contenter de mettre qu'elle se feroit à leur connoissance et il avoit tiré parole d'Aly Pacha, grand vizir, qu'il expédieroit un commandement dans ce sens, mais il ne l'a pas voulu faire ou n'en a pas eu le temps. Les Latins, de leur côté, ne sont pas contents de cette clause et demandent toujours qu'il ne soit pas fait mention des Grecs, disant qu'il sembleroit qu'on leur donne, en les nommant, quelque droit sur une chose qui ne leur appartient pas et dont ils désirent ardemment la possession. Cette difficulté, qu'il n'est pas sûr que l'on puisse vaincre sans l'autorité du roi, est cause que la voûte ne se répare point et elle entraînera peut-être sa ruine entière, si on n'y prend garde. Plus il s'écoule de temps, plus l'affaire devient sérieuse. On doit, ce semble, profiter de tous les temps favorables pour parvenir à mettre la main à l'œuvre et il paroîtra peut-être qu'on peut accorder aux Grecs, sans préjudicier aux Latins, que la réédification se fera au moins à leur connoissance, cette expression ne leur donnant pas plus de droits dans les Saints-Lieux qu'ils en ont présentement.

La grande église, dans laquelle est bâtie celle du Saint-Sépulcre, est regardée par les Turcs comme une prison dans laquelle ils tiennent enfermés ceux qui y demeurent, comme caution de ce lieu sacré dont ils leur laissent l'usage pour satisfaire leur dévotion. Quelques Religieux de chaque nation s'y renferment; pas un d'eux ne peut ni entrer ni sortir, sans payer un droit aux Turcs qui gardent cette église, et ces Religieux, ainsi enfermés, tirent leur subsistance du dehors, deux fois par jour. Quoique les lieux habités par ces Religieux soient frais, humides et sombres, ils y vivent sans feu, ne leur étant pas permis d'en faire et ils n'ont d'autre lumière, nuit et jour, que celle des lampes. Des offices divins s'y font solennellement par chaque corps de Religieux, chacun à son heure, suivant la règle établie qui n'a jamais changé. Pour la préséance, sur laquelle les Latins et les Grecs seulement ont toujours été en différend, les autres nations, qui sont les Arméniens, les Coptes et les Suriens, n'y ont aucune prétention. Les Turcs ont jugé ce différend, tantôt en faveur des Grecs, tantôt en faveur des Latins, selon le crédit que les parties ont eu de faire revoir le procès. Il ne se décida jamais d'une manière assez définitive pour qu'ils ne puissent jamais en demander la révision qui a toujours été admise chez les Turcs. Lorsqu'une affaire, décidée par le grand vizir, n'est pas confirmée par le grand Seigneur, les parties sont en droit de dire que le vizir s'est laissé corrompre, et comme chaque partie allègue des fondements également plausibles auprès des Turcs pour prétendre à cette préséance, les deux nations l'emportent l'une sur l'autre tour à tour, selon les raisons qu'ont les Turcs d'entrer de nouveau dans l'examen de cette affaire de laquelle ils se font un jeu où ils ne perdent jamais. Car, en jugeant aujourd'hui favorablement une partie, ils n'abandonnent pas le droit de juger une autre fois en faveur de celle qu'ils condamnent et se font, en attendant, un fonds toujours nouveau de prétentions pour s'attirer des présens.

Le temps de prospérité, où les Turcs ordinairement ne sentent plus la nécessité de se ménager avec les princes amis, est toujours favorable aux Grecs et ils s'en servent avantageusement pour avoir cette préséance. Quand l'adversité fait rentrer les Turcs en eux-mêmes, ils écoutent l'autre partie et lui rendent ce qu'ils lui avoient ôté ; ainsi cette préséance est accordée alternativement aux Grecs et aux Latins, suivant la conjoncture des temps. Les Latins l'ont présentement sur les Grecs.

Fait au palais de France, à Péra-lès-Constantinople, le 20 novembre 1716.

III.

Traduction du mémoire présenté au grand vizir pour la réparation de la voûte du Saint-Sépulcre.

La grande voûte de l'église de Camamé, appartenant aux Religieux francs, menaçant une ruine évidente et ayant besoin d'être rebâtie, l'ordre en auroit été ci-devant délivré à Ak Bognar. Mais l'exécution en ayant été empêchée pour de certaines causes, j'ai reçu des ordres pressants du roi, mon maître, pour demander derechef avec empressement de nouveaux ordres pour la réparation de la dite voûte et des lieux qui menacent ruine. C'est pourquoi je vous requiers, en vertu de la solide amitié qui est entre les deux Empires et de la parole royale déjà donnée, qu'il soit permis aux Religieux latins, en conformité de l'ordre royal, de pouvoir réparer à leurs frais la grande voûte et autres lieux qui ont besoin de réparations. Je ne prétends pas, sous prétexte de cette réparation, que les Latins entrent en possession des lieux qui ne leur appartiennent pas, les Grecs, les Arméniens et les autres nations devant rester possesseurs des lieux qu'ils occupent ; et comme il est évident que l'église, nommée de Saint-Constantin, qui est attenante de la dite voûte et la cuisine qui est au-dessous tomberont, et que cette église et la cuisine appartiennent à la nation grecque, il doit lui être ordonné de la rebâtir en l'état qu'elle étoit auparavant. De plus, le clocher, qui est en dehors de l'église, qui est un ancien clocher très élevé dont les cloches ne sonnent plus, appartenant aussi aux Grecs, le haut du clocher menaçant aussi une ruine prochaine, et menaçant la ruine de la voûte en cas d'affaissement, il leur doit être pareillement ordonné de le rebâtir, en diminuant de la hauteur à un point convenable et, en cas qu'il succède, par malheur, quelque dommage au Saint-Sépulcre de Notre Seigneur, ou aux endroits circonvoisins, ou à la petite voûte qui est sur le Saint-Sépulcre, et qu'il soit besoin de les rebâtir, pour ôter tous obstacles, je requiers que la réparation en soit faite sans augmentation ni diminution, avec connoissance de la nation grecque.

IV.

Copie de la lettre du marquis de Bonnac au grand vizir.

J'ai appris hier, avec une grande satisfaction, par le rapport que le sieur Fornetti m'a fait de ce que vous lui avez dit, que le grand Seigneur avoit rempli les souhaits de l'Empereur, mon maître, touchant la réparation de la voûte du Saint-Sépulcre. Je vous en fais des remercîments proportionnés à cette marque d'amitié et désirant vous attirer au plutôt des témoignages de la satisfaction que l'Empereur, mon maître, aura de cette nouvelle, je souhaiterois de pouvoir envoyer incessamment à S. M. la copie du catchérif du grand Seigneur, ne doutant pas que cette nouvelle marque de son amitié et des bonnes intentions de V. E. ne redouble, plus que toute autre chose, dans son cœur, le désir d'augmenter la bonne intelligence réciproque des deux Empires. Je vous prie donc de me faire communiquer ce catchérif, afin que je le puisse envoyer par un vaisseau qui partira dans huit jours pour la France.

Novembre 1718.

V.

Traduction du commandement de la réparation des Saints Lieux adressé au Mollah.... au Capidjy Bachi... et à Moustafa ci-devant Defterdar de la Sublime Porte.

Le très glorieux seigneur de la croyance du Messie, le marquis de

Bonnac duquel la fin soit heureuse ! résidant à ma Sublime Porte, ambassadeur de l'empereur de France, nous a fait un mémoire par lequel il représente que la grande voûte de l'église du Camamé qui est à Jérusalem, appartenant en propre aux Religieux latins, et quelques autres endroits menaçant, depuis un très long temps, une ruine évidente et qu'ayant besoin d'être réparés, on auroit par ci-devant accordé des ordres impériaux pour le faire, mais que par de certains contretemps, n'ayant pas encore été réparés, il est très certain que si on en retarde la réparation, toute la voûte s'abattra ; qu'elle a un extrême besoin d'être réparée et qu'elle commence à s'abattre ; que sous prétexte de cette réparation, il ne sera fait aucun tort aux Grecs, aux Arméniens, ni aux autres Religieux, sujets de mon empire pour les lieux qui leur appartiennent, demandant ma noble et impériale permission pour que les François réparent la susdite grande voûte et les endroits appartenant aux Religieux françois qui auroient besoin de réparation, aux conditions, qu'étant évident que l'église de Saint-Constantin et la cuisine qui est au-dessous, appartenant aux Religieux grecs, auront besoin de réparation, elles seront réparées par les Grecs dans le même état qu'elles étoient et que le clocher, qui est dehors l'église de Camamé, qui a été anciennement cédé aux Grecs et l'église de Saint-Jacques, qui est proche, menaçant ruine, et qu'il est évident que si ledit clocher s'abattoit, il ruineroit et abattroit la grande voûte de l'église du Camamé, ledit clocher étant extrêmement exhaussé, il sera abaissé au point nécessaire et rebâti par les Grecs le mieux qu'ils pourront et que, si en cas, lors de la bâtisse, il arrivoit par accident que le tombeau que les Chrétiens reconnoissent pour le sépulcre du Messie, ou la petite voûte qui est au-dessus, ou les lieux circonvoisins fussent endommagés par la bâtisse et qu'il fût nécessaire de les rebâtir, ils seront réparés dans le même état qu'ils étoient auparavant, avec connoissance des Grecs, et nous ayant demandé notre impérial commandement pour qu'on ne puisse pas les empêcher de rebâtir ladite grande voûte ni les autres lieux appartenant aux Religieux françois, suivant que la loi le permet, et ayant trouvé inséré dans le registre des archives de mon sublime et impérial Conseil qu'il avoit été expédié un ordre suprême, du temps du vizirat de Moustâfa Pacha, fils de Kupruly, l'an 1102, pour qu'en conformité des inquisitions et informations faites, on pût réparer, selon que la loi le permet, les endroits qui menaçoient ruine au Camamé, sans rien faire de plus, ni sans rien innover ni changer de plus que ce qu'il y avoit dans le commencement, et ayant aussi trouvé inséré qu'en 1103, qu'en 1109 et aussi en 1123, on auroit derechef expédié des ordres impériaux pour qu'on n'empêchât pas la réparation de la voûte et autres lieux appartenant en propre aux Religieux françois, dans la même forme, sans rien innover ni changer, ni faire de par ci-devant le gouverneur de Jérusalem, — pacha et le cadi de Jérusalem — ayant représenté et informé que la susdite voûte et certains endroits avoient besoin dans cette forme d'être réparés, et ayant demandé la sentence de la loi : « Les chambres du monastère qui est à Jérusalem, nommé Camamé, ayant besoin de réparation, les habitants de ce monastère étant des Religieux latins francs et grecs, il est permis par la loi de les réparer tout comme elles étoient auparavant, sans rien faire de plus, avec un ordre impérial et encore y ayant dans le monastère de Jérusalem, nommé le Camamé, certains lieux abattus et certains endroits dont la bâtisse se démolit ayant besoin d'être réparés, si les habitants du Camamé, les Religieux latins francs et les Grecs souhaitent les réparer avec un ordre impérial, tout comme ils étoient auparavant sans y rien faire de plus, le chef de la vérité, le plus savant d'entre les savants qui abonde en source de science, le plus éloquent parmi les éloquents, que Dieu éternise son éloquence, le moufti, Abdoullah a donné sa sentence par laquelle il dit que suivant la loi, on ne peut l'empêcher, et le plus savant d'entre les savants, la source d'éloquence, Ahmed mollah, kady de Romélie, que Dieu éternise son éloquence, ayant donné un heudjet valable du consentement de tous les savants gens de loi, que Dieu les augmente, que cela est permis dans cette forme suivant la loi, et mon premier ministre, mon seul et sincère procureur, directeur des Conseils d'Etat, directeur des affaires publiques qui, par la prudence, termine les affaires les plus importantes de l'univers, qui affermit les colonnes de la félicité, mon très cher gendre Ibrahim pacha, duquel Dieu éternise la gloire et la puissance, ayant informé et fait telkis (information) que l'empereur de France et ses ancêtres ont témoigné, de tout temps, une véritable et sincère amitié pour mon Empire, que lorsque l'on réparera la bâtisse, il ne sera fait aucun dommage aux autres endroits et à la condition qu'après la réparation, les François ne pourront avoir aucune action contre les endroits que les sujets de mon Empire ont dans la Camamé et que s'il arrive par disgrâce, lorsqu'on réparera, quelque dommage audit Sépulcre et aux lieux attenant ou à la petite voûte qui est sur le Sépulcre et que lesdits endroits aient besoin d'être réparés, qu'ils seront réparés avec ma suprême permission et avec connoissance des Grecs, selon que la loi le permet, comme il a été accordé par mon catchérif et ma puissante et impériale permission a été accordée pour réparer ladite voûte et autres lieux, appartenant en propre aux Religieux latins francs ; néanmoins comme il est de mon devoir et de l'honneur de ma personne impériale de protéger la religion et la justice et ayant en vous, Mollah susdit, une entière confiance en votre droiture pour la loi, je vous ai constitué inspecteur sur ladite fabrique, sans que vous permettiez, comme il a été dit, qu'on y ajoute la moindre chose de plus qu'il y avoit, ni qu'on transporte une pierre à un autre lieu, ni qu'il se fasse rien contre la noble justice et vous susdits, avez été commis pour qu'avec l'inspection dudit Mollah, vous donniez fin à cette affaire, suivant que la loi le permet; vous irez voir sur les lieux pour lesquels vous avez été commis et vous visiterez avec des architectes la susdite voûte et autres lieux appartenant aux Religieux françois, qui ont besoin de réparation, sans empressement et avec intégrité vous mesurerez la véritable et juste longueur, largeur et hauteur ; vous l'enregistrerez et en ferez un acte et réglerez toute chose de manière que, lors de la fabrique, il ne tombe aucune pierre ni autres matériaux qui puissent endommager les endroits qui sont dessous et qu'après les réparations, les François, sous prétexte d'avoir fait la réparation, ne puissent inquiéter les sujets de mon Empire sur les lieux qui leur appartiennent ; et si, par accident, lorsqu'on fera la dite réparation, on endommageoit les lieux circonvoisins de la voûte, ou la voûte qui est sur le Sépulcre, et qu'on fût obligé de les réparer, la réparation se fera avec connoissance des Grecs, et vous empêcherez, qu'en conformité de la noble sentence, personne ne porte aucun empêchement à la réparation de ladite voûte ni aux autres lieux appartenant aux Religieux françois, suivant que la loi le permet et dans l'état où ils étoient auparavant, sans qu'on puisse y ajouter rien. Néanmoins, vous vous donnerez bien garde de consentir qu'on ne fasse rien de contraire à la loi, ni au sens de mon impérial commandement, qu'on ne fasse rien élargir ni hausser, ni fortifier plus qu'il n'étoit, qu'on ne fasse rien de plus que ce qu'il y avoit, ni qu'on ne puisse faire avec des briques ce qui étoit autrefois de la chaux, ce qui étoit avec des briques avec des pierres, ce qui étoit avec du fer et du bois de palmier avec du bois de charpente ni avec du sapin, ni ce qui n'étoit pas blanchi ni orné ne puisse être ni blanchi ni orné, ni qu'on ne puisse pas transporter le moindre petit morceau de pierre à un autre lieu, ni qu'ils ne puissent faire aucun tort ni aucun dommage aux endroits qui appartiennent aux sujets de mon Empire. Vous garderez pareillement, autant que la loi le permet, la fabrique de ladite voûte et des autres lieux appartenant aux Religieux françois, de cette manière que si, pour cette affaire, vous prenez la moindre obole soit des Francs, soit des sujets de mon Empire, ou que vous fassiez la moindre chose contraire à mon commandement, vos excuses ne seront point écoutées et vous devrez être sûrs que vous serez châtiés rigoureusement. Par conséquent, conduisez-vous avec droiture et intégrité ; et vous ferez aussi préparer et accomplir toutes les choses nécessaires pour tâcher d'empêcher que les matériaux qui tomberont ne puissent endommager les autres lieux. A ce sujet, mon commandement impérial a été expédié D.

VI.

Mémoire sur les affaires de l'église latine de l'île de Chio, du 8 avril 1729.

Les diverses prétentions des Religieux de Chio, tant françois que sujets du grand Seigneur, ont été regardées, toujours avec raison, comme une affaire très difficile. L'événement ne l'a fait que trop voir, car quoiqu'elle ait été conduite par l'ambassadeur du roi avec de très grands ménagements, cependant, comme il n'a pu retenir le zèle immodéré des Religieux, ils se sont tellement abandonnés à leurs espérances et à une facilité apparente, qu'ils ont donné lieu à une espèce de persécution très vive, dans laquelle la maison consulaire du roi a pensé se trouver enveloppée, et les esprits étoient si animés que les choses auroient été, sans doute, beaucoup plus loin, si les démarches de l'ambassadeur et la conversation qu'il a eue, en dernier lieu, avec le grand vizir n'avoient apporté quelque modération aux violences qu'on avoit déjà exercées et à celles qu'on méditoit encore.

Mais pour bien entendre ceci, il faut reprendre les choses de plus haut et raconter ensuite tout ce qui s'est passé dans cette affaire.

Lorsque l'île de Chio fut obligée de se soumettre aux Turcs, elle le fit par une espèce de traité qui fut observé assez exactement de la part du grand Seigneur. Cette île étoit habitée par des Grecs et des Génois et les uns et les autres, suivant les accords qu'ils avoient entre eux, gouvernoient l'île par des députés qu'ils nommoient de part et d'autre. Les Grecs étoient plus nombreux, mais les Latins, étant plus riches, les égaloient ou les surpassoient en autorité.

Les uns et les autres exerçoient publiquement les fonctions de leur religion en la même manière qu'ils l'auroient pu faire au milieu de la chrétienté; mais la jalousie du gouvernement, autant que la différence de religion, entretenoient des divisions particulières qui éclatèrent dans la guerre des Vénitiens en 1694. Les Chrétiens conseillèrent, à ce qu'on prétend, aux généraux de la République de s'emparer de l'île de Chio et leur facilitèrent l'entrée de leur ville. Les Vénitiens ne la purent conserver qu'un an et, les Turcs y étant rentrés, les Grecs profitèrent de cette occasion pour exercer leur animosité contre les Latins et pour leur faire perdre la part qu'ils avoient au gouvernement, faire abattre leurs églises et les priver de l'usage public de leur rit. Cela ne leur fut pas difficile, les Turcs étant persuadés que les Latins avoient appelé les Vénitiens.

Il est nécessaire de savoir que quelques Capucins françois, s'étant établis à Chio longtemps auparavant, y avoient une église et quelques chapelles et qu'ils servoient de chapelains au consul du roi. M. de Châteauneuf pour lors ambassadeur du roi à Constantinople, voyant que les Turcs se préparoient à reprendre Chio et craignant que, dans leur première fureur, ils ne confondissent le consul du roi et les Capucins françois avec les Latins, sujets de cet empire, leur ordonna de se retirer à Smirne, ce qu'ils firent. Les Jésuites qui étoient naturels du pays se retirèrent pareillement, à la réserve d'un qui fut obligé de se cacher et qui fut même maltraité.

Les Turcs étant entrés à Chio firent pendre quatre des principaux des Latins, et particulièrement un appelé Justiniani. Ils ôtèrent les autres du gouvernement qu'ils laissèrent entièrement aux Grecs, firent abattre ou détruire toutes les églises des Latins, même celle des Capucins françois et firent confisquer les biens de tous ceux qui s'étoient retirés, sans distinguer ceux des Capucins des autres. Les Grecs se chargèrent ensuite de cette confiscation, moyennant une somme de quatre cent soixante-dix bourses qu'ils payèrent au trésor du grand Seigneur, ensuite de quoi, ils vendirent ces biens à divers particuliers. Les choses ont demeuré dans cet état pendant près de vingt cinq ans. On a fait, à la vérité, quelque tentative pour la restitution des biens des Capucins et des Jésuites, et le rétablissement de leurs églises, mais toujours inutilement, ces sollicitations étant tombées, ou par les difficultés qu'on y trouvoit, ou par les autres affaires qui survenoient. Cependant, tous les religieux avoient trouvé moyen de revenir à Chio et d'y former de nouveaux établissements, sans églises et sans exercice public. Les Capucins qui ne pouvoient pas perdre cette mission de vue, proposèrent à M. des Alleurs de faire bâtir une maison en commun avec le consul, dans laquelle on pratiqueroit une chapelle. Ce moyen réussit et cette chapelle a tenu lieu, pendant cinq ou six ans, d'une église publique à Chio.

Il ne manquoit plus que deux choses pour remettre cette île presque dans le premier état où elle étoit. C'était de faire rétablir l'usage public de notre rit, d'avoir une église épiscopale et de faire rentrer les Latins dans le gouvernement. Le sieur Xaviero Justiniani, fils de celui que j'ai dit ci-dessus qui avoit été pendu, profita habilement du mécontentement que les Turcs avoient des députés grecs et de l'arrivée du comte de Virmont, ambassadeur de l'empereur. Il obtint un catchérif pour faire rebâtir une église pour les Latins et pour les faire rentrer dans le gouvernement de l'île. Cela fut exécuté ponctuellement et il devoit s'en tenir là, puisque l'usage de notre rit étoit solidement établi par la construction d'une église publique convenable et par la chapelle particulière du consul ; mais comme il avoit fait insérer une clause dans le catchérif du grand Seigneur, qui paroissoit en quelque façon favoriser la répétition des biens confisqués et que ceux que son père avoit perdus étoient très considérables, il crut qu'à la faveur de cette clause, il pourroit rentrer dans ces biens, mais que comme la chose seroit hasardeuse et difficile pour un particulier, il falloit en faire faire la tentative par les Religieux qui seroient soutenus par l'ambassadeur. Il les anima donc à cette sollicitation à laquelle ils n'étoient que trop portés d'eux-mêmes. L'ambassadeur résista longtemps aux sollicitations des Religieux, il leur représenta plusieurs fois les conséquences dangereuses de cette affaire, mais toujours inutilement. Il ne pouvoit pas se mêler ouvertement de la prétention des Jésuites chiotes qui sont sujets du grand Seigneur, mais il leur promit de les aider tant qu'il pourroit le faire sans se compromettre. En effet, les Jésuites ayant obtenu un commandement pour faire examiner leur affaire en justice à Chio, l'ambassadeur leur donna un de ses drogmans pour les appuyer; mais, quelque dépense qu'ils fissent, quelque mouvement que l'on se donnât pour leur faire obtenir une décision favorable, cette proposition intéressant trop de monde, le rapport de la justice de Chio leur fut absolument contraire. Les Jésuites voyant qu'ils ne pouvoient pas venir à bout de leurs prétentions, s'attachèrent à profiter de la facilité du gouvernement pour former une espèce d'église publique et ils obtinrent, à cet effet, un commandement pour pouvoir lire l'évangile dans leur maison. Cela ne fut pas plutôt fait qu'ils y disposoient une très grande chapelle, invitèrent l'évêque et son clergé à y venir, publièrent les prières des quarante heures et enfin, n'observèrent aucun des ménagements que la prudence veut qu'on garde dans les nouveaux établissements. Les Dominicains, qui avoient de grandes prétentions pour la restitution des biens qu'on leur avoit confisqués, voyant que la chose n'avoit pas réussi aux Jésuites, se tenoient en repos de ce côté-là, mais ne pouvant pas voir sans quelqu'émulation qu'ils eussent ouvert une église, ils obtinrent aussi un commandement et se mirent à bâtir une véritable église; quelques particuliers de Chio firent la même chose, de même que les Socolans; mais ceux-ci, qui sont protégés par le consul de Hollande, qui ne demandent ni ne possèdent aucun bien, ont été exempts de l'orage qui est tombé sur tous les autres.

Les choses étoient dans cet état, quand les Capucins, pressant l'ambassadeur de les protéger pour rentrer dans leurs biens, l'engagèrent à demander un ordre pour que leur affaire fût reçue en justice. Leur cause étoit véritablement plus favorable que celle des autres parce qu'étant françois, il paroissoit que le grand Seigneur n'avoit pas pu disposer légitimement de leurs biens.

L'ambassadeur leur représentoit néanmoins, sans cesse, que si cela étoit vrai d'un côté, ils devoient considérer de l'autre qu'il y avoit plus de vingt-cinq ans que ces biens avoient été confisqués; que le produit en avoit été porté au trésor du grand Seigneur; qu'ils avoient passé depuis par diverses mains et qu'ils se trouvoient actuellement possédés par des Turcs considérables et, de plus, que ceux qu'ils attaqueroient, engageroient les propriétaires des autres biens à se joindre à eux, prévoyant bien que s'ils gagnoient leur cause, ils serviroient d'exemple pour tous les autres ; que, quoique la prétention des Jésuites n'eût pas réussi, elle avoit extrêmement échauffé les esprits ; que ceci achèveroit de les irriter et qu'il voyoit tout à craindre et fort peu à espérer dans cette entreprise. Les Capucins persistant toujours, l'ambassadeur crut qu'il ne pouvoit pas moins faire que de demander pour eux un commandement conforme à celui que les Jésuites avoient obtenu.

Ce commandement étant devenu inutile avant qu'on ait pu en faire usage, parce qu'il étoit adressé à des magistrats qui ne se trouvoient plus à Chio, le père Hyacinthe, custode des Capucins, pria l'ambassadeur d'en solliciter un pendant qu'il iroit à Chio avec l'ancien, pour reconnoître la disposition des esprits et voir l'usage qu'il en pourroit faire. Mais, par une fatalité qu'on a prévue et qu'il n'a pas été possible d'éviter, ce commandement, qui étoit inutile par lui même et qu'on ne devoit pas présenter, a produit un mouvement épouvantable dans Chio. Toute la ville s'est soulevée et a envoyé des actes publics au grand vizir, par lesquels on lui représentoit que les Latins étoient venus depuis peu à un tel point d'insolence et d'orgueil qu'il falloit nécessairement, ou que le grand vizir les exterminât de cette île, ou que, faisant transporter ailleurs tous les Turcs qui y demeuroient, il leur donnât d'autres terres pour habiter ; que les François, sous prétexte de bâtir une maison pour leur consul, avoient construit une forteresse et y avoient fait, sans la permission de la Porte, une très grande église ; que les Jésuites, les Dominicains et divers particuliers avoient eu aussi la hardiesse de faire bâtir des églises, enfin que l'île de Chio étoit devenue une nouvelle Malte. Abduraman Pacha et Sali Pacha, capitaines de galères et possesseurs de la plus grande partie des biens confisqués, qui étoient à la tête de ce mouvement, envoyèrent au Capitan pacha, gendre du grand vizir, les mémoires qui avoient été dressés là-dessus et qui étoient signés de tous les principaux habitants de l'île. Cela se passa à la fin du mois de février. Le sieur de Marigny, consul de France, qui vit ce feu, mit tout en usage pour l'éteindre, mais n'en ayant pas pu venir à bout, il en informa l'ambassadeur afin qu'il pût travailler à y porter quelque remède. Le malheur voulut qu'il ne reçut ses lettres que trois ou quatre jours après que le Capitan pacha avoit reçu les siennes. Celui-ci prit feu aussitôt, alla trouver le grand vizir et, lui grossissant encore les objets, se fit donner sur le champ un ordre pour détruire toutes les églises qui auroient été bâties sans commandement et faire mettre en prison ceux qui avoient eu la hardiesse de les bâtir. A peine cela étoit-il fait que l'ambassadeur, ayant été informé par les lettres du consul de l'état des affaires de Chio, écrivit une lettre dans les termes les plus convenables au grand vizir, dans laquelle, après lui avoir exposé le motif des plaintes qu'on lui avoit portées, il le prioit d'envoyer un homme sur les lieux pour examiner la vérité des choses et se déterminer sur le rapport qu'il lui en feroit. Le grand vizir répondit par un billet à l'ambassadeur qu'il prendroit ce parti, et véritablement il expédia, le 12 mars au matin, un aga considérable, avec des ordres très modérés. Mais cet aga n'étant arrivé que le 19, il trouva que l'homme du Capitan pacha, qui l'avoit précédé de quatre jours, avoit fait abattre deux ou trois églises et mettre plusieurs personnes en prison : il fit mettre, de son côté, l'évêque aux arrêts et quelques autres particuliers.

Une des principales craintes de l'ambassadeur étoit qu'on ne touchât à la maison et à la chapelle consulaires, et ce n'étoit pas sans raison, n'y ayant pas encore deux ans que, sur un faux rapport, le grand vizir avoit fait détruire de fond en comble, à Larnaca en Chipre, la maison d'un Anglois.

Cet exemple, donnant un juste sentiment d'appréhension à l'ambassadeur, l'avoit obligé de demander particulièrement qu'on fit examiner cette maison. Le grand vizir ayant donné cet ordre par un billet particulier à Moustapha aga et l'ambassadeur ayant su que celui-ci avoit fait son rapport, il demanda à voir le grand vizir, le samedi 4 de ce mois, et dans une conversation de près de deux heures qu'il eut avec lui, il le fit convenir qu'il n'y avoit rien à redire à la maison consulaire ni à la chapelle et qu'on n'auroit peut-être pas touché au reste, si on en eût fait le rapport et attendu ses ordres.

Le grand vizir se plaignit cependant d'une manière très sensible, quoiqu'avec beaucoup de douceur, de l'indiscrétion des Religieux, disant en propres termes : « ne savent-ils donc pas que je ne fais pas de distinction entre les sujets du grand Seigneur, que j'ai des entrailles de père pour tous en général, que je les laisse vivre tranquillement dans leur religion, lire l'évangile et faire leurs prières dans leurs maisons tant qu'ils veulent ; mais je ne peux pas leur sacrifier ouvertement les lois de l'empire qui sont très sévères, comme vous le savez, sur la construction des nouvelles églises ; qu'ils jouissent paisiblement de ce qu'ils ont et s'ils ont besoin de quelque chose de plus, qu'ils me le demandent dans les formes ordinaires. Je ne leur refuserai rien de ce que je puis accorder. » L'ambassadeur, le voyant si favorablement disposé, le pria d'ordonner qu'on relâchât les gens qu'on avoit arrêtés, surtout l'évêque et un vieux Dominicain. Il le lui fit espérer. Enfin, il parut à l'ambassadeur qu'il avoit laissé le grand vizir dans des dispositions très favorables. Le Reïs Effendi, qui étoit présent à la conversation, contribua beaucoup à le continuer dans ces sentiments en lui disant que tout cela ne provenoit que d'Abduraman et de Sall pacha qui, pour conserver leurs biens, avoient voulu noircir les Latins. Il ajouta que véritablement les Latins avoient aussi tort de vouloir faire revivre une prétention qui auroit pu être favorable dans les commencements, et qui étoit devenue insoutenable par la longueur du temps ; qu'il avoit été si persuadé que cette prétention produiroit quelque mauvais effet qu'il avoit retardé, pendant plus de six mois, l'expédition qui ordonnoit l'examen de cette affaire.

On peut voir, par tout le détail ci-dessus, que l'émulation réciproque des différents ordres religieux qui sont à Chio et l'ardeur inconsidérée avec laquelle ils se sont portés à l'ouverture de nouvelles églises, est l'unique cause de tout ce qui leur est arrivé. Il n'y a que la Cour de Rome qui y puisse mettre ordre, mais il est sûr que si la religion a quelque chose à craindre dans ce pays-ci, ce n'est que de cette émulation et de ce désir de s'accroître que chaque ordre de religieux porte en venant dans les missions. Je comprends bien que le remède est difficile mais il n'en est pas moins nécessaire.

VII.

Lettre de M. de Bonnac au duc d'Orléans.

9 juin 1723.

Monseigneur,

Cette lettre ne roulera que sur les affaires de la religion en Syrie et en Palestine. Les patriarches grec et arménien, pour s'opposer aux progrès que nos missionnaires faisoient parmi ceux de leur croyance, et irrités en particulier de quelques entreprises qu'on avoit faites trop ouvertement contre eux, ont renouvelé dans l'esprit des Turcs les soupçons qu'ils leur avoient autrefois inspirés, que tous les Grecs et les Arméniens qui embrassoient notre religion devenoient sujets du Pape et, sous ce prétexte, ils ont fait exiler sept catholiques de Damas et de Seyde, avec l'évêque de cette ville, appelé Euftimius. Il est vrai que les mesures qu'ils avoient prises sur cela sont devenues inutiles par la prudence du pacha de Seyde qui, ayant fait des représentations à la Porte en faveur des exilés, a obtenu leur pardon.

Mais les Grecs, qui en vouloient principalement à nos missionnaires, avoient pris cette occasion pour faire renouveler deux anciens commandements qui leur étoient si préjudiciables qu'ils ne vont pas à moins qu'à les faire chasser des États du grand Seigneur. J'ai tenté de traiter d'abord cette affaire avec le grand vizir, mais ayant remarqué que les soupçons qu'on lui avoit donnés étoient encore trop vifs, je me suis tourné du côté des Grecs et, dans une conférence que j'ai eue avec le patriarche de Jérusalem, je l'ai engagé à me donner parole qu'il feroit revenir les commandements qu'il avoit obtenus contre nos missionnaires et qu'ils demeureroient sans exécution, de sorte que j'ai tout lieu d'espérer que cette affaire sera pour le présent assoupie ; mais comme le moindre incident la peut renouveler, j'écris à Rome qu'il me paroît absolument nécessaire de ne pas abandonner les missionnaires à leur zèle et de leur donner de bonnes règles dont ils ne puissent s'écarter, et de ne plus envoyer un si grand nombre de religieux et de mieux choisir les sujets.

VIII.

Lettre du roi à M. de Bonnac.

Versailles, le 30 octobre 1723.

Monsieur le marquis de Bonnac, il m'a été présenté au nom des catholiques du Levant, nés sujets du grand Seigneur, un mémoire où ils m'ont représenté que les patriarches schismatiques ont obtenu nouvellement un ordre de ce prince, par lequel il est prescrit aux chrétiens ses sujets qui ont embrassé la foi catholique de l'abandonner, avec défense d'avoir aucun commerce avec les missionnaires françois. En conséquence, les magistrats turcs dans les villes de Syrie en ont fait mettre plusieurs en prison, comme aussi quelques prêtres et quelques évêques. Enfin, il est revenu des avis que, si l'ordre du grand Seigneur subsistoit, les missionnaires seroient bientôt obligés de quitter le pays et de revenir dans mon royaume. Comme mon intention est, à l'exemple des rois mes prédécesseurs, de procurer, en tous lieux et toutes sortes d'occasions, le bien de notre sainte religion et de protéger ceux qui la professent, je veux que vous employiez tous vos soins pour obtenir la révocation du commandement du grand Seigneur, en faisant connoître à la Porte qu'il ne sauroit s'accorder avec l'observation des capitulations qui subsistent entre moi et ce prince. Vous ne sauriez accomplir votre ambassade par rien qui me soit plus agréable que le succès de l'ordre que je vous donne.

IX.

Extrait d'un mémoire et de diverses lettres sur les missionnaires de Syrie.

C'est une erreur commune à presque tous les missionnaires en Turquie que de trop s'appuyer sur la fausse idée qu'ils ont de la protection que, selon eux, les ministres du roi sont obligés de donner aveuglément à leurs entreprises souvent inconsidérées ou pieusement téméraires. La protection sur laquelle ils doivent raisonnablement compter a des bornes et des restrictions réglées par la prudence et par les capitulations, au-delà des quelles on ne peut vouloir l'étendre sans se brouiller avec la Porte ou, tout au moins, sans donner aux patriarches et aux évêques grecs, arméniens et autres de s'en plaindre, ce qui est pour les Turcs une source d'avanies dont ils profitent toujours, aux risques et périls de la religion et à la ruine infaillible des sujets du grand Seigneur, tant catholiques qu'hérétiques et ce qui sera cause enfin que les missionnaires seront généralement chassés de l'empire Ottoman. Pour parvenir au but que ces révérends Pères devroient se proposer, il faudroit qu'ils renonçassent de bonne foi à l'esprit de domination et qu'ils se conduisissent dans les voies de la douceur et de la charité, dans l'unique voie, prudemment suivie, du salut de ceux qu'ils veulent réduire, au lieu d'user, comme font quelques-uns dans leurs discours et leurs écrits, de termes offensants qui ne produisent qu'aigreur et éloignement, seul fruit qu'on puisse attendre d'un zèle bouillant et mal dirigé, également opposé aux lois du christianisme et aux règles de la société civile.

Plusieurs chrétiens catholiques de ce pays m'ont souvent fait ces remontrances, mais toujours inutilement, parce que mon pouvoir ne s'étend pas au delà des représentations que j'ai faites, vainement aussi, à mon tour, à la Congrégation *De Propagandâ fide* qui n'a jamais daigné me faire un mot de réponse, ni donner ses ordres souverains là-dessus ; et quelques-uns de ces mêmes chrétiens, pour se soustraire à la persécution que la fureur immodérée des missionnaires leur avait attirée en plusieurs occasions, ont été obligés de s'enfuir d'Alep. Il seroit donc, à mon sens, pour le bien de la religion, que notre Saint-Père le pape donnât ordre aux missionnaires de ne pas outrer leur ministère, de se commander à eux-mêmes comme ils veulent commander aux autres, et de moins écouter leur amour-propre dont les mouvements les divisent même entre eux, sur certains points, qui, sans toucher le fonds de la doctrine, étant approuvés par les uns et condamnés par les autres, sont cause de scandale parmi les chrétiens du pays. Par exemple, il y a des missionnaires qui prétendent qu'il ne doit pas être permis aux Arméniens et aux autres chrétiens catholiques d'aller, par pur respect humain, dans les églises de leur nation. D'autres prétendent le contraire et passent pour relâchés dans l'esprit des premiers. Il y en a qui permettent de manger de la viande, ou ordonnent de s'en abstenir certains jours de la semaine et de faire carême comme les Latins. D'autres, et ceux-ci paroissent les plus raisonnables, disent qu'il faudroit suivre là-dessus les règles générales de l'ancien rit, parce que ces distinctions scandalisent et aigrissent les hérétiques sans nulle utilité : à quoi l'on ajoute qu'il faudroit aussi que les chrétiens devenus catholiques demeurassent soumis à leurs pasteurs, quant à l'administration du baptême et du mariage et pour les funérailles et qu'ils leur payassent toujours leurs droits ordinaires, dont la privation irrite ces gens-là, bien plus qu'ils ne sont touchés de l'intérêt de leur religion.

Voici des extraits de quelques lettres qui sont entre les mains d'une personne de considération en France. Ils prouvent sensiblement la différence des opinions des missionnaires et les inconvénients qui résultent des entreprises de quelques-uns d'entre eux.

Du 13 juillet 1714.

Il y a longtemps que j'ai dit, et je le répète encore, qu'il y a trop de Religieux dans quelques Échelles. S'il y en avoit moins et qu'il n'y eût point de différents ordres dans un même endroit, ce seroit un bien pour la religion et pour le repos public. Il y a ici des Jésuites, des Cordeliers, des Capucins et des Carmes. Le grand nombre et la multiplicité de leurs habillements multipliant, pour ainsi dire, les objets aux yeux du pacha qui court la ville déguisé pour savoir ce qui s'y passe, je crains qu'il ne soit effarouché et qu'il ne prenne de fâcheuses résolutions contre eux.

Du 2 mars 1716.

Le nouveau pacha d'Alep persécute les chrétiens de cette ville, sous prétexte de leur catholicité. Il en fit arrêter hier quelques-uns au sortir de notre église, et j'ai eu avis, ce matin, qu'il avoit envoyé des sergens par la ville pour se saisir de nos missionnaires, s'ils en rencontroient qui entrassent chez ces chrétiens ou en sortissent. J'ai fait part de cet avis à tous nos Religieux et les ai exhortés à demeurer clos et couverts dans leurs maisons et de n'y laisser entrer aucun chrétien du pays, jusques à ce que l'orage soit passé.

Du 4 mars 1716.

L'affaire des chrétiens de cette ville, dont j'eus l'honneur d'entretenir V. E. par ma lettre d'avant hier, a été terminée moyennant deux mille écus. Ils sont tous persuadés qu'ils ne cesseront jamais d'être accablés d'avanies, tant que durera la trop grande fréquentation qu'ont avec eux nos missionnaires, parce qu'elle les désigne et les distingue des autres chrétiens qui les dénoncent. Ils ajoutent que les Maronites étant catholiques ouvertement, sans nulle opposition, les Religieux francs sont absolument inutiles pour la propagation de la foi dans les lieux où il y a des Maronites, puisque ceux-ci peuvent faire et font, en effet, la mission sans danger et avec succès. J'ai fait venir chez moi quelques-uns des principaux de ces gens là et après les avoir exhortés à la continuation de la paix que j'ai toujours tâché de maintenir entre nous, ils m'ont dit naturellement qu'ils se trouvoient avec nos missionnaires dans le cas de deux bons amis qui, par des raisons politiques, ne peuvent avoir nul commerce ensemble, et l'on doit faire publier, dans les églises des Maronites, Grecs, Suriens et Arméniens, une défense expresse à tous les sujets chrétiens du grand Seigneur d'avoir relation ni affinité, directement ni indirectement, chez eux ou ailleurs, avec aucun missionnaire franc.

Réponse du 3 avril 1716.

J'ai vu ce que vous m'écrivez de la défense qu'on doit faire aux Maronites, Grecs et autres chrétiens catholiques, de communiquer avec nos missionnaires. Voilà ce que produit la trop grande envie que ces derniers ont de se mêler des affaires d'autrui.

Du 16 mars 1716.

Les Maronites, piqués et outrés du mépris qu'on a fait de leurs plaintes sur les propositions que le P. Blein, supérieur des Jésuites à Alep, avoit répandues contre eux, et de ce qu'il semble qu'on n'ait laissé ce Père ici que pour les insulter, nonobstant les instances qu'ils ont faites pour qu'on l'envoyât ailleurs, les Maronites, dis-je, ont été ceux qui ont le plus animé les autres nations à la défense générale qui a été faite entre eux d'avoir aucune fréquentation avec les missionnaires. Et ceux-ci n'ont pas fait difficulté de me dire que les Maronites s'en étoient ainsi expliqués publiquement. Ce que j'ai su d'ailleurs encore. Le père Blein vint l'autre jour, avec les Pères de Terre-Sainte, les Capucins et les Carmes, avant qu'on eût fait cette défense, me dire qu'elle seroit peut-être la perte entière de la mission et me prier d'aviser à prévenir ce malheur; mais il n'étoit plus temps, et tout ce que j'ai pu faire, ça été qu'on n'attachât pas à cette défense des peines rigoureuses, comme d'être excommunié ou livré à la justice turque, ainsi qu'il avoit été résolu contre ceux qui recevroient les missionnaires chez eux, ou qui iroient chez les missionnaires; et quand je dis que je n'avois que la voie de l'exhortation à prendre, le père Blein me proposa d'user de menaces, en quoi je n'ai pas été de son sentiment, ni aucun des missionnaires non plus. Je ne veux pas dire qu'il ait part à la dernière avanie, mais il est certain qu'on ne l'aime pas, parce qu'il est trop entreprenant et qu'il veut dominer. En un mot, je connois qu'il est du bien de la religion et du repos public, qu'on éloigne d'ici le père Blein et tous les autres missionnaires ne prêchent autre chose.

Réponse du 1ᵉʳ mai 1716.

Je suis très fâché que les propositions du père Blein aient à la fin attiré une défense aux chrétiens d'Alep, sujets du grand Seigneur, de communiquer avec nos missionnaires. Il n'auroit pas été prudent de se servir de menaces à l'égard des premiers comme le demandoit le père Blein; elles n'auroient fait qu'aigrir davantage les esprits déjà assez irrités. Je connois depuis longtemps la nécessité que ce père soit éloigné d'Alep, où ses entreprises causent du mal à la religion et aux missionnaires.

Autre lettre du 16 juillet 1716.

L'écrit par lequel les chrétiens du pays s'étoient interdit la fréquentation de nos missionnaires, ainsi que je vous en ai informé le 4 mars dernier, a été retiré d'entre les mains de celui qui en étoit dépositaire et remis en celles du patriarche des Grecs qui m'a promis de le brûler. Ainsi la mission va reprendre son cours, mais il faut que les missionnaires s'y conduisent avec circonspection et c'est ce que je ne cesse de leur recommander. Tous, excepté les Jésuites, assurent que les propositions que le Père Blein, supérieur de ceux-ci, avoit répandues contre les Maronites ont été cause de ces derniers troubles et presque tous les chrétiens du pays en parlent de même. On dit que ces propositions ont été condamnées par la cour de Rome où les Maronites ont porté leurs plaintes.

Réponse du 14 août 1716.

Je suis bien aise que les chrétiens d'Alep aient levé l'interdiction qu'il y avoit entre eux de ne fréquenter point nos missionnaires; vous pourriez avec cela vous flatter de quelque tranquillité, si on changeoit le père Blein dont l'humeur remuante, jointe au chagrin que ses propositions contre les Maronites soient condamnées, causera toujours du trouble dans ce peuple-là : peut-être qu'on fera attention en France à ce qu'on y a représenté que le séjour des religieux en Levant étoit nuisible au bien de la religion.

On fut enfin délivré à Alep du père Blein, au mois de novembre 1717. Il fut envoyé à Damas où il mourut de la peste, au mois de mars 1720. Dieu veuille avoir son âme et fasse que son génie ne revienne pas parmi ses successeurs ni les autres missionnaires, mais qu'au contraire ils soient tous bien pénétrés des vérités qu'une longue et sûre expérience m'a apprises. C'est dire : 1° qu'on doit réprimer la pétulance de ceux qui veulent trop entreprendre et qu'il faut, dans les choses même les plus permises, se conduire avec beaucoup de circonspection et de retenue, parce que les Turcs sont gens féroces que nous n'avons pu apprivoiser à nos manières, depuis que nous sommes en relations avec eux et principalement en matière de religion, quoiqu'à dire le vrai, ils aient pour nous des complaisances et des condescendances que n'ont point, dans leurs États, les Anglois, les Hollandois et autres qui ne sont point, comme les Turcs, ennemis du nom chrétien; 2° que tant que ceux-ci ne contreviendront point aux capitulations, il ne nous convient en nulle manière de nous brouiller avec eux, parce que nous avons dans leur pays de grands engagements par rapport à la religion et au commerce que nous ruinerions par là, le grand Seigneur n'ayant pas pour nous les mêmes raisons de ménagements et ne craignant pas les représailles de notre part; 3° que le grand Seigneur est le maître d'expulser de son empire les étrangers qui, contre ses volontés, s'ingèrent de la direction de ses sujets et que, soit par caprice ou par raison qu'il agisse en cela, il n'y a pas de lois parmi les souverains qui l'en rendent comptable à personne et que, sur ce principe incontestable, il faut que les missionnaires, s'ils veulent être soufferts ici, se gouvernent si largement qu'ils ne donnent pas la moindre prise sur eux; 4° et enfin que les patriarches grecs, arméniens et autres, n'ayant qu'à défendre aux sujets chrétiens qui leur sont soumis, d'avoir aucune fréquentation avec les missionnaires, pour que tout commerce soit absolument interdit entre eux.

Le premier et principal soin des missionnaires devroit être de ramener et de se *concilier les pasteurs, après quoi les ouailles se conduiroient aisément. Mais on n'y parviendra jamais par les voies de hauteur et d'autorité que quelques missionnaires ont voulu prendre.* Saint-Paul n'étoit pas moins zélé qu'eux, mais son zèle étoit modifié par une sage et sainte politique. Il avoit égard aux temps et aux lieux. En un mot, et suivant les maximes constantes de ce même apôtre, il faut ici, comme partout ailleurs, que la grâce de Dieu agisse dans le cœur de ceux que nous voulons instruire, pour les préparer à être persuadés des grandes vérités de notre religion et qu'après cela, elles leur soient enseignées avec douceur et charité, sans quoi tous les commandements du grand Seigneur seront toujours non-seulement inutiles, mais même ruineux aux catholiques et aux hérétiques qui les obtiennent alternativement les unes contre les autres, moyennant bien de la dépense, *non ad majorem Dei gloriam, sed tantum semperque ad utilitatem Turcarum ac magnum damnum religionis.*

X.

Lettre écrite à M. le Cardinal Gualterio par M. le Marquis de Bonnac, le 27 avril 1724, pour accompagner le mémoire suivant.

Monseigneur,

J'entreprends une chose bien hardie en proposant, dans le mémoire ci-joint, mes vues sur l'état des missions du Levant; mais, ic remettant en des mains qui m'ont toujours été si favorables que celles de Votre Eminence, ma témérité me paroît plus excusable.

J'ose donc, Monseigneur, vous prier d'y vouloir bien jeter les yeux avec cette même bonté dont vous m'avez toujours honoré, d'en excuser le dessein sur mon zèle pour l'avancement de la religion, et les fautes sur mon ignorance.

Je dis en homme de bien et d'honneur ce qui me paroît, et vous jugerez, sans doute, Monseigneur, que je ne dis pas tout. Je parlerai plus franchement à Votre Éminence et je vous avouerai que la grande et sainte entreprise de la réunion des Grecs et des Arméniens n'est pas conduite comme elle devroit l'être; que beaucoup de ceux qui s'en occupent le font sans talent et sans connoissance suffisante des langues; ils viennent dans le Levant avec des préjugés de nation ou de leurs ordres particuliers, qui peuvent être bons en traitant avec les hérétiques d'Europe, mais qui sont très dangereux en traitant avec les schismatiques du Levant.

Il n'est point question, ce me semble, ici, de détruire une forteresse ennemie, mais de réparer un vieux bâtiment sur lequel nous avons des droits légitimes. Enfin, Monseigneur, pour continuer cette comparaison militaire, il faut, ce me semble, regarder les Grecs et les Arméniens comme d'anciens alliés qui ont rompu l'union qu'ils avoient avec nous et qui forment un corps d'armée à part. On n'avancera que peu ou point en s'attachant à débaucher leurs sujets et à les faire déserter. C'est une affaire qu'il faut traiter en gros avec les chefs, le détail, comme on ne l'a que trop souvent vu par l'expérience, ne sauroit mener loin et vous seriez surpris, Monseigneur, si vous saviez, au juste, le peu qu'on a avancé par cette méthode.

La question de la suprématie du Pape, par laquelle tous les missionnaires commencent, devroit être réservée peut-être pour la dernière, ou au moins traitée avec beaucoup de délicatesse. Il y a une grande différence entre être unis ou soumis au chef de l'Église visible et entre être dominé par lui. Si le premier peut suffire, pourquoi se présenter du côté du second qui effarouche et révolte les esprits, et il ne convient peut-être pas de se comporter dans une négociation pour ainsi dire de pacification, comme on feroit si on agissoit dans un esprit de conquête. Comment peut-on espérer d'être écouté favorablement par des gens qu'on attaque quasi directement du côté de l'autorité dont ils sont en possession, et à qui on laisse trop entrevoir qu'on les regarde comme des sujets révoltés qu'on veut remettre de gré ou de force sous le joug.

Plus je considère cette conduite, plus je suis surpris qu'elle n'ait pas eu plus de mauvaises suites. Je ne veux pas qu'on m'en croie sur ma parole et je souhaite qu'on envoie un visiteur ecclésiastique séculier sur les lieux, capable d'examiner et de reconnoître par lui-même l'état des choses et d'en faire un fidèle rapport, sur lequel on se détermine ensuite et on établisse des règles générales et fixes desquelles il ne soit plus permis de s'écarter.

Je ne craindrai pas de vous dire, Monseigneur, que la chose presse;

les affaires de Syrie ont été conduites avec une telle violence qu'elles ont absolument révolté les patriarches de Constantinople et de Jérusalem et que le patriarche d'Antioche, Athanase, homme aussi modéré que bien intentionné, se trouve en quelque sorte poussé à bout par les menaces perpétuelles que les missionnaires font de le déclarer schismatique et hérétique, menaces très frivoles, mais dont il faudroit s'abstenir quand elles auroient quelque réalité ; car, que feroit-on par une semblable déclaration contre un patriarche grec qui est certainement favorable aux Latins, que de le réconcilier avec les autres qui nous sont contraires et de le mettre en droit de s'unir entièrement avec eux contre nous ; enfin, d'ouvrir le champ à une persécution formelle dont les suites seront immanquablement l'expulsion générale de tous les missionnaires du Levant par les Turcs.

Il paroîtra peut-être, Monseigneur, que je présente les choses dans un état si périlleux, ainsi comme j'ai pensé, que si j'insistois là-dessus dans mon mémoire, on pourroit soupçonner que je n'aurois fait que pour engager à y donner plus d'attention, j'ai passé légèrement là-dessus et je me suis réservé à vous expliquer ici les raisons que j'ai pour être dans cette opinion.

Si les Grecs n'ont pas poussé jusques à présent les choses à cette extrémité, ce n'est pas qu'ils n'aient eu intention de le faire. Mais, comme ils ont craint jusques à cette heure que les Turcs, qui sont dans une perpétuelle défiance de leur fidélité par rapport aux Moscovites, à cause de la conformité de religion, n'augmentassent leurs soupçons, s'ils leur voyoient hasarder une semblable démarche contre les Latins, ils se sont modérés et ont attendu un temps et des conjonctures plus favorables. Ce temps est venu ; les Turcs se sont assurés des Moscovites par une paix perpétuelle dont les affaires de Perse resserreront probablement les liens. Ainsi les Grecs, sans rien craindre, peuvent attaquer ouvertement les Latins, insister sur la qualité qu'ils leur ont attribuée de sujets du Pape et les faire chasser du Levant, comme des gens suspects et dangereux et, de plus, selon eux, inutiles puisqu'ils se croient suffisans pour l'instruction des peuples commis à leurs soins.

D'un autre côté, les Turcs sont beaucoup plus éclairés et plus soupçonneux qu'autrefois. Ils voient, pour ainsi dire, les Impériaux à leurs portes ; ils n'ignorent pas combien la religion peut sur les hommes ; ainsi, le moindre soupçon inspiré avec artifice est capable de les déterminer aux plus violentes résolutions, sans qu'aucun motif étranger puisse les retenir.

Je ne sais si on représente les choses à Rome sur ce pied-là ; mais je les vois depuis huit ans et de près et je puis vous assurer, Monseigneur, que c'est leur véritable situation. Je laisse à considérer, présentement, à votre grande prudence, si cela ne demande pas de grands ménagements, beaucoup d'attention et quelqu'un des remèdes que je propose, ou d'autres meilleurs. Pour moi, j'ai satisfait aux mouvements de ma conscience et à mon zèle pour l'avancement tranquille de notre sainte religion, en mettant sur le papier les réflexions que j'avois faites, et si j'ai manqué en quelque chose, je couvre en quelque manière cette faute en confiant ce mémoire à Votre Éminence, avec prière de le supprimer si elle le juge à propos et de n'en faire usage qu'après l'avoir corrigé et adouci dans les choses où elle trouvera que mon zèle m'a porté trop loin, ou que mon ignorance ne m'aura pas permis de discerner la vérité.

De quelque manière que ce soit, ce sera le dernier hommage de mon dévouement pour sa personne que je lui offrirai de Constantinople. Le roi m'a fait la grâce de me rappeler et je ne sais si je pourrai recevoir encore ici la réponse à cette lettre, mon départ devant avoir lieu vraisemblablement dans le mois de septembre. Je me propose d'aller en droiture à Paris où je ferai, Monseigneur, une profession publique du respect et de la vénération avec laquelle je serai toujours

Votre très humble et très obéissant serviteur,

DUSSON DE BONNAC.

XI.

Mémoire sur l'état actuel où se trouvent les affaires de la religion en Levant.

Il est certain qu'il n'y a guère de pays où il y ait plus de bien à faire par rapport à notre sainte religion, que dans les États du grand Seigneur ; car, sans parler des Mahométans auxquels il faut espérer que Dieu voudra bien, un jour, ouvrir les yeux par les exemples de sainteté des chrétiens et des missionnaires, l'ignorance des Grecs, des Arméniens, des Coptes et autres sectes moins considérables qui sont répandues dans les États du grand Seigneur est telle qu'elle doit exciter la compassion du Pape et de tous les princes chrétiens et, en général, de tous les bons catholiques. Je mets l'ignorance avant les erreurs et les hérésies, parce que si ces peuples, qui gémissent dans l'esclavage et qui sont environnés des nuages épais de la prévention et de l'ignorance, pouvoient parvenir à être instruits ou éclairés, il y a tout lieu d'espérer qu'on auroit moins de difficulté à les conduire insensiblement à abandonner leurs erreurs et à reconnaître le Pape pour le chef visible de l'Église.

On ne doute pas que ce ne soit le projet qu'on a eu en vue dans l'établissement des missions du Levant, mais, soit que la Providence divine n'ait pas voulu donner encore cette consolation à ceux qui travaillent ou qui s'intéressent à ce saint ouvrage, ou qu'il ait manqué quelque chose à la direction de cette entreprise, il est sûr qu'on n'y a pas fait, jusques à présent, les progrès qu'on pouvoit se promettre; qu'elle est peu ou point avancée et qu'elle se trouve actuellement dans une espèce de crise qui peut non seulement détruire ce qui a été fait, mais même, fermer pour toujours la porte à ce qui reste à faire.

C'est le péril de cette situation qui m'a engagé à sortir, pour ainsi dire, de mon état, en dressant ce mémoire dans lequel, soumettant mes foibles vues à l'Église, je n'ai point la témérité de proposer des règles, ni même des conseils, mais de mettre sous les yeux du Pape et de la congrégation *De Propagandâ fide*, les réflexions qu'une longue expérience m'a donné occasion de faire sur un si important sujet.

De toutes les méthodes qu'on peut mettre en usage pour parvenir à l'instruction et à la réunion des Grecs, des Arméniens et des autres sectaires du Levant, le plus sûr, ce me semble, et le plus convenable est de s'approcher de leurs chefs ou, si cela se trouve trop difficile, se conduire avec eux de manière qu'on ne leur donne pas de trop violents ombrages. Cette méthode est véritablement lente, mais elle n'est exposée à aucun contre-temps. On a éprouvé même qu'il n'étoit pas impossible de détacher quelques-uns de leurs chefs, mais on s'est, généralement parlant, trompé dans l'usage qu'il falloit faire de la bonne volonté de ceux-ci et sans parler de ce qui s'est fait autrefois avec les Arméniens, nous avons deux exemples récents des contre-temps où on est tombé pour n'avoir pas su faire un bon usage des différentes inclinations d'Euftimius, évêque de Seyde, et d'Athanase, patriarche d'Antioche. Le premier étoit un homme vif et emporté qui, s'étant sincèrement réuni à l'église Latine, se comportoit avec trop peu de circonspection avec les patriarches, cherchoit à s'agrandir à leur dépens et affectoit une indépendance qui l'a jeté, jusqu'à sa mort, dans de perpétuels embarras. J'ignore si les missionnaires qui n'ignoroient point son caractère l'ont retenu autant qu'ils le devoient, mais il est sûr qu'il falloit qu'ils le fissent et que, pour l'avoir négligé, ils ont renouvelé la jalousie des patriarches et suscité un commencement de persécution qui donnera beaucoup de peine pour être éteinte.

Le patriarche Athanase est d'un génie tout à fait différent. Il ménage les autres patriarches, plutôt par crainte que par amitié, mais il souhaiteroit que les missionnaires le ménageassent à leur tour, ce qu'ils n'ont jamais voulu faire. Ils n'ont pas considéré que si, à l'exemple de l'évêque Euftimius, il se déclaroit ouvertement pour les Latins, les autres patriarches l'attaqueroient, le dénonceroient aux Turcs et le feroient exiler, et qu'ainsi ils se trouveroient privés eux-mêmes d'un homme qui avoit contribué beaucoup et qui pouvoit contribuer encore par sa condescendance, à leur progrès. Sur quoi il faut considérer que les Turcs, en soumettant cet Empire, ont conservé aux Grecs et aux Arméniens leur hiérarchie, avec une autorité entière sur toutes les choses qui regardent la religion dont les Turcs ne se mêlent jamais que lorsque les patriarches sont obligés de s'adresser à eux pour s'autoriser, par l'ordre du souverain, dans ce qu'ils veulent faire exécuter. Les patriarches, au moyen de cela, sont responsables, vis à-vis les Turcs, de tous les troubles ou innovations préjudiciables à l'État, qui pourroient survenir à l'occasion de la religion.

Les choses ont constamment demeuré dans cet état, depuis que les Turcs ont conquis Constantinople et, soit que les Latins ne fissent pas de grands progrès, ou que les chefs des Grecs et des Arméniens n'en eussent point encore conçu de la jalousie, il y a trente ans que les chefs de ces deux églises n'avoient point encore porté de plaintes contre eux. Mais, environ dans ce temps là, les chefs des Arméniens commencèrent à s'adresser à la Porte, pour représenter qu'il s'étoit introduit dans les États du grand Seigneur divers prêtres latins, sous le nom de missionnaires qui, sous prétexte d'instruire leurs peuples, les soustrayoient véritablement à leur direction pour les soumettre au Pape, ennemi perpétuel de cet Empire; de sorte que beaucoup d'entre eux ne fréquentoient plus leurs églises et refusoient de reconnaître leur supériorité, ce qui produisoit deux méchants effets. Le premier, que les Arméniens, s'absentant des églises de leur nation pour fréquenter celles des Francs, s'exemptoient de contribuer aux droits qu'ils payoient précédemment, ce qui mettoit les patriarches, les évêques et les curés hors d'état de fournir au trésor du grand Seigneur les sommes auxquelles ils étoient obligés.

Le second, que ces sortes de gens se séparant d'eux et se soustrayant à leur juridiction ecclésiastique pour se soumettre à une autre, ils ne pouvoient plus répondre, comme par le passé, de leur conduite et de leur fidélité.

Ces représentations furent écoutées par la Porte et il fut donné un catchérif, ou ordre irrévocable, signé de la main du grand Seigneur, qui portoit que ceux qui auroient embrassé le rit latin seroient obligés de l'abjurer, ou seroient punis corporellement; qu'il seroit défendu aux Arméniens de fréquenter d'autres églises que les leurs et qu'il ne seroit plus permis aux prêtres latins de communiquer dans leurs maisons.

Les Grecs, qui n'avoient point remué jusques alors, voyant le succès de la démarche des Arméniens, sollicitèrent et obtinrent un ordre semblable. Cela fut suivi d'une persécution fort violente, surtout à Constantinople, et il ne fut pas possible aux ambassadeurs du roi d'y apporter, dans la première ardeur, aucun adoucissement; mais le temps commençoit à faire ce que les ambassadeurs n'avoient pu exécuter, lorsque l'évêque Euflimius, par son ardeur, et les catholiques de Damas pour en vouloir trop exiger du patriarche Athanase, ont donné lieu aux Grecs de faire, par des commandements, renouveler ces anciens ordres.

Il s'agit donc, présentement, d'examiner la conduite qu'il y a à tenir pour tranquilliser des gens fort échauffés, pour redonner un cours libre aux missions et pour empêcher que les Grecs ne portent les choses aux derniers excès, en déterminant les Turcs à chasser tous les missionnaires du Levant.

Mais auparavant, il est nécessaire de remarquer que les capitulations que le grand Seigneur a avec la France, ne sont point un obstacle suffisant pour l'empêcher de prendre et d'exécuter une semblable résolution, car ce traité ayant été fait longtemps avant l'introduction formelle des missions dans le Levant, il n'y en est fait aucune mention et il y est seulement parlé de quelques églises de la Terre-Sainte et, en général, des Latins qui se trouvoient dans les États du grand Seigneur, lors de la conclusion de ces traités.

Il est nécessaire de remarquer encore, à cette occasion, que quoique les Turcs observent assez régulièrement les capitulations, ils s'en sont écartés en beaucoup de choses, même dans les articles qui concernent la religion, sans qu'on ait pu ou voulu les contraindre à réparer leurs infractions. Ainsi l'église de Saint-Antoine à Galata ayant été rasée par eux, il n'a pas été possible d'en avoir raison, non plus que de celles qui furent détruites à Chio, quand les Vénitiens se retirèrent; de même l'hôpital des François à Galata, compris formellement dans les capitulations, ayant été consumé par le feu, n'a jamais pu être rétabli, quelqu'instance qu'on en ait faite, ce que je marque pour faire voir que, quand les capitulations seroient favorables à l'établissement des missions, on ne pourroit pas se promettre d'en faire toujours un usage certain. Cela supposé, on jugera facilement que tout ce qui s'est fait jusques à présent, en faveur des missions, est un effet de la prudence et de l'habileté des ambassadeurs du roi qui, ménageant avec adresse l'esprit des ministres de la Porte, ont obtenu diverses choses favorables à la religion et traitant, en même temps, tantôt avec douceur, tantôt avec force avec les patriarches grecs et arméniens, les ont obligés à tolérer diverses choses qui ne leur étoient point agréables; mais quand les affaires ont été portées à un certain excès, comme lors de l'expédition du catchérif des Arméniens et des Grecs, ou de la reprise de Chio par les Turcs, ils ont été obligés de garder le silence et de se tenir dans l'inaction, de peur de compromettre inutilement la dignité du roi et l'autorité de leur ministère par des démarches à contre-temps.

Il n'y a pas de preuve plus forte de la sagesse et de la nécessité de cette conduite que l'exemple de M. de Châteauneuf, dans l'ambassade duquel ces deux accidents sont arrivés. Il étoit en Turquie, dans un temps où les Turcs avoient une considération particulière pour la France, et celle qu'il s'étoit acquise parmi eux étoit telle qu'il sera difficile à ceux qui lui succèderont d'y monter. Cependant, il ne put ni prévenir, ni apaiser la persécution des Arméniens latins et il ne fut pas plus heureux pour le rétablissement des églises de Chio. Ce qui prouve évidemment qu'un ambassadeur, ne pouvant pas faire directement tout ce qu'il désireroit dans ce pays-ci pour l'avancement de la religion, il est nécessaire qu'il supplée par la dextérité et les ménagemens à ce qui lui manque du côté de la force et que les ministres, n'ayant pas moins d'égard à sa situation qu'à son zèle, n'attendent et n'exigent pas toujours tout de lui et que, réglant eux-mêmes leur conduite sur la connaissance qu'ils doivent avoir du pays où ils se trouvent et des difficultés dont ils sont environnés, ils modèrent le mouvement qu'ils se donnent et qu'opérant le bien auquel ils sont destinés, ils évitent tout cela.

Je parlerai plus bas des règles que je croirois qu'il seroit bon de leur donner sur cela et sur autre chose et, revenant aux Grecs et aux Arméniens, je dirai ici qu'on ne doit pas les regarder, ce me semble, comme les Luthériens et les Calvinistes ; qu'il faut compâtir à leur état et considérer que s'ils se trouvent séparés de la communion de Rome et imbus de quelques erreurs ou hérésies, c'est moins un effet de leur choix que de leur malheur, parce que leur éloignement de l'Italie, la différence du langage et des mœurs et les autres motifs suffisamment connus par l'histoire, les ont empêchés de reconnaître l'autorité du Pape et ont été un obstacle invincible à jouir et à profiter des instructions qu'ils auroient pu recevoir du chef de l'Église et qui leur auroient fait éviter diverses erreurs dans lesquelles ils sont tombés. Cependant la porte se trouve encore ouverte, en quelque manière, à leur instruction qui doit rouler sur trois choses. La première, reconnoissance de l'autorité supérieure du chef de l'Église, la seconde, sur les erreurs ou hérésies dans lesquelles ils sont tombés, et la troisième, sur quelque superstition populaire que l'ignorance a introduite dans leur rit. Mais si, en cherchant à établir l'autorité du Pape, on attaque directement comme font les missionnaires, la juridiction patriarchale, il est sûr que l'on fera peu de progrès et je doute que l'intention de Rome soit qu'on suive cette méthode, qui soulève les patriarches pour leur propre intérêt et les peuples par la crainte d'une juridiction étrangère.

Ce n'est pas proprement non plus, à mon avis, ni l'intention de Sa Sainteté, ni ce qu'il y a à faire ; car ce que le Pape, comme leur père commun, doit désirer est que les églises grecque et arménienne reconnaissant dans toute son étendue la suprématie du siège de Saint-Pierre, conservent cependant leur hiérarchie et que leurs patriarches aient la même autorité qu'ils avoient avant le schisme de Photius. Il est difficile de faire entendre cela au peuple et c'est, ce me semble, une matière à traiter directement avec les patriarches, car toutes les fois qu'on voudra la traiter avec des particuliers, ceux-là se plaindront qu'on leur débauche leurs diocésains pour les soumettre au Pape, que cette conduite de notre part, n'est pas exempte de vues d'intérêt, et qu'il est au moins certain qu'on les prive des rétributions qu'ils retiroient de ceux qu'on détache de leur parti.

Le peu de progrès qu'on a fait par cette méthode en devroit avoir désabusé; je ne voudrois pas assurer qu'on en fît de plus grands par l'autre, sans une grâce particulière de Dieu, mais, je ne craindrois pas de dire qu'elle me paroit plus convenable et plus propre à réussir; car tandis que les missionnaires réclameront contre les patriaches, ceux-ci ne pourront les regarder que comme des ennemis et, sous cette qualité, ils leur feront tout le mal qu'ils pourront. Que si on pouvoit s'approcher des patriarches, gagner leur confiance ou du moins les persuader de telle manière de la sincérité de nos intentions qu'ils ne fussent plus en garde contre nous, ils nous verroient, sans doute, plus tranquillement travailler à l'instruction de leurs peuples et à les faire revenir des erreurs qu'ils ne connoissent pas eux-mêmes et dont ils conviendront facilement, toutes les fois qu'ils croiront qu'on n'en veut pas directement à leur juridiction.

Pour ce qui est du rit et des superstitions qui s'y sont glissées, je ne suis point assez versé dans ces sortes de matières pour pouvoir dire si elles méritent le nom d'erreur, mais je sais que s'il y a quelque chose à toucher sur cela, il faut le réserver pour la fin et pour le complément de ce grand ouvrage et que, dans l'état où sont les choses, il faut pousser la circonspection si loin que, non seulement, il ne faut jamais que les missionnaires parlent ou écrivent contre le rit et les jeûnes des Grecs et des Arméniens, mais qu'ils doivent obliger ceux d'entre eux qui se réunissent à l'église romaine d'observer en tout leur ancien rit et leurs jeûnes, sans se distinguer en rien de ceux qui, pour la croyance, restent encore attachés à ces églises. Il n'y a, peut-être, rien de si nécessaire que ceci; les missionnaires n'en conviennent pas également. Les uns croient que c'est un mauvais moyen de réunir sincèrement les Grecs et les Arméniens, que de leur laisser suivre après leur réunion des usages qui, quoique bons en eux-mêmes, sont devenus en quelque manière mauvais selon eux, et par la superstition qui y étoit attachée, et par l'exemple de l'église schismatique qui les pratique encore et qui en fait un de ses principaux dogmes. Ils croient, de plus, qu'en conservant même leur rit, il faut mettre quelque différence entre les réunis et les schismatiques; en un mot, ils veulent que leur victoire, quelque médiocre qu'elle puisse être, soit marquée par quelque trophée.

Il y en a d'autres qui pensent, à la vérité, plus modérement, mais qui, par complaisance pour les réunis, et se faisant peut-être aussi quelque scrupule de les laisser trop attachés à leurs anciennes abstinences et jeûnes, leur accordent facilement la liberté de se conformer en cela aux usages de notre église, ce qui revient au fond, au même.

Je ne saurois juger quel avantage il revient de cette conduite pour le salut des âmes, car l'abstinence et le jeûne étant une chose bonne et sainte en elle-même, pratiquée dans notre église pendant tout le cours de l'année par plusieurs saints ordres de religieux, il me semble qu'il n'y auroit aucun inconvénient à laisser pratiquer aux Grecs et aux Arméniens réunis les abstinences et les jeûnes qu'ils observoient avant leur réunion, et il y en a un très grand nombre à leur accorder la moindre dispense là-dessus. Car, par cette facilité, on entretient le reproche de relâchement que les schismatiques font à notre église et c'est peut-être le plus grand motif d'éloignement que le peuple, toujours grossier et superstitieux, ait pour nous. Il faut donc se bien garder de l'entretenir. Il n'y a pas encore trente ans que nos missionnaires alloient célébrer et prêcher, avec toutes sortes de libertés, dans les églises des Arméniens, et il le font encore en Crimée. Quelques-uns d'entre eux voulurent changer cette méthode et cherchèrent à les attirer dans nos églises. Je suis persuadé qu'ils le firent à bonne intention, mais la chose réussit mal, et ce fut le premier motif de la persécution qui suivit bientôt après. Présentement, on voudroit bien revenir à cet usage, mais les Arméniens y ont mis un obstacle difficile à surmonter. C'est une espèce d'anathème qu'ils prononcent, à certains jours de l'année, contre le concile de Calcédoine et le pape saint Léon.

Je me suis employé efficacement auprès du patriarche des Arméniens pour l'engager à supprimer cet anathème ; mais quoiqu'il soit assez modéré, je n'ai pas pu le déterminer à y renoncer et je tiens que la chose est difficile. La question est donc de savoir si, cet anathème subsistant, nos prêtres et les Arméniens réunis peuvent se trouver dans les églises des Arméniens, au moins les jours qu'on ne prononce point cet anathème. C'est ce qu'il faut remettre à la décision du Pape. Je dirai donc seulement que, si on pouvoit éluder cette difficulté en attendant qu'il fût possible de la vaincre, on feroit un grand pas pour la réunion. En général, il paroit que, tant par rapport aux Grecs et aux Arméniens, le plus important est de chercher à s'approcher d'eux, de diminuer les préventions dans lesquelles ils sont élevés et nourris contre nous, leur inspirer le plus d'admiration et de respect qu'il se pourra pour la pureté des mœurs et pour l'étendue des connoissances et de la doctrine de ceux qui s'emploient à les réunir. Ces sentiments une fois établis, le reste ne sera pas difficile à faire ; mais il faudroit pour cela, préparer de bonne heure des sujets, les appliquer aux langues et n'en point employer qu'ils ne les sussent parfaitement.

Que si cet ouvrage n'étoit conduit que par une seule main, de même que par un seul esprit, les choses n'en iroient que mieux ; mais la multiplicité des ordres religieux qui s'emploient aux missions dans le Levant étant introduite, il est difficile d'y rien changer ; on y pourroit cependant remédier, en leur donnant à tous une règle générale de laquelle il ne leur fût pas permis de s'écarter en rien, et en établissant un chef dans le Levant qui pût décider promptement sur les doutes qui surviendroient sur l'exécution de cette règle ; enfin, diriger toutes les opérations des missionnaires du Levant dans un même esprit. Cela est d'autant plus nécessaire que n'y ayant d'autorité marquée pour les Latins dans les États du grand Seigneur que celle de l'ambassadeur du roi, cette autorité, qui est laïque, ne peut et ne doit rien opérer dans les choses purement ecclésiastiques que par forme de conseil dont les missionnaires ne font aucun cas, disant hautement que ce n'est pas des conseils qu'ils demandent, mais de la protection, et qu'un ambassadeur n'a autre chose à faire qu'à les laisser agir et à les protéger. De plus, le même ordre de Religieux a, dans le Levant, plusieurs supérieurs indépendants les uns des autres et qui se conduisent, chacun d'après leurs propres maximes, de sorte que, par exemple, les Capucins qui sont en Syrie, se conduisent différemment par rapport aux missions, en beaucoup de choses, de ceux qui sont à Constantinople, sans qu'il y ait moyen de rectifier la conduite des uns au moyen de celle des autres, ni même de les combiner, ce qui fait que la manière d'agir n'étant point uniforme, quoique l'objet soit le même, il survient toujours des incidents qui embarrassent et retardent les progrès qu'on pourroit faire.

Il est vrai que la congrégation *De Propaganda fide* dirige le tout avec une très grande prudence ; mais dans l'état où sont les choses, ne pouvant voir les affaires que par lambeaux, et chargées des préjugés et peut être des passions de ceux qui les présentent en première instance, il lui est presque impossible de démêler la vérité et, par conséquent, d'établir des règles pour une conduite générale et invariable.

Il n'en seroit peut-être pas de même si le Pape, prenant ces choses en considération, vouloit établir un directeur général, chef de toutes les missions du Levant et y soumettre sans exception tous les Religieux, de quelque ordre qu'ils soient, qui se dévoueroit à ces fonctions, obligeant pareillement les chefs d'ordre d'établir pareillement un directeur général des siens auxquels tous les autres fussent soumis, nonobstant les différences de province et autres précédemment en usage. Constantinople étant la résidence de l'ambassadeur du roi par le canal duquel on peut traiter directement avec les Turcs et avec les patriarches grec et arménien, il seroit nécessaire que, tant le supérieur général à établir par le Pape que les supérieurs particuliers des différents ordres, résidassent à Constantinople et que, dépositaires des intentions du Pape sur le fait des missions, ils fussent autorisés à les faire exécuter dans tout le Levant, après en avoir communiqué avec l'ambassadeur par rapport seulement aux choses qui seroient de sa compétence ; bien entendu que lesdits supérieurs rendroient compte de tout à la congrégation *De Propagandâ fide*, et prendroient ses ordres sur toutes les choses sur lesquelles ils ne seroient pas suffisamment instruits ou autorisés.

Il y a encore un grand obstacle à l'avancement de la religion dans ce pays-ci. C'est l'ignorance des femmes et la difficulté qu'il y a de s'introduire dans leurs maisons, sans causer quelque scandale, les mœurs générales du pays étant absolument contraires à la communication des hommes avec les femmes. Elles viennent à la vérité dans les églises pour assister au service divin et à la prédication ; mais, n'ayant point eu, pour la plupart, dans leur enfance, les moindres élémens de la religion chrétienne, il y en a peu qui sachent seulement leurs prières ; ainsi la religion des plus dévotes consiste à entendre plusieurs messes, sans savoir ce qu'elles font. On ne pourroit remédier à ce mal, qui est très grand, qu'en introduisant dans ce pays des maîtresses d'école vertueuses et bien instruites, capables de s'appliquer aux langues et d'enseigner, sous la direction des missionnaires, les principes de la religion dans les maisons qu'elles fréquenteroient. Je ne craindrai pas de dire qu'un semblable établissement feroit plus de bien que celui des missionnaires mêmes et que ce seroit peut-être le plus solide moyen de faire de grands progrès, car les femmes étant plus portées que les hommes à la dévotion et plus susceptibles qu'eux des sentimens de la religion, à mesure qu'elles goûteroient la nôtre, elles deviendroient elles-mêmes, chacune dans sa maison et dans son voisinage, des espèces de missionnaires.

Que si, outre cela, on pouvoit faire de telles dispositions que ceux qui font les fonctions de missionnaires fussent en état de se passer d'aumônes et de toutes sortes de dons et de rétributions, et qu'il leur fût sévèrement défendu d'en recevoir, sous quelque prétexte que ce fût, il est certain que le progrès de la religion seroit plus grand et que les patriarches grec et arménien n'auroient pas de sujet de se plaindre qu'on cherche, en même temps, à détruire leur autorité et à diminuer leurs revenus, en usurpant les aumônes qui leur sont légitimement dues.

Nos rois ont prévenu cette difficulté, en donnant des pensions aux missionnaires, leurs sujets, qu'ils ont envoyés dans le Levant ; mais nonobstant cela, je suis obligé d'avouer, avec beaucoup de peine, que soit que ces pensions ne soient pas suffisantes pour leur entretien, ou qu'ils veuillent faire comme les autres, ils ne s'éloignent pas toujours en cela de leur conduite autant qu'il seroit nécessaire, que si la congrégation *De Propagandâ fide* jugeoit cet inconvénient digne de son attention, il seroit nécessaire qu'elle fît vérifier l'état de tous les missionnaires du Levant par rapport à leur subsistance, qu'on prît des mesures pour fournir à ceux qui en manqueroient, ce qui n'iroit certainement point fort haut et qu'on suppléât aux besoins des autres, avec défense absolue et rigoureuse à tous de rien recevoir des Grecs ou des Arméniens réunis ou à réunir, sous quelque prétexte que ce pût être. Je ne saurois m'empêcher de croire que si les vues que je propose dans ce mémoire étoient dignes de la Sacrée Congrégation et du Pape, et qu'elles prissent dans les mains de Sa Sainteté le degré de perfection et d'autorité que le chef de l'Église est seul capable de leur donner en les rectifiant et les augmentant, elles n'opérassent, avec le temps, un grand bien à la religion et des avantages plus solides que ceux qu'on a obtenus jusqu'à présent; car il ne faut pas se tromper sur l'état et les progrès des missions : il n'est pas tel que le public le suppose et qu'il seroit à souhaiter. Mais il ne convient point à un séculier d'entrer dans ce détail et il sera beaucoup mieux que la Congrégation le fasse vérifier par un visiteur ecclésiastique et impartial qui, se portant secrètement sur les lieux, puisse lui faire un rapport fidèle du véritable état où il trouva les choses. Il est d'autant plus nécessaire, ou de prendre ce parti, ou de se déterminer sur ce rapport, que je ne saurois cacher que les affaires de la religion sont dans un péril extrême et que, dans les dispositions où se trouvent actuellement les ministres de la Porte, le moindre contretemps est capable de les engager à tout renverser, sans que l'autorité de l'ambassadeur du roi puisse les détourner d'une semblable résolution. Les Grecs, plus irrités que les autres, n'attendent que le moment de les y déterminer. Véritablement, on les pousse trop violemment en Syrie et, comme on n'a jamais voulu y suivre mes conseils, je ne saurois répondre de rien, ni me promettre que les ménagements, que les patriarches grecs observent encore avec moi, soient sincères et de longue durée.

XII.

Traduction d'une lettre du grand vizir Ibrahim Pacha à S. E. M. le marquis de Bonnac.

Très glorieux entre les princes de la nation du Messie, la colonne des seigneurs qui professent la religion de Jésus, notre ami l'ambassadeur de France qui réside actuellement à la Porte de félicité. Je vous fais savoir amiablement, en portant à votre présence les saluts les plus purs et les compliments les plus sincères, que la sincère amitié qui est établie depuis un si grand espace de temps entre le très haut Empire qui est lié à l'éternité et notre ami, le très honoré et le très magnifique empereur de France n'a point son égale et est la plus ancienne, la plus solide et la plus ferme que nous ayons. Depuis quelques années surtout, au moyen de l'entremise d'un ami tel que vous, la bonne intelligence qui paroît avec éclat dans le théâtre de l'existence, de même que la correspondance réciproque de lettres l'ont portée à son plus haut point, nous espérons de vous, notre ami, que vous continuiez à l'avenir des actions si louables. Comme cependant la sincère amitié qui est entre le magnifique empereur de France notre ami et le très honoré Czar aussi notre ami est plus forte et plus ferme que celle d'aucun des autres princes chrétiens, vous notre ami, par un effet de votre bienveillance et de votre affection pour les deux parties, vous nous fîtes savoir, l'an passé sur le rapport de votre ambassadeur qui réside au siège du gouvernement du Czar, c'est-à-dire à la capitale de son royaume, tout ce que ce prince notre ami avoit fait en marchant droit à la Porte de fer et ensuite en s'en revenant, nous prouvant par là les soins et les peines que vous nous donnez pour l'affermissement de l'amitié entre les deux parties.

Les choses étant en cet état, nous n'avons rien oublié pour garder et observer les conditions de la paix qui est liée et affermie à l'éternité avec le Czar notre ami et vous savez combien le très haut Empire s'est appliqué et efforcé de suivre les préceptes de cette union sacrée autant qu'il plairoit au Dieu tout puissant. Le Czar notre ami, aussi de son côté, par un juste retour, s'attache encore davantage à remplir les devoirs de l'amitié. Cependant, lorsque ce prince notre ami se mit en marche pour aller prendre vengeance des Leskis et vers le temps qu'il arriva à Astrakan, les Leskis eurent recours au très haut Empire. L'unité de notre religion de même que la noble justice nous ayant obligé de les secourir, les pays de Chirvan et de Chamakie furent joints et ajoutés au très haut Empire et nous donnâmes la province de Chirvan à Elhadj Daoud Khan leur chef: nous informâmes pour lors de tout cela le résident de Moscovie en lui recommandant de le faire savoir au Czar notre ami. Sur ces entrefaites, son résident et vous notre ami, vous nous apprîtes qu'il étoit parti de la Porte de fer, qu'il étoit revenu à la ville de Moscou qui est le siège de son gouvernement et que de plus, soit en allant, soit en revenant, il s'étoit conduit ainsi que le maintien de l'amitié le demandoit. Cela nous fit un très sensible plaisir et dans la pensée qu'il avoit mis fin à ses prétentions de ces côtés-là, nous espérions que, grâces à Dieu, cette affaire se termineroit paisiblement sans qu'il arrivât rien de contraire à l'amitié et qu'enfin les Leskis jouiroient d'un doux repos dans l'ombre impériale, de quoi nous avions conçu une joie très grande.

Présentement, nous venons de recevoir une lettre et un billet de S. M. le très sublime, très fortuné et très vaillant Kan, actuellement Kan de Crimée, dont le contenu porte que S. M. notre ami le Czar, après avoir mis une forte garnison dans la forteresse de Derbend à la Porte de fer, avoit commencé à bâtir des forteresses à Oudj qui est dans le Koumouk, de même que dans un ou deux autres endroits ; qu'il étoit certain qu'elle avoit mis des troupes dans chacune et que tout le monde savoit qu'elles devoient aller de nouveau contre les Leskis. Ayant interrogé de plus le résident de Moscovie pour être instruit par lui sur ces choses-là, il m'a répondu qu'il ignoroit ce que feroit le Czar cette année, que cependant son inimitié contre les Leskis subsistoit encore et qu'il avoit des troupes de ce côté-là d'espace en espace. Sur cela, par le commandement impérial de S. M. notre très puissant, très formidable et très généreux maître, nous avons tenu un conseil avec les très grands puissants gens de loi et les autres colonnes de l'Empire, de même que tous les ordres militaires, et j'ai ordonné au drogman du divan impérial de vous aller informer, vous qui êtes notre ami, de ce qui y avoit été résolu et déterminé. Nous avons écrit aussi un billet au résident de Moscovie pour cette affaire et nous lui avons recommandé de le faire savoir au Czar notre ami. Nous vous écrivons pareillement cette lettre d'amitié afin qu'après que vous aurez compris, par son contenu et par le rapport du drogman, que c'est une chose contraire au traité que de molester un pays et des peuples qui sont soumis au très haut Empire, vous qui êtes notre ami et avez une égale affection pour les deux parties, nous vous prions d'écrire, ainsi que le requiert notre sincère amitié, une lettre exprès à votre ambassadeur qui réside auprès du Czar notre ami, pour lui expliquer l'état de ces affaires et lui recommander très fortement de demander une audience au Czar et d'employer son entremise le plus efficacement qu'il sera possible, en lui disant que le très haut Empire désire passionément qu'il abandonne sa résolution et qu'il l'espère de son amitié. Vous enverrez votre lettre par le courrier que le résident de Moscovie dépêche au Czar et vous ferez venir la réponse.

S. M. notre très puissant, très formidable et très généreux maître et moi votre affectionné ami, loin de vouloir en aucune manière rompre la paix qui est liée avec le Czar notre ami, nous désirons au contraire de la continuer à l'éternité ; et tant que le Czar ne fera aucun mouvement contraire à la paix, c'est une chose impossible que le très haut Empire se retire de son amitié et on ne doit pas même soupçonner qu'il se porte à la moindre chose contraire aux traités. Puisque les choses sont ainsi et que pour faire voir son courage, le Czar étant allé l'année passée contre les Leskis après sa vengeance, en faisant sur eux de grands ravages, le très haut Empire espère très fort de lui qu'en considération de l'éternelle paix qui est entre nous, il se contentera de cette vengeance et qu'ayant égard à l'affection du très haut Empire, il se désistera de son entreprise et relèvera et rehaussera le fondement de l'amitié. Marquez et exposez bien cela dans la lettre que vous écrirez à votre ambassadeur, afin qu'il en informe le Czar comme il faut. Nous attendons de vous que vous mettrez vos soins et votre application à détourner cette malheureuse affaire.

Que le salut soit sur ceux qui marchent dans la voie du salut.

Signé Ibrahim.

XIII.

Traduction de la lettre du grand vizir à M. Nepluyof, résident de Moscovie.

Au glorieux entre les grands de la nation chrétienne, Jean Nepluyof, résident de Moscovie à la glorieuse Porte. La fin duquel soit droite et salutaire.

Vous nous avez fait savoir, il y a quelques jours, par la relation que vous nous avez envoyée, que le sérénissime, très honoré et majestueux Czar de Russie, notre grand ami, avoit écrit qu'étant retourné d'Astrachan (où par nécessité il avoit marché), il étoit heureusement arrivé dans la ville de Moscou sa capitale, et qu'en allant et revenant de son voyage, il avoit entièrement observé les conditions de la ferme, stable et perpétuelle paix qui est fondée et établie entre S. M. et ce glorieux Empire et avoit défendu et protégé les sujets habitants des frontières, lesquels reposent sous l'ombre de la tranquillité et de la sûreté de ce glorieux Empire, comme aussi tous les gens qui appartiennent au même Empire, de manière qu'il n'avoit été fait ni tort, ni préjudice auxdits sujets. De plus, vous nous avez assuré que S. M. Czarienne vous avoit expressément ordonné de déclarer la sincérité et la constance avec lesquelles elle cultivoit et honoroit l'amitié et la paix qu'elle a avec cette glorieuse Porte. Cette conduite de S. M. répond à l'estime de cette glorieuse Porte. L'avis de son heureux retour à Moscou et celui de l'heureuse continuation de la susdite paix par le moyen de laquelle s'établit et s'accroît l'amitié et l'affection, toutes ces choses nous ont donné une joie qui ne peut s'expliquer et accroissent de notre part l'amitié et la bienveillance vers S. M. Outre cela, vous nous avez notifié, par ordre de votre souverain, que le gouvernement du royaume de Perse étoit en telle confusion, qu'on ne pouvoit espérer pour l'avenir nulle amélioration ni remède; qu'au contraire, on voyoit clairement la prochaine et totale ruine des Persans et que, dans ces troubles, si Leurs Majestés s'entendoient et s'unissoient, il en résulteroit de grands avantages pour l'intérêt et la sûreté réciproques des deux parties. Nous concevons d'une pareille déclaration que Sa Majesté Czarienne est ferme et constante dans l'amitié et l'affection du glorieux Empire. Cependant, comme la nation des Loskis, qui occupe présentement la province du Chirvan et Chamakie, professe la vraie religion musulmane et qu'elle a recouvré cette province en implorant la clémence de notre très puissant et très auguste monarque qui, prenant en considération le motif de la religion musulmane, a accueilli cette nation sous les ailes de sa protection, comme pareillement la province de Chirvan a été concédée avec patentes de l'Empire au glorieux prince Elhadj Daoud Khan (lequel soit perpétuellement honoré), que le sérénissime et glorieux prince, fils de Mir Veis, Mir Mahmoud qui a pris Ispahan, capitale de la Perse et qui est aussi de la même vraie religion musulmane, a déclaré sa dépendance et son obligation à la souveraine Majesté de notre très puissant et très clément monarque, faisant chanter à haute voix les prières accoutumées au nom auguste de Sa Majesté ottomane dans la même ville d'Ispahan et que, de plus, selon les avis de nos vizirs, gouverneurs, de nos frontières impériales, le susdit prince Mahmoud a paru prêt à recevoir la protection du glorieux Empire, il s'ensuit que le royaume de Perse étant tombé dans les mains des musulmans et les troubles et confusion étant apaisés, les provinces, tant celles qui sont possédées par Daoud Khan que celles possédées par le susdit Mir Mahmoud, sont entrées sous l'ombre de la protection de notre très auguste et très puissant monarque et que si, à l'avenir, ces provinces ainsi possédées par les musulmans dépendant de ce glorieux Empire, recevoient quelque dommage occasionné par S. M. Czarienne, il seroit clair et manifeste qu'un tel fait seroit totalement contraire à la paix perpétuelle et à la ferme amitié.

Puisque, dans l'observation ponctuelle de la susdite paix et de l'amitié perpétuelle entre cette glorieuse Porte et S. M. Czarienne, il ne paroît de la part de notre auguste monarque aucune infraction ni aucun manquement, en sorte qu'il ne permet sous aucun prétexte que la paix et l'amitié reçoivent de l'altération, vous aurez soin d'informer incessamment S. M. Czarienne que nous espérons qu'observant toutes les conditions de cette paix perpétuelle et de cette amitié stable et sincère, en renonçant à ses entreprises et en abandonnant ses desseins, elle contribuera à l'accroissement du bon vouloir et de l'affection réciproques.

XIV.

Relation abrégée de la conférence, tenue le dimanche 25 juillet 1723, dans la maison d'Adjy Moustafa Tefter Emini, entre le Reïs Efendy, le dit Adjy Moustafa d'une part et le sieur Nepluyof, résident de Moscovie, de l'autre, l'ambassadeur présent sur l'invitation tant du grand vizir que dudit résident.

Avant d'entrer en matière, il est nécessaire de faire connoître les commissaires turcs. Le Reïs Efendy remplit depuis cinq ans cette place qui revient en quelque manière à celle de chancelier ; il est particulièrement chargé des affaires des étrangers, étant le dépositaire et comme l'interprète des capitulations. C'est un homme d'un travail infatigable, et la lenteur qu'il apporte quelquefois dans l'expédition des affaires est plutôt affectée que naturelle. Il parle bien et d'une manière concise, mais comme il est inférieur pour l'éloquence à Adjy Moustafa, il lui laissa toujours la parole, celui-ci se contentant de le consulter et de lui dire quelques mots avant de parler ou de répondre. Adjy Moustafa a fait les fonctions de Reïs Efendy avec beaucoup de réputation sous le ministère de Dgin Aly Pacha. Il a été Tefterdar ou grand trésorier sous celui-ci, et ayant demandé à se démettre de sa charge sous prétexte de ses infirmités, il s'est contenté de celle de Tefter Emini qui revient à peu près à celle des intendants des finances. Quoique Adjy Moustafa se trouve ainsi dans une charge inférieure, il s'est conservé toute la considération et une partie de l'autorité attachées à celles qu'il a ci-devant exercées. On le consulte sur toutes les affaires de l'Empire qu'il connoît à fond et sur celles qui ont rapport aux pays étrangers, dont il a une connoissance plus exacte que les Turcs n'ont ordinairement. C'est un homme qui s'explique avec une grande facilité et, autant qu'on en peut juger, avec une éloquence vive et naturelle.

Pour venir maintenant à la conférence, on dira que les ministres qui la composoient ayant pris séance, et s'étant fait de part et d'autre, les civilités ordinaires en semblable rencontre, l'ambassadeur de France ouvrit la conférence par un rapport succinct de tout ce qui s'étoit passé à sa connoissance dans cette affaire, à quoi il ajouta que le Czar ayant donné ses instructions particulières à son résident et l'ayant muni de pleins pouvoirs, c'étoit à lui à parler et à expliquer les intentions de son maître. Le résident prit sur cela la parole et dit que tout ce qui s'étoit passé jusqu'à présent étant suffisamment connu du Reïs Efendy, il ne s'étendroit point là-dessus ; qu'il feroit seulement souvenir les commissaires que la Porte ayant envoyé auprès du Czar Nisly Méhémet Aga, ce prince avoit expliqué ses intentions en trois manières, savoir dans la réponse qu'il avoit faite à la lettre du grand Seigneur, de bouche, en parlant à Nisly Méhémet Aga dans l'audience qu'il lui avoit donnée et, avec plus d'étendue, dans le mémoire qui lui avoit été remis par les ministres : que les intentions du Czar étoient toujours les mêmes pour la conservation de la paix et de l'amitié ; qu'il en avoit donné une marque éclatante en suspendant les effets de sa juste vengeance contre les Leskis ; qu'il avoit fait cette démarche pour donner un gage à la Porte de ses bonnes intentions et à la France de sa déférence à son amitié et à ses conseils, mais qu'en le faisant, il avoit vu deux choses : La première, que la Porte se conformeroit en quelque manière à sa modération et l'autre, qu'on pourroit convenir ensemble de prendre de justes mesures, afin que ce qu'on auroit peut-être à faire dans les suites de part et d'autre, par rapport à la Perse, fût concerté de manière qu'on évitât tout sujet de jalousie à l'avenir, et que c'étoit dans cette vue qu'il lui avoit envoyé des pleins pouvoirs pour convenir à l'amiable pour ce sujet, et demandant, comme par forme de préliminaire, une suspension effective de toute entreprise de la part des armées qui étoient sur les frontières, particulièrement par rapport à la Géorgie, et déclarant qu'il ne pouvoit s'expliquer sur rien, ni répondre des évènements qu'on ne fût convenu de cette suspension. Et comme le résident avoit insinué dans son discours qu'on n'auroit pas dû agir dans la Géorgie après avoir eu connoissance des intentions du Czar sur ce sujet, Adjy Moustafa, qui prit la parole, passa légèrement sur le reste de son discours et s'attacha à cette partie. Il dit qu'il trouvoit étrange que l'on attendît que les Géorgiens eussent appelé et reçu les troupes ottomanes dans leurs pays, pour déclarer que c'étoit une chose que le Czar regardoit comme contraire à ses intérêts et à l'amitié ; qu'effectivement, si on comparoit le temps de l'arrivée de Nisly Méhémet Aga à Constantinople à celui de l'entrée des troupes ottomanes dans la Géorgie, on trouveroit qu'elles étoient déjà dans cette province lorsque Nisly Méhémet Aga étoit arrivé à Constantinople. Mais, ajouta-t-il, nous ne voulons pas traiter l'affaire de cette manière et nous demandons au Czar et à ses ministres, quel droit ou quelle prétention peut-il former sur des pays qui n'étoient pas même connus à ses ancêtres ; que si, continua-t-il en riant, les Moscovites croient que quelques petits bâtiments avec lesquels ils négocient sur la mer Caspienne leur ont acquis quelque droit sur les côtes de cette mer, il seroit trop dangereux pour nous d'admettre une semblable prétention qui donneroit autant et plus de droit sur les côtes de cet Empire, dans la Méditerrannée, aux François et aux autres nations qui les fréquentent avec un nombre presqu'infini de vaisseaux. Il n'en est pas de même de nous, dit-il, et entrant dans un très long détail des histoires de cet Empire, il fit voir en quel temps et en quelle manière les Turcs avoient possédé à diverses reprises le Daguestan, le Chirvan, la Géorgie, l'Arménie et la Perse toute entière. Ce discours dura plus d'une demi-heure et il seroit trop long de le rapporter ici. Le résident y répondit froidement qu'on bouleverseroit le genre humain, si chacun revendiquoit ses anciennes possessions et que les Turcs n'y gagneroient peut-être pas plus que les autres ; qu'il ne s'agissoit point ici de savoir si les Turcs avoient droit ou non à la possession de la Géorgie, mais de la complaisance que le Czar avoit eue de suspendre sa vengeance contre les Leskis à la sollicitation du grand Seigneur, et de la demande qu'il avoit faite en même temps que le grand Seigneur s'abstînt de toute entreprise du côté de la mer Caspienne, ce qu'il n'avoit point fait, puisqu'on disoit qu'il s'étoit emparé de la Géorgie et que pour lui résident, il déclaroit que les choses étant en cet état, et que les ministres de la Porte ne voulant pas convenir d'une suspension d'activité, il ne pouvoit pas s'expliquer, les ordres de son maitre étant qu'il ne le fit que sur ce préliminaire. « Est-ce que vous prétendez, reprit Adjy Moustafa, que les troupes du grand Seigneur, appelées par les Géorgiens, se retirent de cette province, ou doutez-vous encore qu'elles y soient entrées. » Le résident de Moscovie reprit : « Je ne m'explique ni sur l'un ni sur l'autre. J'ignore, sur les nouvelles publiques, tout ce que mon maitre ne m'en fait point savoir ou que la Cour à laquelle je réside ne m'en communique pas formellement ; mais je reviens à vous dire que les choses, par cet évènement, étant changées de ce qu'elles étoient lorsque mon maitre à déclaré ses intentions à Nisly Méhémet Aga, de bouche et par écrit, je ne puis absolument point m'expliquer par deux raisons : la première, parce que depuis trois mois que j'ai fait la proposition d'une suspension d'armes, on a différé sous divers prétextes à me donner aucune réponse et qu'actuellement, on évite de le faire : la seconde, que le Czar, mon maitre, ayant pu être informé à Pétersbourg de ce qui s'est passé en Géorgie aussitôt qu'on l'a été à Constantinople, je ne sais point l'impression que cette nouvelle aura faite sur son esprit, non plus que les mesures qu'il pourra avoir prises et qu'ainsi, il me paroit que j'ai besoin d'avoir de nouveaux ordres, ce qui n'auroit point été si les choses fussent demeurées au même état qu'elles étoient, lorsque j'ai expliqué à la Porte et la condescendance du Czar mon maitre par rapport aux Leskis et ses intentions touchant la Géorgie et les bords de la Caspienne. Ainsi, jusques à ce que vous vous soyez expliqués catégoriquement sur la suspension d'armes proposée, il m'est impossible de vous faire aucune des ouvertures auxquelles je suis autorisé par mes pleins pouvoirs et par mes instructions.

De cette manière, reprit Adjy Moustafa, nous ne pouvons rien avancer puisque vous vous aheurtez à un principe que nous pouvons d'autant moins accepter que nous n'ignorons pas que le Czar ne l'a pas suivi lui-même, puisque, non content d'avoir fait passer ses manifestes jusques dans la province de Guilan et d'avoir invité tous les peuples qui habitent les bords de la mer Caspienne à se mettre sous sa protection, il s'est emparé de Bakou qui est une ville par rapport à lui au delà du Chirvan : que nous savons qu'il cherche à faire des liaisons avec Tamas Châb, fils du Sofy, et qu'il a fait passer des émissaires et des troupes dans le Guilan. Le résident répliqua sur cela qu'il ne pouvoit rien dire des mouvements que les troupes de son maitre faisoient dans ces pays-là, mais qu'il répondroit seulement au sujet de Bakou et des manifestes qui avoient été publiés et répandus de la part de son maitre : que Bakou avoit recherché la protection du Czar par des lettres dont on avoit fait voir les originaux à Nisly Méhémet Aga, et, pour ce qui étoit des manifestes qui avoient été répandus dans le Guilan, que c'étoit une précaution nécessaire et d'usage que son maître n'avoit pas pu s'empêcher de prendre pour persuader les peuples de ses bonnes intentions et les empêcher de le regarder comme un ennemi, dans le temps qu'il venoit en qualité d'ami pour tirer seulement raison des Leskis et les empêcher de continuer les ravages que la foiblesse du gouvernement de Perse leur avoit donné occasion de commettre depuis quelques années.

Quand on veut avancer les affaires, dit pour lors Adjy Moustafa, il ne faut pas se fixer, ainsi que fait M. le résident, à une seule réponse et comme je vois que nous ne le tirerons pas de là aujourd'hui, si M. l'ambassadeur de France ne s'en mêle, je le prie, de la part du Reïs Efendy et de la mienne, de presser M. le résident de s'expliquer plus ouvertement qu'il n'a fait. L'ambassadeur de France, qui avoit gardé le silence jusques là, prit pour lors la parole et dit à M. le résident que le grand Seigneur ne pouvoit pas donner une marque plus sincère de son désir pour le maintien de l'amitié avec le Czar que l'ouverture de conférences où il se trouvoit et le choix des commissaires qu'il avoit nommés : que c'étoient eux-mêmes qui avoient négocié et conclu le traité de paix perpétuelle et qu'il les trouveroit sans doute très disposés au maintien de leur propre ouvrage : qu'ainsi, s'il pouvoit s'expliquer plus ouvertement, il l'exhortoit en la manière la plus efficace de le faire. Le résident répondit qu'il convenoit de ce que l'ambassadeur avoit dit, mais qu'il lui étoit impossible de faire aucune ouverture, ni même de produire ses pleins pouvoirs que, préalablement, on eût accepté une suspension d'armes générale qui prévînt les accidents qui pourroient survenir par l'approche des armées, et donnât le temps de prendre conjointement les mesures convenables pour conserver l'amitié et prévenir les jalousies. L'ambassadeur communiqua cette réponse aux commissaires turcs et ajouta qu'ils ne devoient point regarder le refus du résident comme un effet d'aucune mauvaise volonté de sa part, mais simplement comme une suite des ordres qu'il avoit reçus et desquels il ne lui étoit pas possible de s'écarter : que pour lui, en général, il voyoit qu'on avoit une sincère envie, de part et d'autre, de demeurer bons amis, mais qu'on ne vouloit pas devenir trop voisins et qu'il faudroit s'attacher à chercher des expédiens là-dessus ; que si néanmoins, pendant qu'on négocioit à Constantinople, les généraux d'armée alloient toujours en avant sur les frontières, les armées se rencontreroient bientôt et il surviendroit des incidents fort contraires aux bonnes intentions qu'on avoit de part et d'autre, auxquels il seroit très difficile de remédier ; qu'il savoit, par le ministre de France à Moscou, que les intentions du Czar étoient de convenir au préalable d'une suspension d'armes par rapport principalement à la Géorgie, mais que les choses étant changées à cet égard avant qu'on en eût pu convenir, il ne croyoit pas que le résident de Moscovie pût demander, au moins sans de nouveaux ordres, que les troupes Ottomanes se retirassent de cette province et que, si les ministres de la Porte l'assuroient qu'elles ne pousseroient pas plus avant de ce côté-là, il lui conseilleroit de regarder les assurances qu'ils lui donneroient là-dessus, comme la suspension d'armes proposée et désirée par le Czar et de communiquer ensuite ce qu'il pouvoit avoir à dire. Les commissaires turcs firent semblant de ne point faire attention à cette ouverture et le résident ayant déclaré, de son côté, que les choses étant changées, il ne pouvoit point l'accepter, « je vois bien, dit Adjy Moustafa, que nous ne vaincrons point aujourd'hui l'obstination de M. le résident et qu'il est temps de tourner cette conférence en simple conversation. Nous sommes, ajouta-t-il, les ministres de trois grands monarques, le mensonge seroit indigne d'eux et de nous. Ainsi, vous pouvez être persuadés que tout ce que je vais dire est véritable; mais, je vous répète que c'est par forme de conversation, afin que vous ne veniez pas dire un jour : Vous m'avez dit ceci et cela. Vous pouvez parler de votre côté avec liberté, sans craindre que nous voulions tirer avantage des choses que vous pourriez dire. » Après ce préambule, Adjy Moustafa fit tout de suite un discours d'une demi-heure, dont le précis fut que l'intention de la Porte n'avoit jamais été de se mêler des affaires de la Perse ; que le Sofy ne lui avoit point demandé de secours et que la coutume des princes n'étoit point de se secourir les uns les autres, sans en avoir été requis. L'ambassadeur de France l'interrompit en cet endroit pour dire qu'il pouvoit certifier cette vérité : qu'il se souvenoit fort bien que le grand vizir lui ayant dit, il y a plus d'un an, en présence du Reïs Efendy, que le Sofy étoit attaqué par trois ennemis, il lui avoit demandé s'il ne le seroit pas bientôt par un quatrième. Sur quoi le grand vizir comprenant bien ce que l'ambassadeur entendoit par cette question, il lui répondit avec sa franchise et sa vivacité ordinaires que cela n'arriveroit certainement point. C'étoit pour lors, reprit Adjy Moustafa, l'intention du grand Seigneur et il y persisteroit encore, sans le désordre affreux où est tombée la Perse et qui peut devenir contagieux à nos propres États, qui confinent avec ce royaume par un espace de pays de plus de six cents lieues. Il s'est élevé, ajouta-t-il, dans les confins les plus reculés de la Perse, un homme dont le nom étoit même inconnu qui, accompagné d'une troupe de brigands plutôt que de soldats, et pour ainsi dire le seul fouet à la main, est venu accabler, dans sa capitale, un prince dont la famille étoit sur le trône il y avoit plus de deux siècles et qui régnoit lui-même depuis plus de trente ans. Il est vrai que cet homme est de la même croyance que nous, mais il n'en est que plus dangereux. Nous apprenons qu'il marche vers Tauriz. C'est, à la vérité, avec peu de monde, mais il va dans un pays où le désir de la nouveauté et du pillage peut lui former dans un moment une armée de deux cent mille hommes et qui sait si, dans des frontières aussi étendues que les nôtres, les peuples et les commandants, si nous les laissons dans l'inaction, ne se laisseront pas séduire. Nous avons donc résolu d'agir et les ordres sont donnés déjà, tant aux pachas d'Erzroum, de Babilone et de Bassora qu'aux autres, de se mettre en mouvement avec leurs troupes, d'entrer de tous côtés dans la Perse et surtout d'empêcher que Mir Veis ne s'empare de Tauriz.

Ce n'est point dans l'esprit de faire de nouvelles conquêtes que nous faisons ces mouvements et nous verrons ce qu'il y aura à faire des pays que nous aurons occupés, quand la Perse aura repris une forme de gouvernement. Sari Ibrahim Pacha, ajouta-t-il, qui est entré en Géorgie, est commandé particulièrement pour aller à la rencontre de Mir Veis, s'il approche de Tauriz. Comment, ajouta-t-il, dans des dispositions si nécessaires et si pressantes, le Czar peut-il nous demander une suspension d'activité de nos troupes et M. le résident, qui voit les choses de plus près, peut-il insister là-dessus ? »

L'ambassadeur de France, jugeant qu'Adjy Moustafa n'avoit pas fait un si long discours sans dessein, lui dit que comme la modération du grand Seigneur dans le commencement des mouvements de la Perse étoit digne de louange, on ne pourroit pas disconvenir non plus que le parti qu'il prenoit présentement ne fût conforme à la prudence de ses ministres et absolument nécessaire ; qu'aussi bien, loin de croire que le Czar en pût concevoir aucune jalousie, il pensoit que cette disposition bien ménagée fourniroit un grand moyen de réunion : que toute la jalousie du Czar n'avoit paru vouloir rouler jusques à présent que sur les États les plus voisins des côtes de la mer Caspienne, que Mir Veis venoit du côté des terres, qu'ainsi les Turcs auroient besoin de toutes leurs troupes de ce côté-là, et que s'assurant réciproquement avec le Czar et prenant même quelques mesures ensemble, si cela étoit nécessaire ou praticable, ils pourroient, chacun de leur côté, travailler plus efficacement à la sûreté de leurs États. Et comme Adjy Moustafa, en parlant de la marche des troupes ottomanes vers Tauriz, avoit fait entendre qu'elles pourroient entrer dans le Guilan pour le défendre, le résident de Moscovie, sans s'expliquer sur ce que l'ambassadeur de France avoit insinué, prit la parole pour dire que si les Turcs prenoient des mesures contre Mir Veis, par rapport à leurs frontières du côté d'Erzroum et de Babilone, le Czar ne manqueroit pas d'en prendre de son côté pour l'empêcher d'envahir le Guilan. Ce discours donna lieu à Adjy Moustafa de s'étendre de nouveau sur les prétentions du grand Seigneur sur diverses frontières de la Perse, et comme ce discours ne menoit à rien et que la conférence avoit duré cinq heures, l'ambassadeur de France en prit occasion de la terminer en disant que le Reïs Efendy et Adjy Moustafa, étant également ministres du grand Seigneur et pour la direction des affaires politiques et pour la discussion de celles des particuliers, ils savoient mieux que personne que la méthode de les traiter étoit différente : que les unes se jugeoient par les lois et les coutumes et que les juges étoient souvent bien embarrassés à démêler de quel côté étoit le droit ; que pour celles des princes, quelque chose qu'on eût fait jusqu'à cette heure, on n'y avoit trouvé d'autre règle que la force ou la convenance réciproque : que cette conférence même étoit une preuve évidente qu'on n'en vouloit pas venir à la force, qu'il falloit donc chercher à s'attacher à la convenance : qu'il les exhortoit de part et d'autre à la chercher et qu'il ne désespéroit pas qu'on en vînt à bout, surtout si on profitoit du temps et qu'on réfléchit mûrement, et sur la nature de l'affaire et sur diverses choses qui s'étoient dites dans la conversation qui finit ainsi.

On ne doit pas manquer de faire observer que les commissaires de la Porte s'expliquèrent dans tous leurs discours avec les termes les plus honnêtes et les plus convenables, sans témoigner aucune sorte d'aigreur et dirent, tant à l'ambassadeur qu'au résident, qu'après avoir rendu compte à leur maître de ce qui s'étoit passé, ils les informeroient du jour auquel on pourroit avoir une autre conférence.

XV.

Seconde conférence tenue entre les mêmes ministres et dans le même lieu, le jeudi 29 juillet 1723.

Cette conférence, qui dura quatre heures, n'ayant pas été plus décisive que la précédente, il seroit superflu d'en faire un détail exact et suivi. Ainsi, on se contentera d'en rapporter quelques particularités pour faire connaître la manière de traiter des Turcs et l'étendue qu'ils cherchent à donner à leurs prétentions et à leurs desseins.

Adjy Moustafa l'ouvrit, et comme il avoit, dans la précédente, établi par un long discours les prétentions de son maître sur la Perse qu'il regardoit comme un pays sans chef et abandonné, il s'attacha d'abord, dans celle-ci, à comparer la solidité de ces prétentions avec celles que le Czar formoit sur les bords de la mer Caspienne, et pour cela il rechercha comment les princes moscovites s'étoient établis dans cette mer en s'emparant du royaume d'Astrakan, s'efforçant de prouver ensuite que le peu d'étendue des côtes que le Czar possédoit dans cette extrémité de la mer Caspienne ne pouvoit lui donner aucun droit sur le reste. Cette recherche déplut au résident, qui répondit d'abord comme il avoit fait dans la précédente conférence sur l'antiquité des possessions réciproques. Il dit ensuite que son maître ne s'étant point expliqué sur les droits qu'il pouvoit avoir ou n'avoir point sur la mer Caspienne, il avoit seulement déclaré de vive voix et par écrit qu'il ne souffriroit pas qu'il s'établît aucune nouvelle puissance sur cette mer et la puissance ottomane moins que les autres ; que cette déclaration ayant été faite formellement par son maître, il ne lui étoit pas possible de s'en départir, ni d'admettre aucune sorte de discussion là-dessus. Adjy Moustafa y revint pourtant et s'attacha particulièrement à faire voir que le grand Seigneur ayant disposé du Chirvan en faveur de Daoud Khan et cela en vertu de ses anciens droits sur cette province qui s'étend jusqu'à la mer Caspienne, il ne comprenoit pas comment le Czar prétendoit, par des expressions générales et sur des motifs vagues, faire valoir qu'il ne consentiroit point à une si juste disposition dans laquelle la ville de Derbent se trouvoit particulièrement comprise, comme ayant été possédée autrefois par leur prophète Omer. Il prit occasion de ce discours qu'il avoit lâché pour revenir à la discussion de l'antiquité et du droit des possessions que le Czar avoit ou prétendoit avoir sur la mer Caspienne.

Ce discours échauffa le résident de Moscovie et, après avoir répété ce qu'il avoit dit sur les côtes de la mer Caspienne, il ajouta que son maître avoit toujours reconnu les États circonvoisins de cette mer comme sujets et dépendants de la Perse : que si les Turcs avoient eu autrefois des prétentions sur quelques-uns de ces pays, ils y avoient solennellement renoncé par leurs traités avec les Sofis, et que ces traités subsistant encore, ils n'avoient point le moindre prétexte de faire renaître des prétentions abandonnées : que, quant aux possessions de son maître, il étoit bien fâché qu'on le forçât de répondre sur une chose qui ne faisoit rien au fait présent et qu'on n'auroit pas dû mettre en question, mais qu'il prioit les ministres de la Porte de ne point prendre en mauvaise part, s'il leur disoit que ces recherches inutiles mèneroient trop loin de part et d'autre, puisqu'ils n'ignoroient point que la puissance des Moscovites étoit autrefois beaucoup plus étendue de ce côté-ci qu'elle ne l'est présentement, et qu'un de leurs princes, appelé Wladimir, avoit été maître de la Crimée et avoit étendu sa domination dans le Budjiak, la Valaquie et la Moldavie jusques sur les bords du Danube.

Le drogman ayant rapporté ce discours à Adjy Moustafa, celui-ci comprit bien que cette dispute qui étoit inutile aigriroit enfin la conversation. Ainsi, sans répondre directement, il la termina par un conte qui, disant autant et plus peut-être qu'il ne vouloit dire, ne fut pas cependant si offensant qu'une réponse sèche qu'auroit pu lui fournir ce que le résident avoit dit sur la Crimée ; il dit donc qu'un des

Pharaons d'Egypte, enorgueilli de sa puissance, eut la folle vanité de vouloir se faire reconnaître pour Dieu, et qu'ayant consulté sur cela le diable, celui-ci lui répondit qu'il n'en étoit pas encore temps et lui donna cette réponse plusieurs fois de suite, jusqu'à ce que le Pharaon, lassé de ces délais, lui en demanda la raison. Que, pour lors, le démon lui répondit que c'étoit parce qu'il y avoit tant de princes d'une puissance supérieure ou égale à la sienne qui l'avoient connu homme, que pas un seul ne voudroit le reconnoître Dieu.

L'ambassadeur de France prit ce moment pour interrompre une conversation qui ne menoit à rien et qui pouvoit échauffer les esprits, et il dit qu'il ne s'agissoit point de ce qui s'étoit passé autrefois, mais de ce qui se passoit actuellement et de ce qui pourroit arriver encore, si on ne prenoit de justes mesures pour conserver l'amitié et prévenir une rupture.

Adjy Moustafa répondit que la paix perpétuelle étoit fondée sur des principes si solides que rien ne pouvoit la rompre. « Est-ce, ajouta-t-il, par exemple que la paix perpétuelle que nous avons avec la France a été affoiblie ou interrompue par les secours que les François ont envoyés en Candie, dans le temps que les troupes ottomanes attaquoient cette île ? » « Non, reprit l'ambassadeur, nous avons secouru les Vénitiens et conservé la paix avec les Turcs. » « Est-il possible, reprit Adji Moustafa en riant et avec une espèce d'admiration, que l'ambassadeur de France avoue les secours de Candie ? » « Oui, répondit celui-ci, en ajoutant qu'il lui diroit de plus que c'étoit une maxime constante de la France d'aider tous ceux qui avoient besoin de son secours : que les grandes puissances, ainsi que la Françoise et l'Ottomane, avoient des amis de deux espèces, les uns qui, par leur propre grandeur n'ayant rien à craindre, n'avoient pas besoin de secours étrangers et d'autres qui, plus foibles et ne pouvant pas se soutenir par leurs propres forces, avoient recours à celles d'autrui ; que jamais la France n'avoit refusé ni ne refuseroit son secours à ceux-ci ; que la grandeur et la prospérité de cet Empire avoient été jusques à présent telles qu'il n'avoit pas eu besoin du secours d'autrui : qu'il souhaitoit qu'il se maintînt toujours dans cet état de félicité et qu'il ne fût jamais réduit à éprouver la vérité de ce qu'il venoit de dire. »

La franchise de ce discours fut si agréablement reçue par les commissaires turcs qu'elle donna lieu à Adjy Moustafa de faire encore une question à l'ambassadeur, en lui disant: « Vous voyez la justice de nos prétentions sur les États de la Perse, faites-moi le plaisir de me dire comment se conduiroit la France, si elle en avoit de pareilles sur un État voisin ? » « Je le ferai volontiers, reprit l'ambassadeur, et je vous dirai non seulement comment elle se conduiroit, mais comme elle s'est conduite dans des choses dont vous avez une parfaite connoissance, car je sais que vous n'ignorez rien des affaires des princes chrétiens. Je vous avouerai donc franchement que si, dans de pareilles circonstances, la France pouvoit, sans de trop grands efforts et sans se brouiller avec les princes dont elle doit ménager l'amitié, s'emparer de tout, elle le feroit ; mais puisque vous m'avez fait l'honneur de vouloir prendre la France pour exemple, agréez que je vous explique ce qui s'est passé dans l'affaire de la succession d'Espagne. » L'ambassadeur lui expliqua alors fort au long les divers évènements et les négociations et la guerre qui avoit suivi et la paix qui l'avoit terminée, et conclut ensuite en disant : « Vous voyez qu'après vingt ans d'efforts et de victoires continuelles, les François ont été obligés de contenter les parties intéressées dans cette guerre et qui n'avoient pour tout droit que la jalousie de l'agrandissement de la France. Je vous laisse faire, ajouta-t-il, les réflexions que vous trouverez convenables là-dessus. » Cet exemple parut faire une grande impression sur l'esprit des commissaires turcs et, après un moment de réflexion et de silence, Adjy Moustafa reprit la parole en disant : « Mais un Empire comme celui-ci, dont les troupes sont en plein mouvement, peut-il souffrir qu'un prince étranger lui commande de s'arrêter et lui veuille, en quelque manière, lier les mains. L'ambassadeur répondit qu'il croyoit cela si éloigné de la considération que d'aussi grands princes se devoient les uns aux autres, que si M. le résident de Moscovie avoit fait une semblable proposition, ou avoit dit un seul mot qui eût l'air de ce commandement dont on parloit, il seroit sorti de l'assemblée pour ne le point entendre ; mais qu'il lui paroissoit qu'il n'avoit point été question de cela et que si M. le résident avoit parlé de la suspension de l'activité des troupes ottomanes, ce n'étoit point dans des termes généraux, mais seulement par rapport à quelques provinces où le Czar avoit déclaré depuis longtemps qu'il ne pouvoit pas voir, sans jalousie, les troupes du grand Seigneur et que si les commissaires examinoient bien la chose, ils trouveroient que le Czar demandoit moins que les Turcs n'agissent point que s'ils vouloient agir de concert avec lui. Le résident, prenant sur cela la parole, dit que c'étoit précisément là sa proposition et qu'elle étoit autorisée sur l'exemple de son maître qui, à la réquisition de la Porte, s'étoit abstenu de pousser sa vengeance plus loin contre les Leskis, mais que les choses étant changées depuis la déclaration que le Czar avoit faite à ce sujet à Nisly Méhémet Aga, et depuis les propositions dont il les avoit accompagnées, il demandoit qu'on lui fît une réponse de vive voix ou par écrit et qu'on lui donnât la permission d'expédier un courrier pour en informer son maître. Les commissaires turcs répondirent qu'ils rapporteroient ce qui s'étoit passé dans cette conférence au grand vizir et que, après avoir pris ses ordres, on en auroit une autre dans laquelle ils lui expliqueroient les intentions de leur maître.

C'est à peu près ce qui s'est passé de plus remarquable dans celle-ci : Il ne faut pas cependant négliger de rapporter que, sur la fin de la conversation, le Reïs Efendy qui est Capi kiaya, c'est-à-dire lieutenant ou résident à la Porte du Khan de Tartarie, parla au résident de Moscovie de quelques différends qu'il y avoit sur ses frontières, et sur lesquels les Moscovites n'avoient pas donné la satisfaction qu'on attendoit d'eux, suivant le rapport que faisoit le commissaire turc qui étoit sur les lieux. M. le résident répondit fort pertinemment sur cette affaires et comme il ne s'agit au plus que d'une restitution de dix ou douze mille écus, l'ambassadeur de France dit qu'elle ne méritoit pas qu'on en parlât seulement dans une assemblée, où on avoit de beaucoup plus grands objets et comme il jugeoit que le Reïs Efendy n'en fesoit mention que pour faire sentir aux Moscovites que cette affaire, dans l'état où on la laissoit, pouvoit servir de prétexte à quelqu'invasion de Tartares, l'ambassadeur se tournant vers le résident de Moscovie, le pressa en termes généraux de représenter à son maître combien il convenoit de terminer promptement une si médiocre discussion, car quoique les Turcs n'aient pas besoin de prétexte pour faire agir les Tartares, il y a beaucoup de choses qu'on hasarde souvent quand on a un prétexte même frivole, auxquelles on ne songeroit pas du tout si on n'en avoit aucun.

XVI.

Lettre du roi à M. de Bonnac.

Versailles le 31 octobre 1723.

Monsieur le marquis de Bonnac, j'ai reçu votre lettre du 27 juillet dernier et j'ai entendu la lecture de toutes celles que vous avez écrites depuis le 2 juin jusques au 26 août. Avant que de vous parler des matières qu'elles traitent, je veux bien vous faire savoir moi-même que, malgré la considération de l'utilité que votre résidence à Constantinople pourroit être au bien de mon service, je vous accorde la satisfaction que vous désirez de revenir auprès de moi. J'ai nommé le S^r d'Andrezel pour vous succéder dans mon ambassade à la Porte et j'ai, en même temps, donné mes ordres pour l'armement des vaisseaux qui serviront à le transporter à Constantinople et à vous ramener dans mon royaume. Je compte qu'il s'embarquera vers le mois d'avril prochain. En même temps que vous ferez vos dispositions pour être prêt à partir aussitôt après son arrivée, il faut que vous preniez les mesures convenables pour passer à Tripoli, à Tunis et à Alger, où j'ai résolu que vous paroissiez pour exécuter des ordres qui obligeront ces républiques à réparer les contraventions qu'elles ont commises aux derniers traités que j'ai bien voulu qui fussent renouvelés en mon nom avec elles, il y a quelques années. Mais c'est sur quoi je vous donnerai dans un temps convenable les instructions dont vous aurez besoin. Ce que j'ai aujourd'hui à vous prescrire est d'employer le temps du séjour que vous ferez encore à Constantinople à maintenir la paix entre le grand Seigneur et le Czar, et à mettre en œuvre toute votre habileté pour faire en sorte que le premier de ces princes ne se fasse pas, de son agrandissement du côté de la Perse, un objet si capital que cela l'engage à porter de ce côté-là toutes ses forces, parce qu'en se livrant à l'attrait de quelques conquêtes en Asie dont la conservation seroit très incertaine, on cesseroit de faire attention à lui, et l'Empereur, délivré des inquiétudes que lui donnent les forces de l'empire Ottoman, tant qu'elles ne sont point occupées à des entreprises éloignées, en deviendroit plus difficile sur ce qui reste à faire pour consolider la tranquillité publique et même beaucoup plus prompt à la troubler. Ce peu de mots, qui vous explique ce que je crois être de mes intérêts dans le pays où vous êtes, et mes intentions sur votre conduite dans le peu de temps que vous exercerez encore le ministère que je vous ai confié, porte l'approbation, dans toutes ces circonstances, de celle que je vois que vous tenez depuis longtemps, dans la vue de prévenir une rupture des Turcs avec les Moscovites. Agissez toujours sur les mêmes principes et dans la certitude qu'en réussissant vous me rendrez un service également essentiel et agréable. Cependant, je serois bien aise, qu'autant que cela se pourra, vos démarches et votre intervention dans les conférences qui se tiennent entre les commissaires turcs et le résident de Moscovie, parussent être plutôt la suite de la recherche que les deux parties intéressées en ont faite, que l'effet d'aucun ordre formel que je vous aie donné à cet égard. C'est pourquoi je ne vous envoie pas le pouvoir que vous témoignez désirer. Je juge qu'il ne vous est pas absolument nécessaire, dès que, suivant ce que vous marquez, vous avez mis les choses au point que les ministres de la Porte ne sont plus les maîtres de vous faire aucune difficulté sous prétexte du manque de ce pouvoir, et il est bien vraisemblable que s'ils en formoient quelqu'une, ce ne seroit que lorsqu'ils seroient résolus à rompre entièrement la négociation. D'ailleurs, j'estime que si vous veniez à produire ce pouvoir il seroit malaisé que la connoissance n'en parvînt aux ministres des princes de l'Europe qui sont à Constantinople, à qui, pour des raisons que vous sentez bien, il est bon d'éviter de donner lieu de me regarder comme médiateur déclaré pour empêcher la guerre entre le grand Seigneur et le Czar.

Au reste, je ne vois pas qu'il y ait encore aucune nécessité que je vous envoie des ordres ou des instructions pour des propositions à faire aux Turcs, par rapport au commerce de mes sujets en Perse et quel que soit à l'avenir, le sort de ce royaume, la domination du prince qui s'en trouvera le maître ou de la plus grande partie, ne sera de longtemps assez tranquille et assez affermie, pour que les conventions que l'on feroit avec lui sur une pareille matière pussent être considérées comme quelque chose d'effectif. Cependant, toutes les fois que les ministres de la Porte vous feront de nouvelles ouvertures sur ce sujet, répondez leur de manière qu'ils ne doutent pas de ma disposition à conclure un traité avec le grand Seigneur. Si vous vous trouviez même pressé par eux, je vous permets de leur produire quelque espèce de projet sommaire que vous dresserez de vous-même, suivant la connoissance que vous avez de ce qui convient au bien de mes sujets.

Je juge que le projet d'une trêve entre la religion de Malte et la Porte s'évanouira. Cependant, dans le cas où il pourroit en être question, vous réglerez vos démarches en cette affaire sur la connoissance qui vous a été donnée précédemment de mes intentions qui sont toujours les mêmes.

XVII.

Traduction de la lettre écrite à M. le marquis de Bonnac par Ibrahim Pacha, grand visir, le 19 janvier 1724.

Après les titres et les compliments d'usage. Si le monde ignore que l'amitié perpétuelle que nous avons avec le Czar de Moscovie ayant été liée uniquement par mes propres mains, j'ai constamment employé ma foible autorité pour la maintenir et la conserver, il n'en est pas de même de Votre Excellence. C'est une chose qui lui est très connue. Cependant, dans le temps que son cœur lui dit que nous sacrifierons tous les biens du monde, plutôt que de troubler l'amitié qui est établie si solidement entre le susdit Czar et nous, une personne que nous nous étions vantés d'avoir pour ami, nous fait une proposition si dure que jamais nos ennemis mortels ne nous en ont fait une pareille. Vous savez que de même que l'Empire françois est distingué parmi les princes chrétiens, de même le très haut Empire l'est parmi les puissances musulmanes, quoique la force et le pouvoir appartiennent au très haut Créateur, cependant, gloire et louange à la divine Majesté, le très haut Empire se trouve aujourd'hui à un degré de force et de puissance où il n'étoit jamais monté. Nous avons tous été ravis d'admiration pour une personne que nous appelions notre ami, notre âme, avec laquelle nous étions liés et unis et dont nous attendions une parfaite fidélité à remplir ses promesses; elle a mis au jour dans ces circonstances, qui l'auroit jamais cru? une proposition impérieuse, froide et injuste et il n'y a aucun doute que tout le peuple de notre Empire ne consente, par nécessité, à détruire une paix qu'il étoit si attentif à ne point violer, car la proposition du susdit Czar, étant inepte et peu convenable à l'amitié, a troublé tous les ministres de l'Empire et toutes les colonnes du gouvernement, les docteurs de la loi et les gens de guerre à un point qui ne se peut exprimer. Elle a été un aiguillon qui les a fait avancer plus vite et les a tellement unis que si le très haut Empire leur eût donné des sommes immenses ou les eût encouragés par de grandes p...messes ou des exhortations, il n'eût pas pu former une union si générale. Que ses très véritables sentiments vous soient connus. Nous n'avons plus désormais rien à traiter avec le résident de Moscovie. Le royaume de Perse étant un pays mahométan, le Czar notre ami y est venu et s'est emparé de quantité d'endroits sur la mer Caspienne. Au lieu que nous devions lui dire : qu'avez-vous à faire dans un royaume mahométan ? il nous propose, avec un air de commandement, de ne point demander le bon droit qu'a le très haut Empire sur un pays sur lequel il n'a, lui, aucune prétention. Il est impossible de supporter une semblable proposition dans laquelle il n'a eu pour objet que de rompre les traités. Il faut, a-t-il dit, que je fasse une proposition extraordinaire au très haut Empire. Il est évident qu'il ne l'acceptera pas et ce refus me sera un motif pour agir. Nous ne doutons nullement que ce n'ait été sa pensée. Toutefois, comme vous êtes notre cher hôte et que c'est une chose qui blesse l'honneur de notre Empire et de votre personne, que de vous trouver dans une affaire de cette nature, j'ai cru que je ne devois pas vous laisser plus longtemps exposé à la honte d'une pareille négociation et je vous ai écrit, sans rien omettre, notre véritable état, tandis que le susdit Czar n'abandonnera pas la dispute qu'il forme pour les fils de la Perse et pour ses États, il ne sera plus dit dorénavant une seule parole des lieux qui le regardent et comme il est la cause de cette affaire, toute l'Anatolie, s'il plaît au Dieu très haut, la Chaldée, l'Arabie pétrée, Belk, Bukara, Hérat, le Candahar et toutes les autres nations mahométanes se joindront à nous. Nous espérons qu'avec la grâce et le secours de Dieu, la fin de cette affaire nous donnera lieu d'étendre notre religion et notre Empire, et nous le demandons à cette puissante Majesté qui a créé toutes choses. Comme vous savez très certainement qu'il est impossible que le très haut Empire ait plus de conférences, donnez-moi une réponse catégorique afin que nous prenions là-dessus notre parti. Je l'attends avec impatience.

Signé : Ibrahim.

XVIII.

Copie de la lettre écrite par M. le marquis de Bonnac à Ibrahim Pacha, grand vizir, le 13 janvier 1724.

J'ai reçu, avec le respect que je dois, la lettre que Votre Excellence m'a écrite et qui m'a été remise par le drogman de la Porte. Quoique je sois admirateur perpétuel de votre rare prudence, je vous avoue avec toute sincérité que les termes si recherchés, si sages et si modérés dont vous vous servez ont été pour moi un nouveau sujet d'admiration et ont augmenté le désir que j'ai de travailler avec plus d'efficacité, s'il est possible, et de sincérité, au succès de vos équitables et pacifiques intentions. Cependant, après avoir bien lu et compris le contenu de la lettre de Votre Excellence, j'ai invité M. le résident de Moscovie à venir chez moi. Je lui ai expliqué les intentions de Votre Excellence et j'ai employé les raisons les plus fortes et les plus persuasives, pour l'engager à se rendre à ses justes et pacifiques désirs et aux expédients qu'elle a proposés pour la continuation de cette affaire. Mais, soit que ses ordres soient trop limités, soit qu'il craigne d'avancer des choses pour lesquelles il ne soit point sûr de l'approbation de son maître qu'il ne peut recevoir que par de nouveaux ordres, il est demeuré ferme à dire qu'il pouvoit bien ne pas parler de quelques-unes des propositions déjà faites, mais qu'il ne pouvoit renoncer à aucune. C'est avec beaucoup de chagrin que je fais part à Votre Excellence de cette déclaration de M. le résident de Moscovie, puisqu'elle n'est pas conforme à ce qu'il m'a fait connoître de ses intentions; car considérant les grands avantages qui reviendroient aux deux parties, en traitant cette affaire amiablement, je ressens une douleur très vive de voir quasi rompue, avant que d'être commencée, une négociation qui auroit été si agréable au roi mon maître, en qualité de médiateur et d'ami commun, si glorieuse au ministère de Votre Excellence et si utile à l'honneur et à l'accroissement de cet Empire, duquel je désire l'augmentation, comme celle de la bienveillance dont elle m'honore. Je me recommande à son amitié et la prie, etc.

Signé : Dusson de Bonnac.

XIX.

Lettre du marquis de Bonnac au comte de Morville, ministre des Affaires étrangères.

A Péra lez Constantinople, le 14 janvier 1724.

Monsieur,

Vous aurez été informé, par la lettre que j'ai eu l'honneur de vous écrire le 23 décembre, de l'état où se trouvoit ce jour-là la négociation entre les Turcs et les Moscovites. Elle a, depuis, souffert diverses agitations et se trouve actuellement au point que le public la croit entièrement rompue et que ceux qui, comme moi, voient les choses de plus près, jugent qu'il sera assez difficile de la renouer et qu'une négociation qui s'est maniée jusqu'à présent avec une apparence de paix, pourra bien, à l'ouverture de la campagne, être traitée à la tête des armées.

Depuis le 23 décembre, jour de la date de ma dernière lettre jusques à hier jeudi, il y a eu tant d'allées et de venues, soit du drogman de la Porte, soit des nôtres, et trois conférences si longues avec les commissaires que si je voulois vous faire un détail suivi de tout ce qui s'est dit pendant ce temps-là, j'abuserois certainement de votre loisir. Le journal que j'en ai dressé contient plusieurs cahiers qui se réduisent au précis que je vais avoir l'honneur de vous en faire.

Le même jour, 23 décembre, que j'eus celui de vous écrire, il arriva ici un exprès de Vienne par lequel plusieurs particuliers reçurent les gazettes italiennes qui s'impriment dans cette ville, entre lesquelles il y en avoit une du onzième décembre, qui contenoit une copie du traité que les ministres du Czar avoient signé le 12 septembre avec l'ambassadeur du Tamas Châh. J'avois eu connaissance de ce traité par les lettres du Sr de Campredon et j'avois jugé par ce qu'il me marquoit que le Czar, qui vouloit prendre son temps pour le communiquer à la Porte, ne le rendroit point public. Cependant, il l'avoit fait imprimer à Moscou et c'étoit sur cet imprimé que la traduction, qui étoit dans la gazette, avoit été faite. Je priai M. Dirling, résident de l'Empereur, de me laisser celle qu'il avoit reçue afin qu'elle ne courût pas et ne tombât pas entre les mains des Turcs, ce qu'il fit de très bonne grâce; mais comme divers particuliers l'avoient, elle parvint non seulement entre les mains des ministres de la Porte, mais aussi entre celles du public dans l'esprit duquel elle causa une agitation si grande que je crus, dès ce moment, que tout seroit rompu et le ministre de Moscovie arrêté dans l'ardeur de ce premier mouvement. Cependant, pour ne rien négliger de ma part, je fis représenter aux ministres de la Porte que ce traité n'étoit pas au fond ce qu'il paroissoit d'abord, qu'il n'y avoit que le second article et le cinquième qui pussent donner quelqu'inquiétude à la Porte, mais, qu'à les bien examiner, on trouveroit que le Czar, qui étoit absolument le maître des conditions d'un traité de cette nature, y avoit observé de grands ménagements envers la Porte et n'étoit point sorti des bornes des déclarations qu'il avoit ci-devant faites, et par lesquelles on voyoit clairement qu'il vouloit s'approprier les bords de la mer Caspienne ; qu'ainsi ne parlant point ni de la Géorgie, ni de la province d'Erivan et des autres qui étoient à la bienséance de l'empire Ottoman, il étoit évident qu'en traitant avec Tamas Châh, il ne l'avoit pas voulu priver des moyens de s'assurer les secours et l'amitié de la Porte; que pour ce qui étoit de l'article cinquième, les engagements que le Czar y prenoit contre les ennemis de la Perse ne pouvoient nullement regarder les Turcs, car quoique par des motifs indispensables, la Porte eût fait entrer ses troupes dans ce royaume, elle n'avoit point fait de déclaration de guerre, et se conduisoit jusques à présent de façon qu'il y avoit tout lieu de croire qu'elle en vouloit plutôt à l'usurpateur qu'au prince légitime.

Cette insinuation fut reçue très favorablement et le drogman de la Porte se rendit chez moi le lendemain, pour communiquer au résident de Moscovie les ordres que le grand Seigneur envoyoit à ses généraux de la suspension d'activité des troupes, et recevoir de lui la copie de ceux qu'il donneroit aux généraux Moscovites. Vous trouverez ci-joint, Monsieur, la copie de l'un et de l'autre. Vous remarquerez facilement, en les lisant, que chacun étoit demeuré dans son principe, c'est-à-dire, les Turcs de pousser leurs progrès le plus loin qu'ils pourroient et les Moscovites dans la prétention qu'ils n'en fissent plus. Mais dans le fond, ce qu'on faisoit étoit suffisant pour assurer la tranquillité de la négociation, puisqu'on convenoit de part et d'autre de ne point agir dans les lieux où les troupes étoient trop proches les unes des autres.

Cela fait et les courriers expédiés, on recommença les conférences. Le résident de Moscovie expliqua dans la première ses propositions, qui consistoient en quatre points. Le premier, que son maître, comme il l'avoit plusieurs fois déclaré, ne consentiroit pas qu'aucune nouvelle puissance, et nommément la Turquie, occupât rien sur les bords de la mer Caspienne. Le second, que le Czar ayant fait un traité avec Tamas Châh comme légitime possesseur de la Perse après la mort ou détention de Châh Hussein son père, il proposoit à la Porte de s'unir avec elle pour traiter conjointement des affaires de la Perse, ou séparément à son choix si cette union ne lui convenoit pas. Le troisième, par rapport aux limites, que Châk Daoud, prince des Daguistanlis, qui s'étoit mis sous la protection de la Porte, demourât maître de Chamakie, à condition que cette ville ne fût pas fortifiée et que les Turcs n'y eussent ni garnison ni commandant, que de plus, la rivière de Cur, qui est l'ancien Cyrus, servît de ce côté-là de limite aux nouvelles acquisitions qu'on avoit faites de part et d'autre. Le quatrième, que les Turcs ne fissent plus de nouveaux progrès en Perse et n'y envoyassent plus de troupes.

Les commissaires parurent fort surpris de ces propositions ; ils pressèrent à plusieurs reprises le résident de leur déclarer s'il n'avoit point d'autres ordres, et sur ce qu'il leur dit qu'il ne pouvoit ni rien changer, ni rien diminuer à ce qu'il leur avoit proposé, ils répliquèrent avec aigreur qu'ils voyoient clairement que le Czar ne vouloit point négocier avec eux, mais donner des ordres à cet Empire, sans aucune considération pour l'amitié contractée, ni pour sa grandeur, ni pour sa puissance ; qu'ils lui déclaroient donc qu'il étoit impossible de traiter avec un plénipotentiaire qui s'expliquoit plutôt comme un porteur d'ordres que comme un homme chargé, selon l'usage, d'expédients et de moyens pour faciliter les affaires ; que quant aux propositions qu'il avoit faites, ils le feroient ressouvenir de ce qu'ils lui avoient ci-devant déclaré, que cet Empire ne consentiroit jamais que le Czar, sous quelque prétexte que ce fût, s'appropriât des lieux anciennement possédés par cet Empire et de tout temps par les Mahométans ; qu'ils ne pouvoient pas comprendre l'avantage qu'il prétendoit tirer du traité qu'il avoit fait avec un prince inconnu en Perse même, dans un temps que les forces Ottomanes étoient entrées dans ce royaume, que le prince régnant étoit ou mort, ou dans une étroite prison et qu'il paroissoit un nouveau possesseur. Que pour eux, ils ne vouloient ni traiter conjointement avec le Czar, ni séparément avec un tel homme, et que s'il avoit l'audace de leur résister, ils sauroient bien le réduire à la raison tout seuls. Que pour ce qui regardoit les limites, on savoit que le Czar s'étoit emparé de Derbent et de Bakou dans le Chirwan, qu'il s'étoit fait un nid à Rest dans le Guilan, que quand on viendroit à en parler, ils lui disputeroient le terrain pouce par pouce, mais que pour la proposition de suspendre leurs progrès en Perse, ils pouvoient lui déclarer dès à présent, que s'il ne l'abandonnoit pas, il ne pouvoit pas y avoir de négociation. Ensuite, m'adressant la parole, ils me demandèrent ce que je pensois de cette proposition. Je leur dis, comme il est vrai, que je l'avois regardée comme un embarras pour la négociation ; que j'avois fait tous mes efforts auprès du résident pour le porter à la supprimer comme inutile en elle-même et hors de saison, mais puisqu'il l'avoit faite et qu'il protestoit que, sans manquer à son devoir et sans tromper cet Empire, il ne pouvoit pas y renoncer formellement, on pourroit prendre un parti qui étoit de n'en plus parler et, la regardant comme non avenue jusqu'à nouvel ordre, de traiter de l'affaire des limites qui étoit ce qu'il y avoit de plus facile et de plus pressé.

Les commissaires, sans admettre et sans rejeter absolument cet expédient, se chargèrent de rapporter le tout au grand vizir et de rendre sa réponse dans la première conférence. Elle fut différée jusqu'au vendredi sept, à cause d'une incommodité que j'avois eue. Les commissaires turcs y dirent simplement qu'ayant rendu compte au grand vizir de la réponse qu'ils avoient faite d'eux-mêmes dans la précédente conférence, ce ministre l'avoit confirmée dans tous ses points et qu'ainsi ils n'avoient plus rien à ajouter. Le résident répliqua de son côté qu'il ne pouvoit se désister d'aucune de ses propositions. On résolut pourtant d'avoir encore une conférence et on me pria de profiter de cet intervalle, pour faire de nouvelles tentatives auprès du résident pour le déterminer à abandonner la demande de la suspension des progrès. Je le fis avec toute l'efficacité possible ; j'offris même de lui donner une déclaration par écrit pour sa décharge auprès du Czar, mais tout ce que je pus obtenir de lui fut qu'il écriroit à son maître ; que jusques à la réponse qui viendroit dans trois mois, il ne parleroit pas de cette proposition et entreroit en matière sur le reste. Je fis savoir cette réponse que le résident de Moscovie m'avoit donnée par écrit, aux ministres de la Porte, la veille de la conférence, afin qu'ils fussent préparés à la réponse et qu'on ne perdît pas de temps. Mais cette déclaration du résident de Moscovie produisit l'effet que je lui avois prédit. Les Turcs se confirmèrent dans la pensée qu'ils avoient déjà, que le Czar ne cherchoit qu'à les amuser et à les endormir par ses délais, et l'obstination à ne pas se départir de la proposition de la suspension de leurs progrès en Perse étoit une suite et une preuve évidente des engagements qu'il avoit pris contre eux dans le traité qu'il avoit fait avec Tamas Châh. Dans cette persuasion, les commissaires turcs commencèrent la troisième conférence en disant qu'ils n'accorderoient point au résident de Moscovie la permission de demander de nouveaux ordres; qu'il n'étoit plus temps d'attendre des réponses de Moscou et qu'ils romproient, dès ce moment, tout commerce avec lui. Cela ne nous empêcha pas de dîner à l'ordinaire et, après le dîner, le drogman de la Porte m'ayant pris à part, me dit que les réflexions que j'avois faites sur le traité du Czar avec Tamas Châh avoient été si favorablement reçues par les ministres de la Porte, et même par le grand Seigneur; qu'il croyoit que si, sur ce principe, j'insinuois aux commissaires qu'on pourroit proposer au Czar de faire entendre à Tamas Châh qu'il étoit de son intérêt de rechercher l'appui et la protection de la Porte, cette ouverture seroit favorablement écoutée et donneroit peut-être lieu à reprendre et à continuer la négociation. Je le fis un moment après et j'ajoutai qu'on pouvoit, pendant ce temps-là, sans parler du reste, travailler à l'affaire des nouvelles limites et le résident recevoir des ordres sur la demande de la suspension du progrès. Les commissaires, qui étoient préparés à cette proposition, répondirent qu'ils ne demanderoient jamais au Czar une pareille chose, mais que si je voulois comme médiateur la lui insinuer, je pouvois le faire ; que quant au reste, ils demeureroient fermes dans leurs principes, qui étoient de ne pas traiter absolument avec le résident de Moscovie qu'il ne se fût formellement désisté de la prétention odieuse de la suspension des progrès. La conférence s'étant ainsi séparée, le résident de Moscovie me vint trouver le lendemain de grand matin et me confirma que non seulement, il ne pouvoit pas se désister d'un seul mot des propositions qu'il avoit faites, mais qu'après avoir bien examiné ses ordres, il voyoit évidemment que quand même il franchiroit la difficulté de la suspension, ses ordres étoient si bornés sur les limites et si éloignés des vues des Turcs qui paroissoient avoir envie d'environner de tous côtés les possessions du Czar, son maître, sur la mer Caspienne, qu'on romproit dès le premier jour sur cet article ; qu'ainsi il déclaroit qu'il ne pouvoit ni rien dire, ni rien faire de plus, si on ne lui donnoit pas trois mois de temps dont il avoit besoin pour faire venir de nouveaux ordres. Je lui répondis que : dire cela dans la saison où nous étions et dire que son maître ne cherchoit qu'à gagner du temps, étoit la même chose, mais que puisqu'il le vouloit, je ferois cette déclaration si j'avois quelqu'occasion naturelle de la faire.

A peine étoit-il sorti que je vis entrer le drogman de la Porte, lequel, après un discours fort étudié et rempli d'expressions obligeantes de la part du grand vizir, me dit que comme j'avois offert au résident de lui donner un écrit pour lui servir de justification auprès de son maître, en cas qu'il renonçât à la demande de la suspension des progrès, si je vouloislui en donner un, à lui grand vizir, par lequel je promettrois qu'il ne seroit plus parlé de cette prétention, il avoit une telle confiance en ma sincérité et en ma droiture qu'il s'en contenteroit. Je remerciai comme je le devois le grand vizir d'une démarche si honorable pour moi, mais je dis au drogman de la Porte que je le priois de représenter à ce ministre, qu'il y avoit une grande différence entre prendre une espèce d'engagement avec un homme à peu près de mon état, ou d'en prendre un avec l'empire Ottoman : que cependant, j'étois si persuadé que le Czar ne devoit pas insister, pour le présent, sur une semblable proposition plus embarrassante qu'utile que j'aurois peut-être été assez zélé pour le maintien de la paix et assez hardi pour accepter l'honneur que le grand vizir me faisoit, si le résident qui sortoit dans ce moment de chez moi ne m'avoit dit que ses ordres sur les limites étoient aussi bornés que sur la suspension des progrès, et que si on ne lui laissoit pas le temps d'avoir de nouvelles instructions, on romproit certainement à la première conférence qu'on tiendroit. Ce qui me faisoit voir évidemment qu'on ne pouvoit traiter sur rien avec le résident, avant qu'il eût les instructions qu'il disoit lui être nécessaires et que le Czar lui donneroit sans doute, aussitôt après qu'il seroit informé de la véritable constitution de cette affaire et des difficultés insurmontables qui se trouvoient à ces premières propositions.

Le drogman de la Porte ayant rendu compte de ma réponse au grand vizir, ce ministre prit sur le champ le parti de m'écrire une lettre. Le drogman de la Porte me l'apporta le jeudi. Je fis prier le résident de Moscovie de venir chez moi, et après lui avoir communiqué la lettre du grand vizir, en présence du drogman, et entendu sa dernière résolution, je fis devant eux deux la réponse à la lettre du grand vizir.

Il doit se tenir, à ce que m'a dit le drogman de la Porte, un grand conseil aujourd'hui et si j'en sais le résultat avant le départ de ce courrier, je ne manquerai pas, Monsieur, de vous l'apprendre. Je vous dirai, en attendant, que le drogman de la Porte me dit, dans cette dernière visite, que le grand vizir n'en agiroit point avec le résident de Moscovie, comme plusieurs de ses prédécesseurs avoient fait en de semblables occasions; qu'il le laisseroit absolument le maître de rester ici en toute liberté ou de s'en retourner chez lui; que s'il restoit et qu'on allât en campagne, il seroit pareillement le maître ou de rester à Constantinople ou de suivre l'armée. Il fit ensuite cette déclaration au résident même qui pourra prendre le parti de s'en aller à Moscou, dans le dessein et dans l'espérance d'obtenir des pouvoirs plus amples et de revenir continuer la négociation ; mais, comme le drogman de la Porte le lui représenta fort bien, dès que les Turcs auront pris la résolution de se mettre en campagne, l'affaire changera entièrement de face, et ils n'écouteront point, à la tête de leurs armées, les propositions qu'ils auroient, peut-être, acceptées à Constantinople.

Voilà, Monsieur, le précis de ce qui s'est passé jusques aujourd'hui dans l'affaire de la négociation des Moscovites avec les Turcs dans laquelle je me suis trouvé engagé en conséquence des ordres que j'ai reçus, depuis près de cinq ans, sur ce sujet et de la réquisition tant du Czar que des ministres de la Porte. Je crois m'y être conduit de manière que, de part et d'autre, on paroît persuadé de ma droiture et de mes bonnes intentions, et quoique je n'aie pas encore réussi en tout, j'ai eu au moins la satisfaction de moyenner une espèce de suspension d'armes, et de contribuer à la modération des ministres de la Porte envers le résident de Moscovie. J'ai eu aussi divers sujets de me convaincre des bonnes dispositions du grand vizir pour la conservation de la paix. La proposition qu'il m'a fait faire en dernier lieu en est une preuve évidente, et je suis obligé d'avouer que si l'on avoit agi avec la même ouverture et avec la même franchise de la part des Moscovites, la négociation auroit eu un meilleur succès.

Je ne doute point que le Czar ne le reconnoisse, mais je crains que ce ne soit trop tard et qu'une guerre éloignée, dans laquelle il s'engage avec beaucoup de courage, mais peut-être avec trop de facilité, ne lui en attire encore d'autres. Il est certain que les efforts que les Turcs feront contre lui ne seront pas médiocres. Le projet du grand vizir, comme il me l'a fait dire, est de se porter vers l'Ukraine à la tête d'une formidable armée, de faire joindre les Tartares de Crimée avec les Leskis qui sont de la même nation, et les faisant soutenir par les troupes ottomanes qui sont en Géorgie, de tomber sur Derbent, Bakou et Rest et de faire les derniers efforts pour en chasser les Moscovites, pendant que Abdula pacha de Van et Assan pacha de Babylone, continuant leurs progrès, s'avanceront vers le Guilan pour empêcher les Moscovites de s'y établir et de se joindre avec Tamas Chàh et pour se tourner ensuite contre Mir Mamouth, soit pour s'accommoder avec lui s'il est possible, soit pour lui faire la guerre. Cependant, comme le grand vizir connoît bien que, quelque parti qu'il prenne, il s'engage dans une affaire de longue haleine, qu'il sait que le Czar a des troupes parfaitement bien disciplinées et qu'il commence à être persuadé que celles de Mir Mamouth ne le sont pas moins, il va travailler à former un corps de douze mille hommes de troupes réglées, qui sera composé d'Albanois et de Bosnacs. S'il exécute ce dessein, et s'il n'y trouve pas quelque difficulté de la part des janissaires, les leurs deviendront bien plus redoutables qu'ils n'étoient, et au retour de leur guerre de Perse ils ne manqueront pas, selon leur coutume, de tomber avec plus d'effort que jamais sur la chrétienté.

La faveur du grand vizir augmente cependant tous les jours. Le grand Seigneur vient de lui en donner une nouvelle preuve en faisant son fils, qui n'a que treize ans, vizir et pacha à trois queues et en lui donnant une des sultanes ses filles en mariage. Il a pareillement fait pacha à trois queues le neveu de ce ministre et lui a destiné en même temps une autre des sultanes. Une troisième sera mariée à Ahmet pacha de Seyde, fils d'Osman, pacha de Damas, ami particulier du grand vizir. La faveur de ce ministre, soutenue par un grand mérite personnel et fortifiée par de si solides appuis, paroîtroit à toute épreuve dans un autre pays que celui-ci. Il mérite certainement qu'elle le soit ; mais engagé d'un côté dans une négocation pénible et, de l'autre, à demi engagé dans une guerre remplie d'incertitudes, il est à craindre que sa faveur et son habileté ne soient point à l'épreuve des contretemps perpétuels auxquels il est exposé.

Le résident de l'Empereur lui a rendu visite ces jours-ci, ainsi que l'ambassadeur d'Angleterre. Il a affecté de ne pas dire au premier un mot des affaires de Moscovie et de Perse, et de lui exagérer la douceur et la tranquillité de la paix dont cet Empire jouissoit de tous côtés. Il aura peut-être parlé d'un autre ton à l'ambassadeur d'Angleterre. Pour moi, n'ayant aucune affaire à traiter avec le vizir pour la nation, j'ai cru que je ne devois pas demander à le voir.

Je suis avec tout le respect possible,

Monsieur,
Votre très humble et très obéissant serviteur,
Dusson de Bonnac.

P. S. du 17 dudit mois.

Cette lettre n'ayant pu partir encore, il s'est passé tant de choses depuis qu'elle est écrite, et qui m'ont si fort occupé qu'il me seroit absolument impossible de vous les écrire, Monsieur, aujourd'hui en détail. Elles sont, cependant, assez curieuses et assez intéressantes pour mériter une relation particulière que j'aurai l'honneur de vous faire à la première occasion. En attendant, je vous dirai, en peu de mots, que je ne me suis pas trompé dans l'opinion que je vous ai marquée au commencement de cette lettre, à savoir que la négociation n'étoit point rompue ; bien loin de là, l'autorité de la médiation du roi et mes foibles soins ont porté les choses si loin que je croirois qu'il faut que le Czar fût bien difficile, si les Turcs s'accommodant presqu'en tout à ses desseins, il ne s'accommodoit pas aux leurs qui, à mon avis, sont assez modérés. Comme ils n'ont pas voulu permettre directement au résident de Moscovie d'expédier au Czar pour l'informer de l'état de l'affaire, je me suis chargé de le faire moi-même en expédiant auprès de ce prince un de mes parents, nommé M. d'Alion. Quoiqu'il soit jeune, il est plus capable que qui que ce soit de rendre un compte exact de cette affaire, car ayant assisté à toutes les conférences dont il a dressé les journaux, et entendant parfaitement la langue turque, il est au fait de tout ce qui s'y est passé. Le grand vizir en est si persuadé qu'ayant su que je le destinois à faire ce voyage, il a voulu qu'il assistât seul aujourd'hui à la conférence décisive que le résident de Moscovie et moi avons eue sans l'intermission des commissaires, et qui a duré plus de trois heures et demie. C'est au retour de M. d'Alion et des réponses qu'il apportera, et que nous recevrons probablement dans cent jours, que dépend la paix ou la guerre. Cependant, on se préparera ici à se mettre en campagne, s'il le faut, à la fin de mai. Voilà monsieur, tout ce que le départ du courrier me permet de vous dire aujourd'hui.

XX.

Relation de ce qui s'est passé le 15 janvier 1724.

Le samedi 15 janvier, le drogman de la Porte est venu à huit heures du matin chez M. l'ambassadeur de France. Après l'avoir salué et lui avoir tenu des discours fort obligeants de la part du grand vizir, il lui a dit que ce ministre avoit lu avec beaucoup d'attention, la lettre qu'il lui avoit écrite pour répondre à la sienne, mais que n'y trouvant pas la réponse catégorique qu'il lui avoit demandée, S. E. disant seulement, sans entrer dans aucune explication, que le résident de Moscovie lui avoit déclaré qu'il pouvoit bien ne pas parler de quelques-unes de ses propositions, mais que pour renoncer à aucune, il ne le pouvoit pas, il lui avoit ordonné de le venir trouver pour lui demander un éclaircissement sur cet endroit qui lui laissoit quelques doutes dans l'esprit, et dans lequel il lui sembloit que S. E. faisoit entendre que lui grand vizir seroit la cause de la rupture, chose qui étoit absolument contraire à ses sentiments et aux sincères dispositions où il étoit, de mettre tout en usage pour conserver une paix qui étoit son propre ouvrage.

M. l'ambassadeur a témoigné d'abord au drogman de la Porte, en des termes très polis, qu'il étoit fort sensible à l'honneur du souvenir du grand vizir et toujours prêt à s'employer dans tout ce qui pourroit lui être agréable. Il lui a répondu ensuite sur le sujet de sa commission en lui disant que premièrement, dans l'endroit de sa lettre dont il lui parloit par ordre du grand vizir, ce n'étoit point l'ambassadeur qui portoit la parole, mais le résident de S. M. Czarienne par la bouche du médiateur, requis de recevoir sa dite réponse et de la rapporter : que quant à l'incertitude dans laquelle le grand vizir disoit qu'il le laissoit, en parlant ainsi en général, il avoit suivi son exemple, puisque ce ministre, dans sa lettre, se plaignoit en général des propositions du résident, sans dire positivement celle qui lui déplaisoit ; que s'il étoit entré dans le détail, lui ambassadeur auroit dit au résident de faire la même chose dans sa réponse. Et pour ce qui étoit de faire entendre que lui, grand vizir, seroit la cause de la rupture, il n'avoit jamais eu cette pensée en écrivant sa lettre, pensée qui démentiroit tout ce qu'il avoit dit précédemment et, en particulier, aux ministres de la Porte et dans les conférences en présence du résident de Russie : que le grand vizir, auteur de la paix, n'oublioit rien pour la maintenir, qu'il travailloit sans cesse sur cet objet, malgré les risques et les périls auxquels une telle conduite l'exposoit et que peut être, sans lui, cette paix, qui devoit être perpétuelle, se seroit ressentie de l'inconstance et de la variation des choses.

Après cette réponse de M. l'ambassadeur, le drogman de la Porte n'a plus parlé de la lettre. On a abandonné insensiblement cette matière et on est venu au fond de l'affaire. M. l'ambassadeur qui voyoit que les choses étoient à l'extrémité, a cru qu'il ne devoit plus, pour ainsi dire, rien ménager ; qu'il devoit déclarer ses sentiments sur l'état de S. M. Czarienne et sur celui de la Porte tels qu'ils étoient, enfin qu'il ne devoit rien faire sur ce principe. Il a parlé avec plus de vivacité et de force qu'il n'avoit fait encore dans tout le cours de la négociation. Comme M. le drogman de la Porte n'a fait que des objections, et encore assez foibles, je ne m'attacherai guères qu'à rapporter ce que M. l'ambassadeur a dit. Il a commencé en premier lieu par lui représenter que les propositions de M. le résident n'avoient point cet air de commandement sur lequel les ministres de la Porte se récrioient : que si, en les leur faisant, il leur disoit, il faut que vous les acceptiez, autrement mon maître vous déclare la guerre, ils auroient, pour lors, un sujet légitime de se plaindre et que lui ambassadeur seroit le premier à leur dire, en cette occasion, qu'il ne convenoit point à l'honneur de l'empire Ottoman de souffrir qu'aucun prince lui parlàt de ce ton, mais que le résident, loin de leur tenir de semblables discours, leur offroit de ne point faire mention des propositions qu'ils disoient ne leur point convenir, jusqu'à de nouveaux ordres et de traiter en attendant sur les autres : que depuis, la proposition de ne plus faire de progrès en Perse qui leur faisoit tant de peine étoit absolument inutile pour les deux parties, qu'elle n'empêchoit en aucune manière les Turcs de s'avancer où leur intérêt le demanderoit ; que, pour soutenir l'honneur de leur Empire, ils n'avoient qu'à répondre au résident : vous nous faites une proposition qui ne convient pas, ni à l'honneur, ni aux intérêts de notre Empire, nous ne voulons pas l'accepter et passons aux autres ; que de cette manière, s'il y avoit de la hauteur dans la proposition du résident, ils la rejetteroient aussi avec hauteur; que celle de dire : je veux me rendre maître des bords de la Caspienne et je ne souffrirai pas qu'aucune nouvelle puissance principalement l'Ottomane s'établisse sur cette mer, étoit bien plus dure ; que cependant, ils n'avoient point parlé de rupture, lorsqu'on la leur avoit faite, qu'ainsi il ne comprenoit pas pourquoi ils vouloient se porter aux extrémités pour une chose qui ne valoit pas pour ainsi dire la peine qu'on y pensât ; car, a-t-il ajouté, la France a des traités avec la Perse. Si, par exemple, elle vous proposoit aujourd'hui de ne plus faire de progrès dans un royaume avec lequel elle est liée d'amitié, vous lui répondriez vraisemblablement : faites vos affaires et ne vous mêlez pas dans les nôtres, et vous iriez toujours en avant; faites la même chose avec le Czar. Il lui a dit en second lieu que si, dans les affaires, on ne pouvoit pas porter quelquefois un jugement solide et certain sur les paroles et sur les actions, difficilement on se trompoit en considérant la nature des choses ; qu'en prenant ce chemin, il trouvoit que le véritable dessein du Czar étoit de posséder les bords de la mer Caspienne ; que d'abord ce prince n'avoit sur ces lieux que le droit de la convenance, mais que pour acquérir un titre plus authentique, il avoit fait un traité avec Tamas Châh par lequel il lui promettoit de le secourir contre ses ennemis, et par lequel il lui demandoit, en récompense de ce secours, les provinces situées sur la mer Caspienne ; que Tamas Châh les lui avoit cédées ; qu'ainsi ce que le Czar avoit à faire présentement étoit de se fortifier dans les nouvelles acquisitions et d'accomplir le traité en vertu duquel il les avoit obtenues, en travaillant à faire remonter Tamas Châh sur le trône : que ce prince avoit trop d'esprit et de lumières pour penser pouvoir réussir dans l'un et dans l'autre de ces projets, s'il étoit brouillé avec l'empire Ottoman, qu'on avoit devant les yeux une preuve évidente du contraire parce que, si ce prince n'eût point voulu ménager l'amitié de la Porte et laisser à Tamas Châh les moyens de la mériter, il se seroit servi du prétexte de la religion, que les Turcs avoient allégué si souvent dans les conférences, et auroit dit à Tamas Châh : on professe ma religion dans la province d'Ardebil, dans l'Arménie, dans la Géorgie, c'est pourquoi je veux posséder ces provinces Qu'ainsi les Turcs, persuadés du désir sincère qu'avoit le Czar de conserver la paix, ne songeassent point à rompre la négociation ; qu'informés de ces propositions ils fissent les leurs ; que puisque ce prince s'étoit fait une portion, ils s'en fissent une aussi qui fût égale ; que s'ils lui objectoient là-dessus qu'après avoir refusé de traiter avec Tamas Châh, il n'étoit pas présentement de leur honneur de l'y inviter et qu'il ne l'étoit pas non plus de remettre leurs intérêts entre les mains du Czar, il leur proposeroit, comme il l'avoit déjà fait, de se charger, lui médiateur, de la conduite de cet expédient, qu'on insinueroit au Czar que s'il conseilloit à Tamas Châh de rechercher l'amitié de l'empire Ottoman de la même manière qu'il avoit recherché la sienne, cette démarche seroit agréable à la Porte : que par ce moyen le grand Seigneur deviendroit maître, sans aucun danger, sans presqu'aucune dépense et sans abandonner les plaisirs dont il jouit dans sa capitale, des provinces qui étoient à sa convenance et dont il vouloit s'emparer; qu'il contribueroit à rétablir un prince malheureux sur son trône, chose très satisfaisante pour un monarque ; qu'ils conserveroient, lui et le Czar, l'amitié perpétuelle qu'ils s'étoient promise réciproquement; qu'enfin il ne seroit point en peine d'éloigner un homme inconnu qui s'approchoit de ses Etats, un rebelle à son maître, un usurpateur, un ennemi déclaré des rois dont le voisinage étoit dangereux, l'alliance peu honorable et l'amitié peu sûre. En troisième lieu, qu'après avoir fait voir qu'il n'étoit point de l'intérêt du Czar d'avoir l'empire Ottoman pour ennemi, il examineroit aussi s'il convenoit à l'empire Ottoman de rompre avec ce prince et de s'engager dans une guerre éloignée, de longue haleine et sujette à beaucoup d'évènements divers ; qu'il lui paroissoit, que de même que le Czar sans l'amitié de la Porte ne pouvoit rien faire, la Porte de même sans l'amitié du Czar seroit fort embarrassée : qu'il y avoit cinq chefs dans les affaires de Perse, l'empire Ottoman, Tamas Châh, Mir Mamouth, les Persans et le Czar; que l'empire Ottoman vouloit être l'ennemi de Tamas Châh, n'étoit point assuré de l'amitié de Mir Mamouth, avoit éprouvé le peu d'inclination des peuples et dégoutoit le Czar son ancien ami. Que se mettre en campagne dans cette situation étoit une démarche dans laquelle il avoit de la peine à reconnoitre la prudence ordinaire des ministres de la Porte ; qu'il lui sembloit qu'ils ne devoient se porter avec tant de facilité à rompre la paix qu'ils avoient avec le Czar, dans le temps que ce prince l'observoit fidèlement et qu'il étoit dans le dessein de continuer de même. « V. E. veut-elle donner à la Porte, a dit pour lors M. le drogman, un écrit par lequel elle assure que le Czar n'agira pas hostilement contre les Turcs du côté de l'Ukraine, où nous savons qu'il a assemblé une armée considérable. » « A quoi vous serviroit un semblable écrit d'un homme qui n'est pas ministre du Czar, repartit M. l'ambassadeur: mais je puis dire que le ministre de France qui est à Moscou, ayant eu connoissance des préparatifs de guerre qu'on faisoit du côté de l'Ukraine, et qu'on parloit même dans le public d'aller à Azoph, représenta aux ministres de S. M. Czarienne que ces nouvelles, arrivant à Constantinople, donneroient de grands soupçons aux Turcs; qu'ainsi il seroit bon qu'ils s'expliquassent avec lui là-dessus, et que les ministres lui déclarèrent positivement que le Czar ne seroit pas l'agresseur. Je donnerai, si l'on veut, un extrait de la lettre où notre ministre me marque ce que j'ai l'honneur de vous dire. »

M. le premier drogman de la Porte a pris là-dessus congé de M. l'ambassadeur de France, en l'assurant qu'il rapporteroit tout ce qu'il lui avoit dit au grand vizir. S. E. a fait appeler, un moment après, M. le résident de Moscovie, pour lui communiquer ce qui s'étoit passé. A deux heures après midi, M. le drogman de la Porte est revenu chez M. l'ambassadeur, avec ordre du grand vizir de rendre compte à S. E. de tout ce qu'il avoit fait depuis qu'il étoit sorti le matin de chez elle. M. le drogman lui a donc dit : qu'étant arrivé à la Porte après l'avoir quitté, il avoit trouvé le grand conseil assemblé et qu'il étoit entré, dans le temps que, tout le monde opinant pour la guerre, le grand vizir étoit forcé de céder au torrent; qu'aussitôt que ce ministre l'avoit aperçu, il lui avoit demandé d'où il venoit; qu'il lui avoit répondu sur cela les choses ci-dessus et qu'il l'avoit chargé de plus de lui rapporter diverses réflexions que le désir de la paix lui avoit suggérées; qu'il auroit l'honneur de les lui dire en particulier; que le grand vizir lui avoit répliqué : dites ici à haute voix tout ce que M. l'ambassadeur de France vous a chargé de me rapporter, agréable ou désagréable, indifféremment, et sans avoir aucun égard. Que lui drogman avoit expliqué là-dessus, en plein conseil, tout l'entretien mot pour mot qu'il avoit eu avec S. E.; qu'après avoir fini, le grand vizir prenant la parole avoit dit à l'assemblée : « J'ai lié de ma propre main la paix perpétuelle qui est entre notre maître et le Czar. J'ai toujours travaillé pour la conserver. Cependant, lorsque vous avez cru qu'il étoit de l'honneur et de l'intérêt de l'Empire de la rompre, je n'ai point résisté à votre sentiment, mais présentement que l'ambassadeur de France, qui est notre sincère ami et qui agit impartialement, nous fait faire de semblables réflexions, devons-nous déclarer la guerre. Qu'à ces paroles, un chacun s'étoit regardé surpris et étonné et, revenant de la première opinion, avoit dit que puisqu'une personne de confiance comme l'ambassadeur de France leur représentoit les choses dans cette situation, la loi même ne permettoit pas de déclarer la guerre, puisqu'elle défendoit formellement de rompre avec un prince ami, s'il ne rompoit le premier ou s'il ne donnoit un sujet légitime de rupture; qu'ainsi il leur paroissoit à propos de continuer la négociation et cependant de faire tous les préparatifs pour la guerre, afin que s'ils étoient offensés, ils fussent en état de prendre aussitôt leur vengeance. Que le Conseil s'étoit séparé sur cette résolution, et que le grand vizir et les principaux étoient allés en corps chez le grand Seigneur pour l'en informer; qu'un instant après, le Silikdar du grand Seigneur l'étoit venu appeler lui, drogman de la Porte, et l'avoit conduit dans la chambre de Sa Hautesse, à son grand étonnement. Qu'à peine étoit-il entré, que le grand vizir lui avoit dit de rapporter lui-même au grand Seigneur ce qu'il avoit rapporté en plein conseil, qu'il lui avoit obéi et qu'il avoit eu une conversation directe de plus d'une heure avec le grand Seigneur, qui avoit écouté avec beaucoup d'attention et avec un visage gai et lui avoit fait diverses interrogations; que la substance de cette conversation étoit renfermée dans les dernières paroles de Sa Hautesse qui lui avoit dit qu'il pouvoit assurer l'ambassadeur de France qu'il étoit dans la ferme résolution qu'il avoit de maintenir la paix et l'amitié qu'il avoit avec le Czar et de ne point attaquer le premier; qu'il comprenoit bien que le résident de Moscovie savoit les véritables intentions de son maître, mais que les ordres limités qu'il avoit ne lui permettoient pas de les déclarer, et qu'on ne pouvoit pas répondre que l'empire Ottoman ne fût peut-être bien aise un jour de l'avoir pour ami. Qu'au sortir de chez le grand Seigneur, le grand vizir lui avoit ordonné de le venir trouver, lui ambassadeur, pour l'informer de ce qu'il avoit fait, le prier de se rendre, le lendemain, au lieu ordinaire de la conférence pour y conférer avec les commissaires de Sa Hautesse, ou seul ou avec le résident de Moscovie s'il le jugeoit à propos, et lui dire qu'il voyoit présentement de grandes dispositions à la paix de la part des Turcs; que si les Moscovites y répondoient, on trouveroit infailliblement un moyen d'accommodement; que si cependant, ses espérances étoient trompées, qu'il n'eût pas la satisfaction de voir l'accomplissement de ses désirs, qu'enfin, il fût obligé de se mettre en campagne, il avoit tant d'envie de conserver la paix qu'il ne partiroit pas sans le prendre lui ambassadeur et M. le résident de Moscovie avec lui, afin d'être toujours à portée de la traiter.

M. l'ambassadeur fut si pénétré de joie de l'heureux succès qu'avoient eu ses soins et de l'honneur que tout le conseil de cet Empire et le grand Seigneur en personne lui avoient fait de se conformer à ses sentiments, qu'il pria, dans les termes les plus forts, le drogman de la Porte d'en témoigner sa reconnaissance au grand vizir et de lui dire que si le Czar lui faisoit le même honneur, comme il l'espéroit, il se flattoit que les soupçons seroient bientôt dissipés et l'union plus forte et plus étroite que jamais. Il lui tint encore plusieurs autres discours en confirmation et en explication de ceux qu'il lui avoit tenus précédemment, se doutant bien qu'il en rendroit compte au grand Seigneur, comme cela arriva effectivement. Il donna en particulier de grandes louanges au drogman, sur la prudence, le courage et la fermeté qu'il avoit fait paroître en cette occasion, et sur la délicatesse avec laquelle il avoit su ménager les vrais intérêts de cet Empire, avec les bonnes intentions qu'il lui avoit connues toujours pour le succès de cette affaire, ayant eu la fermeté de dire à son maître même, véritablement au nom de l'ambassadeur, des choses qu'aucun grand Seigneur n'avoit peut-être jamais entendues de la bouche d'un de ses sujets chrétiens.

Fait à Péra-lez-Constantinople, le 15 janvier 1724.

Signé : Dusson d'Alion.

XXI.

Lettre du marquis de Bonnac au comte de Morville

à Péra-lez-Constantinople, le 22 janvier 1724.

Monsieur,

Je n'aurois qu'une lettre très courte à vous faire aujourd'hui, vous ayant marqué par le post-scriptum du 17 la révolution favorable qui étoit arrivée à la négociation entre les Moscovites et les Turcs, si je ne croyois que vous serez peut-être bien aise de savoir en détail comment s'est passée une chose qui sert beaucoup à faire connoître la nature de ce gouvernement, la manière de négocier des Turcs et l'habileté et l'autorité du grand vizir.

Je reprendrai donc, Monsieur, la narration suivie que je vous ai faite de cette négociation, à l'endroit de ma lettre du jeudi où je vous marque que le drogman de la Porte m'avoit dit que le lendemain, vendredi, il se tiendroit un grand conseil pour déclarer la guerre aux Moscovites.

Le gouvernement des Turcs, quoique despotique en apparence, tient beaucoup du gouvernement républicain, ou pour mieux dire, du gouvernement militaire dont il a tiré son origine. Entre plusieurs choses qu'il a conservées, il y en a une qui est fondamentale, c'est que dans les affaires qui regardent la paix ou la guerre, il n'est pas permis au grand Seigneur de s'y déterminer sans y être auparavant autorisé par un conseil composé des principaux membres de cet Empire. Le grand vizir n'a que le premier lieu et sa voix dans ce conseil. Il y fait la proposition du grand Seigneur ; le mufty, les cadileskers et les autres gens de loi examinent si elle est conforme ou contraire à leur religion, le tefterdar ou grand trésorier et les autres chefs des finances, si les fonds de l'empire sont suffisants pour la soutenir, et les chefs des différentes milices disent librement leurs sentiments et sur la nécessité de la guerre et sur la manière de la conduire. Près de quatre cents personnes entrent dans ce conseil qui est quelquefois si tumultueux et dont l'autorité est si grande, qu'il s'est porté souvent à demander la tête des vizirs et quelquefois la déposition des grands Seigneurs.

C'est dans ce conseil que la question, s'il falloit continuer la paix avec les Moscovites ou leur déclarer la guerre, devoit être agitée le vendredi dans la maison du grand vizir où le grand Seigneur se trouve régulièrement toutes les semaines au même jour. Mais ce ministre, qui n'avoit pas encore eu le temps de préparer le ressort qu'il vouloit faire jouer, le fit différer au lendemain samedi.

Pour mieux entendre ceci, il est nécessaire, Monsieur, que je vous dise que le grand vizir avoit à concilier, dans cette occasion, deux choses très difficiles : le désir du public qui se portoit aveuglément à la guerre, depuis qu'il avoit eu connaissance du traité du Czar avec Tamas Châh, et l'inclination particulière du grand Seigneur qui se trouvoit agité dans cette occasion de deux passions bien contraires, c'est-à-dire de sa gloire qu'il croyoit être offensée par les propositions du Czar, et de l'aversion que lui inspire pour la guerre la crainte des dangers et des inquiétudes dont elle est accompagnée, et encore plus de la dépense qu'il faut faire pour la soutenir.

Voici comment le grand vizir s'y prit pour concilier tout cela sans se charger de rien. Dans le même temps qu'il fit assembler le Conseil le samedi, il envoya chez moi le drogman de la Porte qui, après les compliments ordinaires, me dit que le grand vizir avoit vu, avec quelque peine, dans la réponse que je lui avois faite le jeudi, que je n'avois pas répondu catégoriquement à sa lettre et que, de plus, il lui paroissoit que, par quelques termes de ma réponse, j'insinuois que si on en venoit à une rupture, les Turcs en seroient la cause ; qu'il l'avoit envoyé auprès de moi pour me demander des explications claires et distinctes là-dessus.

Comme j'avois fait cette réponse en présence du drogman, qu'il en avoit été content et qu'il l'avoit mise lui-même en turc auparavant de sortir du Palais, je regardai d'abord la commission dont il étoit chargé comme un prétexte recherché par le grand vizir pour m'obliger de nouveau à lui expliquer mes sentiments sur cette affaire et, quoique je n'imaginasse pas d'abord l'usage que le grand vizir vouloit faire de mes discours, je parlai pendant plus d'une heure au drogman sur tout ce qui s'étoit passé et avec beaucoup plus de force que je n'avois encore fait ; en commençant par les remarques du vizir sur ma lettre, je lui dis que s'il pouvoit se plaindre de quelque chose, c'étoit de ce que ce ministre m'ayant écrit quasi positivement que tout étoit rompu, je lui avois répondu de manière à lui faire voir que je ne le croyois pas. J'ajoutai que je croyois pouvoir me tromper dans cette opinion, mais que si cela étoit, je ne reconnoissois point, dans cette conduite prématurée, la prudence ordinaire de ce gouvernement; qu'il y avoit cinq acteurs dans les affaires de Perse dont il étoit question, le grand Seigneur, le Czar, Tamas Châh, Mir Mamouth et les peuples; qu'il étoit évident, par tout ce qui s'étoit passé pendant la campagne dernière, que les peuples n'étoient point favorables aux Turcs, qu'ils avoient non seulement négligé Tamas Châh, mais aussi qu'ils l'avoient rebuté d'une manière très dure; qu'ils n'avoient pu ou voulu former aucune liaison avec Mir Mamouth et que je n'ignorois pas la jalousie que ses progrès leur donnoient; que si, dans cette situation, ils se brouilloient avec le Czar sans nécessité, je ne savois pas si les forces de l'Empire, quelque puissant qu'il fût, seroient capables de surmonter tant de difficultés; que je prévoyois dans cette affaire qu'il étoit sûr au moins que ce qu'il pourroit exécuter dans une ou deux campagnes, sans dépense et sans risque, il ne le feroit pas dans vingt ans avec des dépenses excessives et des périls continuels.

Venant ensuite aux propositions du Czar, je dis au drogman qu'après les avoir bien examinées, il me paroissoit qu'on les avoit mal entendues ou trop sinistrement interprétées; qu'il y avoit un an qu'on avoit connoissance de celle qui regardoit les bords de la mer Caspienne et qu'on l'avoit pour ainsi dire admise; qu'on faisoit tort à cet Empire et au Czar de parler de celle de la suspension des progrès, comme d'un ordre que le Czar prétendoit donner au grand Seigneur; que le résident, après l'avoir faite, n'avoit pas laissé de consentir à la suspension d'activité des troupes dans les lieux qui causoient la jalousie, que l'ayant renouvelée depuis, en entrant en négociation, il n'avoit jamais dit que si les Turcs ne l'acceptoient pas sur le champ, il romproit, mais qu'il s'étoit contenté de déclarer qu'il ne pouvoit pas y renoncer formellement sans de nouveaux ordres; que cependant, il n'en parleroit plus et continueroit la négociation sur les deux autres propositions; que ces deux-ci, bien loin d'être fâcheuses, étoient remplies de ménagements et d'amitié; que le Czar y reconnoissoit la protection que la Porte avoit donnée à Cheik Daoud, et qu'il souhaitoit d'établir des limites convenables entre lui et eux dans leurs nouvelles possessions, sans toucher à la Géorgie ni à l'Arménie, quoiqu'ils eussent occupé ces provinces pendant le cours des négociations et depuis la première demande de la suspension des progrès. Que la proposition qui regardoit les affaires de Perse me paroissoit encore plus amiable: qu'elle avoit été insinuée dans les conférences du mois d'août par le résident et par moi; que depuis, le Czar avoit traité avec Tamas Châh et que quoiqu'il eût communiqué ce traité aux Turcs un peu trop tard, il le leur avoit pourtant communiqué : qu'en leur faisant proposer, à la suite de cette communication, de traiter les affaires de Perse ou conjointement ou séparément, c'étoit leur dire que, comme il avoit fait sa portion, ils n'avoient qu'à faire la leur et qu'on ne pouvoit pas attendre ni exiger davantage d'un ami et d'un allié, puisque le Czar faisoit voir que, si en concluant une paix perpétuelle avec les Turcs, il n'avoit pas entendu renoncer aux avantages qu'il pourroit se procurer dans les choses qui ne leur porteroient pas un préjudice direct, il ne prétendoit pas non plus contraindre les Turcs dans les avantages qu'ils pourroient rechercher, sans préjudice de son amitié et de ses intérêts.

Il seroit trop long, Monsieur, de vous rapporter toutes les autres choses que je dis sur cette matière au drogman de la Porte. Il me quitta pour retourner chez le grand vizir, où il trouva que le grand conseil étoit assemblé depuis deux heures. Il y entra précisément dans le temps que le grand vizir, après la lecture de tout ce qui s'étoit passé dans les conférences, avoir fait demander l'avis de l'assemblée où toutes les voix avoient été pour la déclaration de la guerre et qu'on alloit, selon l'usage des Turcs, faire la prière par laquelle ces sortes d'assemblée se terminent. Le grand vizir apercevant le drogman lui demanda d'où il venoit. Il lui dit qu'il venoit de chez moi pour exécuter ses ordres touchant la lettre que je lui avois écrite, et lui rapporta tout de suite ce que j'avois dit à ce sujet ; il ajouta qu'il avoit eu, outre cela, une conversation fort longue avec moi dont je l'avois chargé de lui rendre compte en particulier. « Dites tout haut, repartit avec vivacité le grand vizir et sans aucun ménagement, tout ce que l'ambassadeur de France vous a dit. Tout le monde sait combien il est de nos amis et nous sommes persuadés qu'il ne nous donnera que de bons conseils. » Sur cela, le drogman de la Porte reprenant la parole raconta, dans un discours de près d'une heure, tout ce qui s'étoit passé entre lui et moi. Son discours fini, le grand vizir se tournant vers l'assemblée lui dit : « J'ai consenti à la guerre pour me conformer à vos avis. Vous venez d'entendre présentement le sentiment de l'ambassadeur de France, vous connoissez son impartialité et sa droiture ; je vous demande si, les choses étant telles qu'il me les a fait représenter, cet Empire peut rompre avec le Czar sur une simple proposition que l'ambassadeur de France fait voir n'être ni offensante, ni injurieuse à cet Empire. Que vous en semble? Je vous demande de nouveau votre sentiment ». L'assemblée changeant tout d'un coup d'opinion dit qu'il ne falloit point rompre avec le Czar, mais seulement faire des préparatifs pour la guerre, afin d'éviter la surprise et de faire cesser les justes inquiétudes que les troupes du Czar, qui grossissoient en Ukraine, pouvoient donner.

Le conseil s'étant séparé là-dessus, le grand vizir conduisit dix ou douze des principaux membres dans l'appartement de sa maison où se trouvoit le grand Seigneur. Un moment après qu'ils y furent entrés, on donna ordre au drogman de la Porte de venir et de faire au grand Seigneur même le récit de tout ce que je lui avois dit. Le grand Seigneur l'écouta avec beaucoup d'attention, l'interrogea à plusieurs reprises et lui dit entre autres choses : « Mais si l'ambassadeur de France est persuadé des bonnes intentions du Czar, que ne donne-t-il l'écrit dont je veux bien me contenter » ? Le drogman de la Porte lui répondit qu'il m'avoit fait cette question, mais que je lui avois répondu que l'autorité de la médiation ne s'étendoit pas jusques-là, qu'un ministre ne pourroit porter que la parole de son maître et que si je fesois une démarche de cette nature, je perdrois, par une semblable témérité, l'idée favorable que Sa Hautesse avoit de moi ; que j'étois cependant persuadé que les intentions du Czar pour la conservation de la paix étoient sincères et que j'avois même offert, pour plus de sûreté, de donner une copie de la déclaration que les ministres Russiens avoient faite au ministre de France à Moscou, par laquelle ils assuroient positivement, de la part de leur maître, que tandis que cet Empire ne commettoit aucune hostilité contres ses États, le Czar ne le feroit pas non plus de son côté et qu'il ne seroit pas l'agresseur.

« Je suis dans les mêmes sentiments, reprit le grand Seigneur, et je ne romprai jamais volontairement, et sans y être excité par quelqu'hostilité, la paix que j'ai faite avec le Czar ».

Tout cela fini, le grand vizir donna ordre au drogman de la Porte de m'en venir rendre compte, ce qu'il fit après trois heures de l'après midi. C'est de lui, Monsieur, que j'ai su le détail que je viens de vous rapporter et plusieurs membres du Conseil, qui se sont trouvés à l'assemblée générale et à celle qui s'est tenue dans la chambre du grand Seigneur, m'en ont confirmé la vérité qui est d'ailleurs suffisamment prouvée par ce qui a suivi.

Le drogman de la Porte, après m'avoir fait ce récit, m'invita à me trouver le lendemain dimanche au lieu des conférences et me dit que je pouvois y mener, si je le jugeois à propos, le résident de Moscovie, mais que les commissaires vouloient s'entretenir en particulier avec moi.

Je m'y rendis à l'heure marquée, j'emmenai avec moi le résident de Moscovie et l'ayant prié de se retirer dans une autre chambre, après les premiers compliments, je dis aux commissaires que l'honneur qu'on m'avoit fait le jour précédent me rendroit plus hardi dans cette conférence et que s'ils ne vouloient pas parler les premiers, je le ferois quand ils devroient m'accuser de témérité. Ils me répondirent que je leur ferois plaisir, car ils ne savoient que me dire. « Je ne serai pas si circonspect que vous, leur dis-je, et vous faisant ressouvenir que je vous ai dit depuis longtemps que cette affaire ne pouvoit s'accommoder que par un partage amiable, je vous dirai de nouveau qu'il me paroît que le Czar ayant fait déjà sa portion, il étoit temps que les Turcs fissent la leur. « Nous nous en rapportons à vous, reprirent-ils, faites-la vous-même ». Je me fis donner sur cela une carte que j'avois prise exprès, et tirant une ligne droite depuis Bagdad jusqu'à Tiflis, je leur demandai s'ils ne seroient pas contents des belles provinces que cette ligne laissoit de leur côté. Adjy Moustafa me dit qu'avant de me répondre, il vouloit me demander pourquoi j'avois commencé ma ligne de Bagdad et non pas de Cheerzul qui étoit plus avancé du côté de la Perse. Je lui répondis que c'étoit parce que Bagdad étoit leur principale place de ce côté là et j'ajoutai, pour faire parler les commissaires, que s'ils n'étoient pas contents de la ligne que j'avois tracée à l'aventure, je n'étois ni ministre du Czar, ni ministre de Tamas Châh et qu'ils pouvoient en tracer plus hardiment une plus étendue, sans craindre aucune opposition de ma part, pourvu qu'ils ne touchassent pas à la portion que le Czar s'étoit faite et que le crayon ne s'allât pas noyer dans la mer Caspienne.

« Je commencerai donc, dit Adjy Moustafa, ma ligne par Chamakie ; je la ferai passer au confluent du Cur et de l'Araxe et je la continuerai directement jusqu'à Hamadan et Kermanchâh où se trouvent nos troupes. » « J'en suis fort content, lui dis-je, mais je dois vous faire observer une chose, c'est qu'en nous approchant si fort des bords de la mer Caspienne, il me semble que vous vous éloignez des intentions du Czar et des nôtres. Il m'a paru jusques ici que l'intention des deux parties étoit d'acquérir non de nouvelles possessions en Perse, mais d'éviter un nouveau voisinage. Dans cet esprit, le Czar a donné les mains à la portion que vous avez accordée à Cheik Daoud, mais comme il veut stipuler en même temps qu'il consent que ce prince sera maître de Chamakie, que les Turcs n'y pourront envoyer ni commandant ni troupes, il paroît qu'il aime mieux avoir un prince votre protégé pour voisin, que de vous avoir vous-mêmes, ce qui est peut-être le témoignage le plus formel qu'il puisse vous donner du désir qu'il a de conserver religieusement la paix perpétuelle qu'il a avec vous; que si vous avez la même idée que moi de la justesse des intentions du Czar là-dessus, ne seroit-il point à propos que là où les frontières de Cheik Daoud finiront, on laissât entre vos possessions et celles du Czar un espace raisonnable de quinze ou vingt lieues qui fût possédé par quelqu'autre prince. » Les commissaires n'acceptèrent ni ne rejetèrent cette vue, et revenant à Chamakie et à Cheik Daoud, ils parlèrent pendant quelque temps des limites que l'on pourroit établir de ce côté-là.

Je leur dis naturellement, que ce que l'on m'avoit écrit là-dessus de Moscou ne me paroissoit pas bien clair ; qu'on y parloit en général du fleuve de Cur qui s'étendoit assez loin dans les terres et que, sur des expressions aussi vagues, il ne me paroissoit pas qu'on pût établir rien de fixe ; que c'étoit des pays affreux et pour ainsi dire inconnus aux gens mêmes qui les habitoient, et qu'un règlement exact de pareilles limites ne pouvoit se faire que sur les lieux. J'ajoutai que le résident ayant déclaré qu'il n'avoit point des ordres suffisants sur cette matière, tout ce que nous dirions seroit inutile, si on ne lui permettoit d'expédier à Moscou pour en avoir de nouveaux ; que véritablement, la saison de l'ouverture de la campagne s'approchoit et qu'après ce qui s'étoit passé dans le conseil du jour précédent, et après les déclarations qui avoient été faites au ministre de France à Moscou, je ne voyois pas qu'il y eût aucun risque, ni aucun avantage pour ni l'une ni l'autre des parties dans un retardement de trois mois, mais qu'il y en auroit peut-être beaucoup à laisser ignorer au Czar ce qui se passoit ici.

Les commissaires me répondirent que la Porte auroit de la peine à permettre au résident d'expédier, mais que si je voulois le faire, ils ne voyoient pas qu'il y eût aucune difficulté. Je leur dis que je le ferois et que je chargerois M. d'Allon, qui étoit présent, de cette commission. Ils approuvèrent beaucoup mon dessein. On fit rentrer M. d'Allon et après quelques discours généraux de politesse, nous nous séparâmes. Il étoit cinq heures quand je revins chez moi et à huit heures du soir, je vis entrer un aga du grand vizir, fort essoufflé, qui venoit m'inviter à me trouver le lendemain matin chez lui, avec le résident de Moscovie. Nous le fîmes au temps marqué. Le grand vizir fit sortir tout le monde, même les commissaires et les drogmans qui avoient assisté aux conférences et retint seulement M. d'Allon.

La manière dont le grand vizir s'exprima dans cette conférence, la franchise et la gaîté dont il accompagna ses discours, sont si peu du caractère de la nation que j'espère, Monsieur, que vous excuserez la longueur du rapport que je vais vous en faire.

Il commença par nous dire que nous savions bien que la paix perpétuelle étoit son ouvrage ; qu'il n'y étoit point entré par des vues médiocres ; que son dessein avoit été, en unissant cet Empire à la Moscovie comme il l'étoit déjà avec la France, de former une espèce de triple alliance capable de faire trembler le reste de l'univers ; qu'enfin, il étoit si amoureux de ce projet et si attaché à la paix que si quelqu'un étoit assez osé de lui proposer de la rompre, il lui plongeroit son poignard dans le sein ; qu'ainsi, il avoit vu avec douleur que sur de simples soupçons, les choses en étoient venues à un point de défiance qui conduiroit infailliblement à une rupture, si on ne se pressoit d'y mettre la main ; que nous savions ce qui s'étoit passé dans le conseil du jour précédent, qu'il n'avoit rien de caché pour nous et qu'il nous alloit montrer le fetfa, que le mufti avoit donné pour autoriser la résolution de l'assemblée, et prenant le fetfa, il le lut lui-même et nous le fit expliquer. En voici, quasi mot pour mot, le contenu. « La Perse ayant été, après la mort ou l'emprisonnement de « Châh Hussein, comme un royaume abandonné et sans maître « légitime, il a été donné ci-devant un fetfa pour faire des progrès dans « ce royaume. Le Czar propose présentement que l'empire Ottoman « suspende ses progrès. Cette proposition ne doit pas être exécutée, « mais l'empire Ottoman ne doit pas rompre pour cela avec le Czar, à « moins que ce prince ne dise : si on n'accepte pas ma proposition, je « déclare la guerre ».

Le grand vizir, après avoir fait la lecture de ce fetfa, dit : « Vous voyez bien que nous faisons tout ce que nous pouvons pour éviter une rupture. Je m'en vais, ajouta-t-il en s'adressant au résident, vous en donner une nouvelle marque. Châh Hussein étoit notre ami et le vôtre. Nous le pouvions, à ce titre, regarder comme notre père. Il a laissé trois enfants ; cet Empire, le Czar et Tamas Châh. Il s'agit de partager son héritage entre eux : que l'ambassadeur de France, notre ami commun, fasse l'office de Kassam : (1) qu'il fasse le partage mais surtout, ajouta-t-il en riant, qu'il ne prenne pas le dixième. » « N'ayez pas peur, repris-je sur le même ton, que je recherche quelqu'avantage particulier pour mon maître dans cette affaire ; Sa Majesté n'en veut d'autre que de se conserver l'amitié de ces deux puissances par son impartialité, de les empêcher d'en venir aux mains et de vous porter à vous unir, pour conserver à l'héritier légitime une si grande et si ancienne monarchie. Un service de cette importance exige une récompense proportionnée. Il est juste que Tamas Châh y songe de lui-même ou que ses amis l'y fassent penser. Pour ce qui regarde les François, ils n'ont d'autre intérêt dans cette affaire que celui que je vous ai dit, et la conservation de la liberté du commerce dans toutes les provinces de Perse. Voilà la seule chose que je me réserve de la part du roi mon maître. » « Vous en pouvez être assuré, reprit le vizir, pour ce qui nous regarde, et prenant une carte géographique, il continua en disant : Le Czar a lui même abrégé cette affaire : il a fait son partage, qu'il le garde, nous y consentons et qu'il s'étende même jusqu'au pays des Usbeks. Vous nous avez, ajouta-t-il en s'adressant à moi, désigné hier une portion (2). Je la trouve trop grande et je veux

(1). N. B. C'est un magistrat parmi les Turcs qui fait le partage des héritages entre les orphelins et qui a droit au dixième sur tous les héritages qu'il partage.
(2) Le grand vizir suppose, dans ce discours, que la portion désignée par les commissaires étoit celle que j'avois faite.

vous faire voir que je suis plus modeste que vous et, tirant avec le doigt une ligne oblique depuis le confluent du Cur et de l'Araxe jusques au-dessous de Tauriz, il comprit cette ville dans la portion qu'il se vouloit faire. Je lui dis que ce partage me paraissoit véritablement modéré, mais il falloit savoir ce que Tamas Châh en penseroit et les secours qu'il demanderoit pour cette cession. « Pour des secours, reprit vivement le vizir, Mir Mamouth professant la même croyance que nous, nous ne pouvons pas lui en donner ouvertement; c'est assez pour lui, dans ces commencements, que nous ne nous unissions pas avec son ennemi. Nous ferons plus, nous l'aiderons d'abord sous main, en lui fournissant des armes, des munitions et des vivres. Si Mir Mamouth nous demande du secours, nous le lui refuserons et s'il s'offense de ce refus et qu'il veuille s'approcher de nos frontières, nous lui déclarerons la guerre et pour lors, prenant Tamas Châh d'une main et le Czar le prenant de l'autre, nous le conduirons conjointement à Hispaan et le remettrons sur le trône de ses pères. Quant à ce que vous m'avez dit qu'il falloit que Tamas Châh fût informé de nos intentions, nous en convenons. Le Czar nous a proposé de traiter cette affaire conjointement ou séparément. Nous choisirons de ces deux propositions celle qui est plus honorable à notre commune amitié et nous le prendrons volontiers pour médiateur dans cette affaire. Il est en commerce avec Tamas Châh; qu'il lui fasse savoir nos intentions et qu'il le porte à y donner les mains, ce sera une affaire finie ; sinon, nous la traiterons directement en faisant venir l'ambassadeur de Tamas Châh qui est encore sur nos frontières, ou en priant l'ambassadeur de France de faire passer quelqu'un auprès de lui pour l'informer de nos sentiments à son égard. Vous voyez, ajouta le vizir en s'adressant au résident, l'entière confiance que j'ai pour votre maître; qu'il agisse de son côté avec la même franchise et s'il ne veut pas se charger de notre accommodement avec Tamas Châh, qu'il ne se mêle pas de celui que nous pourrons faire directement avec lui. Nous ne sommes point jaloux des avantages qu'il s'est procurés, qu'il ne le soit pas des nôtres. Que si la Porte et le Czar pouvoient convenir sur cet article, Tamas Châh seroit trop heureux de les avoir pour amis, puisque par leur moyen, il ne pourroit pas manquer de remonter sur le trône. Le grand vizir a terminé ce discours en disant qu'il se pourroit faire que Tamas Châh ou ses successeurs, après le rétablissement de leurs affaires, voudroient redemander à cet Empire ou au Czar les provinces qui leur auroient été cédées en cette occasion, mais que pour prévenir les suites d'une semblable demande, la Porte s'obligeoit envers le Czar de forcer, en ce cas, Tamas Châh ou ses successeurs à se désister de leur demande, si le Czar vouloit prendre un semblable engagement avec la Porte. Le grand vizir venant ensuite à l'affaire des limites et de Chamakie, dit : « Le Czar nous a proposé trois choses ; que Cheik Daoud demeurât maître de cette ville, qu'elle ne fût pas fortifiée et que nous n'y tinssions point de troupes. Je consens aux deux premières propositions et même à la troisième, s'il entend que nous n'ayons point à Chamakie de garnison fixe ni de commandant ; mais s'il veut dire que les troupes ottomanes ne puissent pas passer le Cur, sous quelque prétexte que ce soit, ni aller à Chamakie, vous voyez bien, me dit-il, que je ne puis pas donner mon consentement et qu'il n'est pas même de l'intérêt du Czar que je le fasse, car ces petits princes turbulents étant sous notre protection, s'ils font quelqu'insulte aux nouveaux sujets du Czar, quel moyen nous restera-t-il de les contenir et de calmer leurs divisions perpétuelles ? Ils se moqueront des capidjis bachis que nous leur enverrons, si, les voyant venir avec sept ou huit hommes, ils ne savent pas que les ordres qu'ils leur porteront de notre part seront appuyés, en cas de besoin, par les troupes que nous aurons dans le voisinage. »

M. le résident de Moscovie voulut entrer dans quelque discussion là-dessus, mais je le priai de ne pas le faire, lui représentant que la franchise avec laquelle le grand vizir expliquoit ses bonnes intentions étoit si marquée, qu'il ne falloit pas s'arrêter à disputer avec lui sur des choses d'importance et qui seroient faciles à régler, ou dans les conférences ou par les commissaires qui seroient nommés de part et d'autre pour faire le règlement sur les lieux ; je lui dis de plus que ce que le grand vizir proposoit par rapport à Cheik Daoud étoit certainement conforme à ce qu'on pratiquoit par rapport aux Tartares de Crimée qui étoient soumis à la Porte et limitrophes des Moscovites, sans que jamais le Czar eût demandé aux Turcs qu'ils n'envoyassent pas des troupes dans leur pays pour les contenir, quand il arrivoit quelque trouble parmi eux.

Le résident de Moscovie s'étant rendu à mon avis, le grand vizir dit que comme tout étoit possible et qu'il falloit se préparer aux choses mêmes que l'on souhaitoit le plus d'éviter, il alloit assembler une armée considérable pour se transporter au printemps à Andrinople et se trouver en état de paix ou de guerre ; qu'il m'inviteroit à le suivre dans ce voyage, qui seroit plutôt une partie de plaisir ; que nous le ferions en chassant ; qu'il mèneroit aussi avec lui M. le résident pour avoir toujours un instrument de sa paix avec lui ; que si le Czar n'acceptoit pas les propositions qu'il venoit de nous expliquer, il s'avanceroit jusques sur les confins ; que lorsqu'il y seroit arrivé, il écriroit une lettre à Sa Majesté Czarienne pour ne pas rompre la paix perpétuelle qu'il avoit jurée avec l'empire Ottoman ; que si le Czar ne correspondoit point amiablement à cette démarche, il lui renverroit alors son résident avec une escorte convenable et ordre au commandant de le remettre entre ses mains et d'en tirer un reçu ; qu'il savoit bien qu'on n'avoit pas toujours observé ces ménagements dans cet Empire, mais qu'il n'étoit pas capable de suivre des exemples qu'il n'avoit jamais approuvés ; que si ensuite, les troupes Moscovites ne marchoient pas contre lui, il ne marcheroit point contre elles et qu'enfin l'empire Ottoman conserveroit l'amitié avec le Czar, jusques à ce que ce prince mît le premier la main à l'épée.

Je pris ce temps pour dire au grand vizir que la manière dont on s'expliquoit à Moscou n'étoit point différente de celle dont il venoit de me parler ; que jusques à présent, je n'avois vu dans cette affaire rien qui approchât du dessein de rompre, mais de simples soupçons et des jalousies et qu'il venoit de s'expliquer avec tant de générosité et de sincérité, que j'avois tout lieu d'espérer que sur le rapport fidèle que le résident en feroit, ces soupçons seroient entièrement dissipés et feroient place à une négociation plus vive que la précédente, qui fortifieroit l'union et la bonne correspondance si nécessaires aux deux parties dans les grands desseins qu'elles avoient entrepris. J'ajoutai que M. d'Alion, qui avoit été présent à cette conversation, pourroit suppléer de bouche à ce qui manqueroit aux relations de M. le résident et aux miennes, car nous pouvions bien rapporter ses propres termes, mais non pas exprimer l'air de noblesse, de franchise et de sincérité dont il les avoit accompagnés ; qu'il me paroissoit que puisqu'il avoit agréé que je le chargeasse d'une si importante commission, ce que M. d'Alion diroit auroit plus de force s'il vouloit bien l'accompagner d'une de ses lettres. Le grand vizir me dit que c'étoit son dessein et qu'il me communiqueroit cette lettre, dont vous trouverez, Monsieur, ci-joint une traduction.

Voilà ce qui se passa de plus remarquable dans cette conversation : elle dura environ quatre heures et le grand vizir en parla plus de deux.

Je compris par quelques paroles qui lui échappèrent que, quoiqu'il eût dit positivement au résident qu'il iroit en campagne, l'obligation de quitter Constantinople et de se mettre en mouvement lui faisoit quelque peine. Il s'en expliqua plus ouvertement le lendemain par le moyen du drogman de la Porte qu'il m'envoya à cet effet. Il me dit de sa part que quoique la résolution de s'armer fût prise, comme je l'avois pu voir par la communication du fetfa, cependant le grand vizir avoit une répugnance extraordinaire à faire cette démarche et que s'il voyoit le moindre jour à l'éviter, il en profiteroit et qu'il seroit bien aise d'avoir mon sentiment là-dessus. Je lui répondis que je voyois l'affaire dans un si bon état qu'il me paroissoit que, dans ces circonstances, l'armement des Turcs ne pourroit produire aucun bien et pouvoit faire beaucoup de mal ; que le mal qu'il pouvoit faire étoit premièrement la dépense inutile qu'il causeroit ; secondement, le changement qu'il porteroit à la négociation qui étoit dans des termes très raisonnables et en troisième lieu, qu'autant que je pouvois connoître cet Empire, il me paroissoit qu'un grand vizir étoit plus maître de manier les affaires, selon sa prudence, en demeurant à Constantinople que lorsqu'il étoit à la tête des armées ; que c'étoit là les inconvénients que je trouvois à se mettre en mouvement ; que d'ailleurs, j'allois lui faire voir sur la carte que rien n'étoit plus inutile; que Bender et Kiovie, qui étoient les places frontières des deux États du côté de l'Ukraine, étoient sé--rées par un désert inhabité qu'une armée ne pourroit traverser qu'après de grands préparatifs et une marche de plus de quinze jours, que l'herbe n'étoit bonne dans ce pays-là que vers le quinzième juin; qu'on auroit, à la fin d'avril, des réponses de Moscou et que si elles n'étoient point satisfaisantes, les Turcs auroient assez de temps pour former une armée et couvrir Bender et Cochin.

Continuant ensuite à suivre la frontière à la gauche jusqu'à Azof, je dis au drogman que les Turcs n'avoient aucune disposition à faire de ce côté-là, qu'à donner ordre au Khan des Tartares de se tenir en état de monter à cheval pour être prêt à agir au premier ordre. J'ajoutai que véritablement Azof étoit un endroit plus jaloux, surtout pendant l'hiver, à cause des glaces et quoique le sieur de Campredon eût tiré une déclaration positive des ministres Russiens, que leur maître n'entreprendroit rien sur Azof à moins que les Turcs ne commissent quelque hostilité, il me paroissoit qu'il étoit d'autant plus convenable de se précautionner de ce côté-là, que par cette démonstration on feroit voir que cet Empire n'étoit point endormi, que le ministre pensoit à tout et on donneroit quelque satisfaction aux esprits portés à la guerre; que, de plus, ces précautions ne seroient pas perdues, puisque les troupes et les munitions qu'on enverroit à Azof, pourroient être transportées par mer à Trébizonde et de là en Perse où on en auroit besoin. Je finis en disant que les nouvelles publiques qui ne parloient que de guerre, et le système forcé du résident avoient obligé le Czar à former à tout évènement une armée en Ukraine, mais qu'il n'étoit pas possible de croire qu'un prince aussi sage, qui s'étoit chargé d'une entreprise comme celle de remettre Tamas Châh sur le trône et qui, de plus, avoit tout son cœur et toute son âme dans la mer Caspienne, voulût de gaîté de cœur se mettre une nouvelle guerre sur les bras, dans des endroits séparés par des distances immenses ; qu'il y avoit plutôt apparence que, par le mouvement qu'il avoit fait faire à ses troupes, il avoit cherché à appuyer la négociation trop languissante de son résident; que cela lui avoit réussi par un effet de la grande prudence du premier ministre et qu'ainsi il me paroissoit que, sans rien craindre, il pouvoit attendre les réponses de Moscou, donnant cependant les ordres nécessaires pour que tout fût prêt à agir et à se mettre en mouvement, si ces réponses n'étoient pas satisfaisantes.

Le drogman de la Porte se retira là-dessus, en me disant qu'il rendroit compte au vizir de notre conversation. Il dit à M. d'Alion que ce ministre vouloit lui parler et qu'il le mèneroit avec lui. Il le conduisit véritablement chez le grand vizir qui le fit asseoir et l'entretint pendant une demi-heure et d'une manière très propre à l'encourager, le chargeant particulièrement de confirmer tout ce que le résident et moi écririons et qu'il avoit vu et entendu lui-même.

Le drogman de la Porte revint quelques heures après pour me remercier, de la part du vizir, de la franchise avec laquelle je m'étois expliqué. Il me dit que ce ministre avoit pris sur cela la résolution de ne point se mettre en mouvement jusques au retour de M. d'Alion ; qu'il le feroit accompagner comme je l'avois proposé par un de ses tchoadars. Le drogman ajouta que le vizir, étant bien aise d'entendre de ma propre bouche les mêmes choses que je lui avoit dites et d'expliquer personnellement au résident la résolution qu'il avoit prise là-dessus, il nous prioit de nous trouver le lendemain au matin à huit heures dans sa maison du Canal. Nous nous y rendîmes. Je lui tins à peu près les mêmes discours que j'avois fait au drogman et il assura, de son côté, le résident qu'il ne se mettroit point en mouvement jusques au retour de M. d'Alion et qu'il contiendroit les Tartares. Il fit venir ensuite quelques petits présents qu'il envoyoit au Czar et à son premier ministre. Après quoi, il fit servir le dîner où se trouvèrent Cerkes Osman pacha, mari d'une fille de sultan Mustafa, le Capitan pacha, son gendre et Mehemet pacha, son fils, qui doit épouser une des filles du grand Seigneur. Je vous marque, Monsieur, ces circonstances, parce qu'il est contre l'usage que les résidents, même dans les fonctions publiques, mangent avec le grand vizir. Tout le monde se retira après le dîner et nous reprîmes la conversation où il ne se passa de remarquable que ce que je vais avoir l'honneur de vous rapporter.

Le grand vizir dit au résident : « Vous voyez avec quelle franchise et quelle sincérité je me porte à la conservation de la paix ; croyez que je me porterai avec autant d'ardeur et pas moins d'expédients à la guerre, si le Czar ne répond point à ma bonne volonté ; qu'il n'en fasse pas l'expérience. Nous connaissons sa situation mieux qu'il ne croit et nous n'ignorons pas ce que ses voisins pensent à son sujet ». Le résident voulut prendre sur cela la parole et s'étendre sur l'amitié qui est entre son maître et le roi de Suède. Je l'interrompis en lui disant que ces discours n'étoient pas bons pour un ministre aussi éclairé que le grand vizir ; que pour moi, je lui dirai hardiment que la Moscovie n'avoit pas de plus solide ami que ce ministre ; que le Czar, sûr de son amitié, pouvoit exécuter heureusement ses desseins en Perse, malgré la jalousie de ses voisins, mais que s'il négligeoit l'amitié de la Porte, le grand vizir étoit capable, il le savoit bien, de remuer des ressorts inconnus jusques à présent aux ministres de cet Empire. Ensuite, me tournant vers le grand vizir, je lui dis en souriant: « Vous m'avez fait une querelle sans fondement en prétendant que je voulusse rejeter sur vous la cause de la rupture, mais vous avez mis présentement les choses en un point que je ne craindrai point de vous dire, devant le résident même, que si le Czar, contre toute vraisemblance, ne correspond pas à vos bonnes intentions, la rupture de la paix ne pourra être imputée qu'à lui seul. »

Aussitôt après être revenu de chez le grand vizir, je fis monter à cheval M. d'Alion. J'avois déclaré précédemment au résident et je l'avois écrit de même au sieur de Campredon que si le Czar, dans l'état où j'avois mis les choses, ne s'expliquoit pas nettement et cherchoit encore de nouveaux délais, je me retirerois de la médiation ; que je croyois avoir rempli tout ce que le Czar pouvoit attendre de l'industrie et de la sincérité d'un ministre du roi, mais que s'il vouloit porter les choses plus loin, je ne pourrois plus m'en mêler sans compromettre la réputation du roi et son amitié avec cet Empire, et que je le priois de l'écrire à son maître. J'espère, Monsieur, que vous approuverez en cela ma conduite. Je serai fort flatté si celle que j'ai tenue dans tout le cours de cette affaire se trouve digne de votre approbation. Il n'a pas été possible d'empêcher le Czar et les Turcs, chacun de son côté, de s'engager dans la guerre de Perse. Je me suis réduit à les empêcher d'en commencer une nouvelle entre eux et je puis dire que si la médiation du roi ne s'étoit pas trouvée entre ces deux princes, la chose étoit faite. Il y a lieu d'espérer présentement que, conduisant les affaires de Perse de concert, ils en viendront plus facilement et plus promptement à bout, et, au moyen de leur union, ne perdront rien, par l'éloignement de leurs forces, de la considération qu'il est nécessaire qu'ils conservent en Europe.

De plus, en continuant de nous entremettre dans cette affaire, il me paroît que nous pourrons prendre les mesures convenables avec les deux parties pour notre commerce, et confirmer avec Tamas Châh les traités que nous avions avec Châh Hussein son père.

Je suis, etc.

DUSSON DE BONNAC.

XXII.

Relation de la conférence tenue le jeudi 30 mars 1724.

Cette conférence, qui devoit se tenir le dimanche 26 mars, a été remise jusques à aujourd'hui 30. M. le résident l'a ouverte en s'expliquant, tant sur l'armistice que sur les réponses qu'il avoit reçues du Czar, dans des termes fort convenables, mais si généraux et si circonspects que je voyois bien que les commissaires turcs ne demandoient pas davantage. M. le résident, qui s'en est aperçu, leur ayant dit que, comme j'avois eu des lettres de M. de Campredon, j'en pouvois savoir autant et plus que lui et qu'il sortiroit de la chambre pour me laisser dans une entière liberté, je lui ai dit en riant que j'y consentois et que puisqu'il ne vouloit pas parler devant moi, qu'il ne trouveroit pas mauvais que je ne parlasse pas devant lui. M. le résident s'étant retiré sur cela, j'ai dit aux commissaires que dans le temps de la convention de l'armistice, prévoyant l'embarras où on se trouvoit à l'ouverture des propositions, j'avois écrit à M. de Campredon pour le prier de faire les derniers efforts auprès des ministres du Czar, pour les porter à mettre cette négociation en règle par des propositions convenables et distinctes, qui pussent servir de fondement solide à cette négociation ; qu'il l'avoit fait avec un succès qui faisoit honneur à son habileté, aux bonnes intentions des ministres du Czar, comme ils en pourroient juger eux-mêmes, par la lecture de l'écrit qu'ils lui avoient donné, signé de leur main, qu'il m'en avoit envoyé une copie et que je l'avois fait mettre en turc ; mais qu'avant de la leur donner à lire, je les priois de trouver bon qu'après qu'ils l'auroient lue, je leur communicasse article par article les réflexions que j'avois faites sur cet écrit. Les commissaires turcs en sont convenus. Je le leur ai remis, ils l'ont lu tout haut et, comme j'en ai pu juger, avec autant d'attention que de satisfaction. Prenant ensuite la copie françoise, je leur ai fait voir qu'il n'étoit plus question de parler du premier article auquel le grand vizir avoit donné les mains de fort bonne grâce.

Que le second rouloit sur un malentendu dont il ne devoit plus être question, puisque la demande du Czar se trouvoit en cela entièrement conforme à la déclaration du grand vizir, mais que cet article nous faisoit remarquer d'où provenoit la demande de la suspension générale des progrès, qui avoit fait tant de peine et sur laquelle on vouloit tout rompre.

Que le troisième servoit d'explication au second. Que le quatrième étoit une limitation fort raisonnable du troisième et que le grand vizir en avoit déjà reconnu la nécessité. Que le grand vizir avoit déjà fait ce que le Czar demandoit dans le cinquième, puisqu'il déclaroit par la ligne, tirée de sa main sur la carte, les provinces de la Perse qu'il jugeoit à sa bienséance. Que de plus, le Czar offroit ses offices auprès du Sophy pour lui en faire céder la propriété : sur quoi le grand vizir s'étoit déjà expliqué d'une manière remplie de confiance pour le Czar et que, passant même au delà de ce que ce prince désire dans cet article, il lui avoit proposé une garantie réciproque des nouvelles possessions ;

qu'ainsi, on étoit allé de ce côté-ci, non seulement au-devant, mais au-delà de ce que le Czar demandoit ; qu'en général, on voyoit évidemment, et par le préambule de cet écrit et par les cinq articles ci-dessus, que je ne m'étois point trompé dans l'explication de l'article cinquième du traité de Pétersbourg et que bien loin que le Czar eût pensé de faire une alliance offensive avec Tamas contre les Turcs, le but de S. M. Czarienne, dans le traité qu'elle avoit fait avec ce prince, avoit été de s'unir plus étroitement avec la Porte, pour assurer les avantages réciproques des deux empires et rétablir conjointement ce prince sur le trône de ses pères ; que le sixième article me paroissoit sur l'état présent des choses d'un intérêt commun, puisque par ce moyen, chacun garderoit sans effusion de sang ce qui seroit à sa convenance, et que cet article se rapportoit, quoique dans des termes différents, à ce que le grand vizir m'avoit dit : que le Czar prenne Tamasip d'une main, nous le prendrons de l'autre et nous le conduirons conjointement à Hispaan ; que si, par des motifs de religion, nous ne pouvons pas agir ouvertement contre Mir Mamouth, nous aiderons Tamasip en secret et nous verrons avec plaisir que le Czar le remette sur le trône de ses pères.

J'ai ajouté qu'il y avoit deux remarques encore à faire sur le mémoire des ministres du Czar ; la première que c'étoit par un esprit de ménagement qu'il n'avoit pas voulu s'expliquer sur les pays et places qui seroient à la convenance de la Porte, l'autre que, quand il a pris la résolution de poser les articles que je venois d'expliquer pour fondement de la négociation, il l'avoit fait par un dernier effort d'amitié et de confiance et dans un temps où il étoit suffisamment préparé, et peut-être résolu, à la nouvelle guerre que plusieurs circonstances pouvoient lui faire croire vraisemblablement qu'il auroit besoin à soutenir ou à commencer ; qu'ainsi il étoit évident que, si le grand vizir ne l'eût pas prévenu, comme il a fait, par ses déclarations du mois de janvier et que M. de Campredon n'eût pas déterminé le Czar à s'ouvrir de son côté presqu'en même temps et de la même manière, ces deux Empires alloient se plonger dans une guerre cruelle qui leur auroit fait perdre, peut-être, l'occasion d'acquérir de grandes provinces ou pour le moins, auroit rendu cette acquisition pleine d'incertitude et de dépenses, enfin de tous les évènements auxquels une longue guerre peut être sujette.

J'ai fini en disant que ce qui me paroissoit le plus remarquable dans cette occasion étoit que le Czar et le grand Seigneur, malgré la distance des lieux, eussent eu presqu'en même temps les mêmes pensées, s'en fussent ouverts l'un à l'autre par notre moyen, et que les courriers qui portoient ces ouvertures se fussent croisés à moitié chemin, de sorte qu'il semble qu'on eût mesuré les pays afin qu'il ne fût pas dit que l'un ni l'autre ait fait la première démarche quoique, quand il s'agissoit de paix et d'amitié, il soit toujours beau et honorable de le faire.

J'ai ajouté encore que MM. les commissaires verroient facilement, et par le mémoire des ministres de Moscovie dont je leur ai laissé tirer une copie et par tout ce que je venois de leur dire, que tout se réduisoit à savoir les réponses du Czar sur les limites du Daguistan, le parti qu'il prendroit sur la médiation avec Tamasip et ce qu'il diroit sur les provinces que les Turcs vouloient posséder, si les mêmes motifs qui l'avoient empêché de s'expliquer là-dessus ne l'empêchoient encore de le faire.

Les commissaires m'ont paru entrer dans toutes les réflexions que je leur ai fait faire et, sur ce qu'ils m'ont dit qu'il falloit qu'ils le rapportassent au grand vizir, je les ai priés de lui insinuer, en lui faisant ce rapport, qu'il seroit convenable qu'il m'informât de ce qu'il pensoit, tant sur l'écrit que je leur communiquois avec confiance que sur les réflexions dont je l'avois accompagné. Ses commissaires m'ont répondu que cela étoit dans l'ordre et que le grand vizir n'y manqueroit pas. Cette réponse, soit verbale, soit par écrit, terminera cette relation.

J'ai voulu après cela faire inviter de rentrer M. le résident de Moscovie ; mais les commissaires m'ont prié de différer un moment, étant bien aises de me parler auparavant de ce qu'ils avoient à lui dire sur les villages des Calmouques du Tanaïs, et sur quelque petit mouvement qui se faisoit sur les frontières du Daguistan et vers la mer Caspienne, à ce que leur écrivoit Arifi Acmet, pacha de Tiflis. Après les avoir écoutés, je leur ai dit qu'après les déclarations réciproques, il ne falloit plus parler de ce qui se passoit sur les bords de la mer Caspienne, chacun étant le maître, dans les possessions où il étoit actuellement, de faire ce qui convenoit à sa sûreté ; que pourvu qu'on n'avançat pas au delà des lieux possédés, c'est-à-dire, les Turcs vers la mer Caspienne et les Moscovites vers les possessions des Turcs dans les terres, tout iroit bien ; que je jugeois, par ce qu'ils me disoient des plaintes d'Arifi Acmet Pacha, qu'en lui envoyant les ordres pour la suspension d'activité des troupes, ils ne lui avoient pas communiqué leur secret, qu'ainsi il pouvoit trouver étrange que les Moscovites fissent une nouvelle forteresse à l'embouchure du Cur dans la mer Caspienne, mais que pour eux, ils devoient penser différemment et que je leur dirois de plus, avec ma franchise ordinaire, que le Czar en feroit non seulement une dans l'endroit qu'on leur écriroit, mais aussi dans cent autres, s'il en trouvoit autant de convenables à la sûreté de l'exécution de ses desseins ; qu'à l'égard des garnisons de Bakou et de Derbent, on ne pouvoit pas les tenir comme en prison dans ces villes, qu'il étoit juste et convenable qu'elles pussent s'étendre dans le plat pays à des distances raisonnables et que tout ce qu'on devoit observer, ce me semble, de part et d'autre, étoit de contenir en général les troupes de manière que les officiers qui les commandoient ne pussent pas croire d'acquérir quelque titre de possession à leur maître, en s'avançant dans l'intérieur du pays et en y occupant de nouveaux postes, le partage de ce pays-là devant prendre sa règle et sa force de ce dont on conviendroit amiablement dans les conférences sur l'établissement des limites.

J'ai ajouté que pour ce qui étoit des excursions et des pillages des Calmouques et des Cosaques du Tanaïs, c'étoit véritablement une chose déplaisante, mais qu'il falloit observer que le Czar ne pouvoit contenir ces peuples qu'en y envoyant des troupes, et qu'il avoit considéré avec beaucoup de prudence que s'il y avoit envoyé une seule compagnie d'infanterie, dans les temps de jalousie et de soupçons dont nous n'étions pas encore dehors, les Tartares auroient écrit qu'il avoit fait passer toute son armée et qu'il vouloit surprendre Azof; que le peuple l'auroit cru à Constantinople et que ceux qui penchoient pour la guerre en auroient pris occasion pour la faire déclarer; que le Czar, qui l'avoit bien prévu, avoit beaucoup mieux aimé tolérer un petit mal pour en prévenir un plus grand, mais que présentement, j'étois persuadé qu'il y mettroit ordre.

Je me suis étendu sur tout ce qui s'est passé pendant que M. le résident étoit dehors; il est rentré ensuite et les commissaires lui ayant demandé d'écrire des lettres aux commandants de Bakou et de Derbent, afin de contenir leurs troupes, il en a fait d'abord quelque difficulté, sous prétexte de l'absence du commandant d'Astrakan qui avoit donné ses ordres auparavant son départ; mais enfin, sur mes représentations, il a promis de le faire.

Il ne s'est passé, d'ailleurs rien de considérable dans cette conférence, qu'une chose qui me paroît très remarquable. C'est que ces commissaires m'ont dit, en parlant des dispositions qu'ils faisoient sur les frontières de Babilone, que le corps d'armée qu'ils avoient de ce côté-là devoit agir directement contre Mir Mamouth. Cela me fait voir que les scrupules de religion qui les avoient retenus jusques à cette heure, sont entièrement dissipés, ce qui facilitera beaucoup l'union que le Czar propose sur les affaires de Perse.

XXIII.

Lettre du grand visir Ibrahim Pacha, écrite à S. E. M. le marquis de Bonnac et reçue le 14 avril 1734.

Très glorieux entre les grands de la nation du Messie, la colonne des seigneurs qui professent la religion de Jésus, le marquis de Bonnac, dont la fin soit comblée de bonheur, ambassadeur de notre ami le très honoré et très magnifique Empereur de France à la Porte de félicité.

Je vous fais savoir, en vous présentant les saluts les plus purs et les plus sincères, que nous apprenons avec plaisir, par le retour du courrier qui fut expédié vers S. M. Czarienne, avec la nouvelle du fondement des conférences qui furent tenues ci-devant avec votre agréable médiation par les plénipotentiaires de la Porte ottomane d'une part, et le résident du très magnifique Czar notre ami, qui est à la Porte de félicité, d'une autre, que le ministre de l'Empereur de France qui est en résidence auprès du Czar, en conséquence des lettres que vous lui aviez écrites concernant ces affaires, avoit eu différentes conférences avec les ministres de S. M. Czarienne après lesquelles, lesdits ministres vous ayant envoyé une copie des déclarations qui lui avoient été faites de la part du Czar (lesquelles déclarations Votre Excellence ayant fait traduire en turc a eu la bonté de nous envoyer), nous les avons lues avec beaucoup d'attention et remarqué que ses déclarations étoient conformes à celles de la Porte. Ainsi les bonnes intentions des ministres Russiens ont paru dans tout leur jour.

Depuis, nous avons été charmé d'apprendre l'arrivée à Moscou du gentilhomme votre neveu et ses entrevues avec le premier ministre. Ce dernier me marque, par une lettre qu'il m'écrit et pour laquelle il a expédié un homme, que l'on attendoit de jour en jour l'heureuse arrivée du Czar à Moscou. Le contenu de sa lettre me fait entrevoir avec plaisir que ses intentions vont entièrement de concert avec les nôtres, autant que nous pouvions nous le promettre. Ceci étant conforme à l'amitié ne sauroit que nous satisfaire entièrement. Votre Excellence peut se ressouvenir que, dans les différentes fois que nous lui avons écrit, nous lui avons marqué par nos lettres que nos vraies et sincères intentions, en ajoutant à la paix perpétuelle l'amitié et la bonne intelligence réciproques, n'étoient que dans la vue de prévenir les mauvais desseins des gens mal intentionnés et généralement, tout ce qui pouvoit leur donner quelque prise parmi nous, ce qui ne pouvoit se faire qu'en commençant d'ôter réciproquement les doutes et les méfiances des deux Empires, et en observant religieusement la paix perpétuelle qui seroit ainsi préservée continuellement de tous les accidents et contradictions jusques à la fin des siècles. Dans la conférence qui a été tenue avec Votre Excellence en notre présence, je crois que nous lui avons fait assez connoître, et cela par des témoignages et des preuves très convaincantes, quels sont les vrais sentiments de notre cœur et la fermeté avec laquelle nous désirons de maintenir avec S. M. Czarienne l'amitié réciproque. Tout ceci vous est clair et manifeste. Maintenant, les bons desseins du Czar et la conformité d'intentions qu'on voit qu'il a avec la Porte, par la réponse faite à l'occasion des lettres très sages, très droites et très prudentes que Votre Excellence leur a écrites, nous font espérer que lorsque le gentilhomme aura l'honneur de s'aboucher avec S. M. Czarienne, elle sera pleinement convaincue des bonnes intentions de la Porte et du parfait désir dans lequel elle se trouve de conserver inviolablement la paix perpétuelle, S. M. reconnoissant notre sincère ardeur à faire en sorte que l'amitié soit portée jusques au dernier degré de perfection, nous ne doutons pas qu'elle n'agisse, à son tour et à notre exemple, de concert avec nous.

C'est pour ce sujet que nous vous écrivons le présent billet, et nous espérons en Dieu qu'au retour du gentilhomme, toutes les affaires se finiront par la voie de l'amitié et par votre agréable médiation. Soyez persuadé que la Porte observera à jamais l'amitié ferme, stable, solide et permanente.

Que la paix soit sur celui qui est dans la voie véritable.

Signé : IBRAHIM.

XXIV.

Lettre adressée par le Czar à M. le marquis de Bonnac.

Monsieur,

Les soins que vous avez eus et le zèle que vous m'avez fait paroître jusqu'ici pour nos intérêts nous engagent de vous témoigner, par celle-ci, l'obligation que nous vous en avons.

Les dépêches que le sieur d'Allon votre parent vous apportera vous convaincront entièrement, Monsieur, de la sincérité de nos intentions pour le maintien de la paix avec la Porte, aussi bien que de l'entière confiance que nous avons mise en votre personne.

Nous sommes persuadé que vous voudrez bien continuer, avec le même zèle, de vous employer pour nos intérêts, et pour mener au plus tôt la négociation qui est entre vos mains à une heureuse conclusion, et outre la gloire qui vous en reviendra, Monsieur, vous pouvez être assuré d'une reconnoissance parfaite et réelle de notre part. Sur ce, nous prions Dieu qu'il vous ait en sa sainte garde.

Donné à Moscou le 28° de mars 1724.

Votre bien affectionné,
PIERRE.

XXV.

Lettre du marquis de Bonnac au comte de Morville.

Péra-lez-Constantinople le 19 avril 1724.

Monsieur,

Les lettres que je vous ai écrites à la fin de mars et au commencement de ce mois, pour répondre à celles dont vous m'avez honoré le

5 décembre et pour vous rendre compte de la suite des affaires, étant d'un trop gros volume pour les faire passer par la voie de Vienne, je profiterai de l'occasion d'un vaisseau qui part dans quelques jours pour les adresser à Marseille, et je me contenterai de vous dire ici que les Turcs, ayant été rassurés sur les intentions du Czar par les dépêches apportées par un courrier qui arriva ici à la fin du mois de mars, l'ont été encore davantage par l'expédition du sieur Lamarque qui avoit accompagné M. d'Alion et que celui-ci, conjointement avec M. de Campredon, m'a dépêché non seulement pour m'apprendre que l'absence du Czar retarderoit de quelques jours les réponses positives que la Porte désiroit, mais aussi pour m'informer des conférences qu'ils avoient eues avec les ministres russiens. Ces ministres m'ont écrit eux-mêmes dans des termes pleins de confiance.

Le comte Kolofkin, grand chancelier, l'a portée si loin qu'ayant su que le grand vizir m'avoit demandé assurance par écrit que les Moscovites ne feroient aucun mouvement sur leurs frontières, offrant en ce cas de ne faire aucune disposition de son côté, et que je n'avois pas osé m'engager à donner une semblable promesse, il m'a autorisé, au nom de son maître, à le faire, en cas que les Turcs persistassent à la demander. Mais le grand vizir, satisfait de mes précédentes représentations et convaincu des bonnes intentions des Moscovites par la réponse que le même comte Kolofkin lui a faite, ne m'a plus fait parler de cette déclaration et m'a écrit, au contraire, une lettre dont je joins ici la copie et par laquelle vous verrez facilement, Monsieur, que ce ministre attend, dans une entière sécurité et sans aucune impatience, les réponses décisives du Czar.

Je juge que nous les recevrons dans quinze ou vingt jours au plus tard. Vous serez informé de leur teneur par M. de Campredon ; ainsi même, Monsieur, avant de recevoir mes lettres, vous pouvez porter un jugement certain sur le tour que prendra cette affaire ; selon les dispositions où je vois les deux parties, il me paroît qu'elle pourra prendre une forme fixe et certaine dans tout le mois de mai.

Les Turcs, rassurés sur la crainte d'une rupture avec le Czar, tournent tous leurs efforts vers la Perse et commencent à dire qu'ils vont attaquer Mir Mamouth. Celui-ci, si l'on en croit les bruits publics, s'est emparé de Chiraz sur le golfe Persique, ce qui, augmentant la jalousie des Turcs, a fait évanouir leurs scrupules et n'a pas peu contribué à la résolution qu'ils ont prise de l'attaquer formellement.

D'un autre côté, pour se donner une communication avec la Géorgie par la mer Noire, ils ont fait entrer dans cette mer toutes leurs galères et demi-galères, un grand nombre de galiotes et d'autres bâtiments, ce qui forme un armement de plus de cent voiles. Cet armement est destiné à s'emparer de l'embouchure du Phaze, et à y construire une forteresse pour contenir les peuples, en remontant par ce fleuve le plus près qu'on pourra du côté de Tiflis.

L'exécution de ce dessein n'empêchera pas les Turcs d'envoyer quelques caravelles dans la Méditerranée pour garder les côtes, selon la coutume, et pour transporter des troupes et des munitions de guerre en Syrie, pour les faire passer ensuite à Babilone ou à Bassora.

Cependant le grand vizir s'occupe toujours à cultiver la faveur de son maître, en lui procurant de nouveaux plaisirs. Ce prince est actuellement pour quinze jours dans la maison de campagne de son premier ministre, avec une partie de ses femmes et les quatre princesses ses filles, à faire ce que l'on appelle ici la fête des Tulipes, plaisir assez mélancolique, mais qui est assez du goût des Turcs....

Dusson de Bonnac.

XXVI.

Au Roi.

A Péra-lez-Constantinople, le 30 mai 1724.

Sire,

La négociation entre les Moscovites et les Turcs a été suspendue depuis le 20 janvier, jour du départ du S' d'Alion pour Moscou, jusques au 13 de ce mois, jour de son retour. Il est vrai que dans cet intervalle de temps, il est arrivé de Moscou deux ou trois courriers, mais comme ils n'avoient été expédiés que pour diminuer l'impatience avec laquelle on attendoit ici les réponses décisives du Czar et que, d'ailleurs, j'en ai informé par mes précédentes lettres, il ne me reste, Sire, qu'à rendre compte à Votre Majesté de ce qui s'est passé depuis l'arrivée du S' d'Alion. On le conduisit tout droit à Constantinople, chez le Kiaya du grand vizir qui le reçut fort bien et témoigna beaucoup de joie de ce qu'il lui dit en général des bonnes dispositions du Czar. Il l'envoya ensuite chez le grand vizir qui étoit dans sa maison du Canal, où le grand Seigneur se trouvoit pour lors. Le grand vizir le loua de sa diligence, avec de grandes démonstrations de joie et sans le presser sur le détail de ce qui s'étoit passé à Moscou, parut fort content des expressions générales dont il se servit pour lui faire entendre le bon état où le S' de Campredon et lui avoient mis cette affaire. Le S' d'Alion ajouta seulement que le désir qu'il avoit eu de lui en porter la nouvelle causeroit peut-être un retardement de quelques jours, le courrier Moscovite qui portoit les lettres pour le résident ayant pris avec lui un chariot qui l'avoit empêché de pouvoir le suivre, mais qu'il seroit au plus tard ici dans huit jours. Le grand vizir répondit que ce n'étoit rien et que quelques jours de plus ou de moins ne faisant rien à l'affaire, il étoit bien aise qu'il eût pris les devants. Il lui fit revêtir ensuite le caftan et le congédia avec de nouveaux témoignages d'estime et d'affection. Tout cela se passa à la vue du grand Seigneur qui étoit dans une chambre peu éloignée, dont les fenêtres donnoient sur celle du grand vizir. Ce ministre y entra aussitôt pour rendre compte à son maître de ce que M. d'Alion lui avoit dit, et sortant ensuite, il fit de grandes libéralités aux officiers du grand Seigneur, afin de leur faire prendre part aux bonnes nouvelles.

Le résident, inquiet du retardement de son courrier et de l'approche du Ramazan, temps auquel il est presqu'impossible de travailler avec les Turcs, dépêcha un autre courrier à sa rencontre. Celui-ci revint avec les lettres quatre jours après et les conférences commencèrent le samedi, c'est-à-dire huit jours après l'arrivée du S*r* d'Alion. Il s'en est tenu trois, savoir ledit jour samedi, le lundi et le mardi. La première a été de neuf heures et les deux autres de douze, la dernière ayant fini précisément à l'entrée de la nuit, dans le moment que le Ramazan commençoit. Le détail en est si long que la lecture en fatigueroit. Je l'ai cependant abrégé dans une relation que je joindrai à cette lettre. Je me contenterai de dire ici qu'observant une entière impartialité et laissant aux deux parties à expliquer et à soutenir leurs prétentions, je me suis ménagé de manière que j'ai toujours décidé la dispute, qu'on s'en est tenu enfin, de part et d'autre, à ma décision et que j'ai mis ainsi dans ces trois conférences l'affaire au point qu'il ne sera plus nécessaire d'en avoir que pour rédiger le traité par écrit et le signer. On est convenu même, sur mon avis, que la plus grande partie de ce qu'il y auroit à faire jusques à la signature se passeroit dans le palais de Votre Majesté, entre le résident de Moscovie, l'interprète de la Porte et moi et que les conférences qu'il faudroit encore tenir avec les commissaires pour conclure, se tiendroient de nuit, à cause du Ramazan, de sorte qu'il y a tout lieu de croire que tout sera terminé dans trois semaines au plus tard.

Mais plus la conclusion s'approche, plus je sens l'embarras personnel où je vais me trouver, par la nécessité peut-être indispensable de signer ce traité.

Il m'a paru, par la dépêche de Votre Majesté du 30 octobre, qu'en approuvant la conduite que j'avois tenue jusques alors dans cette affaire, elle ne jugeoit pas convenable à ses intérêts qu'il parût publiquement, que j'agisse en vertu de ses ordres, encore moins que je pusse produire des pleins pouvoirs, et qu'il suffisoit que je continuasse d'agir comme j'avois commencé, sur la réquisition connue des parties.

J'avois constamment agi sur ce principe, précédemment aux ordres de Votre Majesté et, jugeant par sa dépêche des motifs de sa circonspection depuis l'avoir reçue, j'ai profité des occasions naturelles qui se sont présentées pour faire entendre à l'ambassadeur d'Angleterre et à celui de Venise, de même qu'au résident de l'Empereur, que si j'avois cru que les choses eussent été si loin, je ne m'en serois pas mêlé, quelque caprice des précédents ministres m'ayant privé entièrement des ordres de Votre Majesté et ayant été forcé, tant par les Moscovites que par les Turcs dont ils connoissoient l'impétuosité, d'entrer dans une affaire dont je ne savois comment sortir. Cette confidence a paru d'autant plus vraisemblable à ces ministres qu'ils n'ignoroient pas qu'on m'avoit laissé sept ans sans subsistance. Ainsi il leur a semblé moins extraordinaire qu'on m'ait laissé aussi sans ordres.

Pour ce qui est des Turcs, je n'ai laissé passer aucune occasion sans leur confirmer ce que je leur avois dit, d'abord que je n'avois point de pleins pouvoirs de Votre Majesté, et que je ne pouvois entrer dans cette affaire qu'autant que j'y serois autorisé par la réquisition réciproque et constante des deux parties. J'ai fait même plus dans la conférence du samedi, car je l'ai ouverte en disant que n'ayant été admis à la connoissance de cette affaire que pour m'employer à dissiper les soupçons qui s'étoient élevés entr'elles, et ces soupçons me paroissant entièrement cessés, rien ne pouvoit plus les empêcher de s'expliquer ensemble sans mon intervention ; qu'ainsi je leur souhaitois une prompte et satisfaisante conclusion et que je les priois de trouver bon que je me retirasse.

Mais, ni les commissaires turcs, ni le résident de Moscovie ne me l'ayant pas voulu permettre, je leur répondis que je continuerois donc à assister à leurs conférences comme simple spectateur, et avec la seule autorité que me donneroit la confiance réciproque dont ils m'avoient bien voulu honorer jusques à cette heure. Si malgré toutes ces précautions, ils veulent de part et d'autre que je signe le traité, il me sera très difficile de l'éviter; mais, en ce cas, je le ferai sans prendre le titre de plénipotentiaire et je ne me servirai que de celui d'ambassadeur requis et autorisé par les deux parties pour faire les fonctions de médiateur.

Il se pourra présenter encore, Sire, une autre difficulté. Le résident de Moscovie m'a confié qu'il avoit ordre de demander le titre d'empereur ou de Padischah, que les Turcs ne donnent qu'à Votre Majesté. Cependant, j'ai compris que quand les Turcs ne lui accorderoient pas cette demande, il ne romproit pas pour cela et je suis persuadé qu'attachés jusques au scrupule à leur ancien cérémonial, ils ne le lui accorderont pas. Cependant, si je me trompe en cela, non seulement je ne signerai point le traité, mais même je ne souffrirai pas que le nom de Votre Majesté n'y paroisse qu'en cas qu'il y soit spécifié formellement que l'article des capitulations qui reconnoît la préséance de Votre Majesté sur tous les princes Chrétiens sera confirmé par ce traité.

Pour ce qui est de la confidence que le résident m'a faite, je lui ai dit que c'étoit une affaire dont je ne pouvois absolument pas me mêler, n'ayant, ce me semble, aucune raison de m'opposer à la satisfaction que le Czar recherche auprès d'un prince étranger et ne pouvant pas non plus la favoriser ; qu'ainsi je serois bien aise qu'il prît son temps pour parler de cette affaire en mon absence. Je crois qu'il prendra ce parti et je suis persuadé que les Turcs n'auront aucun égard à ses instances, qu'il fera plutôt en forme d'insinuation que de demande formelle. Ce qu'il y a de sûr, c'est qu'il ne rompra pas là-dessus et que l'affaire est pour ainsi dire conclue, comme Votre Majesté le verra sans doute par ma première lettre.

Les Moscovites ont inséré dans leur projet de traité que la médiation seroit requise de nommer un homme de sa part, pour assister au partage des limites. Je ne sais point encore si les Turcs admettront cette proposition, parce que je n'ai point entretenu les commissaires depuis que le résident de Russie leur a remis son projet en italien, mais j'ai dit au drogman de la Porte que j'étois obligé de l'avertir là-dessus que je me trouvois absolument sans ordres de Votre Majesté et qu'ainsi, quand même je serois requis de la part du grand vizir pour joindre quelqu'un aux commissaires pour l'établissement des limites, je ne pourrois pas le faire sans avoir reçu précédemment les ordres de Votre Majesté, ne pouvant point m'engager à une pareille démarche pleine de difficultés et de dépenses sans y être positivement autorisé.

Je suis.....

DUSSON DE BONNAC.

XXVII.

Relation abrégée des trois conférences tenues à Constantinople, entre les commissaires turcs et le résident de Moscovie, les samedi 20 et lundi et mardi 22 et 23 mai 1724.

J'ouvris la conférence en disant que la violente jalousie qui s'étoit élevée entre les Moscovites et les Turcs et les soupçons perpétuels qui l'avoient entretenue, ayant fait connaître aux deux parties qu'il leur seroit bien difficile de traiter ensemble sans l'intervention de quelqu'ami commun, j'avois été requis de part et d'autre pour m'entremettre de cette affaire et que je la voyois enfin, suivant le rapport de MM. de Campredon et d'Alion, portée à un point que la confiance étant entièrement rétablie et chacun pouvant s'ouvrir librement, l'intervention d'un tiers étoit devenue inutile, qu'ainsi, après avoir remercié, tant les commissaires de la Porte que le résident de Moscovie, de l'honneur que leurs maîtres m'avoient fait, je les priois de trouver bon que je me retirasse, d'autant plus que les ordres que j'avois du roi ne s'étendoient pas plus loin qu'à prévenir une rupture et que je n'en avois aucun sur les conditions de l'accommodement. Adjy Moustafa prit la parole avec vivacité, et après quelques discours fort obligeants, me dit qu'il ne pouvoit pas consentir que je me retirasse et qu'ils avoient plus besoin de moi que jamais ; que véritablement, les mets pour le repas étoient prêts, mais qu'il falloit quelqu'un qui les mît sur la table et les servît aux conviés. Je l'ai pensé comme vous, lui répondis-je, et je me suis disposé à faire cette dernière fonction, en vous présentant un projet des matières sur lesquelles vous avez à traiter et, continuant la métaphore dont Adjy Moustafa s'étoit servi, j'ajoutai que les mets que j'avois à leur présenter étoient si exquis que j'espérois qu'ils s'en contenteroient ; et qu'ils ne toucheroient que le moins possible à la table qui étoit la Perse. Je remis sur cela aux commissaires du grand Seigneur une traduction turque du projet que j'avois dressé et au résident de Moscovie une en italien. Ils la lurent de part et d'autre avec beaucoup d'attention et les commissaires turcs ne s'attachèrent d'abord qu'à l'article neuvième qui portoit la reconnoissance de Tamasip. Je leur dis que c'étoit le fondement du traité ; qu'il étoit conforme à la déclaration du grand vizir et qu'il étoit nécessaire au moins de le supposer en traitant, mais que s'ils vouloient, on pourroit le réserver pour en parler en dernier lieu, n'y ayant, ce me semble, que trois points principaux dans cette affaire. Le premier, la pacification des troubles de la Perse et le rétablissement d'une souveraineté légitime et indépendante ; le second, l'établissement des acquisitions prétendues de part et d'autre et le règlement des limites, et le troisième, la formation d'une barrière convenable entre les deux puissances dont l'intérêt et les intentions étoient, ce me semble, de se procurer de nouvelles possessions sans acquérir un nouveau voisinage ; que j'étois persuadé qu'on pensoit à Constantinople comme à Moscou à peu près de la même manière sur le rétablissement des affaires de Perse ; qu'il n'étoit donc plus question que de régler les limites et de former une barrière convenable : que cela fait, il me paroissoit qu'il ne pouvoit y avoir que peu ou point de difficulté sur le reste. Les commissaires convinrent que c'étoit la véritable situation de l'affaire ; mais comment, dirent-ils, pouvons-nous l'entamer sur un projet qui va directement contre les déclarations du grand vizir, approuvées par le grand Seigneur et communiquées à tous les ordres de l'Empire, conformément à la ligne qu'il avoit tracée sur la carte et qui laissoit la ville de Tauriz de notre côté et un beaucoup plus grand espace de terre à la ville de Chamakie. Je leur répondis que, véritablement, cela me paroissoit difficile, mais que je le priois de considérer que ce n'étoit point par un esprit de chicane ni d'avidité que le Czar proposoit de laisser Tauriz à Tamasip, mais seulement parce que cette ville étant la seule place considérable que ce prince eût entre les mains et comme le siège de son empire, il lui paroissoit dur, avant de lui avoir rendu aucun service, de l'obliger à abandonner cette place, que j'étois persuadé que si après que Tamasip seroit effectivement monté sur le trône et rétabli à Ispaan, il vouloit la céder aux Turcs, il n'y auroit aucune difficulté de la part du Czar, mais que, pour le présent, il sembloit en quelque manière contraire à l'objet de la négociation de diminuer les forces et la réputation d'un prince qu'on se proposoit de rétablir, d'autant plus que les efforts qu'il seroit en état de faire par lui-même seroient en diminution des secours qu'on lui devoit donner ; que pour ce qui étoit des limites de Chamakie du côté de la mer, la chose me paroissoit peu importante pour les Turcs, mais de grande conséquence pour les Moscovites qui, resserrés par la mer, avoient raison de disputer le terrain du côté de la terre.

Le résident de Moscovie, qui n'avoit point encore parlé, prit cette occasion pour dire que, ne m'étant point encore expliqué là-dessus dans l'article 2 du projet, il étoit nécessaire qu'il le fît et ajouta que son maître, n'étant entré en négociation que dans la vue de s'assurer les bords de la mer Caspienne, il persistoit toujours dans ce principe et que s'il consentoit que Chamakie demeurât entre les mains de Daoud Bey, ce n'étoit qu'à condition que le territoire de cette ville du côté de la mer ne s'étendroit que jusqu'au village de Permaras, c'est-à-dire à quatre lieues au plus, que les territoires de Bakou et de Derbent, de même que tous les bords de la mer Caspienne de ce côté-là, demeureroient aux Moscovites ; que le confluent du Cur leur serviroit de barrière et que ce fleuve, dans tout son cours, en seroit une entre l'empire Ottoman et la Moscovie, de sorte que les troupes Ottomanes ne pourroient jamais le passer sans en donner avis.

Les commissaires turcs firent assez voir par leurs gestes que si les premières propositions du résident leur paroissoient difficiles, la dernière sembloit encore plus étrange et véritablement elle n'étoit pas soutenable. Je pris la parole et dis que je jugeois qu'on pouvoit convenir, avec quelque différence du plus au moins, sur les limites de Chamakie, mais que je ne trouvois d'autre expédient sur la généralité du terme de barrière dont le résident se servoit en parlant du Cur, que de l'abandonner et de le réduire, en prenant la carte, à ce qui se trouveroit juste et de convenance réciproque ; que de cette manière il ne me paroissoit pas possible d'établir le Cur pour barrière entre les deux puissances, dans les endroits où ce fleuve partageoit comme en deux la Géorgie, mais qu'on pouvoit seulement dire que les Turcs ne formeroient point de corps d'armée du côté droit du Cur, sans en avertir les Moscovites. Les commissaires m'en demandèrent la raison et je leur dis que c'étoit pour éviter les ombrages que donneroit une armée trop voisine, ajoutant, pour confirmer mon sentiment, que quoique les Allemands fussent les maîtres de la Save et qu'il y ait plus de vingt cinq lieues de cette rivière à celle de Morava, qui sert présentement de limite aux deux empires, et que l'empereur ait des soldats et des garnisons dans cet espace, cependant, l'empire Ottoman ne verroit pas sans une extrême jalousie que les Allemands formassent un corps d'armée entre ces deux rivières, qu'il en étoit de même des Moscovites ; que Chamakie et les montagnes du Chirvan seroient la barrière réelle des deux puissances et le Cur la barrière de soupçon, pour me servir de ce terme. Les Turcs parurent approuver mon sentiment, mais le résident ne s'y rendit point, disant que ses ordres étoient positifs et qu'il ne lui appartenoit pas de les expliquer. Cela ne m'empêcha pas de continuer, en disant que le Cur commenceroit à servir de véritable barrière entre les deux puissances à l'endroit où, sortant du royaume de Zaquette qui fait partie de la Géorgie, il sépare le Chirvan de la Perse, jusques à son confluent avec l'Araxe. Les commissaires témoignèrent aussi ne pas s'éloigner de cette proposition, mais quand on vint à parler de la limitation du territoire de Chamakie, la dispute s'échauffa beaucoup. Les commissaires s'obstinèrent à prétendre que le territoire de cette ville à la mer fût partagé en deux parties égales, suivant la proposition du grand vizir, et qu'on tirât du point de ce partage une ligne droite qui vint tomber au Cur et de l'autre, aux frontières du Chirvan par le nord. Le résident, de son côté, se tenoit ferme à demander que ce point de partage fût établi à vingt-et-une lieues du bord de la mer. Ce qui rendoit cette dispute plus difficile, c'est qu'on ne connoissoit pas, de part et d'autre, le pays sur lequel elle rouloit. Les cartes qu'on avoit à la main n'étoient pas justes et ne se rapportoient pas les unes aux autres et, ce qui n'étoit pas moins embarassant, c'est qu'on ne convenoit point de la manière dont le grand vizir s'étoit expliqué là-dessus, car les commissaires prétendoient que le vizir avoit proposé l'établissement d'une ligne moyenne entre Chamakie et la mer, qui serviroit de règle à tout le reste du partage, le résident soutenoit qu'il avoit parlé d'un espace de douze ou quatorze lieues du côté de la mer, qu'il l'avoit écrit ainsi à Moscou et que sur cela on lui avoit ordonné d'en demander vingt-une. Plus on parloit, moins on s'entendoit. Cela m'obligea de prendre la parole, de dire que je ne croyois pas qu'il fût possible de convenir sur cet article, qu'à la première conférence, après que le résident auroit revu ses ordres et que les commissaires auroient entretenu le grand vizir, parce que, la dispute roulant sur la manière dont il s'étoit expliqué, personne ne savoit mieux que lui ce qu'il avoit dit et l'intention qu'il avoit eue en le disant : que pour moi, j'étois persuadé que son dessein avoit été de laisser un espace de

17.

terre suffisant aux Moscovites, le long de la mer Caspienne jusques et compris le confluent du Cur et de l'Araxe : que si Chamakie ne se trouvoit pas sur le chemin de cette ligne, la chose seroit bientôt faite, n'y ayant à établir aux confins du Chirvan, vers le nord, un point qui fût relatif à celui du confluent du Cur et tirer une ligne droite à l'autre qui laisseroit un espace de vingt lieues aux Moscovites du côté de la mer ; mais que, comme Chamakie se trouveroit compris dans cette ligne et que le Czar avoit consenti de la laisser à Daoud bey, il falloit, comme le vizir l'avoit proposé lui-même, laisser quelque territoire à cette ville du côté de la mer . . pour cet effet, établir un point à une certaine distance, d'où on tireroit une ligne droite au point du confluent et que du point fixé devant Chamakie, et qui formeroit un angle, on en tireroit une autre qui iroit par les autres points dont on conviendroit jusques aux frontières du Chirvan. Sans entrer dans la discussion des territoires de Bakou et de Derbent, dans laquelle je voyois que M. le résident vouloit s'engager et dont nous ne sortirions jamais, par l'ignorance où nous étions tous de la constitution et de l'étendue de ces pays-là, que les choses étant ainsi, il n'y avoit point, ce me semble, d'autre moyen de surmonter cette difficulté qu'en se servant de termes généraux et que ce seroit aux commissaires à régler les choses plus distinctement, s'il leur étoit possible, mais que je les avertissois d'avance que je doutois qu'ils pussent le faire, à moins qu'on ne leur donnât des ailes pour voler au-dessus du mont Caucase, puisqu'il s'agissoit de partager cette montagne.

Comme la nuit s'approchoit, je finis par là et je priai les commissaires de rapporter cette conférence au grand vizir, de manière que dans la première, on pût convenir sur les articles qui avoient été agités; quelque bonne volonté que nous ayons, me dirent-ils, nous craignons bien que nous ne puissions pas le faire, et le vizir sera d'autant plus surpris des difficultés que nous avons trouvées de la part de M. le résident, qu'il regarde la lettre qu'il a reçue du Czar comme une assurance formelle de l'acceptation de ses précédentes déclarations, sur le contenu desquelles il ne s'attendoit à aucune difficulté.

Nous nous séparâmes sur cela et le dimanche s'étant passé sans rien faire, nous nous rassemblâmes le lundi.

Les commissaires affectèrent, à notre arrivée, une contenance triste et Adjy Moustafa ouvrit la conférence, en disant que l'obstination du résident lui avoit attiré une mortification qu'il n'avoit jamais essuyée depuis plus de trente ans qu'il servoit cet Empire, et que le grand vizir l'avoit accusé de négligence et avoit déclaré que, si le grand Reis Efendy et lui ne finissoient pas ce jour-là, il nommeroit de nouveaux commissaires et qu'il écriroit au Czar pour demander un autre ministre qui entendît mieux ses ordres et ne s'attachât pas, comme le résident, à former des difficultés sur les choses les plus claires. Le résident soutint fort bien cette attaque. Il répondit avec politesse aux commissaires sur ce qui les regardoit et ajouta que, pour lui, il ne seroit pas fâché que le grand vizir s'adressât au Czar directement et demandât un autre ministre; qu'il en trouveroit sans doute de plus habiles et de plus fermes que lui, mais qu'il n'en trouveroit pas de plus affectionné à l'avancement de l'affaire, ni de plus porté à témoigner sa déférence au grand vizir dans toutes les choses où il pourroit le faire, sans s'écarter de ses ordres; qu'au reste, il ne devoit pas se tromper aux expressions de la lettre de son maître sur laquelle il se fondoit, qu'il répondoit au compliment du grand vizir par un autre compliment, mais sans préjudice des ordres qu'il lui avoit donnés en particulier; que tout ce qu'on pouvoit lui demander étoit de les expliquer en la manière la plus favorable à la conclusion de l'affaire, et qu'on le trouveroit très disposé à cela, mais que pour s'en écarter en rien, il ne le feroit jamais. On reprit ensuite les matières traitées dans la précédente conférence. Je commençai par le premier article du projet de traité que j'avois remis, et je dis qu'il falloit voir au moins si on ne pourroit pas s'accorder sur quelque chose; que cet article étoit d'une convenance réciproque et ne me sembloit susceptible d'aucune difficulté, puisqu'en faisant un traité de cette importance, il falloit couper court à toutes les précédentes difficultés et éviter que des incidents, aussi médiocres que les pillages des Tartares et des Coumouques, ne le pussent troubler; qu'il étoit donc nécessaire, à mon avis, d'annuler entièrement le passé et de faire une bonne règle pour l'avenir; que cette règle devoit être, comme je le proposois, d'autoriser les commandants des frontières à terminer entre eux ces différends, sans en écrire même aux souverains. Le Reis Efendy répondit pour cela que l'affaire regardant directement le Khan de Crimée, la Porte ne pouvoit pas statuer là-dessus sans lui en donner part; mais que, faisant les fonctions du Capi Klaya ou d'agent de ce prince, il prenoit cette affaire sur lui et la termineroit à la satisfaction des Moscovites. Adjy Moustafa ajouta qu'il falloit considérer que le Khan étoit un prince souverain et que la Porte n'avoit sur cette frontière aucun commandant; qu'ainsi il n'y n'avoit que lui qui pût légitimement agir et traiter dans ces sortes de conjonctures; d'un autre côté, que sa dignité l'empêcheroit de se porter sur les frontières pour discuter de semblables incidents; qu'il falloit donc qu'il y envoyât quelqu'un de sa part. Le résident répondit que son maître regardoit le Khan comme un prince dépendant de la Porte et non autrement; que le Czar n'avoit et ne vouloit point avoir de commerce direct avec lui et qu'ainsi, il falloit que celui qui seroit chargé de l'effet de cette convention, quel qu'il pût être, reçût directement son autorité de la Porte. Je répondis que pourvu que la chose fût exécutée d'un commun accord et avec une convenance réciproque, cela revenoit au même et qu'on pourroit se servir de termes généraux qui leveroient la difficulté et les scrupules du résident, qu'ainsi il n'y avoit qu'à passer au reste et regarder cet article comme arrêté.

On reprit donc la conversation sur la ligne tracée par le grand vizir sur le fleuve du Cur et sur les limites à établir dans le Chirvan. Toutes ces matières furent traitées avec beaucoup plus de chaleur que dans la première conférence, mais comme on dit de part et d'autre à peu près les mêmes choses, je ne les répéterai point ici et je me contenterai de rapporter deux particularités sur lesquelles il y a eu encore à négocier. La première est que le résident, insistant toujours sur la cession de Tauriz et offrant pour équivalent la province du Kusistan sur le golfe de Bassora, les commissaires rejetèrent constamment cette offre et le résident, alléguant toujours que Tamasip n'avoit que cette seule ville considérable entre les mains, ils lui répondirent à plusieurs reprises qu'il avoit encore Ardebil, Casbin et Sultania. L'autre, que les commissaires observoient toujours, en parlant du Chirvan et de Cheikh Daoud de le nommer Khan du Chirvan et le résident, simplement bey de Chamakie.

Adjy Moustafa remarqua cette différence et dit que le résident, en s'exprimant ainsi, se préparoit un titre à faire de nouvelles difficultés, mais que celle-ci seroit facile à lever et que chacun pourroit prendre, de part et d'autre, le titre de prince de Chirvan. Le résident n'en voulut pas convenir, mais comme c'étoit, à mon sens, une chose très raisonnable, je lui dis franchement qu'il ne devoit point s'arrêter à cette difficulté; que son maître s'étoit réservé les bords de la mer Caspienne et qu'il les auroit; que c'étoit là le principe, que d'ailleurs les bords de cette mer faisant une partie considérable du Chirvan, il pouvoit prendre le titre de prince de ce pays-là, mais que Cheik Daoud pouvoit faire la même chose, puisqu'il possèderoit réellement Chamakie et toute la partie du Chirvan qui étoit du côté des terres, ce qui lui suffisoit pour prendre le nom de Khan de cette province : que si on regardoit cette affaire d'un autre côté que de celui de la possession actuelle qui, dans cette occasion, étoit le meilleur de tous les titres, chacun en avoit selon ces principes; que les Turcs avoient pour eux la destruction du gouvernement de la Perse, qui leur donnoit un prétexte assez légitime de rentrer dans leurs anciennes possessions ; que de plus, Daoud bey s'étant emparé par force du Chirvan à la réserve des villes de Bakou et de Derbent, il avoit donné l'investiture de cette province et l'avoit notifiée au Czar, plus d'un an auparavant qu'il eût traité avec Tamasip et que celui-ci lui eût cédé le Chirvan, c'est-à-dire une province qui n'étoit point actuellement entre ses mains ; que c'étoit son seul titre qui, quoique légitime, ne pouvoit point encore être admis par les Turcs qui ne reconnoissoient point Tamasip pour roi de Perse ; que tout cela considéré, mon sentiment étoit donc que, sans s'attacher à disputer sur des titres très discutables, il falloit s'attacher à la réalité des choses qui étoit le règlement des limites, et prendre quelqu'expédient pour le titre, à l'exemple de tant de princes qui avoient partagé des provinces entr'eux, et que je ne prévoyois pas de difficulté réelle sur cet article.

Les commissaires parurent plus contents de mon sentiment que le résident, mais comme ils s'étoient flattés d'emporter la cession de Tauriz, ils reprirent, sur la fin de la conversation, l'air morne et triste avec lequel ils l'avoient commencée, disant qu'ils doutoient que le grand vizir voulût continuer à leur confier cette négociation et prenant pour ainsi dire congé de nous. Cependant, le lendemain de grand matin, on nous fit inviter à une troisième conférence. Comme je prévis que les commencements en seroient rudes, je ne m'y rendis qu'une heure après le résident, espérant que les commissaires s'ouvriroient avec lui et que je ne viendrois que lorsqu'il seroit nécessaire d'adoucir les coups, mais les commissaires n'entretinrent le résident jusqu'à mon arrivée que de choses indifférentes. Je leur trouvai un air encore plus composé que le jour précédent, et ils commencèrent par dire qu'enfin, ils étoient délivrés de cette fâcheuse négociation ; qu'ils avoient perdu entièrement la confiance du vizir et que s'ils ne finissoient pas dans cette conférence, il avoit nommé le Capitan pacha pour en avoir encore une, après quoi, il dépêcheroit à Moscou pour demander un nouveau ministre et pour proposer au Czar que, sans toucher à la paix, chacun se conduisît par rapport aux affaires de Perse comme il l'entendroit ; qu'en un mot, ils n'avoient actuellement d'activité qu'autant que le résident se désisteroit de la cession de Tauriz. Ils s'étendirent ensuite fort au long sur tout ce qu'on pouvoit alléguer sur cette matière. Le résident, de son côté, s'expliqua avec beaucoup de feu pour soutenir son sentiment et l'appuya de raisons fort plausibles. Mais, comme je vis que les commissaires ne vouloient et ne pouvoient pas s'en contenter et que la négociation alloit être entièrement rompue, je dis que, si les deux parties me vouloient continuer la même confiance dont elles m'avoient honoré jusques à cette heure, je me chargerois personnellement de procurer une entière satisfaction au grand vizir sur Tauriz, après qu'on seroit convenu sur les autres articles. Mais les commissaires me répondirent qu'en toute autre occasion, ils se contenteroient de cela, mais que dans celle-ci, il falloit que le résident parlât et que le grand vizir étoit si animé contre eux, qu'il n'y avoit qu'une déclaration formelle du résident sur Tauriz qui pût le faire revenir. Je pressai le résident de la donner s'il en avoit le pouvoir. Il le fit avec beaucoup de peine. On la mit par écrit en turc et le Reïs Efendy se retira un moment, pour en donner avis par un billet au grand vizir. Il revint ensuite, le visage plus ouvert et dit que le Ramazan devant commencer ce jour-là, il fallait se presser de convenir sur les limites du Chirvan. Nous reprîmes donc assez gaîment cette matière, mais le résident demeurant toujours ferme dans ses propositions et les commissaires disant qu'ils ne pouvoient pas les accepter, ils me dirent que le grand vizir avoit une si grande confiance en moi que si je voulois prendre la plume et établir la ligne qui étoit en dispute, il l'accepteroit telle que je la tracerois. Le résident ne me témoigna pas tant de confiance qu'eux et je n'avois garde d'accepter la proposition, quand elle auroit été faite unanimement de part et d'autre.

Je répondis donc aux commissaires que, quoique je me trouvasse extrêmement flatté de la confiance dont ils m'honoroient, elle ne m'avoit pas rendu assez présomptueux pour entreprendre un semblable partage, mais que s'ils vouloient le faire eux-mêmes conjointement, je ne refuserois pas de leur tenir la main et que, dans cette vue, je leur mettrois devant les yeux les raisons qu'ils avoient, de part et d'autre, pour établir la ligne en question de la manière la plus convenable au maintien de la paix; que je les priois donc de considérer que le Czar, qui avoit des Etats si vastes, n'étoit point capable de s'engager dans la discussion de quelques lieues de plus ou de moins de terrain par aucune vue d'intérêt ou d'agrandissement, mais que cet espace qui étoit entièrement inutile à la Porte lui étoit fort important; qu'il avoit des places sur la mer Caspienne dont il étoit extrêmement jaloux et que, si on ne laissoit pas un tel espace entre ces deux places et Cheik Daoud qui ne pût pas les venir insulter dans une nuit, il faudroit qu'il y entretînt de très fortes garnisons; qu'il étoit donc juste et convenable au bien de la Porte qui vouloit que la paix ne fût pas troublée, qu'il y eût un espace raisonnable entre les limites de Chamakie et la mer et que la proportion la plus naturelle, à mon avis, surtout dans un pays que nous ne connaissions point directement, étoit de partager le territoire de Chamakie à la mer en trois parties égales, dont deux seroient aux Moscovites et l'autre à Chamakie; d'établir le point de partage vis-à-vis de cette ville et de tirer de là une ligne droite au confluent du Cur, qui étoit un point fixe et dont on étoit déjà convenu; qu'il faudroit revenir après cela au point établi vis-à-vis de Chamakie et tirer une autre ligne, en remontant jusques aux frontières du Chirvan; mais que le résident prétendant toujours qu'il ne fût point touché au territoire de Derbent, de l'étendue duquel je n'avois aucune idée, je n'osois rien dire sur l'éloignement où cette ligne devoit être de la mer. Les commissaires répondirent qu'ils n'avoient aucun ordre distinct du grand vizir là-dessus et Adjy Moustafa ajouta qu'il alloit monter à cheval pour lui rapporter ce qui s'étoit fait dans la conférence, lui rendre compte de ma proposition et revenir avec ses derniers ordres. Il revint une heure et demie après et dit que le grand vizir ne s'étoit point éloigné de ma proposition, et qu'il souhaitoit toujours que je tirasse la ligne sur laquelle on étoit en dispute ; mais m'en étant excusé de nouveau, on reprit la carte et, supposant comme accordés les deux points du confluent du Cur et de Chamakie, le résident commença à demander qu'il fût fait un autre point à trente-cinq lieues dans les terres vis-à-vis de Derbent, et qu'il fût tiré du point de Chamakie une ligne qui, passant par le point vis-à-vis de Derbent, allât se terminer en droiture aux confins du Chirvan Les commissaires se récrièrent sur cette proposition, et enfin, après des disputes très vives, on convint que le point à fixer vis-à-vis de Derbent seroit à vingt-deux lieues de distance du bord de la mer, entre lesquelles il seroit tiré pareillement une ligne. Cela réglé avec beaucoup de peine, Adjy Moustafa fit une récapitulation sommaire de tous les articles sur lesquels on étoit convenu dans la conférence, pour en faire le rapport au grand vizir et en avoir son approbation ; ensuite de quoi, je dis que les principales difficultés me paroissant levées, je croyois qu'il n'y avoit plus qu'à mettre sur le papier ; qu'il falloit commencer par mettre en turc le projet que le résident remettoit en italien ; que les commissaires, après en avoir pris connoissance, en dressassent un autre dans leur langue et le fissent communiquer aussi en italien, afin que, les combinant l'un avec l'autre, on pût établir la forme qu'il falloit donner au traité. J'ajoutois que tout cela se pouvoit faire par le moyen du drogman de la Porte et que, quand on auroit ainsi réglé toutes choses, il suffiroit d'avoir une conférence ou deux pour relire, pour confronter et pour signer les instruments, et qu'étant presqu'impossible aux commissaires d'avoir des conférences pendant le jour, il n'y auroit qu'à s'assembler une heure avant le coucher du soleil et travailler toute la nuit.

C'est ainsi que se termina cette conférence ; comme elle avoit été très vive et mêlée d'altercations fort échauffées, Adjy Moustafa prit sur la fin un visage riant et fit des compliments remplis de politesse et d'honnêtetés, tant à M. le résident de Moscovie qu'à moi.

XXVIII.

Lettre de M. le marquis de Bonnac à M. le comte de Morville.

Constantinople, le 25 juin 1724.

Monsieur,

Je ne me suis pas trompé lorsque j'ai eu l'honneur de vous marquer, dans ma lettre du 10 juin, que la négociation entre les Moscovites et les Turcs pourroit être terminée dans les fêtes du Bayram, car après avoir eu une conférence nocturne dans le Ramazan et avoir travaillé sans cesse depuis, chez moi, avec le résident de Moscovie et le drogman de la Porte, les choses ont été mises au point qu'on est convenu du tout dans la dernière conférence tenue la seconde fête du Bayram, c'est-à-dire le vendredi 23 de ce mois. Elle dura douze heures et ne finit qu'à dix heures du soir. Je ne vous en ferai pas le détail, mais je me contenterai de vous dire que vous auriez été bien aise, peut-être, d'entendre parler un Turc pendant plusieurs heures de suite, avec une éloquence digne de l'ancienne Grèce. Véritablement, je doute qu'il y ait beaucoup de ministres en Europe qui puissent manier une affaire avec plus d'art, plus d'adresse et plus de force qu'en employa Adjy Moustafa dans cette conférence. Quand tout fut réglé, il la termina par un discours fort honnête pour le résident, ensuite, m'adressant la parole, il me dit : que cet Empire ne pourroit jamais assez reconnoître le service qu'il avoit reçu de la France en cette occasion, par mon moyen ; que sans moi, il y a deux ans qu'il seroit plongé dans une guerre cruelle qui l'auroit éloigné de ses véritables desseins ; que ses trésors seroient épuisés et les campagnes des Moscovites et les leurs inondées du sang de leurs troupes ; qu'enfin le succès de cette négociation m'étoit d'autant plus honorable que, ne m'étant jamais écarté du chemin de la droiture et de la vérité, je m'en étois rendu le maître par la confiance intime des deux parties, de sorte qu'il étoit obligé de déclarer que ce n'étoit ni le grand Seigneur, ni le Czar, ni le grand vizir et les commissaires, ni le résident, mais moi seul qui étois l'unique artisan de cette affaire. Ne croyez pas, Monsieur, que je vous rapporte ce discours, ni que je vous envoie la copie de la lettre que le Czar m'a écrite, pour en tirer aucune vanité. Je ne puis, en cette occasion, où j'ai presque toujours agi en tremblant, avoir d'autre vue et d'autre ambition que celle de mériter l'approbation du Roi et la vôtre, en remplissant une partie de ce que Sa Majesté peut attendre d'un de ses ambassadeurs, qui se trouve engagé dans une affaire de cette importance. J'ai évité une rupture prochaine et presque inévitable entre deux puissances, également amies de la France, et je l'ai fait de manière que, suivant leur propre témoignage, j'ai tenu la balance égale sans que, d'un côté ni d'autre, on m'ait jamais soupçonné de la moindre partialité.

La seule chose qui pouvoit me mettre en peine, comme je l'ai marqué dans ma dernière lettre au roi, étoit la manière dont les Turcs recevroient la proposition d'accorder le titre d'Empereur au Czar. Le résident la fit aux commissaires à la fin de la dernière conférence, mais Adjy Moustafa l'éluda en disant que c'étoit une chose nouvelle qui n'avoit aucun rapport à la présente négociation, et qu'ainsi il ne pouvoit pas seulement se charger d'en faire le rapport au grand vizir, mais que lui résident pouvoit, s'il le jugeoit à propos, lui en écrire ou lui en faire parler. Le résident s'adressa dès le lendemain au Kiaya qui répondit qu'entre amis, c'étoit une chose qui ne pouvoit pas se refuser avec le temps, mais que tout étant réglé, il étoit même impossible d'en parler pour le présent. Ainsi le résident n'a plus insisté sur cette proposition qui pourroit reparoître, mais faiblement, à l'échange des ratifications, et qui sera certainement rejetée par les Turcs. En attendant, le grand Seigneur donnant, selon l'usage, le titre d'empereur au roi dans ce traité et ne donnant au Czar que le titre ordinaire de Czar de Moscovie ou de la Russie, si jamais la Porte accorde aux monarques russiens le titre d'Empereur, ce traité servira pour ainsi dire d'acte pour maintenir la préséance des ambassadeurs du roi à Constantinople, que les ambassadeurs Moscovites leur ont autrefois disputée, à l'occasion des premières visites à rendre au grand vizir et qu'ils ont une fois emportée par surprise, à force d'argent et de présents.

Pour ce qui est du traité même, vous verrez, Monsieur, en quoi il consiste, par la copie que j'en joins ici et par les remarques dont je l'ai accompagné, pour prévenir toute difficulté dans la copie que j'ai envoyée à Moscou, par mon secrétaire, M. de Bizy. Je vous ai marqué, Monsieur, dans une de mes précédentes, les différents mouvements que la plupart des ministres étrangers qui sont en cette Cour s'étoient donnés, ou pour pénétrer le fond de cette négociation, ou pour l'embarrasser.

Quelques-uns la regardoient d'abord comme préjudiciable aux intérêts généraux de l'Europe, d'autres craignoient seulement que, donnant une nouvelle réputation au Czar, il ne se rendît plus difficile dans les intérêts qu'ils ont à démêler ensemble, et ceux qui avoient fait précédemment la fonction de médiateurs auprès des Turcs, ne la voyoient pas passer sans quelque jalousie entre les mains de l'ambassadeur du roi. Cela est si vrai que les difficultés que j'ai trouvées, dans le commencement, de la part du Kiaya venoient, comme je l'ai su positivement depuis, des insinuations de l'ambassadeur d'Angleterre. J'ai vu à peu près toutes leurs démarches et il ne m'a pas été difficile de reconnoître, dans la conversation, leurs sentiments. Mais comme je n'ai point trouvé mauvais qu'ils pensassent à leur manière, ni qu'ils suivissent ce qu'ils croyoient être de l'intérêt de leur maître, je me suis contenté d'observer avec eux, en général et en particulier, les ménagements que je devois à la situation de liaison ou de ménagement que la France a avec eux, et je me suis attaché à ce que je croyois être, dans cette occasion, de l'intérêt et de la gloire de Sa Majesté.

Quand ces ministres ont su que l'affaire étoit finie, ils me sont tous venus rendre visite, pour m'en faire compliment et pour voir ce que je leur en dirois. Je leur ai dit, en termes généraux, qu'elle étoit conclue et que je croyois qu'on pouvoit regarder ce traité comme une seconde ratification de ceux de Passarovitz ; que cet Empire ne pouvoit pas demeurer sans occupation et qu'il venoit de s'en donner une qui le tiendroit au moins pour quelques années, ce qui convenoit également à tout le monde ; que d'ailleurs je m'y étois conduit de manière, comme ils pouvoient le savoir eux-mêmes, que je croyois pouvoir me vanter d'avoir donné le premier exemple de la dignité et de l'autorité, avec lesquelles les ministres des princes chrétiens devoient et pouvoient traiter avec les Turcs, même dans leur capitale. Soit par complaisance ou par politesse, ces ministres sont convenus de ce que je leur ai dit ; mais il ne m'a pas été difficile de reconnoître que quelques-uns d'eux remarquoient, avec quelqu'inquiétude et un peu de jalousie, que les Moscovites et les Turcs étant près de se plonger dans une nouvelle guerre, je les avois détournés de la faire et que si je leur avois donné de l'occupation pour un bras, je leur avois laissé l'autre libre : de plus, que leur union pour les affaires de Perse étoit un premier pas, qui pourroit être un jour suivi de liaisons plus importantes que le roi pourroit encore diriger par sa médiation. Je n'ai point cherché à les détromper d'une idée qui est vraisemblable et qui, quand elle ne deviendroit jamais réelle, peut, ce me semble, opérer quelque chose pour la réputation des affaires du roi.

Je suis....

XXIX.

Lettre de M. le marquis de Bonnac à M. le comte de Morville.

Constantinople, le 11 juillet 1724.

J'avois su de l'ambassadeur de Hollande qui, conjointement avec celui d'Angleterre, avoit fait la fonction de médiateur, il y a environ douze ans, dans la négociation pour la confirmation de la paix du Prouth et la restitution d'Azof, que les Turcs les avoient trompés. Ils leur avoient promis une pelisse de samour et un cheval harnaché. Le jour de la fonction de l'échange, ils n'envoyèrent pas de chevaux à la marine pour les prendre, leur présentèrent un simple caftan que les médiateurs refusèrent et ne leur donnèrent point de cheval. Cette circonstance m'a servi à prendre mieux mes mesures, et à conduire les choses avec plus de dignité. J'ai donc dit au drogman de la Porte que, si l'on vouloit faire l'échange des traités dans le palais du roi, je renoncerois à toutes les prétentions d'usage. Mais que si cette fonction se devoit faire dans le palais du grand vizir, je voulois, car je ne me suis jamais servi d'autre terme, avoir la pelisse de martre zibeline, avant de signer et de procéder à l'échange, et que je ne commencerois cette fonction qu'après avoir la pelisse sur le dos : que de plus, je demandois qu'il me fût envoyé un nombre suffisant de chevaux à la marine et que pour ce qui étoit du présent ordinaire du cheval, comme ce n'étoit pas une chose essentielle, je m'en remettois entièrement à la disposition du grand vizir.

Les ministres n'ont pas pris en mauvaise part ma franchise et mes précautions. On m'a envoyé trente-cinq chevaux à la marine, on m'a fait revêtir la pelisse de martre zibeline, qui est la première que les ambassadeurs de France aient eu dans ce pays-ci, et on m'a présenté un cheval harnaché. Cela a été accompagné de tous les honneurs et de toutes les marques de distinction que je pouvois attendre dans cette occasion, comme vous le pourrez voir plus particulièrement, Monsieur, si vous avez le temps de jeter les yeux sur la relation que j'en ai faite à M. de Campredon, qui a eu tant de part au succès de cette affaire.

XXX

Causa del scritto specificante la Concordia.

Havendo comparso di fuori il figlio di Miriveis, un tal Miri Mahmud nominato, contro il Rè di Persia Sah Hussein e venuto assedio e prese Isfahan, sedia della Persia, e prese Sah Hussein et i suoi figliuoli trovati à Isfahan, l'imprigionò. E mentre che si rovinava il dominio di Safevi, furono mandati eserciti del canto del Imperio Otthomano per occupare et soggiogare i loghi convenevoli e confinanti coll'Imperio Otthomano in ogni parte, et havendo presa e soggiogata tutta la Georgia, provincia del Dominio della Persia. In questa congiuntura, anche Sua Maestà Czaro delle Rossie, che con perpetua pace è amico della Fulgida Porta, con il motivo della confusione della Persia, havendo prese antecedentemente le fortezze Derbend e Bachiu, situate nella provincia di Sirvan, et alcuni altri loghi situati alli lidi del Mare Caspio. Si scoprì nelle parti di Casvin e Tibriz, con nome d'esser figlio di Sah Hussein, Tahmaseb, con in quale sua Czarea Maestà, nelle conditioni sopra certi articoli stipulate, che frà di loro hanno trattato e stabilito, che Derbend e Bachiu sopra accenate, situate nella Provincia di Sirvan, restando, conformerano, nella possessione di Sua Maestà Czariana, e li terreni che per le rive del Mare Caspio appartenenti à la Persia, e le provincie Gilan, Mazanderan et Ezderabad restino in avvenire in possesso della sudetta Maestà. In contracambio di che, Sua Maestà Czarea havendo promesso e dichiarato d'assistere et ajutare il detto Tahmaseb e di ricuperare con le sue truppe il regno di Persia delle mani del usurpatore Miri Mahmud e di ristabilirlo nel suo dominio, fece inclinare in quest'affare anche l'Imperio Otthomano alla parte di Tahmaseb, proponendo di trovarsi con una bona mediatione acciò che Tahmaseb cedesse alla Fulgida Porta le convenevole provincie della Persia, ò per via de mediatione, ò per commune sforzo. Et in tal negotiatione havendo destinato per Plenipotentiario il suo Residente dimorante presso la Gloriosa Porta, scelto frà li primati della natione christiana Giovanni Neplueff con autorità compita e con bello consenso d'ambi li Imperii; essendo scelto fra gli altri e requisito per mediatore anche l'ambassiadore che del canto della Maestà dell' Imperadore di Francia reside presso l'Imperio Otthomano, glorioso frà li grandi della natione christiana, Marchese di Bonnac, con la sua mediatione fu fatta conferenza piu volte, con li plenipotentiarii dal canto dell' Imperio Otthomano destinati. E nella negotiatione del Regno di Persia s'è stabilito frà l'eccelso Imperio et l'imperio Russo. Consiste nelli sequenti articoli che si specificano :

Articolo Primo

Dalle Natione delli Lesghi — Quella natione dei Lesghi, che si trova nella Provincia di Sirvan, a risguardo d'esser gente musulmana, da se stessa havendo corsa sotto la protettione e obedienza della Fulgida Porta, ha esibita à quella natione la sua protettione. Et essendosi destinato un Kano, nominato Daud, à quale, per loco di Governo essendo assegnata la città di Samachi, il quale Kano è stato munito con diplomate Imperiale. Il sudetto Kan, e la natione ad esso sogetta restando nella specificatione delli confini d'ambe le parti assegnati, ciò è dalla città di Samachi alla parte del Mare Caspio; con giuste et perfette hore caminando con passo mediocre alla drittura, et arrivandal lido del mare Caspio, da detta Samachi fin al mare quante hore que saranno spartendosi in tre portioni uguali, cominciando dal Mare, sul loco delle due terzi sia piantato un segno, et il altro terzo, situato nella parte di Samachi. resti sotto la sovranità della Fulgida Porta, nella possessione del sudetto Kano, e li dui terzi che guardano la parte del Mare Caspio, che restino alla parte di sua Maestà Czariana. E della fortezza di Derbend, che si ritrova in possesso della detta Maestà, dal canto del lido del Mare, verso la terra firma caminando similmente con passo mediocre alla drittura, nel loco ove terminarano le venti due hore, sia piantato segno. E dal segno piantato frà Samachi e Mare Caspio, fin al preaccennato segno piantato a dirimpetto di Derbend, nel loco ove termina la provincia de Sirvan dal lido del Mare caminando verso la terra ferma compasso mediocre per spatio di venti due hore sia piantato segno. E dal segno messo a dirimpetto di Derbend si camini con linea dritta fin al preaccennato segno al fine di Sirvan, e dal segno piantato fra Samachi e Mare Caspio fin' al segno ove termina la provincia di Sirvan. La parte degl' assegnati confini che guarda la terra ferma nella provincia di Sirvan resti sotto la sovranità dell'Imperio Otthomanico, e la parte che guarda il Mare Caspio resti nella possessione dell'Imperio Russo. E similmente in comminciando dal segno messo frà Samachi e mare Caspio fin' al loco dove s'unisce il flume Aras con il flume Chiur, che quel loco s'è stimato per frontiera caminando con linea retta, e da quella linea retta la parte della terra ferma resti alla parte della Fulgida Porta, e la parte del mare Caspio che resti al canto di sua Maestà Czarea. Nel loco dove s'incontra il flume Aras con il flume Chiur essendosi deciso che l'una parte sia Imperio Otthomano, e l'una Imperio Russo, e l'una il dominio della Persia, e essendosi redunato il triplice confine nello stesso loco del confine della Fulgida Porta. Secondo l'uso delle frontiere, per mantenere la guarnigione, sia lecito alla Fulgida Porta di fabricar fortezza. A l'istesso modo sia lecito anche à sua Maestà Czariana la fabrica di fortezza nelli suoi confini, et ogni volta ch'ambe le parti vorrano fabricare, s'avvisino frà di loro tra ambe le parti, e la fabrica delle fortezze lecite sia fatta à la distanza di tre hore dalli confini. E questi confini siano decisi e tagliati d'ambe le parti, secondo le ragione e giustitia conforme conviene. E per piantar i segni siano destinati d'ambe le parti per commissarii, persone esperte e strenue, e che havessero maneggiate simili negotiationi, benevoli al alma pace. E come che in trattato di questa conferenza ha sortito al felice fine con la mediatione dell' Imperadore di Francia, cosi anche sarà requisita d'ambe le parti la mediatione, acciò che sia assegnata una persona esperta per la decisione e separatione delli confini d'ambe le parti, e dopo che con ajuto di Dio, gli soppraccennati confini saranno d'ambe le parti determinati e decisi e registrati, gli instrumenti delli commissarii essendo privi di qual si sia mutatione e corruttione siano honorevolmente e puntualmente osservati. E nelli novi confini essendo loghi aperti, per la guarnigione delle città e per la tranquillità delli subditi, avvisandosi frà di se ambe le parti di fabricare fortezza alla distanza di trè hore dai confini.

Articolo secondo.

Poi che il governo delli loghi della Fulgida Porta situati nella provincia di Sirvan si stima un Kanato a parte, conform' è stato specificato di sopra, la città di Samachi sia loco di Governo alli Kani delli loghi sotto la sovranità della Fulgida Porta situati nella Provincia di Sirvan, e la città di Samachi restando nel suo pristino stato, non sia novamente fortificata, e per la guarnigione della sudetta città dal canto della Fulgida Porta siano destinate nè truppe, nè altro particolare commandante eccetuato ch'in caso ch'il Kano dalla Fulgida Porta assignatori commettesse qualche eccesso simile alla ribellione contro la Fulgida Porta, e si scoprisse ò fosse nata frà gl'habitanti di quella provincia qualche confusione e disordine contrario al consenso dell'Eccelsa Porta, ò fossero intentionati d'offendere et infestare i loghi della detta Maestà Czariana possessi, per amovere e levare tali confusioni, per deponere e castigare et accomodare le disordini, mandando bisegnevoli truppe, Dal canto della Fulgida Porta, avanti di passare il fiume Chiur avvisarano et informarano i commandanti Russi. Quelle truppe doppo che avrano levate le confusione e le discordie accadute et accomodato il disordine, senza dimorarvi più nessun homo militare nè di Governo, che si ritornino indrio. Poi che la provincia di Georgia resta totalmente nella possessione della Fulgida Porta, et in ogni parte vi si trovano commandanti dimoranti e guarnigioni d'essa Fulgida Porta, se sarà bisogno d'inviare grosse truppe per levare le confusioni in quelle parti, per dovunque gl'esserciti passarano il fiume Chiur, avanti il passaggio, per levare i suspetti, dovranno avvisare facendo consapevoli qual fosse el motivo della mossa alli commandanti dalla parte di sua Maestà Czariana nelle parti del Maro Caspio destinati, e per necessità se le truppe destinate s'avvicinassero alli loghi vicini delli confini Russi, affine di non pregiudicare e dannificare i confini della Czarea Maestà, li capi delle sudette truppe siano vigorosamente prohibitti.

Articolo terzo.

Le limite delle provincie del Regno della Persia appropriate alla Fulgida Porta si specificano che dal margine della città d'Erdebil restante alla Persia caminando alla parte di Tibriz con passo mediocre una hora nel loco d'una hora perfetta sia piantato un segno e da questo segno alla drittura del confluente stimato per triplice confine tirandosi linea retta andando al confluente si finisca. E di questa linea li loghi che sono nella parte d'Ordobad e Tibriz et il lago di Tibriz e Merend e Meraga e Rumiè e Kui e Cciovos e Selmas, e li altri della provincia d'Eserbaizzan, con le sue dipendenze et appartenenze quelli che sono nell'interno della sudetta linea e Genze e Cerdà e Carabag e Nahsivan e la fortezza di Revan et Uzzchellisè e tutte le città e borghi sogetti all'intiera provincia di Revan restino sotto il possesso della Fulgida Porta. E similmente dal margine della città d'Erdebil dal segno sudetto piantato nel loco d'una linea retta alla drittura di Hemedan e questa linea retta tirata fin à Hamedan pel loco che passarà li borghi e villagi situativi con li suoi terreni et Hamedan con il suo dipendente territorio restando nella possessione della Fulgida Porta. E da Hamedan anch'arrivando à Chirman Sah che attualmente si trove nella mano e possessione della Fulgida Porta il limite si finisca, et essendo nell'interno di questa linea li loghi d'Erdelan e di Chiurdistan, e tutte le provincie e le città similmente con le sue dispendenze e terreni ch'attualmente si trovano sotto il possesso d'ell'Eccelsa Porta restino nella possessione della Fulgida Porta. In conclusione conform' è stato specificato dal confluente fin che sarà ünito à Chirman Sah dal detto segno piantato che è stimato per centro delli confini nella distanza d'una hora d'Erdebil, nell'interno delle due dritte linee tirate alle parti del confluente e di Chirman Sah tutte le provincie restanti restino perpetuamente sotto la possesione della Fulgida Porta, e le provincie restanti situate frà li loghi nella parte del Mare Caspio a sudetta Czarea Maestà appartenenti, e frà la linea tirata de onfluente fin'à Chirman Sah, restino al Regno di Persia per barriera rà l'Imperio Otthomano e Russo.

Articolo quarto

La Fulgida Porta per impadronirsi delle provincie della Persia hà inviate le sue numerose truppe in tre parti et havendo occupati e soggiogati diversi loghi, la Maestà Czarea ch'è amico perpetuo della Fulgida Porta in virtù del trattato conchiuso con Tahmaseb per liberar il Tahmaseb d'all'oppressione d'essa Fulgida Porta promette la sua bone mediatione appresso Tahmaseb per la consegna delle provincie memorate nel terzo articolo à la Fulgida Porta appartenenti, ò volentieri ò per commune sforzo, et in caso che Tahmaseb mostrasse ostinatione e renitenza contro questo trattato, ciò è nell' impadronarsi delle provincie della Persia alla Fulgida Porta appropriati, e similmente anche nel restare perpetuamente nella parte di sua Maestà Czariana delle provincie del Regno di Persia, quelle che sono in virtù del trattato di sua Czarea Maestà con il Tahmaseb, nella parte del Mare Caspio appropriati alla parte di sua Czarea Maestà, com'è specificato nello proemio di questo presente trattato, Sua Czarea Maestà con la Fulgida Porta unitamente agirano e contribuirano, et acceteate le provincie che son assegnate et appropriate à questi due Imperii, il Regno di Persia con l'unione d'ambe le parti sia confermato nelle mani del suo legitimo Sovrano, e senza esser dipendente da nisuno con perpetua assolutezza resti nella sua possessione e nello commando, senza di esser sminuito d'ambe le Potenze Otthomana e Russa, e per l'avvenire in caso che dalla parte Persiana fosse fatta offesa alle provincie di Persia ad ambe le parti appartenenti, per levare tal offesa, l'ambi Imperii similmente si trovino uniti.

Articolo quinto

Nel tempo che le provincie preaccennate nel terzo articolo alla Fulgida Porta appartenenti con la mediatione di Sua Maestà Czariana con facilità sarano da Tahmaseb cedute alla Fulgida Porta, nell'istesso tempo ricognoscerà essa Fulgida Porta Tahmaseb per Sah della Persia e nell'affare del suo ristabilimento dandoli totale sicurità con modo convenevole dalla Fulgida Porta sarà ajutato, e con speditione della lettera Imperiale conchiusa che sarà la pace, sua Maestà Czariana, in virtù del trattato conchiuso con Tahmaseb, farà essecutione con soccorsi effettivi di quel trattato per liberar quel Regno di Persia e la città d'Isfahan, sedia ereditaria di Tahmaseb, dall'usurpatore Miri Mahmud. In queste congiunture se dalla parte di Miri Mahmud figlio di Mirivelz scoprendosi sollevatione e hostilità contra la Fulgida Porta et essendo necessario d'inviare le truppe, secondo il vigore della lege, si moverà contro di lui et agirà per amoverlo e scacciarlo da tutta la Persia, e contribuirà con tutta la diligenza di smorzar totalmente le scintille della sua ribellione et hostilità, et avvisandosi con sua Czarea Maestà con la mossa d'ambe le parti doppo che sarà liberata la città d'Isfahan, la Fulgida Porta essendo in pace con Tahmaseb, in virtù di questo trattato nell'operatione del di lui ristabilimento nel suo throno reale sarà unita con Sua Czarea Maestà.

Articolo sesto.

In caso che Tahmaseb nel cedere le provincie che con la mediatione di sua Maestà Czariana ha de consegnare alla Fulgida Porta ad essa appartenenti, ò quelle provincie ch'appartengono à sua Czarea Maestà, nel restare nelle mani della sudetta Maestà monstrarà renitenza, questi due Imperii primo occopando e soggiogando la portione à loro appartenenti, levato ch'avranno le confusioni della Persia, quello che sarà più meritevole e più legitimo delli Persiani sia confermato ne suo dominio independente assolutamente, non ingerendosi del de lui dominio, si nelle cose piccole come nelle grandi, e nella maniera che sono stati trattati i Rè di Persia sarà trattato anche lui, et acciò che resti nella pristina sicurità e tranquillità disponevano in ciò concordamente et unitamente ambe le parti, non ricevendo le propositioni di Miri Mahmud.

La conclusione

L'essecutione della soggiogatione e della perpetua possessione delle provincie di Persia tra ambi li Imperii Otthomano e Russo, ad ambe le parti appropriati; com'anche della confermatione, compositione e ristabilimento del dominio della Persia consistendo nelle conditioni di questo instromento, sia priva e lontana da ogni corrutione et accidente e sia honorevolmente tenuta e osservata afine di ornare e munire la perpetuità della pace e di fortificare un'altra volta la reciproca amicitia, la quale sia salita al sopremo grado, conforme è stata specificata essendo fatta la conferenza coll'intermezzo del Ambasciadore di sua Maestà l'Imperadore di Franza dimorante presso la Fulgida Porta, glorioso frà li Grandi della natione Christiana, Marchese di Bonach li di cui fini siano salutari, et con il Residente di sua Maestà Czarea presso la sudetta Fulgida Porta dimorante, scelto fra li nobili della natione christiana e ministro plenipotentiaro Giovanni Neplueff. E nella formi accennata gl'articoli stabiliti e le conditioni, acciòche dal canto di Sua Czarea Maestà siano honoratamente accettati et osservati, venuta che sarà dalla parte della parte della sudetta Maestà la lettera di ratificatione, poiche in vigore della sua plenipotenza il detto Residente hà esibito alla parte della Fulgida Porta instromento authentico con la testimonianza e mediatione del prenominato ambasciadore, noi anche in vigore della nostra administratione assoluta, habbiamo consegrato alla parte della sudetta Maestà instromento munito con la nostra sottoscrittione e sigillato di nostro proprio sigillo, nella forma specificata venuta che sara la lettera di ratificatione, anche dal canto della Fulgida Porta sara esibita la Capitulatione Imperiale, et la pace et amicitia perpetua sara mantenuta et osservata honoratamente in perpetuo. Iddio assiste alle rette operationi. È stato scritto nel secondo giorno del mese Sevval, anno mille cento trenta sei, nell' imperiale residenza, custodita città di Constantinopoli.

Io sottoscritto Interprete dell'Imperio Otthomano, faccio fede come questa traduttione fu fatta da me in virtù del mio impiego dall'originale scritto in lingua turchesa, firmato e sigillato da sua altezza sopremo Vezire Ibrahim Passà. E questa traduttionne è interamente conforme al sudetto originale. In fede di che hò confermato quest' instromento di mio proprio pugno.

GREGORIO GIKA.

XXXI.

Substance des discours que M. le marquis de Bonnac tint au grand vizir, dans la fonction de l'échange des traités.

Voici enfin le jour qui met fin à une négociation si avantageuse pour cet Empire, si agréable à votre auguste maitre et qui met le comble à la gloire de Votre Excellence. On peut dire la même chose par rapport à la monarchie russienne, au Czar et à ses ministres et aux fidèles soins que s'est donné M. le résident; car, pour ce traité que vous venez d'échanger par mon entremise, vous avez de part et d'autre conservé et orné la paix perpétuelle et, par une voie ignorée de vos prédécesseurs, cet Empire a acquis de nouvelles et puissantes provinces qui, perdues anciennement après vingt ans d'une très cruelle guerre et d'une grande dépense, sont recouvrées aujourd'hui pour ainsi dire, en un moment, dans le même temps, ce qui est le plus glorieux et le plus honorable pour les grands princes. Vous avez pris des mesures aussi convenables que louables, pour délivrer un royaume voisin de l'oppression d'un usurpateur, pour rétablir sur son trône paternel un prince malheureux et pour faire revivre une maison impériale presque détruite. Je vous fais donc les compliments que je vous dois pour un si heureux succès de cette longue et difficile négociation, dans le cours de laquelle vous avez fait voir tant de prudence, qui a été maniée avec tant d'habileté et d'autorité par le seigneur Reis Effendi, commissaire, et avec tant de fidelité pour son maître et d'affection pour l'affaire par M. le plénipotentiaire et résident de Russie. Comme vous m'avez fait aussi l'honneur, après la réquisition due à l'amitié et à mon caractère, de me donner part dans cette glorieuse négociation, je vous remercie de cet honneur, sans désirer d'autre avantage de mes peines que celui d'avoir pu vous faire voir l'utilité de l'amitié de la France, ancienne amie de cet Empire. Cette affaire étant parvenue à une heureuse fin par sa médiation, j'espère que l'union que vous contractez aujourd'hui servira à l'accroissement de l'amitié.

Puisque je fais aujourd'hui la dernière fonction de ma médiation, ne prenez point en mauvaise part si je vous fais ressouvenir, tant Votre Excellence que M. le résident de Russie, que ce traité est fort différent de celui de la paix perpétuelle ; le maintien du premier consistant simplement à ne rien faire de contraire à la paix, et celui-ci demandant une confiance perpétuelle, un concours suivi des opérations que requerra l'affaire, des offices fréquents et mutuels. Comme je prends la liberté de représenter ceci à Votre Excellence, je prie aussi M. le plénipotentiaire de le représenter au Czar son maître, afin que les deux parties marchant conjointement avec toute la fidelité et la promptitude possibles, cette grande entreprise puisse être terminée à votre avantage et avec les avantages que vous y recherchez. Je dirai à Votre Excellence, en finissant mon discours, que la diligence de M. l'interprète mérite que vous l'honoriez de vos faveurs, et que vous le regardiez comme un trésor de fidelité, de zèle et d'activité.

M. l'ambassadeur ayant jugé que le drogman de la Porte ne pourroit pas rapporter ces paroles, il fit avancer M. d'Alion pour le dire au grand vizir qui convint qu'il avoit raison en tout et, après avoir donné de grandes louanges lui-même au drogman, finit en disant : C'est un très fidèle serviteur de cet empire, nous l'aimons et nous le favoriserons selon ses mérites. Que Dieu nous le conserve ! Le drogman de la Porte, qui a été véritablement l'âme de cette négociation, a été si touché de ces expressions, inouïes parmi les Turcs à l'égard de leurs sujets, qu'il a assuré M. l'ambassadeur qu'il en conserveroit une reconnoissance éternelle.

XXXII.

Formule de la certification de M. le marquis de Bonnac.

Nous Jean Louis Dusson, chevalier, marquis de Bonnac, seigneur du pays de Donezan et autres lieux, brigadier des armées du roi de France, conseiller en ses conseils, lieutenant de Sa Majesté dans la province et comté de Foix, gouverneur des châteaux d'Usson et de Querizat, chevalier de l'ordre militaire de St-Louis, ambassadeur extraordinaire de S. M. Louis quinze, empereur chrétien de France à la Porte Ottomane, ayant été requis de faire l'office de médiateur dans la négociation qui a précédé la conclusion du traité ci-dessus, affirmons que les choses comprises dans ce présent instrument, après avoir été ainsi passées, conclues et arrêtées le jour et an que dessus, les instruments originaux de ce traité ont été échangés en notre présence et par notre intervention, entre le suprême vizir Ibrahim Pacha, gendre de Sa Hautesse sultan Ahmet trois, empereur des Ottomans, d'une part, et le seigneur Jean Nepluyof, résident et ministre phénipotentiaire à la Porte Ottomane de Sa Majesté Russienne le Czar Pierre premier. Fait dans le palais du grand vizir, le samedi huitième jour du mois juillet l'an de grâce mil sept cent vingt-quatre.

Signé : DUSSON DE BONNAC.

L. S.

XXXIII.

Remarques sur le traité conclu à Constantinople, envoyées à M. de Campredon à Moscou.

Il n'a pas été possible d'engager les Turcs à suivre, pour la forme du traité, la méthode proposée tant par le projet de l'ambassadeur de France que par celui du résident de Russie. Ils n'ont pas voulu absolument se départir de celle qui a toujours été en usage dans les traités conclus ci-devant entre les Moscovites et eux, et on a passé sur cette difficulté qui n'étoit point essentielle au fond de l'affaire.

Il faut se remettre devant les yeux, avant de lire ce traité, qu'il s'agissoit pour le Czar de l'acquisition tranquille des bords de la mer Caspienne, d'un partage convenable de la province de Chirvan, d'une union telle que la loi des Turcs pouvoit la permettre, dans les circonstances présentes, contre l'usurpateur Mir Mahmoud et de la connoissance actuelle ou éventuelle de Tamasip, au moyen des cessions à faire à la Porte par voie de médiation ou autrement, enfin de la formation d'une barrière entre les deux puissances et du rétablissement du royaume de Perse dans un état libre et indépendant, comme il étoit avant la rébellion. Je crois qu'on trouvera toutes ces choses dans ce traité, quelques-unes mêmes, expliquées avec plus de force dans les projets envoyés de Moscou, qu'on a suivis pourtant autant qu'il a été possible, mais toujours dans le sens de l'avertissement dont il étoit précédé, c'est-à-dire de s'attacher plutôt à la substance des choses qu'aux expressions. Sur quoi on rapportera une parole très sage de M. le prince Eugène qui, à la tête des armées de l'Empereur, dirigeoit la négociation de Passarowitz. Il ordonna aux plénipotentiaires impériaux de s'attacher le moins qu'il seroit possible aux paroles, en leur disant : si les Turcs agissent de bonne foi, ils observeront les conditions du traité, de quelque manière qu'ils les expriment, et s'ils ont dessein de rompre, les expressions ne les en empêcheront pas.

Quant à ce qui est de la forme du traité, quoique les Turcs fussent alors dans un grand état de foiblesse, les Impériaux ne purent jamais les réduire à se conformer à leur projet et ils furent obligés eux-mêmes à suivre celui des Turcs.

Préambule.

Ce préambule, qui est incorporé dans le traité en vertu de l'article IV, me paroît très convenable aux Moscovites. Il y est fait mention du traité avec Tamasip et le grand Seigneur y déclare, d'une manière très honorable, que c'est l'amitié du Czar qui l'a déterminé à suspendre ses desseins contre la Perse et à favoriser Tamasip.

Article Ier.

La manière dont cet article est conçu désigne si distinctement les Leskis, qui doivent demeurer sous la dépendance de la Porte, qu'elle coupe court à toutes les disputes qui auroient pu s'élever là-dessus, par rapport aux princes et aux sujets de cette nation qui demeurent dans le Chirvan Moscovite, et à ceux qui sont au delà de cette province, sur les bords de la mer Caspienne, dont on a évité de faire mention, mais qui se trouvent totalement exclus de la protection de la Porte par les premiers mots de cet article.

Quant à la division du Chirvan, je doute que l'on pût mieux faire, ni qu'on eût peut-être pensé à Moscou qu'on en pût obtenir autant. Les mots de Bey et de Khan ont à peu près la même force en langue turque, comme on le peut voir par l'autorité des Beys de Moldavie et de Valaquie, qui sont égaux en dignité et en autorité au Khan de Tartarie. Cependant, le résident, par des raisons que je n'ai pu pénétrer, a refusé constamment de donner le titre de Khan à Cheik Daoud et les Turcs y ont consenti.

Il a été fort disputé sur la manière dont la Porte possèderoit le Chirvan, et j'ai enfin déterminé les deux parties à se contenter des expressions contenues dans cet article, par lesquelles le grand Seigneur demeure seigneur dominant du Chirvan dont la possession réelle reste entre les mains d'un khan ou bey, comme il plaira de l'appeler. Pour ce qui est du confluent de l'Araxe, j'ai représenté également aux deux parties que cela n'étoit pas assez distinctement exprimé, et qu'il falloit dire la pointe de terre ou l'angle qui sépare les fleuves Cur et Araxe jusqu'à l'union de leurs eaux, mais le scrupule du résident l'ayant empêché d'admettre d'abord cette expression, il n'a pas pu la faire ensuite recevoir des Turcs, et il s'est réduit à leur dire que c'est ainsi qu'il entendoit le mot du *lieu où les fleuves Araxe et Cur se rencontrent.* Ce n'est que dans les conférences tenues chez moi, avec l'interprète de la Porte, qu'on a pu convenir de trois heures de distance des limites pour la construction des nouvelles forteresses. On vouloit d'abord bâtir sur les limites mêmes, ensuite à deux heures de distance, et enfin on est convenu de trois heures à ma sollicitation.

Il n'y a point eu de difficultés, de la part des Turcs, sur la continuation de la médiation pour l'établissement des limites. Je n'ai rien refusé ni accepté, me trouvant sans ordres là-dessus. Mais si la chose est acceptée en France, elle ne pourra être exécutée qu'après avoir pris conjointement les mesures que j'ai proposées par ma lettre.

Article II.

Les Turcs n'ont pas voulu admettre, en parlant du Cur, le terme de barrière qui étoit véritablement impropre et insoutenable dans cette occasion, mais ils ont employé, sur mes représentations, un terme général qui est beaucoup plus clair et plus fort que celui de barrière, celui-ci étant d'autant moins admissible qu'en parlant des provinces de la Perse dans le même traité, on s'en sert dans un autre sens, c'est-à-dire pour signifier un pays possédé par un tiers et qui sert de séparation à deux autres puissances.

Article III.

Le règlement de cet article a occupé plus de temps que celui de tous les autres, à cause de la prétention des Turcs sur Ardebil. Ils ont commencé à la former immédiatement après les premières conférences, c'est-à-dire le 15 mai, dans la visite que l'interprète de la Porte me rendit ce jour-là. Je n'oubliai rien pour le désabuser, mais nonobstant cela, cette affaire a traîné, avec des peines et des altercations très vives, jusques au dernier moment de la conférence du vendredi 23 juin qui finit à dix heures du soir. Il y a eu ensuite quelque petite difficulté sur les termes dans lesquels cet article devoit être conçu, et sur l'énonciation des lieux qui devoient demeurer du côté des Turcs, mais, comme la plupart de ce pays et de ces endroits sont actuellement occupés par leurs troupes, que la ligne désignée en fait une juste séparation et que ces limites doivent être réglées un jour par la médiation du Czar, j'ai conseillé au résident de ne point s'obstiner sur quelque léger scrupule qu'il se formoit, et dont il avoit beaucoup de peine à se départir; et enfin il s'est rendu à mon avis, sur quoi il faut considérer deux choses : la première, que les Turcs ne voulant point entrer dans l'établissement des limites entre les Moscovites et les Persans de ce côté-là, il n'étoit pas de la bienséance de les chicaner obstinément sur les leurs. L'autre, qu'il leur étoit convenable, et même en quelque façon nécessaire, de s'étendre sur l'énumération des acquisitions qu'ils faisoient ou qu'ils s'étoient proposés de faire par un traité, pour faire envisager un objet considérable aux grands, à la milice et au peuple qui en doit avoir connoissance et qui eût trouvé mauvais qu'on n'eût point fait cette énumération dans un traité où les grandes acquisitions du Czar avoient été énoncées.

Article IV.

On a disputé beaucoup, à l'occasion de cet article, sur le temps où devoit commencer l'effort commun et on a eu bien de la peine à s'entendre là-dessus, quoique la chose fût fort claire, les Turcs agissant actuellement contre Tamasip, sans attendre ni demander du secours aux Moscovites; il n'étoit pas, ce me semble, absolument nécessaire d'employer ce terme d'effort commun qui oblige, en quelque manière, plus le Czar que l'expression du projet de Moscou, la chose me paroissant indifférente dans le fond, le résident la demandant absolument et les Turcs y ayant enfin consenti, je ne me suis mêlé de cette dispute que pour l'abréger.

Mais l'union pour le rétablissement des affaires de la Perse et la garantie réciproque des nouvelles acquisitions, quoiqu'on ne se soit pas servi du mot garantie, me paroissent établis dans cet article d'une manière très claire et très forte, n'y ayant rien, ce me semble, de plus expressif qu'une alliance perpétuelle que le mot de collègale emporte avec lui.

Le résident vouloit qu'on ajoutât « contre quelque puissance que ce soit », mais les Turcs ont rejeté constamment cette addition, et je lui ai conseillé de s'en désister, parce qu'elle n'étoit pas proportionnée ni réciproque et qu'il ne s'agissoit en ceci, suivant la déclaration du vizir et la nature de l'affaire, que de s'unir et se défendre mutuellement contre les rois de Perse qui voudroient revenir sur ce traité, et nullement contre les puissances étrangères; que les Turcs n'avoient pas de plus à craindre, n'ayant point de prince limitrophe de ce côté là et ne pouvant être troublés, dans leurs nouvelles possessions, que par les Persans, ou par des révoltes intérieures dont je ne crois pas que l'intention des Moscovites soit de se mêler. On remarquera facilement que les mots *senza poter esser sminuito d'ambe le potenze*, signifient, quoiqu'en d'autres termes, ce qui étoit compris là-dessus dans le projet Moscovite. Il a été assez difficile de faire passer cette expression, dont j'ai enfin fait comprendre la nécessité au drogman et aux commissaires.

Article V.

On a beaucoup disputé, à l'occasion de cet article, sur la forme des secours que la Porte donneroit à Tamasip, avant la rupture déclarée avec Mir Mahmoud, étant impossible absolument aux Turcs de déclarer ouvertement leurs intentions là-dessus dans un traité public. On est tombé d'accord, après bien des disputes, du terme général de *convenevole* et on y a ajouté le terme général aussi *per il suo restabilimento*. On est de plus convenu que, pour la décharge du résident, le grand vizir s'expliqueroit plus distinctement là-dessus, dans une lettre particulière qu'il lui écriroit ou au Czar à ce sujet. Tout le reste de cet article est entièrement conforme, ce me semble, aux intentions du Czar et aux déclarations du grand vizir.

Article VI.

Il y a eu beaucoup de difficultés au sujet de cet article, par rapport à la condition de ne pas recevoir des propositions, ni des ministres de Mir Mahmoud. Les Turcs avoient plus raison de le demander aux Moscovites, que les Moscovites n'en avoient de la demander aux Turcs, parce qu'il n'y a rien de plus périlleux pour eux, à cause de la conformité de religion et de la disposition de leurs peuples, à favoriser Mir Mahmoud que cette correspondance. Mais le résident ayant fait cette proposition, ils ont fait les difficiles; le Kiaya même du grand vizir, qui ne s'est pas mêlé ouvertement de la négociation, a parlé de cet article au drogman de Moscovie, comme d'une chose impossible. Pour moi, si j'avois été à la place du résident, je l'aurois abandonnée, trouvant plus avantageux au Czar qu'il n'en fût pas fait mention, ou la chose me paraissant au moins égale; mais comme il s'est aheurté à faire passer sa proposition, je l'ai conçue dans les termes que vous verrez et je l'ai fait accepter, avec la même précaution que pour les secours à donner à Tamasip, c'est-à-dire que le mot de ministre, qui avoit été quasi accepté dans le premier projet, ayant été omis ensuite, le grand vizir s'appliqueroit là-dessus dans la lettre qu'il devoit écrire.

Il n'y a rien à dire sur la fin du traité, qui est une confirmation générale et claire de tout ce qu'il contient.

Plus je l'examine, plus il me paroît conforme aux intentions du Czar et, dans la substance, au projet de Moscou. Si les Turcs se sont montrés difficiles et réservés sur quelques termes, on n'en doit point être surpris, car c'est un traité d'une nouvelle espèce pour eux, puisqu'il contient non seulement une alliance formelle avec un prince chrétien et qu'ils l'y déclarent l'auteur de leurs résolutions, mais aussi que cette résolution est de faire la guerre conjointement, pour me servir de leur terme, à un prince musulman, chose diamétralement contraire à leur superstition qui, jusques à présent, a été le premier principe de leur gouvernement.

Au reste, il ne faut pas croire que ce traité signé et ratifié, il ne reste plus rien à faire. Il faut considérer, au contraire, qu'il va s'ouvrir une nouvelle et perpétuelle négociation qui doit être conduite et ménagée avec autant et plus de délicatesse que la précédente, et beaucoup plus d'ouverture et plus de moyens.

XXXIV.

Commandement du grand Seigneur adressé aux Cadis de Sifanos, Naxis, Mile, Miconi et Santorin.

A l'arrivée de ce commandement impérial, il vous sera notifié que par ci-devant Mustafa pacha, Capitan pacha, auroit envoyé une lettre à notre Porte de félicité, par laquelle il nous auroit informé que les consuls des Iles obligeoient les sujets tributaires de professer leur croyance, et si quelqu'un d'eux témoignoit faire quelque difficulté, les consuls trouvoient le moyen de causer du dommage aux susdits sujets; que les consuls favorisoient et donnoient du secours aux corsaires; que, comme le but d'établir des consuls n'étoit que pour la sûreté du commerce, l'on avoit confirmé et établi dix des principaux aux endroits où les bâtiments vont et viennent et, pour le reste qui étoit superflu, l'on avoit donné un noble commandement par le passé, lequel a été ensuite confirmé par un ordre Impérial, donné par nous, qui détruit les susdits consuls. Cependant, comme l'ambassadeur de l'empereur de France, qui est un des plus glorieux d'entre les seigneurs qui professent la religion du Messie, le marquis de Bonnac de qui la fin soit comblée de bonheur, qui réside depuis sept à huit ans à notre Porte de félicité, a fait voir, pendant le cours de son ambassade, une bienveillance et une sincérité toute particulières envers la Sublime Porte, et, outre que les démarches du susdit ambassadeur ont été toujours les plus convenables, et autant qu'il lui a été possible, conformes à l'amitié et bonne correspondance réciproque, il nous a donné, en dernier lieu, une nouvelle marque de son affection par sa très digne médiation dans les affaires qui ont été traitées dans les conférences, en conséquence de la paix perpétuelle qui est entre ma Sublime Porte et le Czar de Moscovie, en considération de ses services et de l'amitié si ferme et si solide qui est établie, depuis un temps infini, entre ma Sublime Porte et l'empereur de France, il auroit été convenable de rétablir et confirmer les consuls dans les endroits nécessaires des susdites îles, comme à Sifanos, Naxis, Mile, Santorin et Miconi et, pour cet effet, il sera destiné, par le susdit ambassadeur, un consul françois à chacun de ces endroits et nous excluons entièrement nos sujets tributaires, habitant dans les dites îles, de l'emploi de consul. Tous ces consuls seront établis par l'ambassadeur à condition et pourvu qu'à l'avenir ils se donnent bien de garde de faire rien, ni de commettre aucune chose de tout ce qui est spécifié ci-dessus. C'est pour ce sujet que le présent ordre Impérial est émané en vertu de *l'arz* et de l'information qui m'en a été faite par le susdit, et vous aurez, à son arrivée, à vous conformer à son noble contenu, vous donnant bien de garde de contrevenir en rien à ce signe Impérial, auquel vous porterez toute l'obéissance et le respect que vous devez. Écrit à Constantinople la bien gardée, dans la lune de Chaval, l'an de l'égire 1136 qui vient à notre style vers le commencement de juillet 1724.

XXXV.

Traduction du commandement du grand Seigneur adressé au Naïb de Chio.

A l'arrivée de ce commandement Impérial, vous saurez que l'ambassadeur de l'empereur de France qui réside à ma Porte de félicité, qui est un des plus glorieux d'entre les seigneurs qui professent la religion du Messie, le marquis de Bonnac de qui la fin soit comblée de bonheur, a présenté un mémoire à notre sublime conseil, par lequel il nous auroit fait savoir qu'il étoit porté, par les capitulations Impériales, que les évêques dépendant de la France, de même que les religieux francs de quelque nation qu'ils soient, pourvu qu'ils restent dans leurs devoirs, demeureront en possession des lieux de leur établissement et y pourront faire fonctions de leur rit et religion, sans que personne puisse les en empêcher et, en conséquence de cet article des capitulations, il auroit été expédié une infinité de commandements sur le même sujet.

Les consuls de France qui résident à Chio n'ayant point de maison qui leur appartienne en propre, étoient obligés d'en louer une, tant pour leur demeure que pour celle des Pères Capucins, qui sont restés depuis un temps infini et actuellement auprès des consuls, où ils ont toujours lu l'Évangile et fait les fonctions de leur rit et religion, jusqu'à ce que les consuls ayant acheté du terrain et fait bâtir, de leurs propres deniers, une maison dans laquelle resteroient aussi les Pères Capucins, lesquels ont lu jusques à aujourd'hui l'Evangile et fait les autres fonctions de leur religion, ainsi qu'ils l'avoient toujours pratiqué et personne ne devant les molester sur ce sujet, il est arrivé cependant que quelques mal intentionnés, dans l'espérance de leur prendre et extorquer quelque chose, prenoient, pour les molester, prétexte de ce que lisant là l'Évangile, ces personnes contrevenoient à l'article des capitulations Impériales et au noble commandement. En l'année 1128 il auroit été émané un noble commandement de la part de la Sublime Porte, dont le contenu porteroit que, pourvu que les susdits religieux ne prétendissent point faire une nouvelle église, ils pourroient lire l'Evangile et faire les autres fonctions de leur religion dans la maison consulaire, ainsi que cela s'étoit toujours pratiqué, sans que personne pût les molester et vexer à ce sujet. Depuis, il nous a été représenté que quelques-uns avoient la hardiesse de contrevenir audit commandement et inquiétoient, comme auparavant, les susdits religieux.

Sur cela, nous avons été requis d'accorder un nouvel ordre Impérial, en conformité du premier, nous aurions agréé la prière qui nous en auroit été faite et, pour ce sujet, ayant consulté le registre des commandements conservé dans notre divan Impérial, et sur ce que nous y aurions trouvé inscrit que de la manière ci-dessus spécifiée, il auroit été donné ci-devant un commandement, nous aurions expédié de nouveau le présent ordre, afin qu'à son arrivée, vous eussiez à exécuter, selon sa forme et teneur, l'ancien et celui-ci auxquels vous vous conformerez entièrement, vous donnant bien garde de faire rien qui soit contraire à leur noble contenu et aux capitulations Impériales.

Ecrit à Constantinople la bien gardée, vers le commencement de la lune de Chaval, l'an de l'Égire 1136 qui revient vers le commencement du mois de juillet 1724.

XXXVI.

Commandement du grand Seigneur adressé au Cady de Chio.

A l'arrivée de ce commandement Impérial, vous saurez que l'ambassadeur de l'Empereur de France, qui est un des plus glorieux d'entre les seigneurs qui professent la religion du Messie, le marquis de Bonnac de qui la fin soit comblée de bonheur, a présenté un mémoire à ma Sublime Porte, par lequel il m'a fait savoir qu'il étoit porté, par les capitulations Impériales, que les religieux dépendant de la France pourront rester dans les endroits de leurs anciens établissements, où ils pourront faire les fonctions de leur rit et religion, pourvu que ce soit avec la modestie et bienséance requises. Le consul de France qui réside à Chio auroit fait bâtir, en l'année 1128, une maison pour lui servir de demeure, conjointement avec les dits Pères Capucins et nous, en conséquence du susdit article des capitulations, leur aurions accordé un noble commandement afin que personne ne pût molester les dits religieux, lorsqu'ils liroient l'Evangile et feroient les fonctions de leur religion avec modestie. Ensuite de ce commandement, il en auroit été donné un autre, en l'année 1134, par le moyen duquel on moleste et on opprime le consul françois et les Capucins, sans avoir égard au premier commandement qui casse et annule le second ; c'est pour ce sujet que nous avons fait émaner le présent ordre, et nous ordonnons qu'à son arrivée vous ayez à le faire exécuter selon sa forme et teneur, c'est à savoir, pourvu que cet endroit-là ne puisse pas à l'avenir être regardé comme église, le second commandement soit effacé, tant des registres des commandements qui sont dans mon divan, que du Mehkiemêh de Chio. Sachez ceci, ajoutez foi à cette noble signature.

XXXVII.

Lettre de M. le comte de Morville à M. le marquis de Bonnac.

A Fontainebleau le 31 août 1724.

Sans rappeler, Monsieur, les lettres venues de vous avant l'arrivée du S' La Marque et dont je ne vous ai point accusé la réception, doutant que mes réponses vous trouvassent encore à Constantinople, je ne vous parlerai que sur le contenu des dépêches que vous m'avez fait l'honneur de m'adresser et de m'écrire, depuis le 25 juin jusqu'au 16 juillet, soit par ledit sieur La Marque, soit par le vaisseau du capitaine Antoine, soit enfin par un courrier du résident de l'empereur. Elles me sont parvenues toutes presqu'en même temps, n'y ayant eu que très peu de jours entre la réception de ce qui a été apporté par votre exprès arrivé à Versailles, le 18, et celle de votre lettre du 16 juillet.

Quelque nom que vous donniez, hardiesse ou fatalité, à ce qui vous a engagé dans l'affaire que vous venez de terminer avec tant de conduite et de succès, le roi est entièrement content. Bien loin que la crainte que vous faites paroître de n'être point approuvé soit fondée, j'ai ordre de vous assurer de la plus parfaite satisfaction de Sa Majesté et de Monseigneur le duc et, pour faire cesser d'un seul mot tous vos scrupules, je dois vous dire que S. A. S. et tout le conseil du roi, à la lecture de vos relations se sont accordés à penser qu'il seroit à souhaiter que les ministres de Sa Majesté dans les pays étrangers, qui sont le plus régulièrement aidés d'ordres et d'instructions, pussent avoir dans leurs opérations une réussite aussi conforme aux intentions et aux désirs de Sa Majesté que l'a été le succès que vous avez eu en cette occasion. Regardez, s'il vous plaît, ce que je vous rapporte des sentiments du roi, de Monseigneur le duc et du conseil, comme réfléchissant leur approbation et sur le fond de l'affaire et sur toutes les circonstances, sans en excepter aucune....

Les trois commandements que vous avez obtenus, tant pour les consuls de l'Archipel que pour la maison consulaire de Chio et les Capucins qui y habitent, ont fait grand plaisir à S. A. S. et elle espère beaucoup des tentatives que vous vous proposez de faire pour les Jésuites, les Dominicains de la dite île et pour les missionnaires de Syrie.

TABLE DES MATIÈRES

	Pages
INTRODUCTION.	v
MÉMOIRE HISTORIQUE SUR L'AMBASSADE DE FRANCE A CONSTANTINOPLE.	1
PREMIÈRE PARTIE.	5
Ambassade de M. de La Haye Vantelay	18
Ambassade de M. de Nointel.	24
Ambassade de M. de Guilleragues.	33
Ambassade de M. de Girardin.	39
Ambassade de M. de Châteauneuf.	42
Ambassade M. de Ferriol.	48
Ambassade de M. des Alleurs	60
MÉMOIRE PRÉSENTÉ AU ROI PAR M. DE LA HAYE VANTELAY AU RETOUR DE SON AMBASSADE PRÈS LA PORTE OTTOMANE.	66
MÉMOIRE DE M. DE CHATEAUNEUF AU ROI A SON RETOUR DE CONSTANTINOPLE, POUR LUI RENDRE COMPTE DE SON AMBASSADE.	90
MÉMOIRE DE M. DE FERRIOL POUR RENDRE COMPTE DE SON AMBASSADE (10 août 1711).	113
MÉMOIRE DU MARQUIS DE BONNAC, CI-DEVANT AMBASSADEUR DU ROI A LA PORTE OTTOMANE, POUR LUI RENDRE COMPTE DE CE QUI S'EST PASSÉ DE PLUS CONSIDÉRABLE DANS SON AMBASSADE ET DES DISPOSITIONS ACTUELLES DE CETTE COUR.	139
APPENDICE	163
I. Lettre de M. le comte des Alleurs au roi.	163
II. Mémoire des affaires de la Terre Sainte et de l'état où elles se trouvent présentement.	167
III. Traduction du mémoire présenté au grand vizir pour la réparation de la voûte du Saint-Sépulcre.	169
IV. Copie de la lettre du marquis de Bonnac au grand vizir.	170
V. Traduction du commandement de la réparation des Saints Lieux adressé au Mollah... au Capidjy Bachi.... et à Moustafa ci-devant Defterdar de la Sublime Porte.	170
VI. Mémoire sur les affaires de l'église latine de l'île de Chio, du 8 avril 1723.	174
VII. Lettre de M. de Bonnac au duc d'Orléans.	179
VIII. Lettre du roi à M. de Bonnac.	180
IX. Extrait d'un mémoire et de diverses lettres sur les missionnaires de Syrie.	180
X. Lettre écrite à M. le cardinal Gualterio par M. le mar-	

quis de Bonnac, le 27 avril 1724, pour accompagner le mémoire suivant. 185

XI. Mémoire sur l'état actuel où se trouvent les affaires de la religion au Levant 188

XII. Traduction d'une lettre du grand vizir Ibrahim Pacha à S. E. M. le marquis de Bonnac. 197

XIII. Traduction de la lettre du grand vizir à M. Nepluyof, résident de Moscovie 200

XIV. Relation abrégée de la conférence, tenue le 25 juillet 1723, dans la maison d'Adjy Moustafa Tefter Emini, entre le Reis Efendy, le dit Adjy Moustafa, d'une part et le sieur Nepluyof, résident de Moscovie, de l'autre, l'ambassadeur présent sur l'invitation tant du grand vizir que dudit résident 201

XV. Seconde conférence tenue entre les mêmes ministres et dans le même lieu, le jeudi 29 juillet 1723. 208

XVI. Lettre du roi à M. de Bonnac. 212

XVII. Traduction de la lettre écrite à M. le marquis de Bonnac par Ibrahim Pacha, grand vizir, le 13 janvier 1724. 214

XVIII. Copie de la lettre écrite par M. le marquis de Bonnac à Ibrahim Pacha, grand vizir, le 13 janvier 1724. . . . 216

XIX. Lettre du marquis de Bonnac au comte de Morville, ministre des Affaires étrangères 216

XX. Relation de ce qui s'est passé le 15 janvier 1724. . . 224

XXI. Lettre du marquis de Bonnac au comte de Morville. 230

XXII. Relation de la conférence tenue le jeudi 30 mars 1724. 243

XXIII. Lettre du grand vizir Ibrahim Pacha, écrite à S. B. M. le marquis de Bonnac et reçue le 14 avril 1724. . . 247

XXIV. Lettre adressée par le Czar à M. le marquis de Bonnac 249

XXV. Lettre du marquis de Bonnac au comte de Morville. 249

XXVI. Au roi. 251

XXVII. Relation abrégée des trois conférences tenues à Constantinople, entre les commissaires turcs et le résident de Moscovie, les samedi 20 et lundi et mardi 22 et 23 mai 1724. 254

XXVIII. Lettre de M. le marquis de Bonnac à M. le comte de Morville, 25 juin 1724. 263

XXIX. Lettre de M. le marquis de Bonnac à M. le comte de Morville, 11 juillet 1724. 266

XXX. Causa del scritto specificante la Concordia. . . . 267

XXXI. Substance des discours que M. le marquis de Bonnac tint au grand vizir, dans la fonction de l'échange des traités. 273

XXXII. Formule de la certification de M. le marquis de Bonnac 275

XXXIII. Remarques sur le traité conclu à Constantinople, envoyées à M. de Campredon à Moscou. 275

XXXIV. Commandement du Grand Seigneur adressé aux Cadis de Sifanos, Naxis, Mile, Miconi et Santorin . . 280
XXXV. Traduction du Commandement du Grand Seigneur adressé au Naib de Chio 281
XXXVI. Commandement du Grand Seigneur adressé au Cadi de Chio 282
XXXVII. Lettre de M. le comte de Morville à M. le marquis de Bonnac 283
TABLE DES MATIÈRES. 285

www.ingramcontent.com/pod-product-compliance
Lightning Source LLC
Chambersburg PA
CBHW050252170426
43202CB00011B/1662